この一冊ですべてがわかる！

家事のきほん
新事典

監修　藤原千秋

朝日新聞出版

はじめに

慣れていなくても大丈夫。
コツを覚えて、毎日、気持ちよく！
家事が楽しくなる一冊です。

家事は、自分や家族が心地よく暮らすために必要なこと。
だからといって、掃除も洗濯も、
すべての家事を完璧にこなす必要はありません。
家事上手になるコツは、まず楽しむこと。
そして、自分のできる範囲で工夫をすることです。

この本で紹介している方法は、
これから本格的に家事を始めようという人や
家事が苦手という人でも、
簡単にトライできるものばかり。
またベテラン主婦でも参考になる裏ワザなど、
家事が楽しくなる情報がいっぱいです。
まずは、自分ができるところから、
暮らしに合わせて
家事と上手につき合っていきましょう。

家事・掃除・住宅アドバイザー　藤原千秋

CONTENTS

第2章 収納のきほん

第3章 洗濯・アイロン・裁縫のきほん

第5章 料理のきほん

第6章 生活全般のきほん

スイスイ、楽しい

家事のコツ

掃除に洗濯、料理……家事は毎日のことだから、肩ひじ張らずに取り組みたいもの。限られた時間を効率よく使ったり、家族と分担したり、ちょっとした工夫で不思議なくらいはかどります。

●いつもの家事、週ごとの家事、季節の家事に分ける

洗濯や軽い拭き掃除は毎日行い、トイレ掃除は一週間に一度念入りに、などと決めておくと、効率的に家事ができるだけでなく、ストレスも軽減されます。日々の家事をこまめにしておけば、季節ごとの大掃除もラクチンになります。

●家事の時間を決める

家事をする時間がなかなかなくて……と悩んでいるなら、基本になる一日の予定表を作ってみるのがおすすめ。時間の使い方がわかると同時に無駄が省け、自分の生活に合った家事のやり方が少しずつ見つかるはず。

●詰め込まないで、予備日を設ける

大掃除などの大がかりな家事は、急な予定が入ったり、天候が悪かったりする場合もあるので、予備日を設けておくと安心です。余裕を持ってスケジュールを立てれば、ストレスもかかりません。あえて季節をずらすのも一案です。

●がんばりすぎずに、家族の理解と協力を

家事は自分一人の仕事と思い込まずに、家族ができるものは分担をします。そうすることで家事の時間が短縮でき、空いた時間をリフレッシュなどに使えるように。暮らし全体のバランスを大切にしましょう。

12カ月家事ごよみ

家族の行事や季節ごとの家事を書き込む「家事ごよみ」を作っておくと、
一年を通して家事の予定が把握できるので便利です。
家事はあまりたくさん予定せず、その季節にやっておくべきものを厳選します。

1月

行事など

＊1日
お正月
＊7日
七草がゆ
＊11日
鏡開き
＊第2月曜日
成人の日

家　事

●正月用品の片付け
●年賀状・住所録の整理

2月

行事など

＊3日
節分
＊14日
バレンタインデー

家　事

●花粉対策（エアコンの掃除、洗濯物の室内干しなど）
●雛人形を飾る

3月

行事など

＊3日
雛まつり
＊14日
ホワイトデー
＊21日
お彼岸

家　事

●年始の片付け・春物の準備
●進学や進級の準備

4月

行事など

新学期・新年度
＊29日
昭和の日

家　事

●暖房器具の片付け
●庭のお手入れ
●五月人形・こいのぼりを飾る

5月

行事など

ゴールデンウィーク
＊5日
こどもの日
＊第2日曜日
母の日

家　事

●雨どいや雨具の点検
●タンスや押入れの整理
●冬物の洗濯

6月

行事など

夏至
梅雨入り
＊第3日曜日
父の日

家　事

●夏物の準備（衣替え）
●湿気対策（下駄箱・押入れなど）
●食中毒対策（食器棚・調理器具）

7月

行事など

＊7日
七夕
夏休み

家　事

●大切な衣類の虫干し
●暑中見舞い・お中元

8月

行事など

お盆

家　事

●台風対策（設備の点検など）
●エアコンの掃除
●残暑見舞い

9月

行事など

＊1日
防災の日
＊15日
敬老の日
＊23日
お彼岸

家　事

●防災対策（防災用品の点検、避難所の確認など）
●夏物の片付け・秋物の準備

10月

行事など

＊第2月曜日
体育の日
＊31日
ハロウィン

家　事

●冬物の準備（衣替え）
●障子やふすまの張り替え

11月

行事など

＊3日
文化の日
＊15日
七五三
＊23日
勤労感謝の日

家　事

●年賀状や喪中はがきの準備
●カーテンの洗濯
●換気扇・エアコンの掃除

12月

行事など

冬至
＊25日
クリスマス
＊31日
大晦日

家　事

●クリスマス飾り・片付け
●お歳暮・年賀状
●大掃除（畳・食器棚など）
●年末年始の準備

この本の使い方

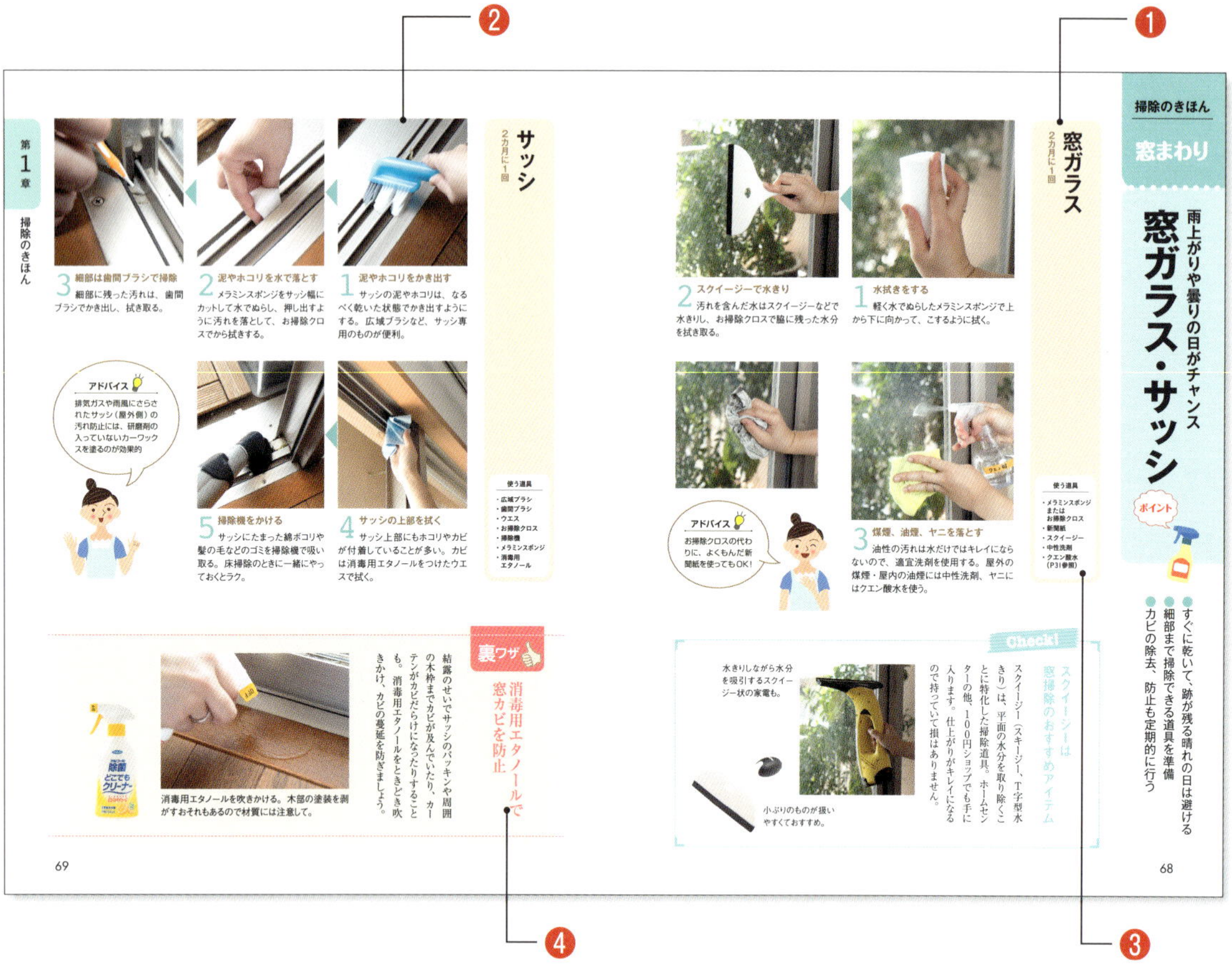

掃除のきほん

窓まわり

雨上がりや曇りの日がチャンス

窓ガラス・サッシ

ポイント

- すぐに乾いて、跡が残る晴れの日は避ける
- 細部まで掃除できる道具を準備
- カビの除去、防止も定期的に行う

窓ガラス
2カ月に1回

1 水拭きをする
軽く水でぬらしたメラミンスポンジで上から下に向かって、こするように拭く。

2 スクイージーで水きり
汚れを含んだ水はスクイージーなどで水きりし、お掃除クロスで脇に残った水分を拭き取る。

3 煤煙、油煙、ヤニを落とす
油性の汚れは水だけではキレイにならないので、適宜洗剤を使用する。屋外の煤煙・屋内の油煙には中性洗剤、ヤニにはクエン酸水を使う。

使う道具
・メラミンスポンジ または お掃除クロス
・新聞紙
・スクイージー
・中性洗剤
・クエン酸水（P31参照）

アドバイス
お掃除クロスの代わりに、よくもんだ新聞紙を使ってもOK！

Check!

スクイージーは窓掃除のおすすめアイテム

スクイージー（スキージ、T字型水きり）は、平面の水分を取り除くことに特化した掃除道具。ホームセンターの他、100円ショップでも手に入ります。仕上がりがキレイになるので持っていて損はありません。

水きりしながら水分を吸引するスクイージー状の家電も。

小ぶりのものが扱いやすくておすすめ。

68

サッシ
2カ月に1回

1 泥やホコリをかき出す
サッシの泥やホコリは、なるべく乾いた状態でかき出すようにする。広域ブラシなど、サッシ専用のものが便利。

2 泥やホコリを水で落とす
メラミンスポンジをサッシ幅にカットして水でぬらし、押し出すように汚れを落として、お掃除クロスでから拭きする。

3 細部は歯間ブラシで掃除
細部に残った汚れは、歯間ブラシでかき出し、拭き取る。

4 サッシの上部を拭く
サッシ上部にもホコリやカビが付着していることが多い。カビは消毒用エタノールをつけたウエスで拭く。

5 掃除機をかける
サッシにたまった綿ボコリや髪の毛などのゴミを掃除機で吸い取る。床掃除のときに一緒にやっておくとラク。

使う道具
・広域ブラシ
・歯間ブラシ
・ウエス
・お掃除クロス
・掃除機
・メラミンスポンジ
・消毒用エタノール

アドバイス
排気ガスや雨風にさらされたサッシ（屋外側）の汚れ防止には、研磨剤の入っていないカーワックスを塗るのが効果的

裏ワザ

消毒用エタノールで窓カビを防止

結露のせいでサッシのパッキンや周囲の木枠までカビが及んでいたり、カーテンがカビだらけになったりすることも。消毒用エタノールをときどき吹きかけ、カビの蔓延を防ぎましょう。

消毒用エタノールを吹きかける。木部の塗装を剥がすおそれもあるので材質には注意して。

第1章 掃除のきほん

69

本書では場所・家事の種類ごとに作業の内容をまとめています。
掲載しているステップを参考に、快適に家事を進めてください。

❶作業の場所と内容、頻度をひと目でわかるよう表示
❷大きな写真で手順をくわしく紹介
❸使う道具をわかりやすく表示
❹裏ワザやコツもいっぱい

＊本書に掲載している商品は、特定の商品を推奨するものではありません。
＊本書に掲載している方法がすべてのご家庭にあてはまるとは限りません。
＊掲載されている情報は2014年10月現在のものです。

まずはマップをチェック

家事を始める前に読んでおくと、家事の全体像がわかります。マップで必要な作業を見つけてみてください。

第1章

いつでもキレイ
掃除のきほん

Cleaning

ササッと気軽に

掃除のきほん

掃除の目的は、「汚れたマイナスの状態」から「汚れていないゼロの状態」に回復させること。欲張らず、まずは短時間で狭い範囲から始めましょう。

① ゴールを決める

「普段の生活にはこれくらい」「お客様を招くときはこれくらい」など、段階的にキレイな状態の目安（ゴール）を設け、そこをめざして掃除しましょう。

② テーマや目的を決める

「今日はキッチンを掃除しよう」「お風呂のカビを全部落とそう」といった、具体的なテーマや目的を定めて掃除に取りかかりましょう。掃除のあとの達成感も得やすいのでおすすめです。

③ 小掃除を継続させる

「徹底的に年1回」の大掃除よりも、「ササッと気軽に年365回」の小掃除の方が、汚れもたまらず、時間も労力もかけずにすみます。また、掃除の度に「頑張り過ぎない」ことも大切です。

毎日の掃除は
これだけでもOK

「おまけ小掃除」のススメ

ながら
で一石二鳥

「歯磨きしながら、洗面台をキュッキュッ」「テレビを観ながら、リモコンの手アカをフキフキ」など、なにかをしながらの掃除も効果的。

すき間
の時間に

「テレビCMの合間に、テレビ台のホコリをササッ」「シャワーの水がお湯に変わるまでの間に、壁についた水アカを流しちゃう」など、すき間の時間も活用して。

なにか
のついでに

「料理のついでに、コンロまわりをぬらしたウエスでひと拭き」「洗濯物干しのついでに、ベランダのゴミ拾い」など、ついでにちょこちょこ掃除をしておくと、汚れがたまらないのでラクチン。

部屋別汚れマップ

一般的な住まいを汚す原因は、「ホコリ（綿・土）」「水（アカ・ミネラル）」「油（脂）」によるものに大別できます。
家庭ごと、部屋や場所ごとに汚れの原因が違うので、
わが家がどんな汚れ方をしているのかによって、落とし方も変わってきます。

浴室
P.34

汚れの中に石けんカスやアカ、カビや酵母、細菌のかたまりなどが混在している。衛生面に気を配り、洗剤や掃除道具を選ぼう。

キッチン
P.18

シンクまわりは「水アカ汚れ」、コンロまわりは「油汚れ」と、エリアによって汚れの性質が異なる。どちらもためると落としにくくなる汚れ。

リビング
P.56

暮らしの中で日々発生する「ホコリ」がおもな汚れ。特に壁や床など面積が広い部分をキレイにするだけで断然スッキリした印象に。

和室
P.74

畳や障子、押入れなども含めて、換気・乾燥を心がけてカビ予防を。ベタついた畳は拭き掃除ですっきり。

洗面所
P.42

脱衣所も兼ねる洗面所には、想像以上に砂ボコリや綿ボコリによる汚れがたまりやすい。水滴と混じると落としにくくなるので、こまめな拭き掃除が大切。

トイレ
P.46

便器内部ばかりでなく床や壁の汚れも多く、手ごわいニオイの原因に。目立った汚れがなくても日頃から拭き掃除を。

そろえておきたい掃除道具

ひとくくりに掃除道具といっても、どこにどの道具を使えばよいのかは、
意外に迷うところ。水にぬれる場所か、油は混じるのかなど、
汚れの性質によって道具を使い分けましょう。

基本の掃除道具

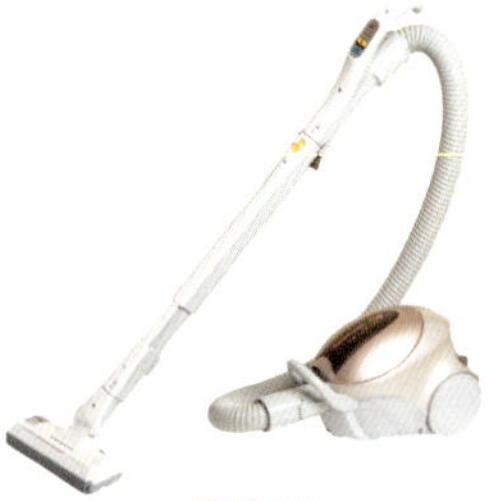

掃除機

住まいの広い空間（部屋）を占める床材やカーペットの掃除に便利。

ほうき・ハタキ

自然素材やマイクロファイバー製などいろいろ。高い位置をハタキで、低い位置をほうきで。

ペーパー（ハンディ）モップ

ほうき、ぞうきん代わりに使用。ペーパーモップ用の市販のシートは基本的に使い捨てできる。

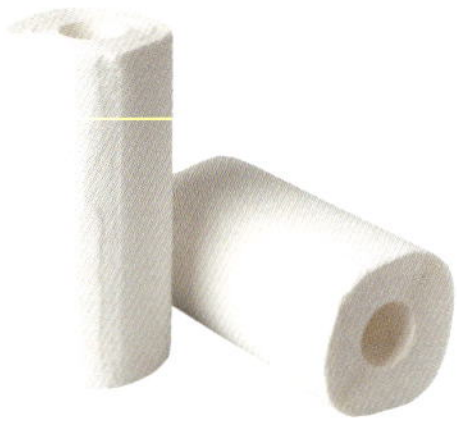

キッチンペーパー

清潔かつ、使い捨てられるのが利点。とくにキッチンまわりの掃除に活躍する。

お掃除クロス

マイクロファイバー製がおすすめ。高機能で乾きやすく、抗菌加工なら臭くならない。

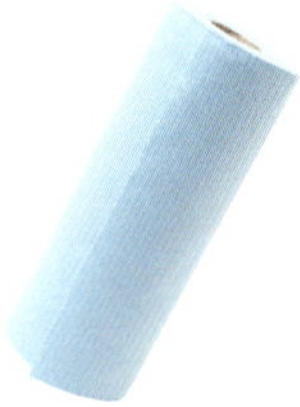

ウエス

小さくカットしたぼろ布や水に強い丈夫な紙製タイプなど、使い捨て用のぞうきんを用意。

スポンジ

水や洗剤を含ませて使用。おもに水まわりで活躍する。価格やサイズはいろいろ。

メラミンスポンジ

発泡させたメラミン樹脂。水を含ませて使う。汚れを削り取るパワーがある。

ブラシ類

用途、サイズ、価格はさまざま。おもに水まわりの汚れをかき出す目的で活躍する。

歯ブラシ・綿棒

細かな溝やすき間に付着した汚れ落としに便利。歯間ブラシも同様に使える。

新聞紙

マット、マスキング、ぞうきん代わりなど、いろいろな用途に活用できる。

ゴム手袋

酸などの強い洗剤や、冷たい水やお湯から手を守る。通気性重視なら軍手も便利。

タワシ

ブラシよりも大まかな汚れ落としに向いている。おもにキッチンまわりで使用する。

掃除機の種類とお手入れ方法

デザインも機能も多彩な掃除機。その吸引力やデザイン、価格帯で選びがちですが、むしろ日々の使いやすさを重視したいもの。騒音、軽さや収納性、ゴミ捨てにかかるコストや手間など、自分が使うときのことをイメージして慎重に選びましょう。

紙パック式掃除機

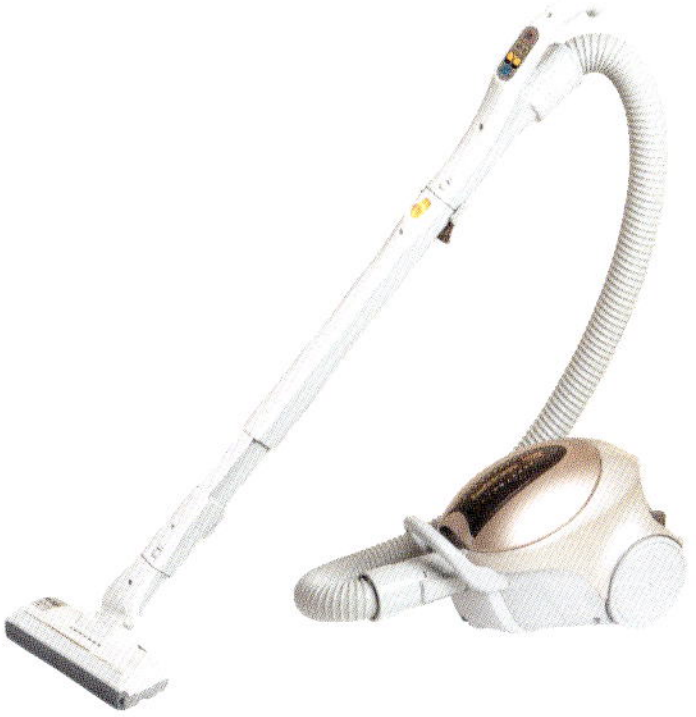

手軽にゴミ捨てができ、アレルギーの面でも安心。紙パック分のコストはかかる。

お手入れ方法

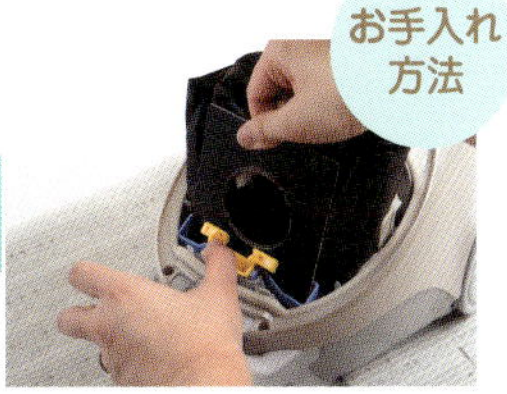

1 紙パックがいっぱいになったら、ていねいにはずして捨てる。

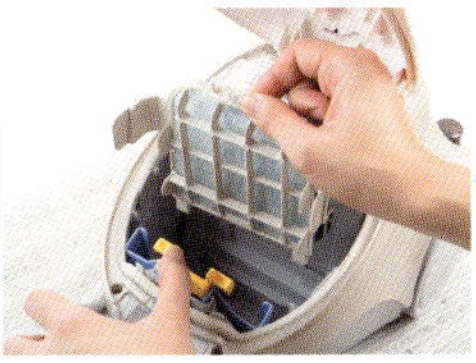

2 汚れの有無を確認しながら、フィルターを取りはずす。

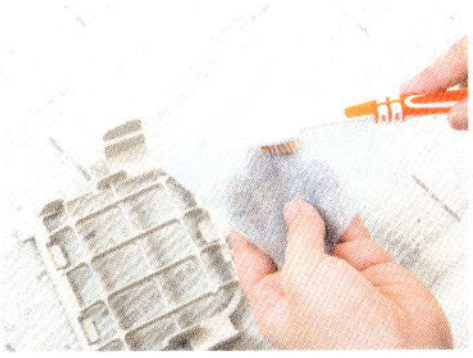

3 フィルター部分のホコリを歯ブラシでかき取る。

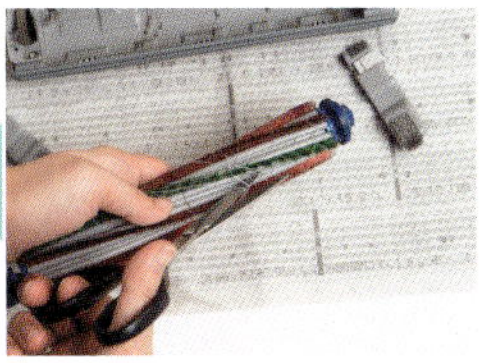

4 ヘッド部分のパーツをはずし、ブラシについたゴミを取って捨てる。

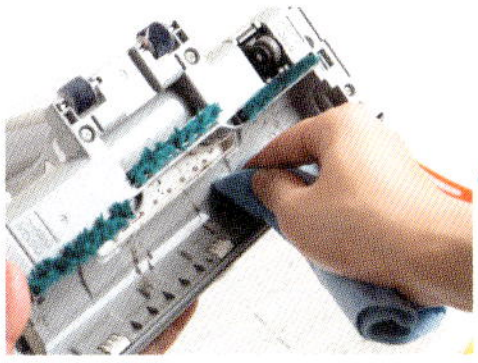

5 全体をぞうきんなどで拭き上げ、しっかり乾燥させる。

アドバイス

せっかちなかけ方はNG。一回の往復でゆっくり5～6秒以上かければ集塵力がアップします

サイクロン式掃除機

吸引力が強く、紙パックいらずで経済的。ゴミ捨ては紙パック方式よりひんぱんに必要。

お手入れ方法

1 ダストカップのパーツを、慎重に取り出し、ホコリを落とす。

2 フィルターを取りはずし、ぞうきんなどでていねいに拭く。

こんなタイプも便利

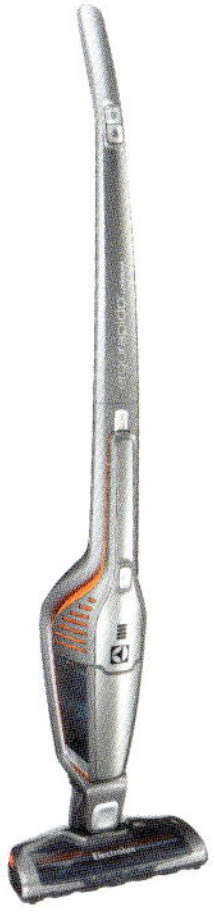

ほうき（スティック）型掃除機

充電式のコードレスタイプ。狭い部屋や階段でも扱いやすい。

ロボット型掃除機

自動で掃除を行う。留守中に運転させておけば床がキレイになり時短効果大。

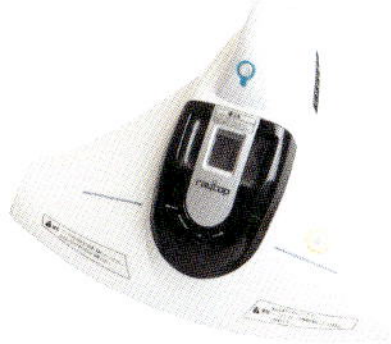

ふとんクリーナー型掃除機

ふとんのダニ（ハウスダスト）が除去できる。天日干しでは除去しきれないダニやダニのフンなどを取り除くことができる。

かしこい洗剤選び

油、水アカ、カビ、ホコリなど多岐にわたる住まいの汚れ。
その性質を弱めて「落としやすくする」洗剤を選びましょう。
また、「汚れ落とし」と「除菌」、「漂白」は混同されやすいので要注意。

「いつもの洗剤」も、汚れの種類で使い分ける

日々の掃除で使う洗剤も、汚れの性質や汚れ具合に合わせて選ぶと効果的です。

中性洗剤

●効果
対象にやさしく、液性を問わず軽い汚れに幅広く使える。

●使い方
浴室をはじめ、住居のさまざまな場所で使う。食器や野菜洗いには台所用がある。

弱アルカリ性・アルカリ性洗剤

●効果
おもに酸性の油脂汚れを、ゆるめて落とすことができる。

●使い方
油（脂）汚れに直接吹きつけるか塗布する。キッチンなどで使用。

弱酸性・酸性洗剤

●効果
おもに石けんカス、水アカ、尿石などの汚れを落とす。

●使い方
固まった汚れに直接吹きつける。トイレ、浴室など水まわりに使用。

クレンザー
（研磨材入り洗剤）

●効果
落としにくい、こびりつきや焦げ・サビ汚れを削って落とす。

●使い方
塗布してスポンジやタワシなどで汚れをこすり落とす。台所掃除で活躍。

Check!

地球にも肌にもやさしい自然素材の洗剤

自然素材を使った洗剤は、地球にも肌にもやさしいのでおすすめ。上手に使いこなせば、想像以上の効果が期待できます。

▼詳しくは30ページへ

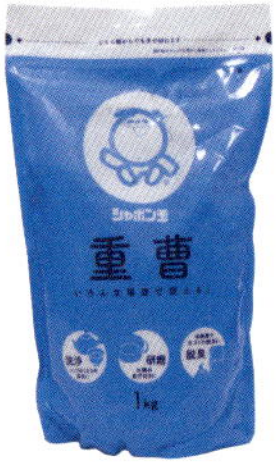

重曹

弱アルカリ性の性質を利用し油汚れなどを落とす。クレンザーとしても活躍。

クエン酸（酢）

酢と同じ成分で水アカなどに効果を発揮。酢より酸性が強くニオイもない。

石けん（純石けん）

水と油の両方の汚れに強く、界面活性剤の働きで、汚れを浮かせ、包んではがす。

汚れの色素を白くする「漂白剤」

汚れを落とすのではなく、さまざまな化学反応（酸化など）によって「汚れの色素を分解する」のが漂白剤。

同時に、菌を殺しカビの色素も抜くため、カビ取り剤として使われることも多いです。使用時はゴム手袋を使いましょう。

酸素系漂白剤

●特徴
粉（過炭酸ナトリウム）は弱アルカリ性。液体（過酸化水素水）は酸性。
●効果
活性酸素の酸化力で、汚れの色（色素）を強力に分解し、見えなくする。
●使い方
水で薄めて衣類や食器などを浸け置く。ペースト状にしてカビ取りなどに使用。

塩素系漂白剤

●特徴
次亜塩素酸ナトリウムを主成分とし、液体は強アルカリ性。
●効果
強力な酸化作用、漂白作用、殺菌作用がある。代表的な家庭用殺菌剤。
●使い方
必ず単独で使用すること。水で薄めて食器などを浸け置く。スプレータイプは直接吹きつける。

還元系漂白剤

●特徴
ハイドロサルファイトや二酸化チオ尿素が主成分。弱アルカリ性。
●効果
酸化型漂白剤による黄ばみの回復や、鉄サビ汚れを落とすのに有効。
●使い方
40℃程度のお湯に溶かして衣類などを浸け置いたり、直接塗る。

目的に合わせた「用途別洗剤」、汚れ防止道具

普段使う洗剤のほかに、特別な用途に特化した洗剤や汚れ防止道具もあります。
汚れがひどい場合や、年に数回のスペシャルケアなどにおすすめ。

●排水口に

除菌クリーナー

排水口のヌメリをはがし、細菌の除菌や悪臭を除去する。

●カビ取りに

消毒用エタノール

カビの拭き取り、殺菌に効果大。ただし、漂白効果はない。

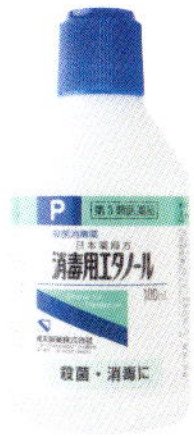

●窓ガラスや鏡の汚れに

ガラスクリーナー

速乾性に優れていて、二度拭きをしなくてよいのが利点。

●フローリングの汚れに

ワックス

フローリングを汚れから保護しながら掃除ができる、天然床ワックスが便利。

Check!

塩素系と酸性は、「混ぜるな危険！」

次亜塩素酸ナトリウムを主成分とした「塩素系漂白剤」には、必ず「混ぜるな危険」という表示があります。これは洗剤同士を混ぜてはいけないという意味だけでなく、成分が残っている状態でほかの洗剤（とくに酸性のもの。酢やクエン酸）を続けて使用してはいけないという意味。命に関わるため、十分に気をつけましょう。

キッチン

シンクまわり、コンロまわりで汚れの性質が異なるキッチン。
汚れをためると掃除が大がかりになる場所なので、
日々の掃除でこまめにキレイにしましょう。

シンクまわり

蛇口まわり ▸▸▸ P.21

ぬれた手で触れるごとに水滴がつき、水アカがたまる。乾燥を心がけることがキレイのコツ。

排水口 ▸▸▸ P.20

ゴミ受けに生ゴミをためない、残さないこと。ヌメリやカビ予防には、こまめな除菌が大事。

シンク下 ▸▸▸ P.21

調味料や油をしまっている場所は汚れがち。洗剤や消毒用エタノールで効率的に拭き取ろう。

シンク ▸▸▸ P.20

洗い物がでたら放置せず、食器洗いと同時に手早く洗う習慣を。

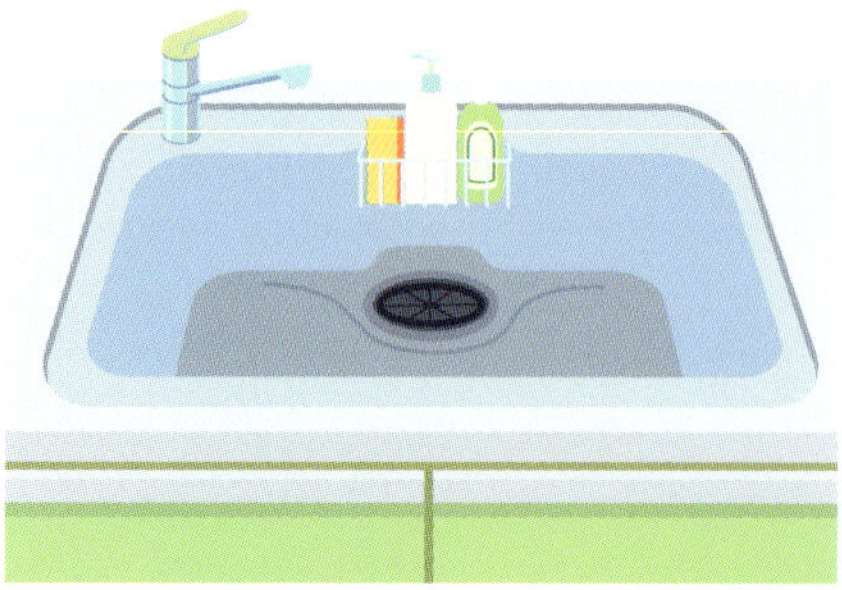

コンロまわり

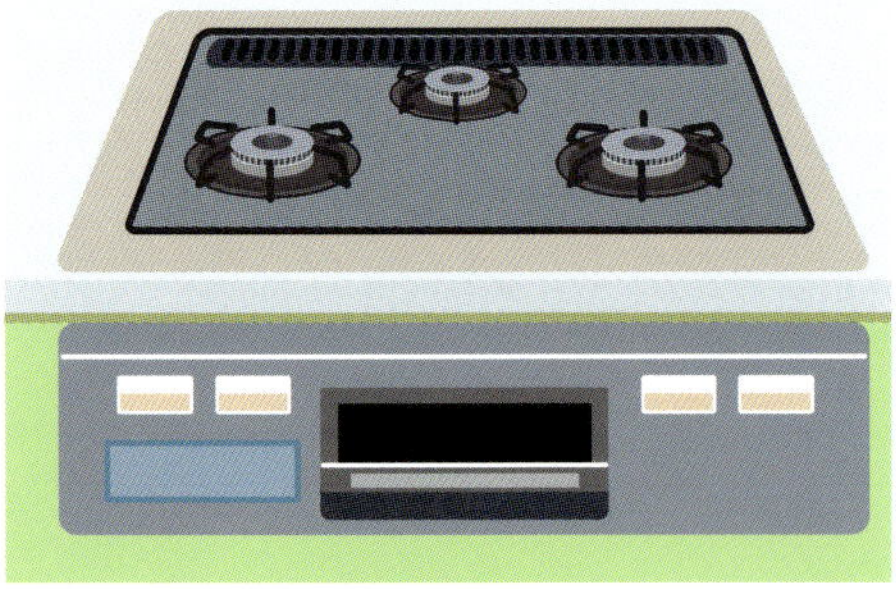

トップ（天板）▸▸▸ P.22

こびりつきや焦げつきは放置せず、こまめにウエスなどで汚れを取り除いておくのがカギ。

バーナー・五徳・受け皿 ▸▸▸ P.22-23

洗える部分は中性洗剤で湯洗い。細部は歯ブラシやバーナーブラシでしっかりこすり取る。

魚焼きグリル ▸▸▸ P.24

魚を焼いたらすぐに洗うのが正解。残してしまった汚れは重曹や湯を使ってこすり落とす。

換気扇

そのほかキッチン家電など ▸▸▸ P.231

換気扇 ▸▸▸ P.26

換気扇のレンジフードはこまめに。内部のファン部分は汚れがたまり過ぎないうちに掃除をする。

キッチンの掃除スケジュール

掃除どき	場　所		用意する道具
つねに	シンクまわり	シンク	中性洗剤　スポンジ　お掃除クロス
		排水口	中性洗剤　塩素系漂白剤　歯ブラシ
		蛇口まわり	中性洗剤　クエン酸水　歯ブラシ　お掃除クロス
	コンロまわり	ガラストップ（天板）	専用クリーナー　お掃除クロス　ウエス　ラップ
		五徳・受け皿	中性洗剤　歯ブラシ　スポンジ
		魚焼きグリル（受け皿・網）	中性洗剤　重曹　歯ブラシ　スポンジ
		魚焼きグリル（庫内）	重曹水　スポンジ　ウエス
		コンロ・グリルのつまみ	弱アルカリ性洗剤　ウエス
	床・壁・タイル	床	弱アルカリ性洗剤　お掃除クロス　ウエス メラミンスポンジ　ラップ
		タイル壁	中性洗剤　弱アルカリ性洗剤　お掃除クロス キッチンペーパー
週１回	コンロまわり	トップ（天板）	弱アルカリ性洗剤　ウエス　メラミンスポンジ
		バーナー	中性洗剤　バーナーブラシ　ウエス
月１回	換気扇	レンジフードタイプ（外側）	弱アルカリ性洗剤　ウエス　ゴム手袋
	床・壁・タイル	タイル床	弱アルカリ性洗剤　歯ブラシ　スポンジ
３カ月に１回	シンクまわり	シンク下	弱アルカリ性洗剤　消毒用エタノール　ウエス
年１～２回	換気扇	レンジフード・シロッコファン	弱アルカリ性洗剤　ウエス　ゴム手袋
		プロペラファン	アルカリ性洗剤または酸素系漂白剤　歯ブラシ ウエス　ゴム手袋
年２回	換気扇	グリスフィルター（金網）	アルカリ性洗剤　酸素系漂白剤　歯ブラシ　ウエス　ゴム手袋

シンクまわり

こまめに洗う&拭くで汚れをためない

ポイント

- キレイの秘訣は「洗い物を残さない」
- シンク掃除はいつもの食器洗いと同時に
- 排水口除菌で汚れやヌメリをためない

シンク

つねに

使う道具

- 中性洗剤
- スポンジ
- お掃除クロス

1 まず使った食器を洗う

シンクの中に汚れた食器や水気が残っていると、シンクまわりに汚れがたまる原因に。使った食器はすぐに洗う習慣を。洗い終わったらシンクまわりを掃除する。

2 シンク全体を洗う

シンク洗いのスポンジを用意し、食器洗いと同じ中性洗剤でシンク全体を洗う。しっかりすすいだ後は、クロスで水気を拭いておけば、さらに完璧。

排水口

つねに

使う道具

- 中性洗剤
- 塩素系漂白剤
- 歯ブラシ

夜、寝る前がおすすめ。ニオイ対策にも!

1 ゴミを捨てる

排水口汚れの原因はゴミ受けにため残した生ゴミ。ため込まず、こまめに捨てるように。

2 ゴミ受けを洗う

ゴミ受け部分は歯ブラシと中性洗剤でこすり洗う。細かな網の目の中までしっかり落とすのがポイント。

3 漂白剤で殺菌する

洗剤を洗い流した後は、汚れがこびりつかないよう1日に1回、塩素系漂白剤を吹きつけて殺菌する。

汚れをためないコツ

三角コーナーは「使い捨て」で清潔をキープ

野菜の皮や食べ残しを捨てるのに便利な三角コーナーですが、じつはシンクのカビやヌメリの発生源にもなっています。さまざまな素材のものが売られていますが、衛生面から考えるなら、そのまま捨てられる、使い捨ての三角コーナーがおすすめです。

紙製など。30枚程度で100円～と価格も安い。

蛇口まわり

つねに

1 汚れをチェック

洗い物などで使用する度にぬれる蛇口やハンドル付近は、手アカ、水アカ、雑菌でいっぱい。つねにチェックを。

2 水アカがたまる前に拭く

水アカは汚れをためると頑固汚れに変身します。軽い汚れなら、1日に1回のから拭きだけで、十分落とすことができるのでラク。

3 コリ固まったら、クエン酸

中性洗剤と歯ブラシでこすっても落ちない「石化」した水アカは、クエン酸水を吹きかけ、ゆるめてからクロスでこすり落とす。

4 ピカッと仕上げる

しっかりすすいだ後は、水気を取るのが基本。やわらかいクロスでやや強めにこすれば、輝くようなピカピカな仕上がりに。

頑固な汚れには、クエン酸水を吹きかけて

5 ハンドシャワー水栓を洗う

シンクの隅々まで洗える便利なハンドシャワーは、ホース部分に汚れがたまるため、まめに歯ブラシで落とす。

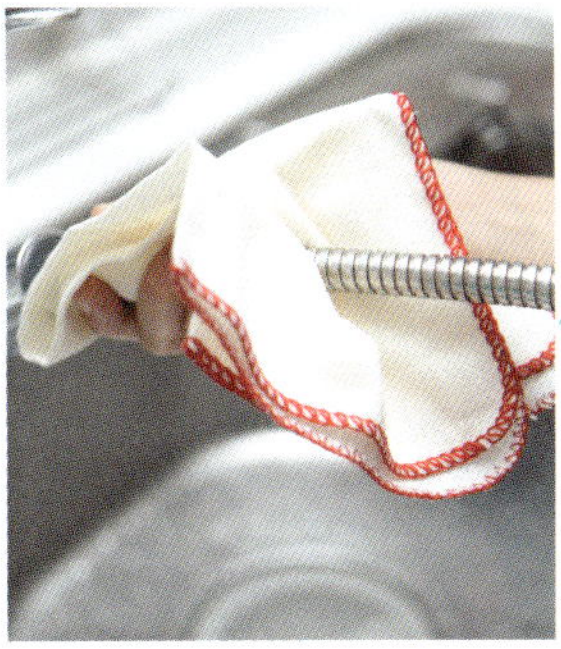

6 から拭き後に収納する

蛇口部分同様、すすいだ後は、必ず乾いた布でから拭きを。カビの原因を増やさないためにも、しっかり乾燥させて収納すること。

使う道具

- 中性洗剤
- クエン酸水（P31参照）
- 歯ブラシ
- お掃除クロス

シンク下

3カ月に1回

油性の汚れ

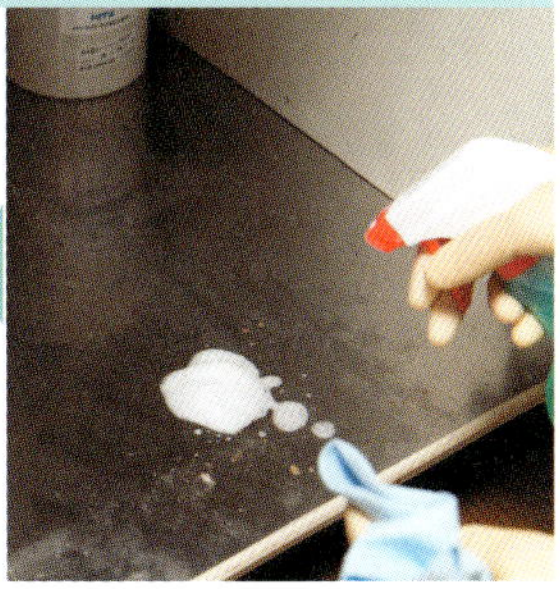

1 洗剤を吹きつける

油汚れでべとついているときは、弱アルカリ性洗剤を吹きつけて、汚れをゆるめてからこすり、拭き取る。

2 ウエスで拭き取る

頑固な油汚れのときは、ウエスの上から弱アルカリ性洗剤を吹きつけて湿布し、ゆるめてからこすり、拭き取る。

水性の汚れ

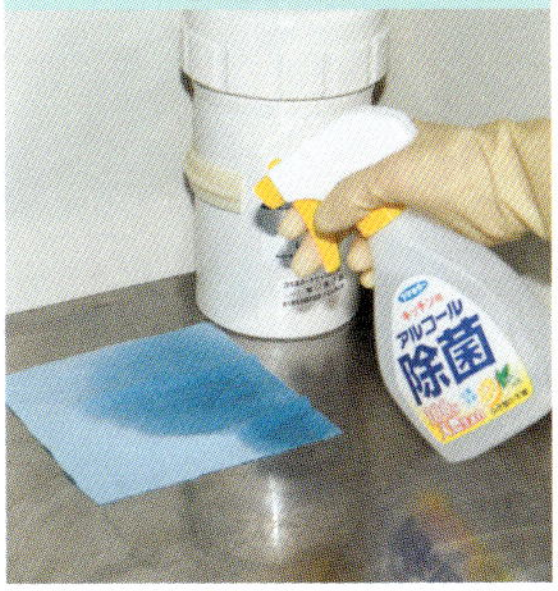

調味料やカビなどの汚れは、消毒用エタノールを吹きつけて拭き取る。頑固な汚れの場合は、ウエスの上から吹きつけて湿布し、ゆるめてからこすり、拭き取る。

使う道具

- 弱アルカリ性洗剤
- 消毒用エタノール
- ウエス

コンロまわり

余熱が残っているうちに掃除を

ポイント

- 余熱やお湯で油汚れは落ちる
- こびりつきや焦げは早め早めに手を打つ
- こまめに掃除するほど後がラクに

トップ（天板）

週1回

使う道具

- 弱アルカリ性洗剤
- ウエス
- メラミンスポンジ

1 **五徳をはずして拭き取る**

使ったらやけどに注意して余熱のあるうちにサッと拭くことが基本。油汚れがひどい場合は、五徳をはずし、弱アルカリ性洗剤を吹きつけて、ウエスなどで拭き取る。

2 **メラミンスポンジでこする**

こびりつきや焦げつきを放置しておくと、より落としにくくなるもの。洗剤でも落ちない汚れは、メラミンスポンジなどで強めにこすって落とす。

ガラストップ（天板）

つねに

使う道具

- 専用クリーナー
- お掃除クロス
- ウエス
- ラップ

タワシなど、傷がつくものでこするのはNG

1 **クリーナーでやさしくこする**

基本は、余熱があるうちに、ぬれたウエスで拭くだけ十分。汚れが気になるときは、専用クリーナーかクリームクレンザーをラップにつけて、くるくるとやさしくこする。

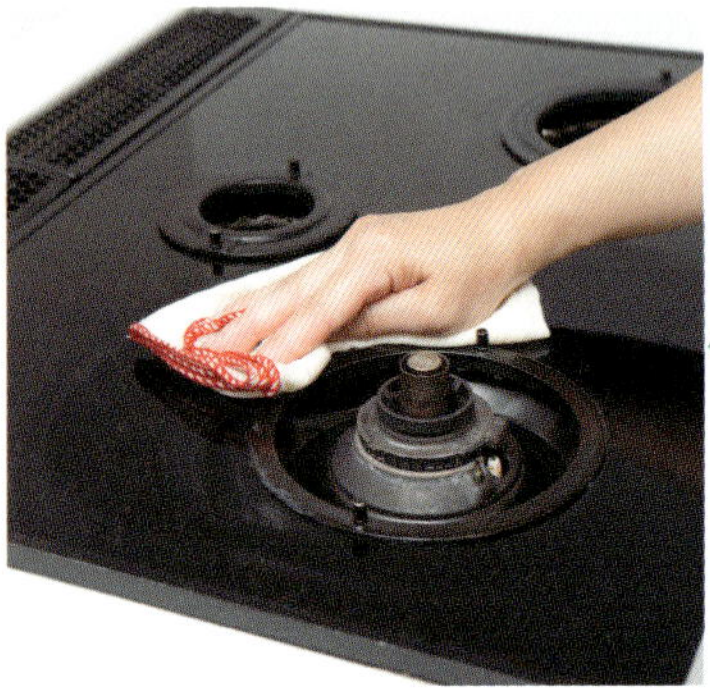

2 **洗剤をしっかり拭き取る**

ガラス面に洗剤や研磨剤が残らないように、しっかり洗剤を拭き取り、やわらかい布でから拭きをして仕上げる。

バーナー

週1回

使う道具

- 中性洗剤
- バーナーブラシ
- ウエス

1 **バーナーブラシでこする**

汚れがつまると火勢に影響するため、バーナーキャップをはずして、バーナー専用の金ブラシでこすって汚れを落とす。

2 **中性洗剤も併用する**

汚れのひどい場合は、中性洗剤で洗う。水ですすぎ、しっかり水気を乾かしてからもとに戻す。

つねに

五徳・受け皿

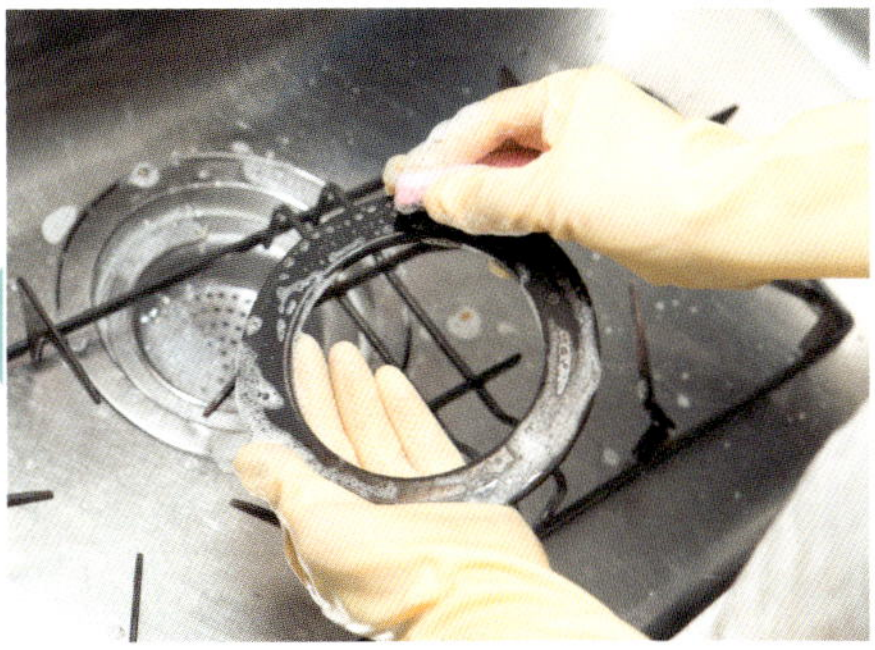

1 中性洗剤でこする

五徳と受け皿をはずし、スポンジに中性洗剤をつけて、しっかりこすり洗う。

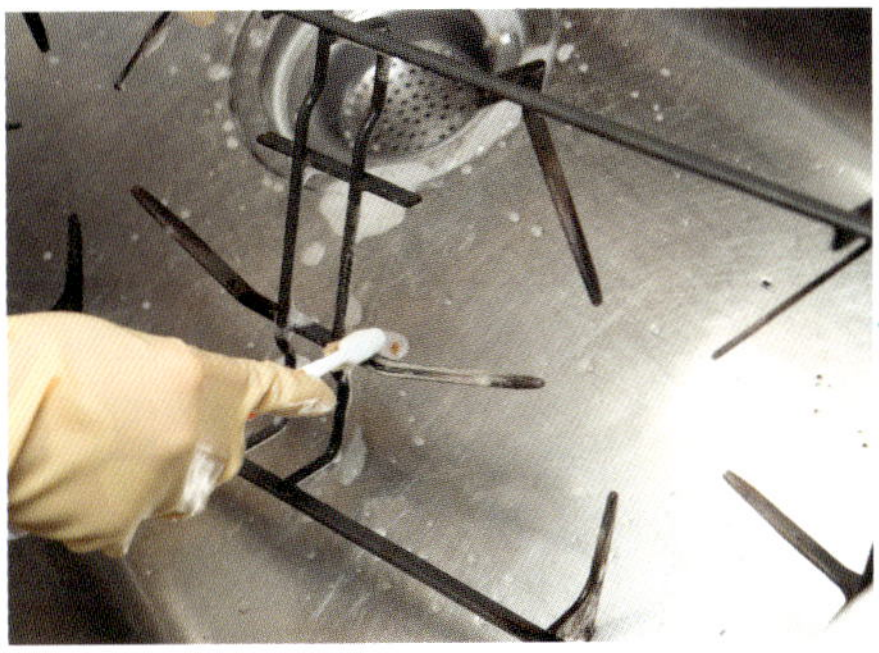

2 細部は歯ブラシで

細部のこびりつきや焦げつきは、お湯や洗剤でゆるめてから、歯ブラシでこすり落とす。

使う道具

- 中性洗剤
- 歯ブラシ
- スポンジ

Check!

手軽にできる
こんな方法も効果的

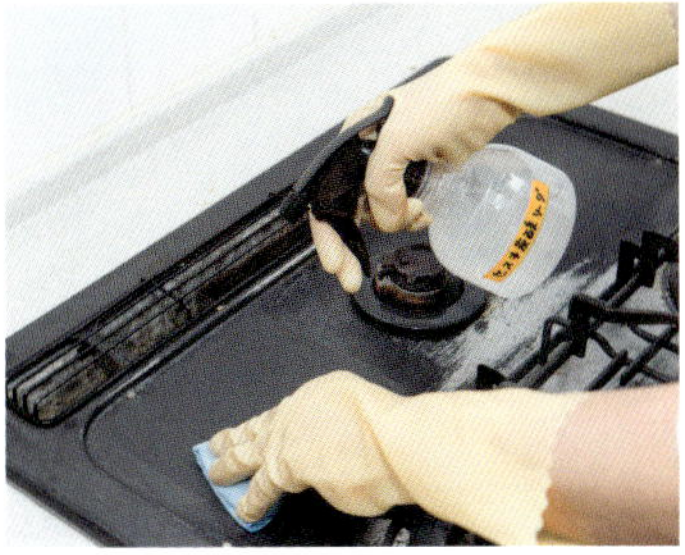

五徳をシンクに移動させないで

弱アルカリ性洗剤を吹きつけウエスで拭き取る。セスキ炭酸ソーダ水でもOK。

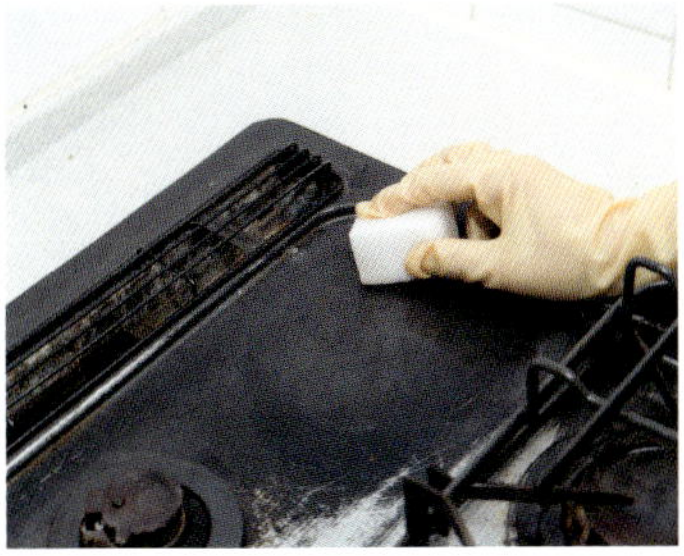

メラミンスポンジでこする

洗剤は使わず水だけでこすり落とせる。すすぎいらずなので時短に。

裏ワザ

なかなか落ちない焦げや汚れは重曹で煮沸する

中性洗剤でも落ちないがんこな焦げや汚れは、重曹を入れた鍋で煮沸して落としましょう。ホーロー製かステンレス製の大きめの鍋（アルミ鍋は黒ずんでしまうので避ける）に、1リットルの水と、重曹大さじ1～2を入れて火にかけます。沸騰したら、バーナーリングや五徳を入れ（やけどに注意）、5分ほど煮沸します。火を止めてそのまま冷まし、取り出してスポンジでこすり洗いします。

重曹で煮沸することで、焦げや汚れを浮き上がらせるパワーがより強力に。

つねに

魚焼きグリル（受け皿・網）

1 魚を焼いた後は流し台へ

魚の脂や汁は、時間が経つほどこびりつきや焦げがひどくなるもの。使ったら必ず流し台へ。

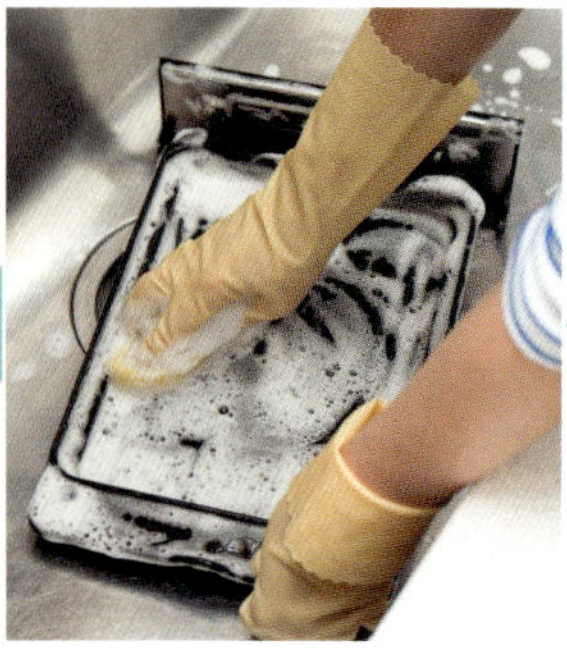

2 泡立てた中性洗剤で洗う

余熱のあるうちに、泡立てた中性洗剤で手早く汚れを落とす。すすぎはお湯でしっかりと。

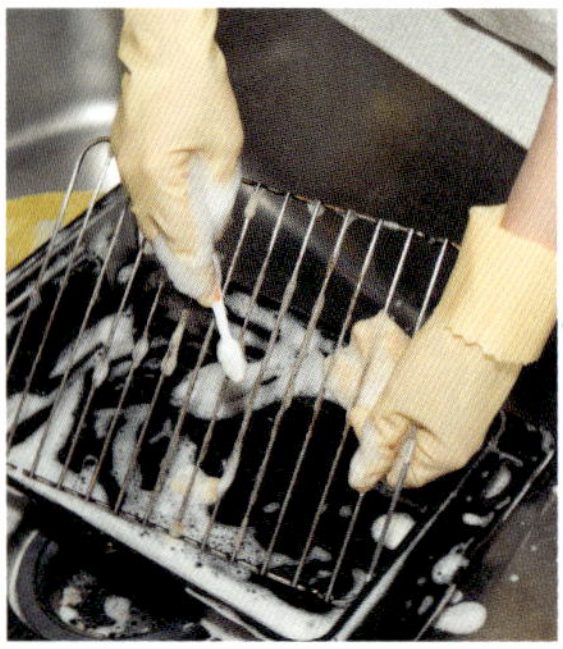

3 隅や網の角は歯ブラシで

受け皿の四隅や網の角は、脂や焦げがたまって固まりやすい場所。歯ブラシなどを活用して、こすり洗いを。

4 重曹と熱湯でゆるめる

洗剤だけでは取れない頑固な汚れは、重曹に熱湯を加えて浸け置き、スポンジでこすり洗う。

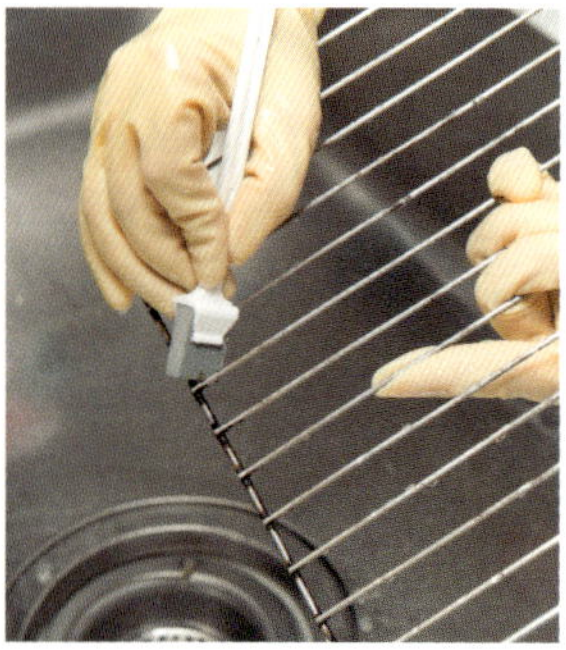

専用の道具も活用

洗剤や重曹でも取れない手ごわい汚れは、魚焼きグリル専用の研磨道具を活用する。

使うときは

アドバイス

受け皿に、水と一緒に大さじ１の重曹を入れておくと、洗うのがラクチンに

使う道具

- 中性洗剤
- 重曹
- 歯ブラシ
- スポンジ

裏ワザ

丸めたアルミホイルで焦げが落ちる

焼き網の焦げつきを削り落とすのに、丸めたアルミホイルが便利。使い捨てできるので気軽に使えます。アルミホイルは、調理で使ったものを再利用すると無駄がありません。

アルミホイルでこすると独特な高い音が出る。気になる人は中性洗剤を少しつけてこするとよい。

つねに

魚焼きグリル（庫内）

使う道具

- 重曹水（P30参照）
- スポンジ
- ウエス

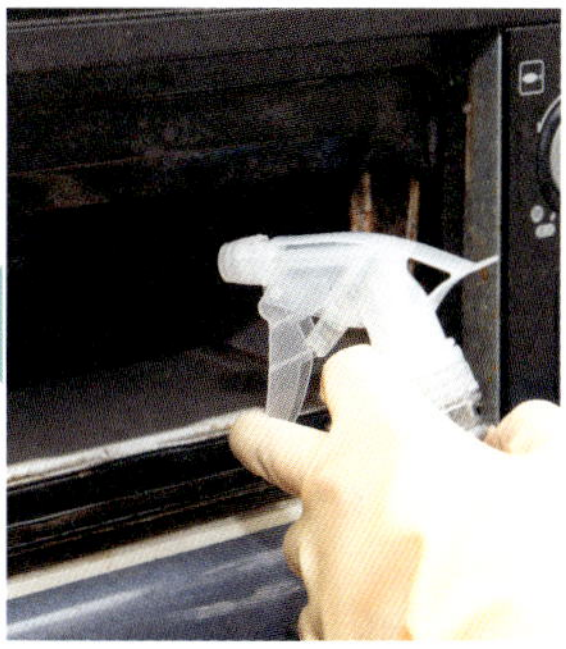

1 重曹水を吹きつける

熱が冷めた頃を見計らって、重曹水をスプレーする。

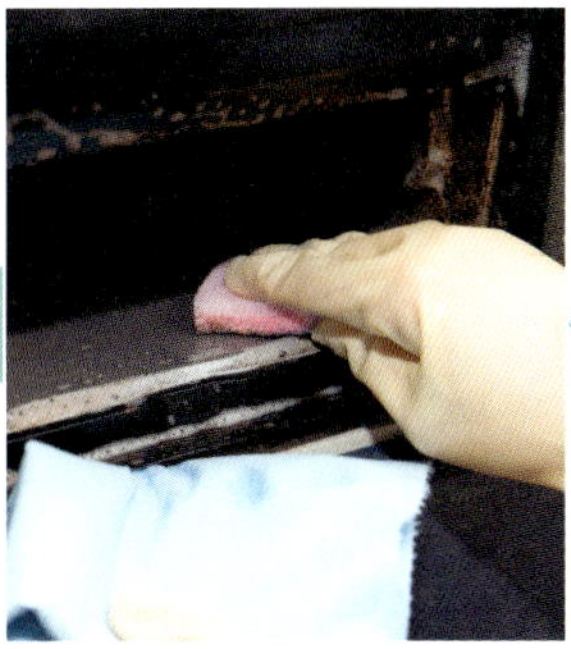

2 スポンジでこする

重曹水で汚れをゆるめたら、かためのスポンジでこする。

3 グリル内側をよく拭く

水分が残ると故障の原因にも。ウエスなどで汚れと水気を取り除き、さらにキレイなウエスで拭いて仕上げる。

つねに

コンロ・グリルのつまみ

使う道具

- 弱アルカリ性洗剤
- ウエス

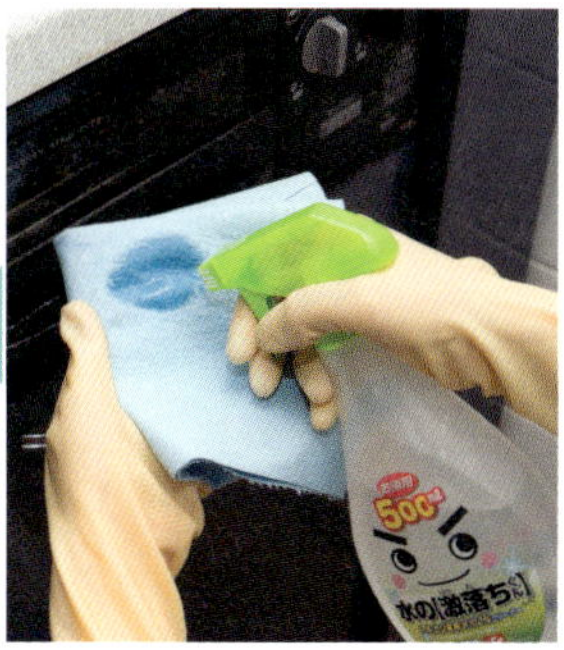

1 ウエスを湿らせて拭く

手アカや油汚れがつきやすいコンロまわり。まずは、弱アルカリ性洗剤をウエスに吹きつける。

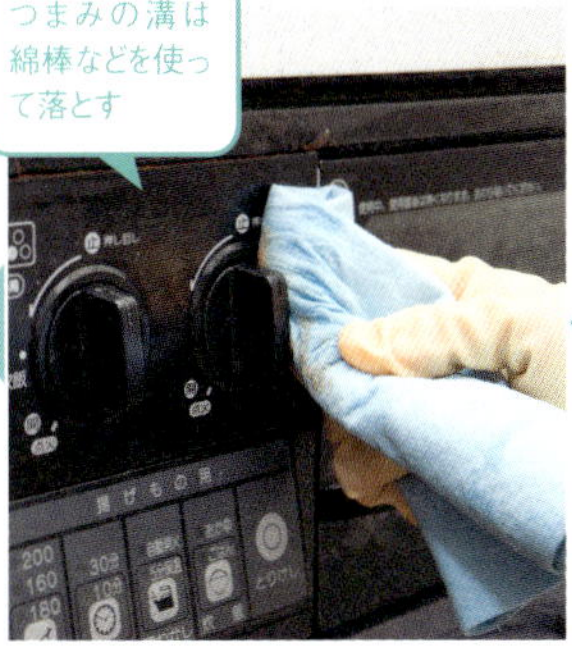
つまみの溝は綿棒などを使って落とす

2 つまみ部分を拭く

湿らせたウエスでつまみ部分をこすり拭いた後、水拭きで仕上げる。

3 取っ手のまわりの汚れも

油汚れはもちろん、汁汚れなどがたまりやすい取っ手部分も、弱アルカリ性洗剤をウエスに吹きつけて、こすり拭く。

汚れをためないコツ

収納場所を決めてお掃除グッズを常備

なかなか継続するのがむずかしい「ためない」掃除。キッチンの隅などに収納場所を決めて、ウエスや新聞紙・綿棒などを置いておくと、気づいたときにサッと使えるので、キレイに保てます。

コンロのつまみ周辺や溝部分など、細部の掃除には綿棒が便利。

カー用品のリサイクルペーパーは、洗うこともできて丈夫なので、ウエス代わりに便利。

換気扇

掃除は油浮きする夏場がおすすめ

ポイント

- 掃除しやすいフードまわりはこまめにケア
- 頑固な油汚れは時間をかけて掃除する
- 年末より気温の高い季節の方が掃除はラク

レンジフード・シロッコファン

月1回（外側）／年1～2回（ファン）

使う道具

- 弱アルカリ性洗剤
- ウエス
- ゴム手袋

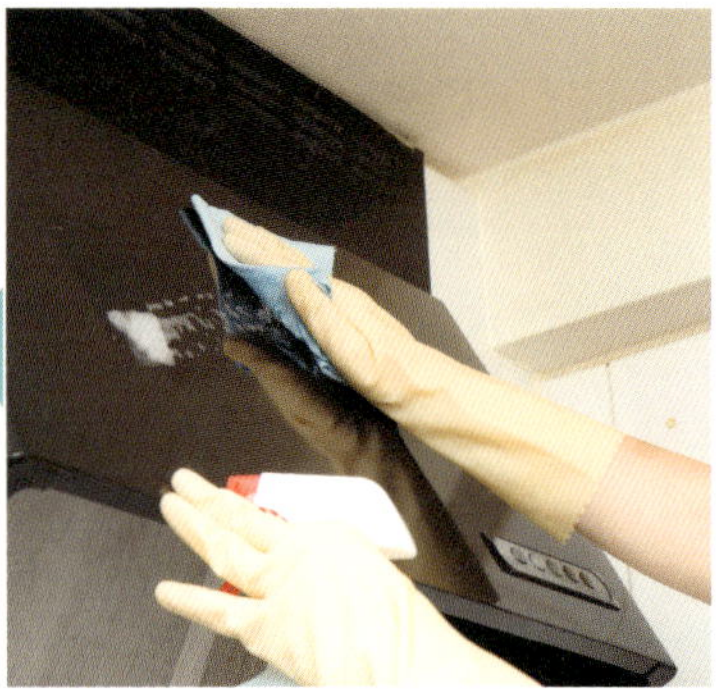

1 レンジフードはこまめに

レンジフードの外側は、弱アルカリ性洗剤を吹きつけたウエスでこすって拭き取り、水拭きして仕上げる。

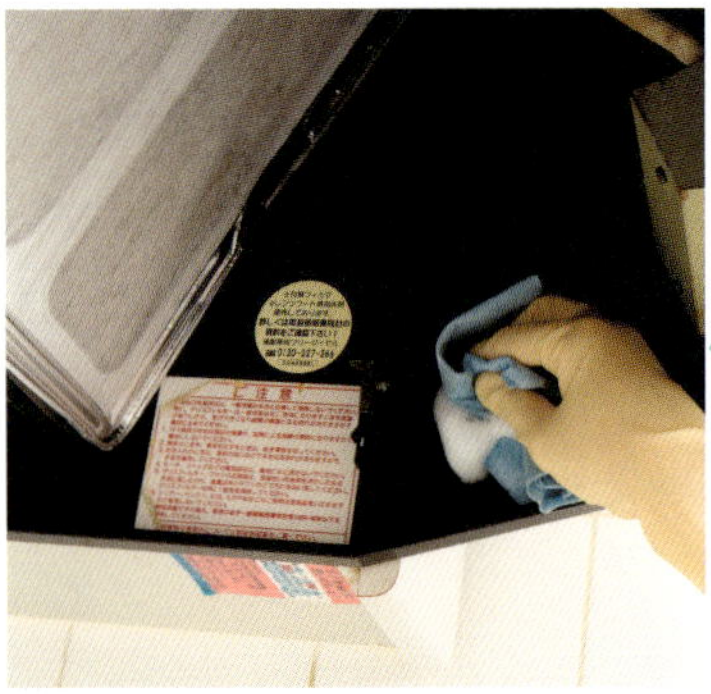

2 内側は油垂れに注意して

油がたまり垂れやすくなっている内側の縁部分は、ウエスにアルカリ性洗剤をつけ、押しつけるようにゆるめてから拭く。

3 ファンを取りはずす

シロッコファンのネジをはずすときは、順番と向きを確認し、ネジをなくさないよう数を数えて保管する。電源は必ず切っておく。

4 浸け置き洗いが最適

形状が複雑なシロッコファンは浸け置き洗いがおすすめ。40℃程度のお湯に弱アルカリ性洗剤を溶き、浸け置きしてから洗うと、手間なくキレイになる。

アドバイス

シロッコファンは鋭利な金物なので手を切る恐れが。ゴム手袋をして作業しましょう

Check!

シロッコファンは専門業者に依頼するのもおすすめ

シロッコファン（多翼風送器）は静音性が高く高機能な反面、構造的に掃除のできる範囲が限られます。こういった複雑な設備機器のクリーニングは、専門業者に依頼するのも手。数年に一度はお願いするとよいでしょう。

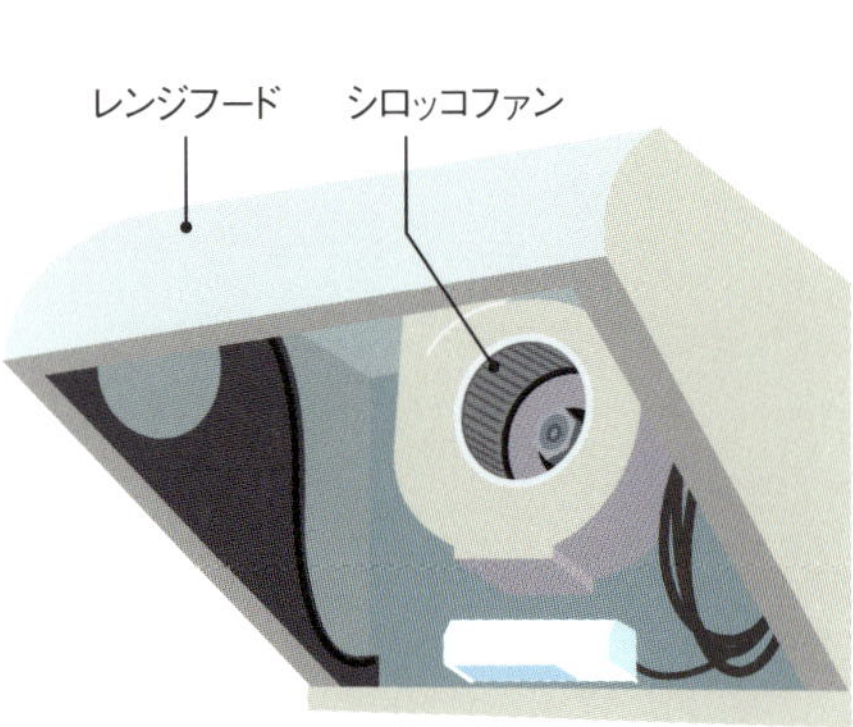

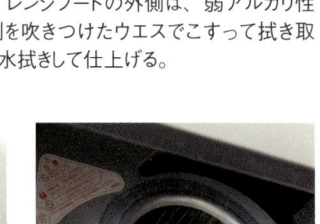

プロペラファン

年1〜2回

使う道具
- アルカリ性洗剤または酸素系漂白剤
- 歯ブラシ
- ウエス
- ゴム手袋

1 洗剤を吹きつける

プロペラファンを取りはずし、シンクなどに置いて、アルカリ性洗剤を吹きつける。酸素系漂白剤で浸け置き洗いをするのも効果的。

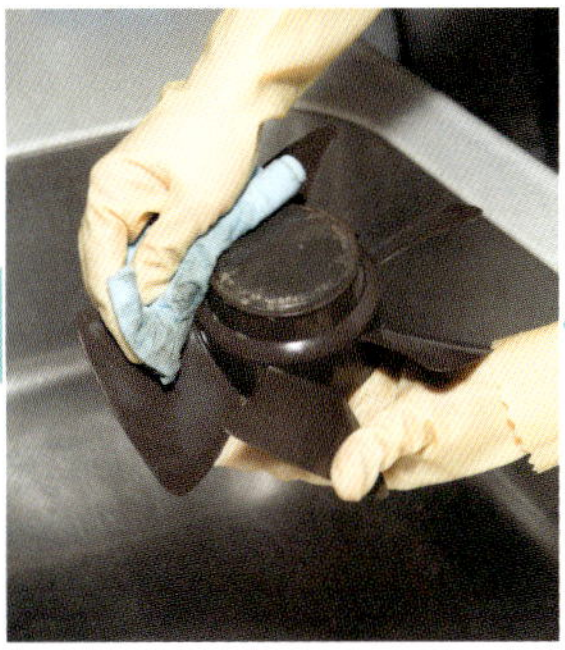

2 ウエスで泡ごと拭き取る

30分ほど置いて汚れがゆるんだら、ウエスなどで泡ごと拭き取り、お湯ですすぐ。細部の汚れには歯ブラシを使うと便利。

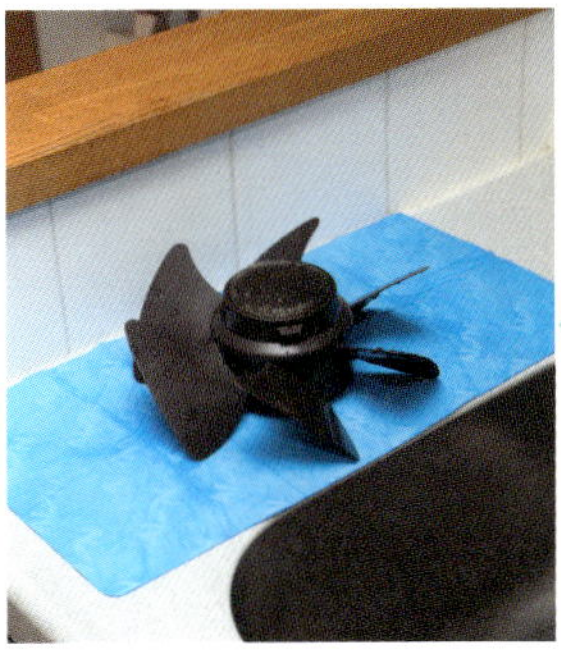

3 よく乾かして、装着する

洗い終わったプロペラは、装着する前に、しっかり乾燥させる。ネジは洗剤を入れた空き瓶に入れ、振り洗いしておく。

グリスフィルター（金網）

年2回

使う道具
- アルカリ性洗剤
- 酸素系漂白剤
- 歯ブラシ
- ウエス
- ゴム手袋

グリスフィルターとはレンジフードの金属製フィルターのこと

1 グリスフィルターをはずす

油で滑りやすく、手を切るおそれもあるので、ゴム手袋をする。ネジはアルカリ性洗剤を入れた空き瓶に入れ、振り洗う。

2 漂白剤に浸け置く

フィルターをシンクやゴミ袋などに入れ、酸素系漂白剤を振り入れ、お湯をためて1時間ほど浸け置く。

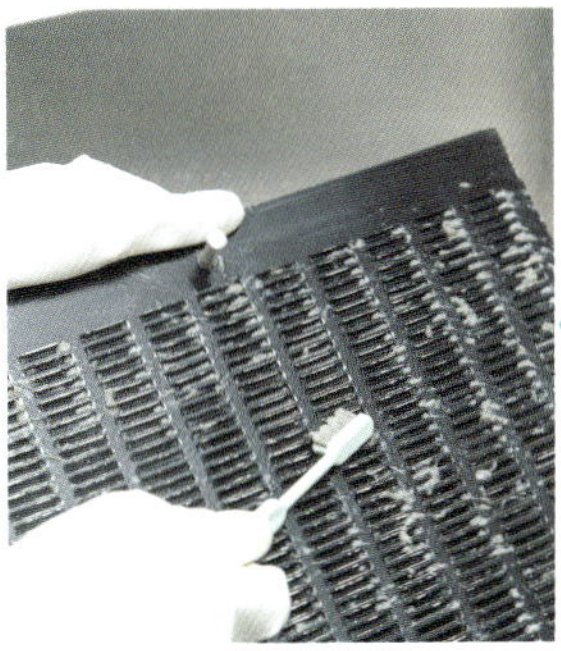

3 汚れをかき出す

汚れが浮き上がったら、歯ブラシなどでやさしくていねいにかき出し、お湯ですすぎ、しっかり乾燥させて装着する。

汚れをためないコツ

セスキ炭酸ソーダ水で「ながら掃除」

こまめに掃除をしていても、料理を作る度にどうしても必ず汚れてしまう、キッチン。シュッと吹きつけてサッと拭くだけで、油汚れが簡単に取れるセスキ炭酸ソーダ水は、とにかく便利。重曹よりも水に溶けやすく、二度拭きも不要なので、スプレー容器に作っておけば、手軽にササッと掃除ができて、キレイに保てます。

油汚れが多いところはこまめにひと拭き!

セスキ炭酸ソーダ水のスプレーは、ズボラさんのためのお助けアイテム。▶作り方は 31 ページへ

床・壁・タイル

放置しないですぐ対処

ポイント

- 調理直後なら水拭きだけで汚れは落とせる
- スリッパの裏もつねにキレイに
- 汚れをためると害虫を招く可能性も

床 つねに

床全体

1 1日1回リセット拭きで清潔

汚れた床はゴキブリのエサ場にもなり不衛生。1日の終わりに1回、床を水拭きして清潔さを保つ。

キッチンマットの下も見逃さずに!

2 スリッパの裏も拭く

せっかく床をキレイにしても、スリッパの裏が汚れを拡散する原因に。床とスリッパはセットでしっかりと拭き掃除を。

隅や縁部分

1 洗剤を使って拭く

床の隅や縁の部分は、油を含んだホコリがたまりベタつきやすいもの。弱アルカリ性洗剤をウエスに吹きつけて、しっかり汚れを拭き取る。

2 湿布＋メラミンスポンジも活用

汚れが固まって落ちにくい場合は、弱アルカリ性洗剤を直接吹きつけ、ラップなどで湿布して汚れをゆるめ、メラミンスポンジでこすり落とすとキレイになる。

使う道具

- 弱アルカリ性洗剤
- お掃除クロス
- ウエス
- メラミンスポンジ
- ラップ

裏ワザ

セスキ炭酸ソーダ水＋ハッカ油でゴキブリ避け

27ページでも紹介したセスキ炭酸ソーダ水は、油汚れの多いキッチン床にも最適です。スプレーを作る際に虫が嫌うハッカ油を少量加えて香りづけしておくと、ゴキブリ避けの効果も期待できます。

スプレー液250mlに対し、「ハッカ油」を10滴ほど加える。
▶セスキ炭酸ソーダ水の作り方は31ページへ

タイル壁

つねに

使う道具
- 中性洗剤
- 弱アルカリ性洗剤
- お掃除クロス
- キッチンペーパー

1 お掃除クロスで水拭き

調理で飛び散った油や調味料などの跳ね汚れは、調理の後すぐに、お掃除クロスで水拭きすれば落ちる。

2 中性洗剤を加える

ちょっと頑固な汚れの場合は、水拭きの際に、中性洗剤を数滴垂らした水やお湯で拭くと、汚れ落ちがよくなる。

マジックリン

3 洗剤で湿布する

こびりついた手ごわい汚れは、弱アルカリ性洗剤とキッチンペーパーで湿布して浮かせてゆるめ、こすると取れやすくなる。

タイル床

月1回

使う道具
- 弱アルカリ性洗剤
- 歯ブラシ
- スポンジ

1 目地汚れに注意

耐水性があり傷もつきにくいタイル床は掃除がしやすく、軽い汚れなら水拭きでOK。ただし、放っておくと目地にカビや汚れがついて落とすのが大変に。

2 歯磨きの要領でこする

目地に汚れがつきはじめたら、歯ブラシに弱アルカリ性洗剤をつけ、歯磨きをする要領でゴシゴシと落とす。

3 タイル全体をこすり上げる

最後に、全体に弱アルカリ性洗剤を吹きつけ、スポンジなどでこすり、水拭きすれば、見た目も汚れもすっきり。

裏ワザ

「消毒用エタノール」でキッチンはいつでも清潔、ピカピカ

キッチン汚れにつきものの油汚れ、水性の調味料汚れ。どちらも落とすことができるのが消毒用エタノール。掃除と同時に殺菌・除菌効果も期待できて、水拭きも不要。ただし、火のそばで使う際は引火にくれぐれも注意してください。

アルコールだから
衛生面も安心
アルコール
除菌

消毒用エタノール主体の洗浄剤なら、初心者でも使いやすくておすすめ。スーパーなどで購入できる。

キッチン掃除に大活躍！

ナチュラル素材を活用しよう

比較的安全で環境負荷も少ないといわれる「重曹」や「クエン酸」などを使った掃除は、とくに食べ物を扱うキッチン掃除にぴったり。小さい子どもやペットのいる家庭なら、キッチンに限らずさまざまな場所におすすめです。基礎知識を身につけて、ナチュラルクリーニングにチャレンジしてみましょう。

上手に使いこなせば じつはとっても合理的

小さい子どもやペットがいる家庭でも、もとがナチュラル素材なら万が一のときにもあわてなくてすみます。うまく使いこなせば、用途に合わせてたくさんの洗剤を購入する必要がなくなり、とっても合理的です。

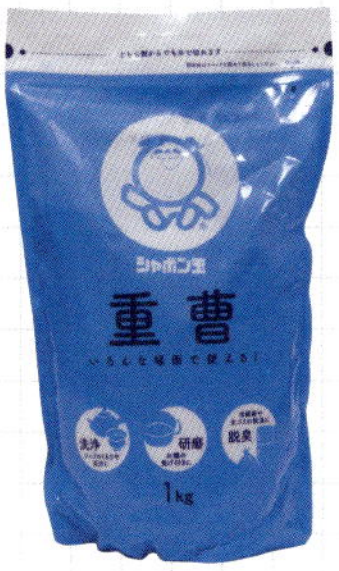

重曹

●特徴

炭酸水素ナトリウム。弱アルカリ性（pH8）で、酸性の油汚れや悪臭を中和する。除湿、研磨作用もある。

●どこに使えるの？

粉のままキッチンシンク、ペースト状で換気扇、5%水溶液で拭き掃除などで使用。

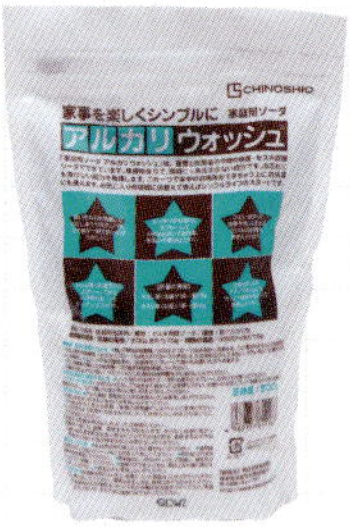

セスキ炭酸ソーダ

●特徴

セスキ炭酸ナトリウムが主成分。弱アルカリ性（pH9.6 ～ 10）で水に溶けやすい。

●どこに使えるの？

基本的に水に溶かし、スプレー容器などに入れて住まい全般の拭き掃除などに活用。

水に溶かしてスプレーを作る

「重曹」「セスキ炭酸ソーダ」「クエン酸」は水に溶かすと掃除での使いやすさがぐっとアップします。それぞれ落としやすい汚れの種類が違うので、特徴を知って使い分けることが大切です。肌にもやさしく地球にもやさしいナチュラル素材を使いこなしましょう。

重曹水

●作り方

スプレーボトルなどに水 500ml、重曹大さじ1を入れ、よく振り混ぜる。

●使用期限

1カ月

●特徴

食品添加物なので安全性が高い。油汚れが気になるキッチンや、鍋の焦げ落とし（煮洗い）などに活用。

●使用を避けたいもの

無垢材のフローリング、畳。

石けん

●特徴

脂肪酸カリウム、脂肪酸ナトリウムが主成分。油や油を含む汚れを水に溶かす界面活性作用がある。

●どこに使えるの？

スポンジなどでよく泡立て、キッチンの油汚れ落としや家具の掃除などに使用。

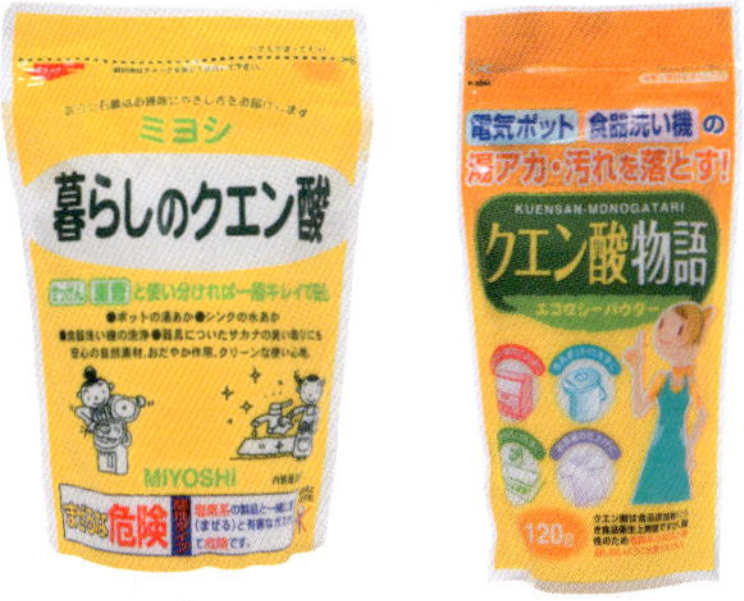

クエン酸

●特徴

水溶液は弱酸性で pH2.1。水に溶けやすいが酢と違って揮発はしない。酢のような刺激的なニオイはない。

●どこに使えるの？

キッチンや浴室、洗面所などの水アカ落とし。石化したカルキ汚れなどを落とす。

エタノールを主成分とした市販のクリーナーも便利

消毒用エタノール

●特徴

基本的には医療用消毒剤として使われる、純度 80%程度のエタノールのこと。揮発性が高く、親油性・親水性があり、殺菌作用がある。

●どこに使えるの？

冷蔵庫内の掃除や除菌、押入れや結露した窓のカビ掃除、油汚れ落としなどに使用。

注意すること

- 揮発性・引火性があるので火気厳禁
- 革、スチロール、ニス、ワックスをかけたフローリングなどには使用しない
- 多量に噴霧しない
- 子どもの手の届かないところに置く

クエン酸水

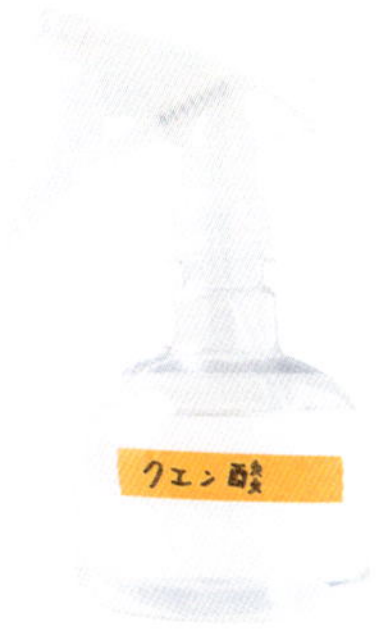

●作り方

スプレーボトルなどに水 500ml とクエン酸小さじ1を入れ、よく振り混ぜる。

●使用期限

1カ月

●特徴

水アカなどのミネラル汚れを溶かし、トイレのアンモニア臭などの悪臭を中和する。

●使用を避けたいもの

大理石。金属はよくすすげば使用可。

セスキ炭酸ソーダ水

●作り方

スプレーボトルなどに水 500ml とセスキ炭酸ソーダ小さじ1を入れ、よく振り混ぜる。

●使用期限

1～2カ月

●特徴

油脂汚れや子どものミルクの嘔吐などのたんぱく質汚れを中和、分解する。スイッチプレートやコンロまわりに使える。

●使用を避けたいもの

アルミや木製品（白木）、畳。

浴室・洗面所・トイレ

汚れの中に水気のほか、綿ボコリや土ボコリ、石けんや化粧品、カビや酵母、汚物や細菌など、さまざまな汚れが混在している水まわり。つねに衛生面に気を配りながらのお掃除を心がけて。

浴室

浴槽・フタ ▶▶▶ P.34

中性洗剤、スポンジやブラシを使って掃除する。カビが生えないよう注意。

排水口 ▶▶▶ P.36

髪の毛をためないこと。便利グッズを活用するのも手。

床・壁 ▶▶▶ P.37-38

水気を残さないことが大切。入浴後、掃除後はすぐに乾燥させて。

ドア・天井・換気扇 ▶▶▶ P.40-41

ホコリ、カビ対策を入念に。

鏡 ▶▶▶ P.39

白いカルキ汚れを蓄積させないよう水滴を拭き、クエン酸を活用する。

浴室小物など ▶▶▶ P.39

クエン酸を上手に活用して、水アカを残さないようにする。

蛇口 ▶▶▶ P.35

単水栓、混合栓ごとに汚れやすい場所をていねいに。

洗面まわり

洗面台 ▶▶▶ P.45

ホコリや髪の毛による汚れの多い場所。こまめなケアで清潔を保つ。

床・マット ▶▶▶ P.44-45

掃除機がけでゴミを取り、マットは乾燥を心がけてカビ予防を。

洗面ボウル・蛇口 ▶▶▶ P.42

普段の掃除は水だけでも落ちる。汚れをためたら中性洗剤で落とす。

排水口 ▶▶▶ P.43

こまめにゴミを取り去り、水滴を拭いて水アカを残さない。

トイレ

床・壁 ▶▶▶ P.48

意外な悪臭源になりやすい部分。見過ごさず定期的に掃除する。

ペーパーホルダー・マット ▶▶▶ P.50

まめに交換する。汚れたものは洗濯して、清潔を保とう。

便器 ▶▶▶ P.46

中性洗剤とブラシなどで、できれば毎日こまめに掃除する。

タンク ▶▶▶ P.47

カビやサビなどは、便器の汚れにも直結するので、定期的にチェックを。

浴室・洗面所・トイレの掃除スケジュール

掃除どき	場所		用意する道具
つねに	浴室	浴槽	中性洗剤　ブラシ　スポンジ
		排水口	中性洗剤　塩素系漂白剤　歯ブラシ
	洗面所	洗面ボウル	中性洗剤　スポンジ　お掃除クロス
		排水口	塩素系漂白剤　パイプ洗剤　歯ブラシ　ウエス
	トイレ	便器	中性洗剤　塩素系漂白剤　ブラシ　ウエス
週１回	浴室	フタ	中性洗剤　ブラシ　スポンジ
		蛇口	中性洗剤　歯ブラシ　お掃除クロス
		鏡	クエン酸水　スポンジ　お掃除クロス
		タイル（目地）	塩素系漂白剤　歯ブラシ
		壁	中性洗剤　塩素系漂白剤　スポンジ
		床	中性洗剤　塩素系漂白剤　ブラシ　スポンジ ゴミ袋　乾いた布
		浴室小物	中性洗剤　クエン酸水　スポンジ
	洗面所	蛇口	クエン酸水　歯ブラシ　お掃除クロス
		鏡	クエン酸水　お掃除クロス
		床	メラミンスポンジ　お掃除クロス　掃除機
		マット類（洗濯）	洗濯用洗剤　洗濯機
	トイレ	床	中性洗剤　ウエス　メラミンスポンジ
		壁	中性洗剤　ウエス
		ドア	中性洗剤またはクエン酸水　お掃除クロス
		ペーパーホルダー	消毒用エタノール　ウエス
		カバー・マット類	洗濯用洗剤
月１回	浴室	シャンプーラック	中性洗剤　歯ブラシ　スポンジ
		シャワーヘッド	クエン酸水　歯ブラシ　つま楊枝　お掃除クロス
		ドア	クレンザー　歯ブラシ　スポンジ
		天井	消毒用エタノール　お掃除クロス
		換気扇	中性洗剤　歯ブラシ　お掃除クロス　掃除機
	トイレ	洗浄機ノズル	クエン酸　歯ブラシ　つま楊枝
		暖房便座操作部	クエン酸水　お掃除クロス　新聞紙　歯ブラシ
		タンク・水受け	クエン酸水　お掃除クロス　サンドペーパー　ブラシ
３カ月に１回	洗面所	洗面台の下	消毒用エタノール　お掃除クロス
		棚	消毒用エタノール　ウエス
年１回	トイレ	換気扇	消毒用エタノール　歯ブラシ　ウエス　掃除機

「汚れ」と「カビ」両方の対策を 浴槽・フタ・蛇口

ポイント

- 浴槽の掃除は入浴直後がベスト
- 浴槽のフタのすき間に汚れをためない
- 蛇口の汚れは見えにくいので要注意

浴槽 つねに

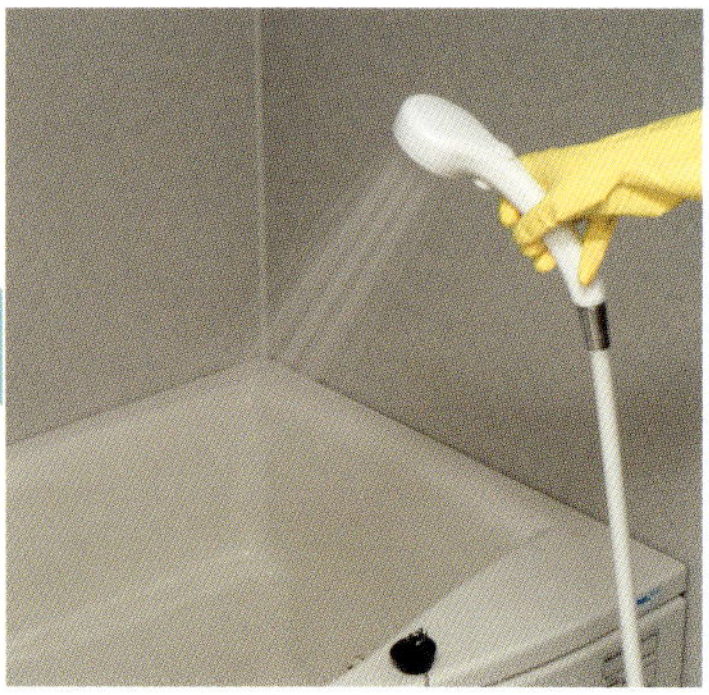

1 **湯抜き直後にすすぎ流す**

浴槽掃除は汚れが浮きやすい入浴直後がベスト。浴槽のお湯を抜き、まずは底に残った髪の毛や湯アカをすすぎ流す。

2 **浴槽外、内側、底の順に洗う**

お風呂用の中性洗剤をスポンジにつけて軽くこすり洗う。底の部分や隅の部分はヌメりやすいので特に念入りに。

腰を曲げずに届いてラクチン

アドバイス

ひざの痛みや腰痛がある人は、柄つきのブラシなどを活用すると安心

3 **洗剤をすすぎ落とす**

洗剤が残っていると浴槽にシミや色素沈着が起こるおそれが。泡や洗剤はしっかりすすぎ流す。水で流せば浴室の温度が下がりカビ防止対策にも。

使う道具

- 中性洗剤
- ブラシ
- スポンジ

フタ 週1回

1 **水アカやヌメリを洗う**

中性洗剤を直接吹きつけて、スポンジでこすり、すき間にたまった水アカやヌメリを落とす。よくすすいで、しっかり乾燥させる。

2 **すき間をブラシで洗う**

フタの形状によっては、すき間に入るブラシを活用しても◎。すすぎと乾燥をせず丸めておくとカビの原因になるので要注意。

使う道具

- 中性洗剤
- ブラシ
- スポンジ

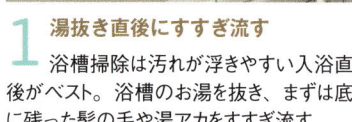

蛇口

週1回

使う道具

- 中性洗剤
- 歯ブラシ
- スポンジ
- お掃除クロス

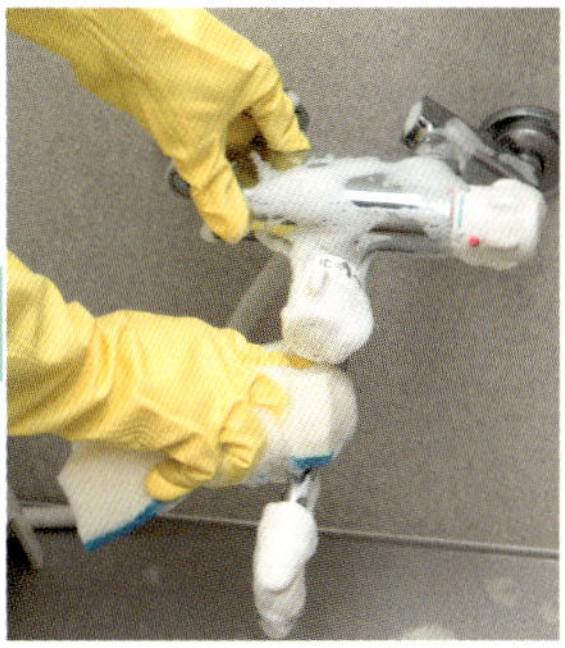

1 全体の汚れを落とす

中性洗剤をつけたスポンジを泡立て、蛇口全体をすみずみまでこすり洗う。

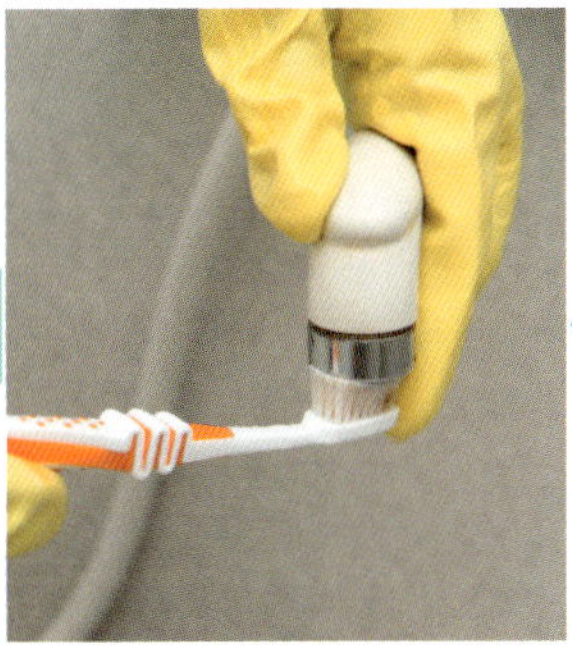

2 吐水口は念入りに洗う

水分のたまりやすいハンドルまわりやハンドル下は、カビやすいので歯ブラシで念入りに洗う。

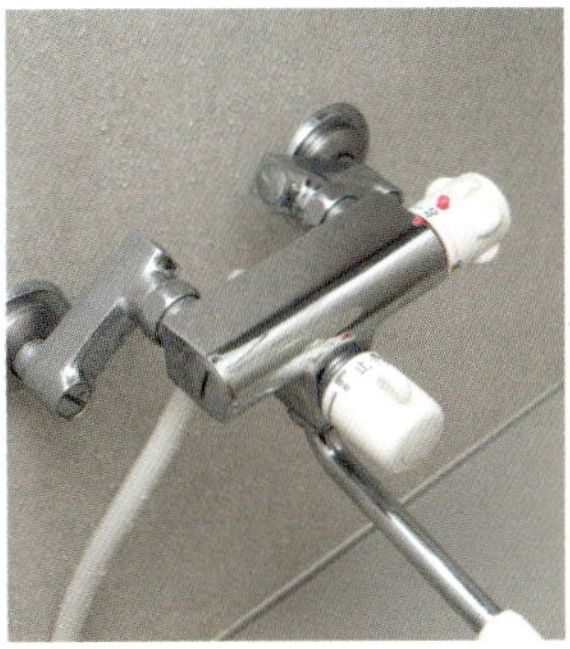

3 光るくらいから拭きする

洗剤が残らないよう、しっかりすすぎ流し、から拭きをしてピカッと光らせ仕上げる。

Check!

アドバイス

蛇口は洗剤を使わなくても、まめに水気を拭き取ればキレイをキープできます

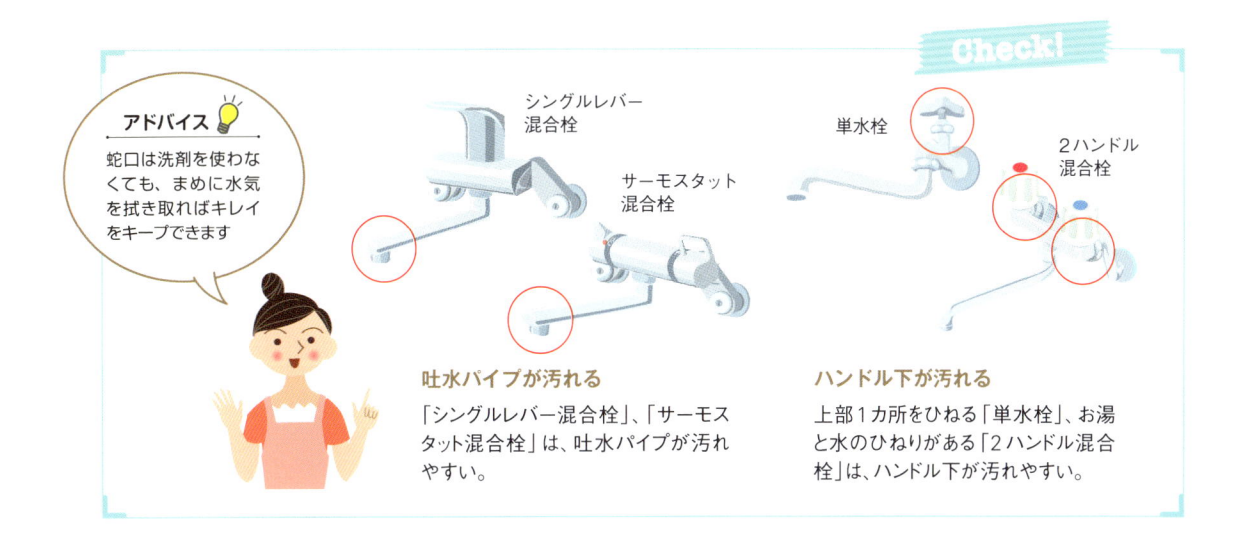

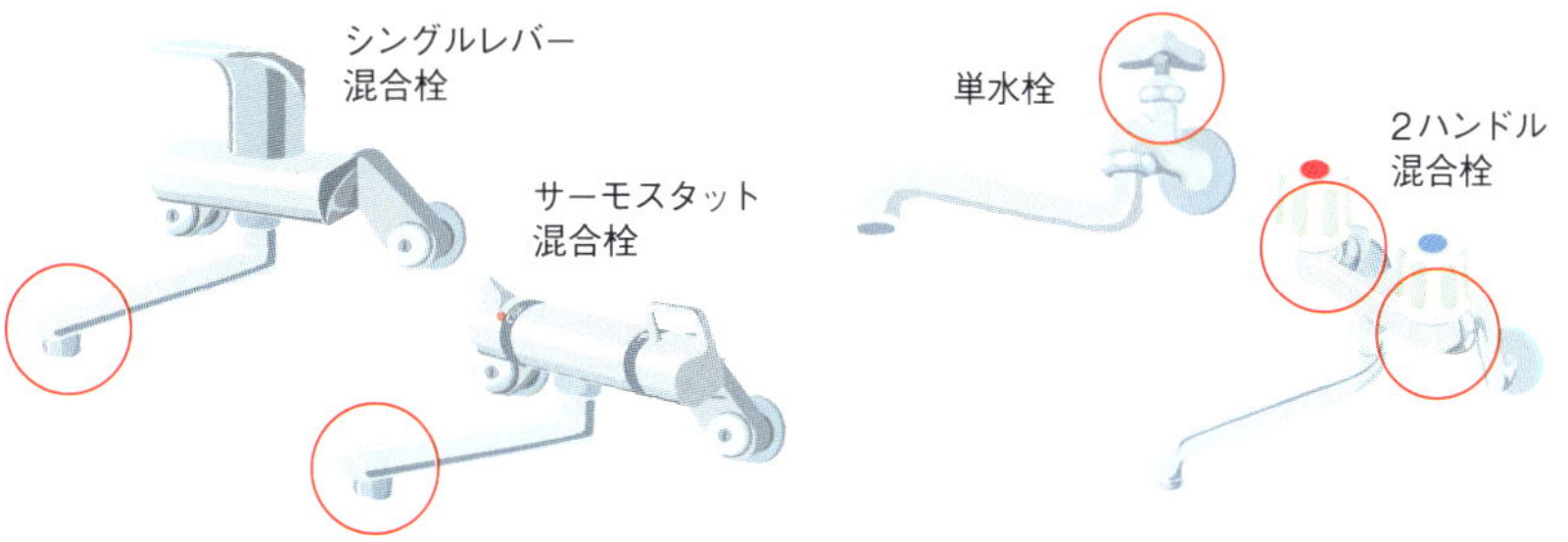
シングルレバー
混合栓
サーモスタット
混合栓
単水栓
2ハンドル
混合栓

吐水パイプが汚れる

「シングルレバー混合栓」、「サーモスタット混合栓」は、吐水パイプが汚れやすい。

ハンドル下が汚れる

上部1カ所をひねる「単水栓」、お湯と水のひねりがある「2ハンドル混合栓」は、ハンドル下が汚れやすい。

裏ワザ

白いカルキ汚れもクエン酸水＋ラップですっきり！

中性洗剤でこすってもなかなか落ちにくいカルキ（石灰）汚れには、クエン酸スプレーが効きます。ラップで湿布するとより効果的です。ただしクエン酸がサビの原因になるのでしっかり洗い流しましょう。また、水滴を残さないだけでもカルキ汚れは軽減できます。まずは「水滴は拭き取る」ことを習慣にしましょう。

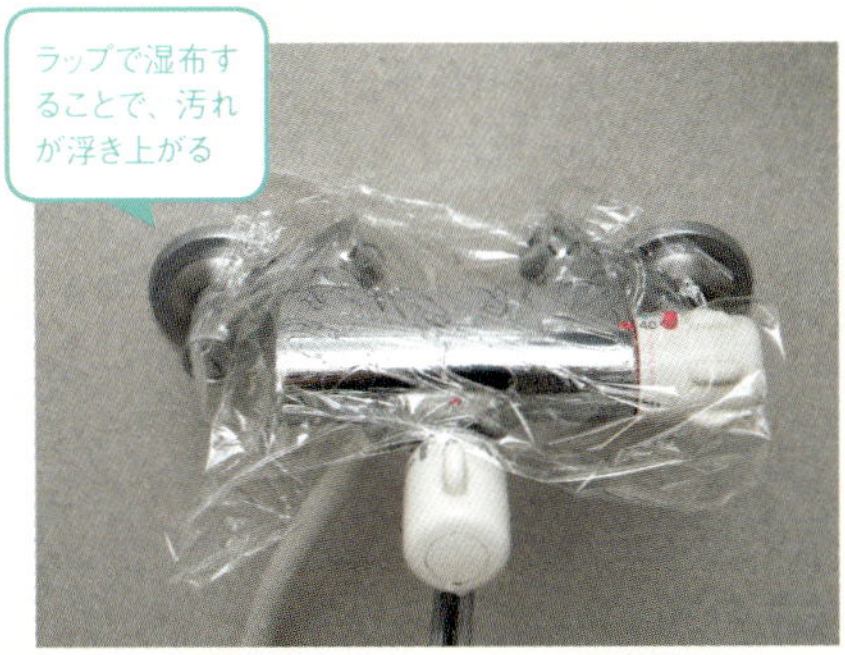
ラップで湿布することで、汚れが浮き上がる

クエン酸水をスプレーしてからラップで覆い、しばらく放置して水ですすぐと、簡単に汚れが落ちる。

排水口・床

汚れはまめに取り除きたい

ポイント

- 最低限、排水口に髪の毛をためないこと
- 洗い場は雑菌だらけという認識をもつ
- 材質に合った掃除道具を使って効率的に

排水口

つねに

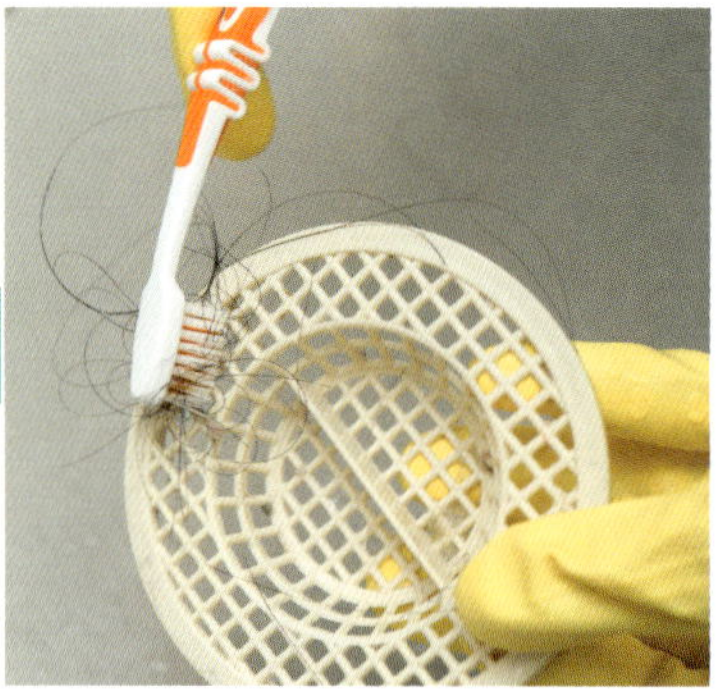

1 髪の毛、ゴミを取り除く

髪の毛やゴミが排水口汚れのおもな原因。歯ブラシなどでまめに取り除いておけば、日々の掃除がラクに。

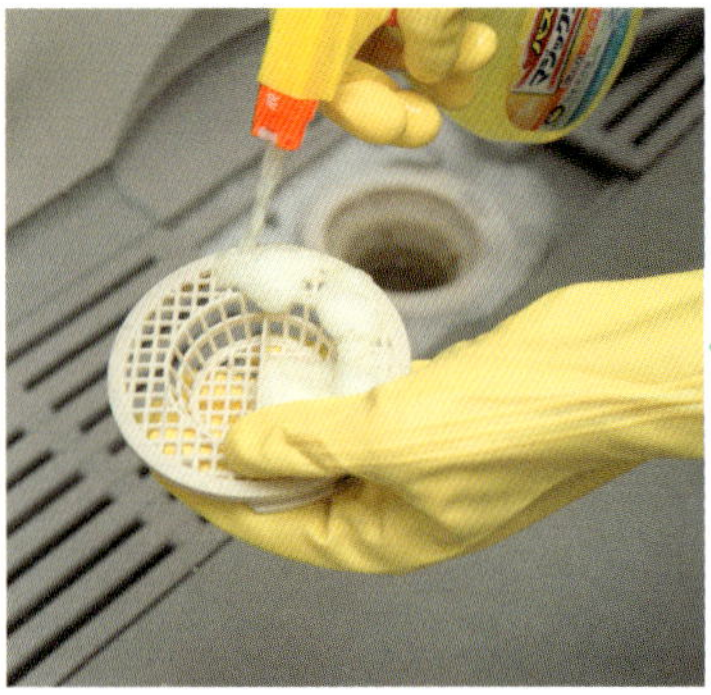

2 中性洗剤で洗う

排水口のカバーに中性洗剤をスプレーして歯ブラシなどで洗う。汚れをため過ぎない限り、中性洗剤で十分キレイに。

3 ためてしまった汚れには漂白剤

ヌメリや黒カビが蔓延している場合は、まず塩素系漂白剤をスプレーし、20分ほど置いてカビをしっかり分解する。

漂白剤を使用する際は窓を開けて換気をすること

4 歯ブラシで洗う

漂白剤をスプレーすると、ニオイも少なくなり掃除しやすい状態に。あとは歯ブラシで細かい部分を洗い、しっかり流す。

使う道具

- 中性洗剤
- 塩素系漂白剤
- 歯ブラシ

裏ワザ

お助けグッズで、厄介な排水口も手軽にキレイに

なるべく手で触れたくない排水口の掃除には、使い捨てのグッズが便利。排水口にポンと置くだけで、ゴミや髪の毛をキャッチしてくれる優れもの。そのままポイッと捨てられるので、掃除のストレスも軽減できます。

ネットやシートのものがある。排水口のサイズに合ったものを選ぼう。

床

週1回

使う道具

- 中性洗剤
- 塩素系漂白剤
- ブラシ
- スポンジ
- ゴミ袋
- 乾いた布

1 中性洗剤で洗う

水アカやホコリ、シャンプーのカスなどがたまってできた汚れに、中性洗剤をスプレーして、ブラシやスポンジでこすり洗う。

2 隅の部分は念入りに

壁と床の境目や体を洗うときに座るイスなどは、汚れがたまりやすいので、しっかりこすること。

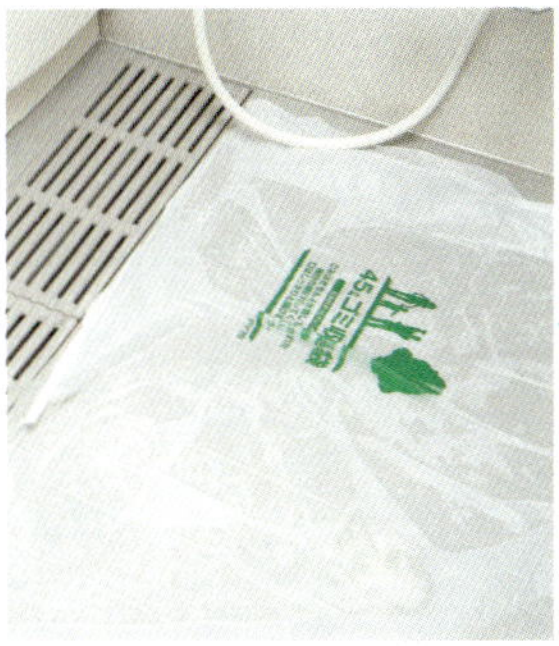

3 ひどい汚れは洗剤で湿布

床の凹凸に汚れが食い込んでいる場合は、床全体に中性洗剤をスプレーし、ゴミ袋を貼って2時間ほど湿布する。

4 カビには塩素系漂白剤

中性洗剤では落ちないカビは窓を開け、漂白剤をスプレーして20分置き、こすり落とす。

古いバスタオルを利用しても◎

5 掃除の後は水気を取る

最後に水でしっかり洗い流す。布で床に残った水分を拭き乾燥させればカビ予防に。

アドバイス

浴室の床は面積が広いので、掃除用ブラシやスポンジは大きめがおすすめです

汚れをためない
コツ

乾燥&交換で掃除グッズも清潔に

つい長く使ってしまいがちな掃除用のブラシやスポンジ類。キレイにするための道具のはずが、雑菌の温床になってしまうことがあります。洗剤をしっかり落として乾燥させ、定期的に交換しましょう。

乾燥がむずかしいスポンジ類は、雑菌の巣窟になることも。壁につるす保管なら水切りもできて便利。

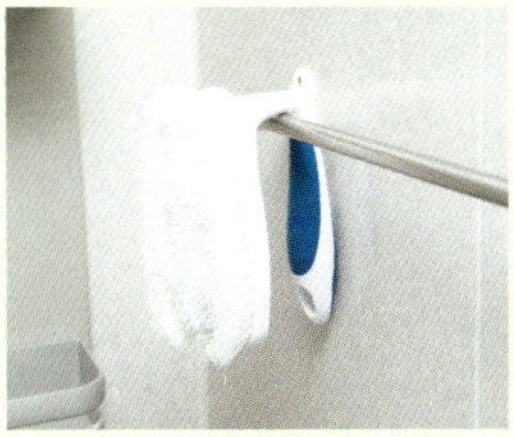

掃除グッズの形に合った保管道具を使おう。掃除グッズは1〜2カ月おきに交換を。

壁・浴室小物など

なるべく水滴を残さないように

ポイント

- 使った後、水で流すだけでもキレイになる
- 水気を拭き取りカビの発生を防ぐ
- 壁も週に一度は掃除をする

壁

週1回

使う道具
- 中性洗剤
- 塩素系漂白剤
- スポンジ

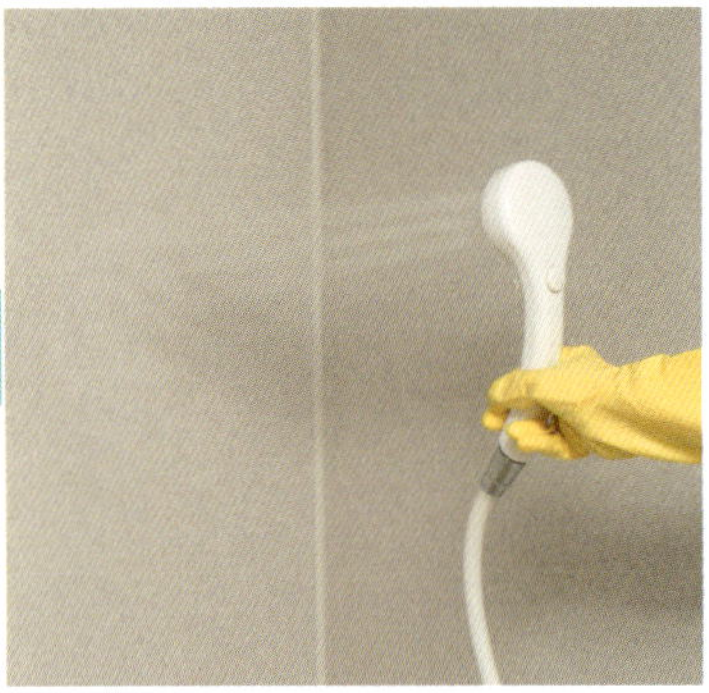

1 シャワーの水で流す

壁汚れのおもな原因は石けんやシャンプーの飛び散り。その都度、シャワーの水で流すだけでも汚れは落ちる。

2 蓄積した汚れはこすり洗いで

たまった汚れは中性洗剤をつけたスポンジでこすり洗う。黒ずみはほぼカビなので、塩素系漂白剤で週 1 回は洗い落とす。

タイル（目地）

週1回

使う道具
- 塩素系漂白剤
- 歯ブラシ

赤みのあるカビには塩素系漂白剤を

目地に赤みが差してきたら赤色酵母が発生している証拠。塩素系漂白剤を吹きつけ、30 分ほど置いて歯ブラシでこする。

アドバイス

黒カビになると塩素系漂白剤でも落としきれないことも。早めの対処がカギに

裏ワザ

ジェル状カビ取り剤で垂直面のカビ退治

従来のカビ取り剤（塩素系漂白剤。主成分は次亜塩素酸ナトリウム）は、垂直面ですぐに垂れてしまい、成分がカビの根まで行き渡りにくいという弱点が。ジェルタイプなら垂れにくいので効果的です。

塗布して 30 分ほど置き、歯ブラシでこすり落とす。しっかり水洗いして乾燥させる。

シャンプーラック

月1回

使う道具
・中性洗剤
・歯ブラシ
・スポンジ

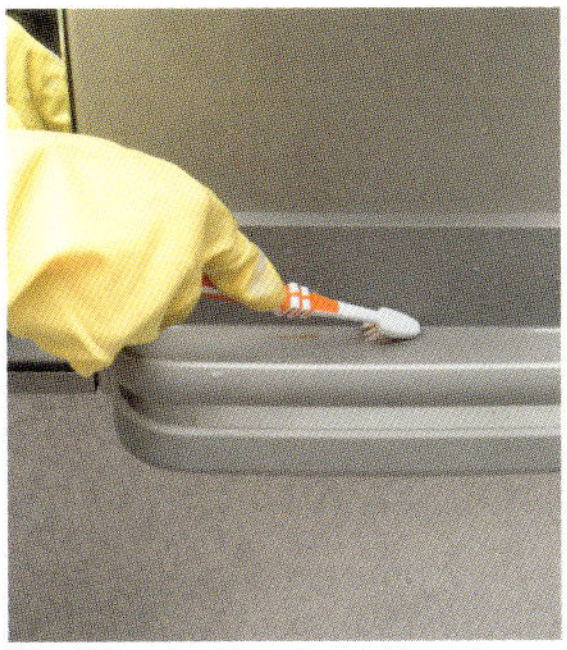

中性洗剤で洗う

ラック全体に中性洗剤をスプレーし、スポンジでこすり洗う。細部の汚れは歯ブラシでこすり落とす。

鏡

週1回

使う道具
・クエン酸水（P31参照）
・スポンジ
・お掃除クロス

クエン酸水を吹きつける

2～5%の濃度に希釈したクエン酸水を吹きつけ、スポンジでこする。最後にから拭きをする。

風呂用イス

週1回

使う道具
・中性洗剤
・クエン酸水（P31参照）
・スポンジ

1 使用前後にお湯をかける

毎回の使用前・使用後に、シャワーのお湯をかけるひと手間で、汚れの蓄積が予防できる。

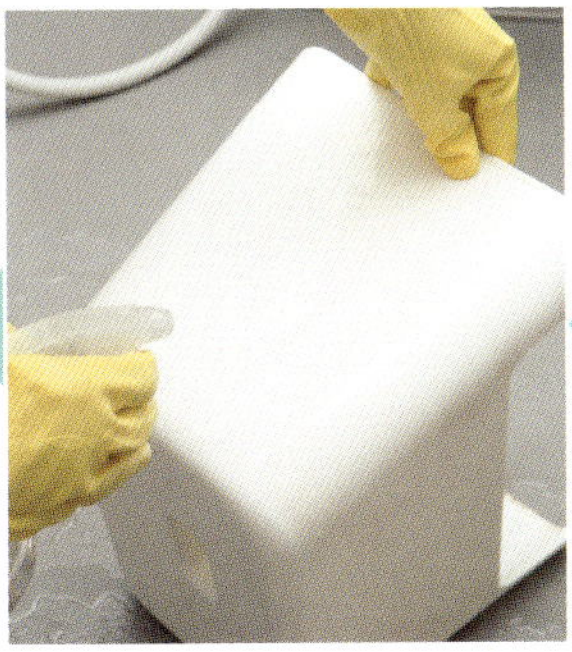

2 湯アカにはクエン酸水を

中性洗剤とスポンジで落ちない湯アカや石けんカスは、クエン酸水で汚れをゆるめて落とす。

3 裏側も念入りに

汚れやカビがつきやすい裏側・足部分などは、裏返して念入りに洗う。最後にクエン酸水を洗い流し（カビ予防）、乾燥させる。

シャワーヘッド

月1回

使う道具
・クエン酸水（P31参照）
・歯ブラシ
・つま楊枝
・お掃除クロス

1 クエン酸水に浸ける

クエン酸大さじ1を洗面器に溶かしシャワーヘッドを浸してしばらく置き、歯ブラシでこすり洗う。

2 目づまりは楊枝で取る

ヘッドの目づまり部分は、つま楊枝の先などを使って汚れをかき取る。

3 から拭きして仕上げる

すすぎ洗いでクエン酸成分をよく落とし、しっかりから拭きして仕上げる。

ドア・天井・換気扇

ホコリ、水滴、カビによる汚れが多い

ポイント

- 長時間換気をするとホコリがたまりやすい
- ホコリと水気を合体させるとカビになる
- 天井のカビを放置すると浴室中に蔓延する

ドア

月1回

使う道具
- クレンザー
- 歯ブラシ
- スポンジ

1 ホコリを取り除く

長時間換気をしていると、とくにドアのスリットやちょうつがいにホコリが集まりやすい。換気後は必ず取り除いておこう。

歯ブラシなら細かな部分の汚れがよく取れる

2 内側の汚れはクレンザーで

跳ねた石けんカスなどが蓄積しやすいドア内側やスリットは、界面活性剤入りのクレンザーをつけたスポンジでこすって洗う。

天井

月1回

使う道具
- 消毒用エタノール
- お掃除クロス

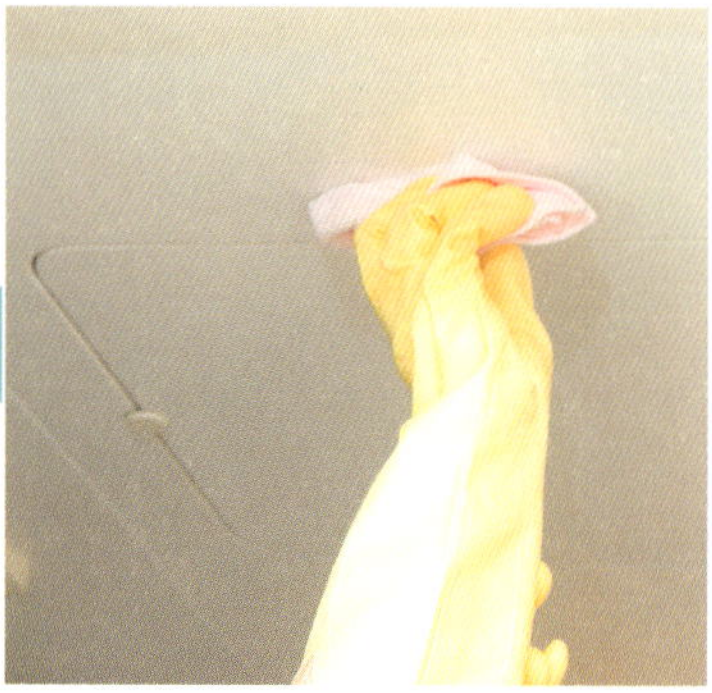

1 水滴を取り除く

結露しやすい天井部分は水滴がカビのもとに。普段からお掃除クロスなどで水滴を取り除いておく。

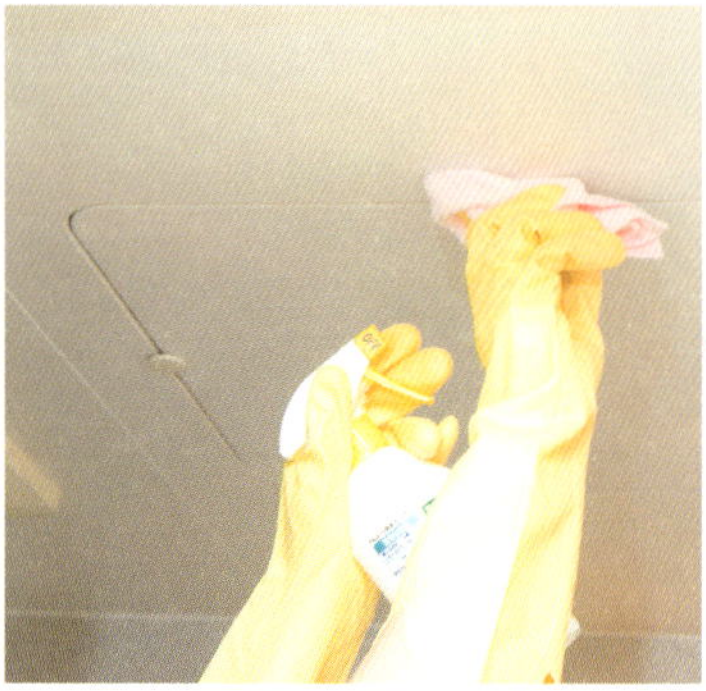

2 消毒用エタノールで拭く

消毒用エタノールを吹きつけたお掃除クロスで拭く。すみずみまで拭いてカビ予防する。

裏ワザ

天井に生えたカビには、ジェル状カビ取り剤

消毒用エタノールで対処できない天井のカビは、モップなどの柄先にウエスをてるてる坊主のようにしてくっつけ、ジェル状カビ取り剤（P38参照）を塗布。垂れ落ちにくいので目に入るリスクが少なくおすすめです。最後にぬらしたウエスで水拭きします。

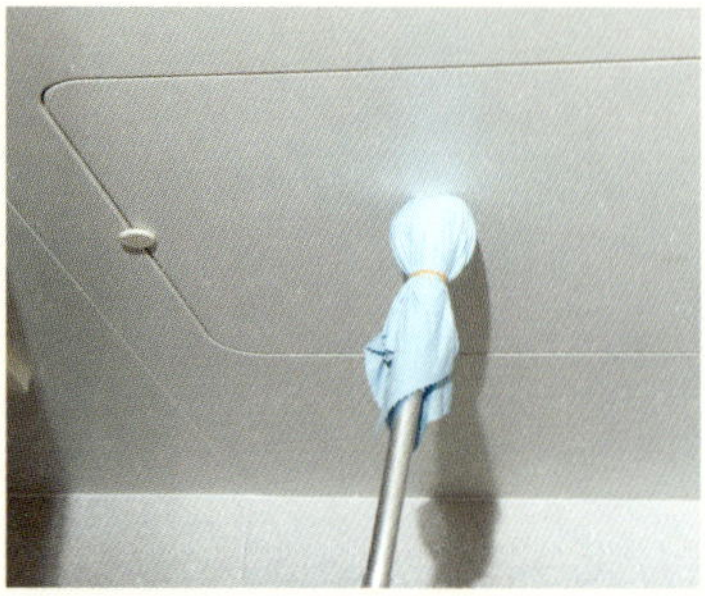

入浴中でも意外に視野に入らない天井部分。普段から、意識的にチェックを。

換気扇

月1回

使う道具
- 中性洗剤
- 歯ブラシ
- お掃除クロス
- 掃除機

1 **換気フィルターをはずす**
換気扇のスイッチを切り、フィルターをはずして表面のホコリを掃除機で吸う。

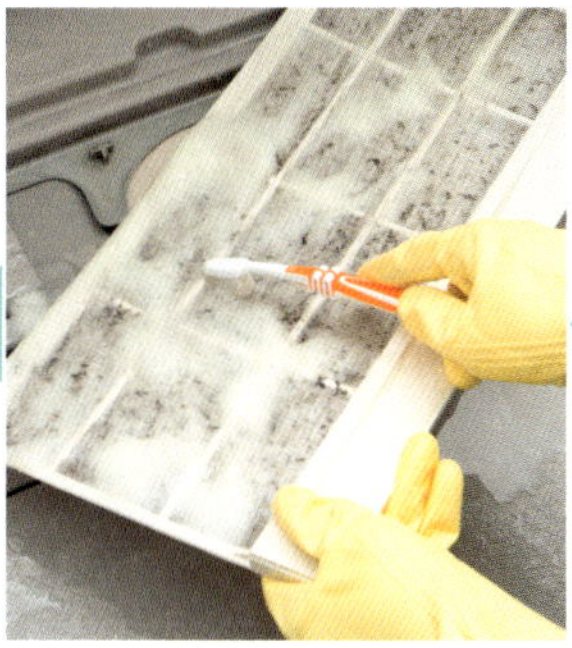

2 **中性洗剤で洗う**
フィルターの目につまった細かなホコリは、中性洗剤をつけた歯ブラシでこすり洗いする。

3 **お掃除クロスで水拭きする**
換気扇のカバーなどは、ぬらして固くしぼったお掃除クロスですみずみまで拭く。

裏ワザ

浴槽エプロンの裏側を掃除して、カビの巣を断つ

浴槽エプロンとは、ユニットバスの浴槽を隠している側面カバーのこと。その裏側は、水アカや髪の毛、ヘドロ、チョウバエの卵（成虫）、カビなどがたまり、異臭の原因になっていることが多いので、年1回程度掃除をしましょう。

手前のエプロンを取りはずす。

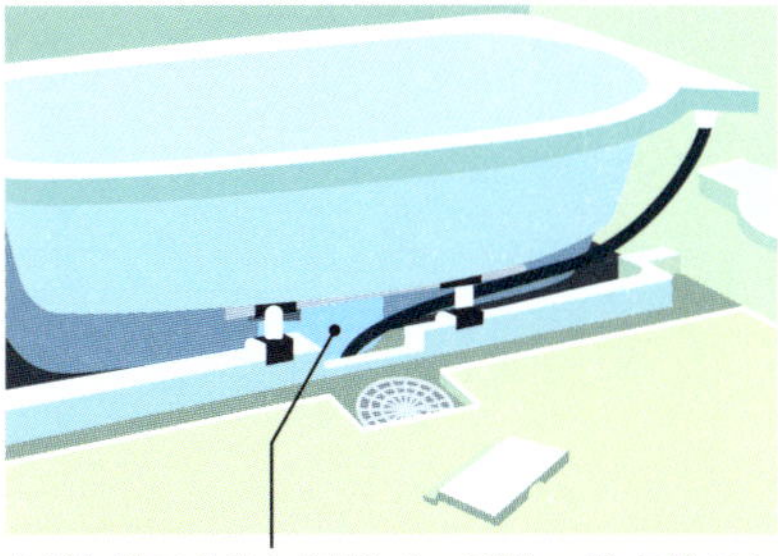

カビや湯アカのたまりやすい所を、重点的にお手入れする。

●浴槽のタイプを知る

はずせるかどうかを確かめる
エプロンは下部を持ち上げて手前に引けば、はずせます。ただし、浴槽によってははずせないものもや手順の違うものもあります。取扱説明書を読んで確認しましょう。

●自分で掃除する

カビ部分に塩素系漂白剤を吹きつける
①エプロンを取りはずす。
②ヘドロと化したカビ部分に塩素系漂白剤を吹きつけて、ヘドロごと汚れを除去する。
③漂白剤をしっかり水で洗い流す。
④水分を取り、しっかり乾燥させてエプロンを戻す。

●専門業者に依頼する

3年以上掃除していないときは業者に任せる
3年以上掃除をしていない場合は、エプロン裏がカビの温床になっているケースが多いため、専門業者に依頼を。キレイな状態を保っていると、浴室全体のカビの発生頻度が格段に減ります。

つねに水滴を拭き取ってキレイを長もち 洗面ボウル・蛇口・排水口

ポイント

- ホコリ、水アカ、歯磨き粉が汚れのもと
- 水滴をこまめに拭き取る習慣を
- 水栓金具を仕上げ磨きで光らせる

洗面ボウル

つねに

使う道具
- 中性洗剤
- スポンジ
- お掃除クロス

1 普段はスポンジでこするだけ

ホコリや歯磨き粉、髪の毛、化粧品などの汚れは、こまめに取り除くなら、水とスポンジだけで十分落とせる。

2 から拭きで仕上げる

水アカや黒ずんだ汚れは中性洗剤をスポンジにつけて洗い落とす。水ですすいだ後、お掃除クロスでから拭きして仕上げる。

蛇口

週1回

使う道具
- クエン酸水（P31参照）
- 歯ブラシ
- お掃除クロス

1 水滴はこまめに拭き取る

蛇口まわりにお掃除クロスを常備し、水にぬれたら即拭き取るようにすると、水アカ汚れをためずにすむ。

2 たまった汚れはクエン酸で

カルキや、水アカ汚れはクエン酸水をスプレーし、歯ブラシでこすり落とす。すすぎ落とした後、お掃除クロスでから拭きする。

ピカッとさせるコツ

マイクロファイバークロスで水栓金具に輝きを戻す

水栓金具を光らせておくだけで、不思議と清潔感がアップします。カルキ汚れをクエン酸で溶かしつつ、念入りにから拭きしましょう。繊維の細かいマイクロファイバークロスは輝き効果が大きく、おすすめです。

マイクロファイバークロスを使い、少し力を込め磨き上げると、輝きが戻る。

排水口

つねに

使う道具

- 塩素系漂白剤
- パイプ洗剤
- 歯ブラシ
- ウエス

1 ゴミや髪の毛を取る

排水口まわりだけでなく、洗面ボウル内にある髪の毛やゴミは、ウエスなどを使い取り除いておく。

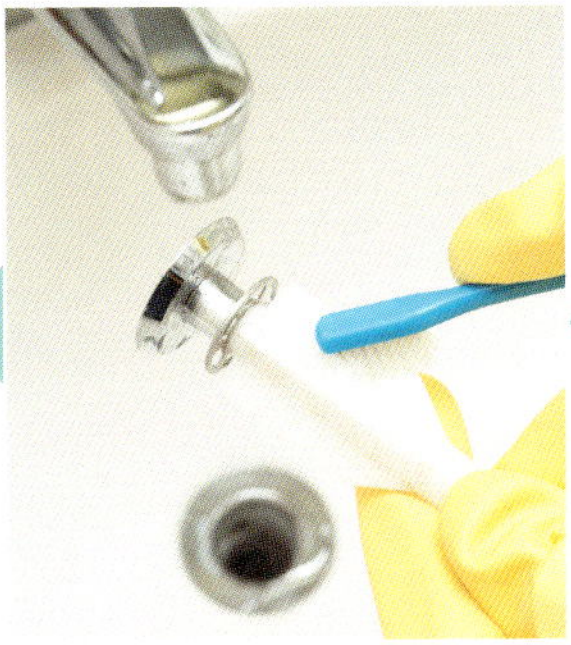

2 歯ブラシでこすり洗う

排水口のフタには髪の毛だけでなく、歯磨きのときの食べカスなどのゴミがたまりやすいもの。歯ブラシでキレイにする。

3 塩素系漂白剤をひと吹き

ゴミを取った後、時間がなければ塩素系漂白剤をひと吹きしておくだけでもヌメリが取れ、つまり防止に。

4 つまりが気になるときは

水の流れが悪く、つまりが気になるときは、排水口に塩素系漂白剤を多めに吹きかけ、20分ほど置く。

5 パイプ洗剤を注ぐ

髪の毛のつまりが気になるときは、ヘドロ汚れを分解する、粘性の高いパイプ洗剤（成分は塩素系漂白剤と同じ）を注いでおく。

6 排水トラップを掃除する

洗面ボウル下にあるS字の排水トラップの掃除口キャップを開け、つまりのもとを取り出す。工具でトラップをはずす方法も。

Check!

「いざ」に備えてラバーカップを

排水口の掃除を怠ると、汚れがたまって、水が流れにくくなることがあります。いざというときのために、ラバーカップ（スッポン）を備えておくとよいでしょう。つまりを発生させないためには、定期的なパイプ洗剤での対策がおすすめです。

吸盤を排水口にあて、ぐっと押しつけて引っ張る。

鏡・床・棚ほか

油断するとカビの温床に

ポイント

- 意外と油性の汚れが多い場所
- 脱衣所兼用の洗面所にはホコリも多い
- 掃除機がけをこまめに行おう

鏡　週1回

使う道具

- クエン酸水（P31参照）
- お掃除クロス

1 クエン酸水をスプレーする

水滴がつきやすい洗面所の鏡には、クエン酸水をスプレーして汚れをゆるめる。

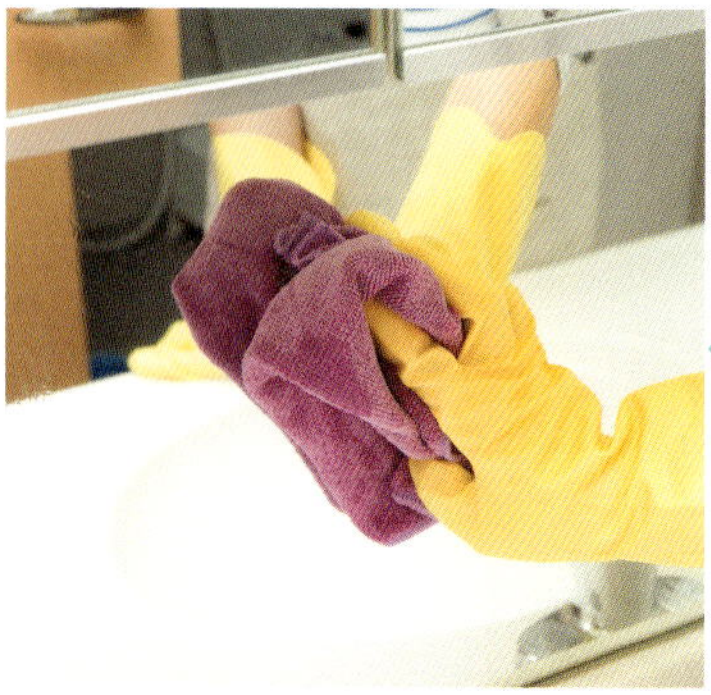

2 お掃除クロスでから拭き

お掃除クロスで汚れをこすり落としながら、乾いた部分ですばやくから拭きし、ピカピカになるよう磨き上げる。

床　週1回

使う道具

- メラミンスポンジ
- お掃除クロス
- 掃除機

1 水滴などこまめに水拭きする

洗面所の床は、水滴や足裏脂、整髪料の飛沫などで汚れているもの。こまめに掃除機をかけ、お掃除クロスで水拭きして清潔に。

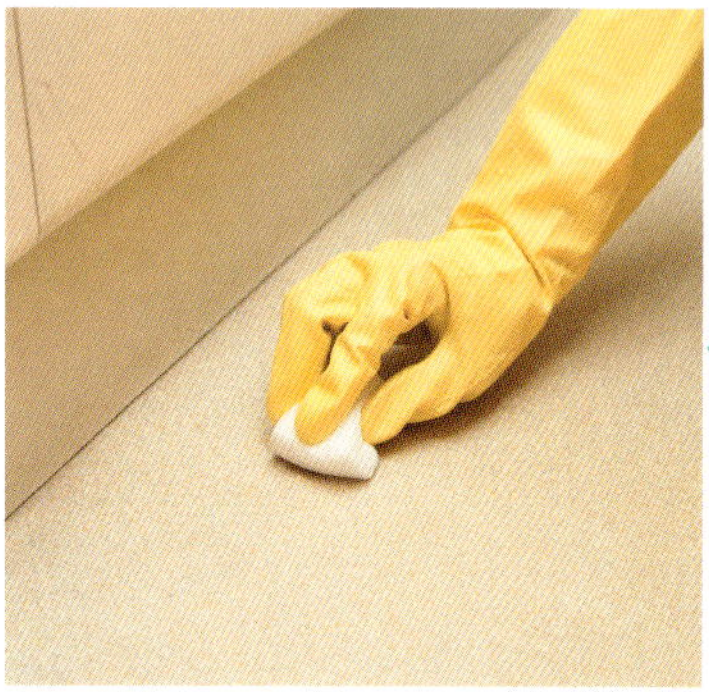

2 細部はメラミンスポンジで

床材にもよるが、床表面の細部に入り込んだ汚れは、メラミンスポンジでかき出すようにすると、よく取れる。

裏ワザ

セスキ炭酸ソーダ水＋メラミンスポンジで床汚れを除去

水まわりに多いクッションフロアは、水拭きだけで汚れが取れないケースが多いもの。表面の凹凸の黒ずみも厄介です。こうした汚れには、セスキ炭酸ソーダ水（作り方は31ページ）をスプレーし、メラミンスポンジで汚れをかき出す方法が効果的です。

汚れが気になる部分に、セスキ炭酸ソーダ水をスプレーする。

メラミンスポンジで細かくこするように汚れをかき出す。

洗面台の下

3カ月に1回

使う道具

・消毒用エタノール
・お掃除クロス

洗剤などの液垂れは、特にていねいに拭く

1 液垂れを拭き取る

収納物をすべて取り出した後、消毒用エタノールをスプレーして拭く。二度拭きも不要で、掃除と同時に除菌も行える。

2 収納扉を拭く

引き出しの内側、扉の表と裏を拭く。十分に乾燥させた後、収納物を元に戻す。

アドバイス

液垂れは、洗剤容器に付着していることも。容器の汚れも拭き取っておきましょう

棚

3カ月に1回

使う道具

・消毒用エタノール
・ウエス

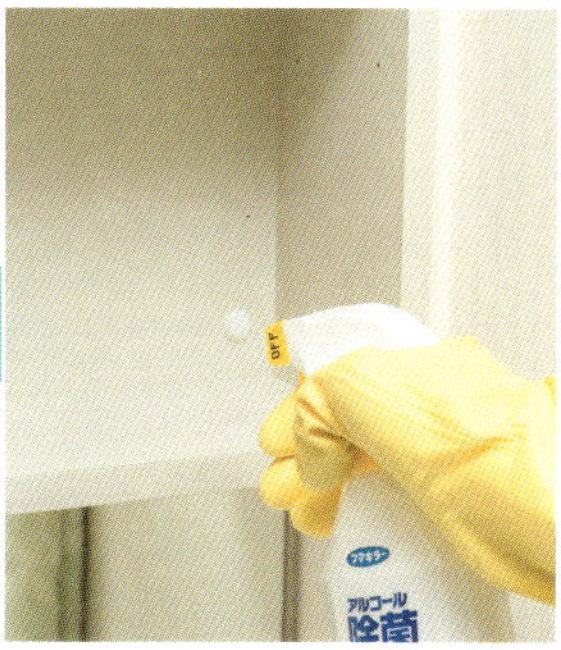

1 汚れとカビを同時に除去

上部から下部に向かって消毒用エタノールをスプレーする。歯ブラシを収納する部分は、カビ発生率が高いので特に注意。

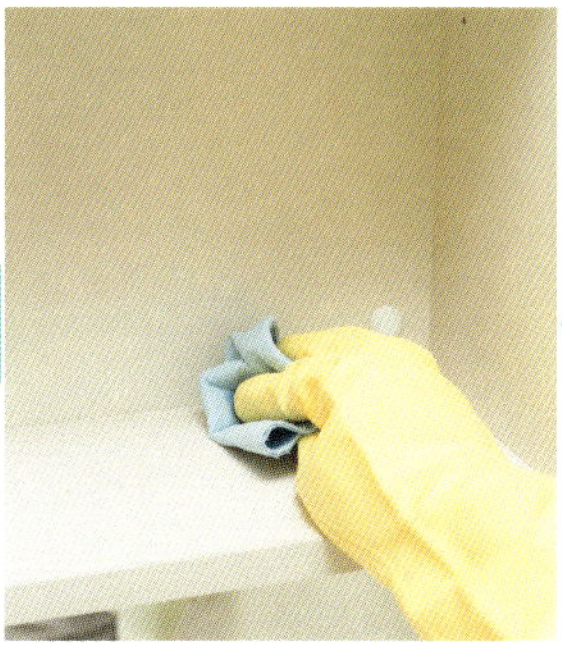

2 ウエスで拭き取る

ウエスで汚れを拭き取る。ウエスは使い回さずに、適宜、新しいものを使う。

3 収納物も汚れを取って戻す

化粧品やヘアケア用品のビンやスプレーは、液垂れによる汚れをよく拭き取ってからしまう。

マット類

つねに／週1回（洗濯）

使う道具

・洗濯用洗剤
・洗濯機

1 使ったら乾燥させる

ぬれている時間が長いと嫌なニオイが発生するので、使用ごとに定位置に干して乾燥させる。

2 週に1回は洗濯を

週に1回程度は洗濯を。衛生的に長もちさせることができる。

3 天日によくさらす

マットにつく黒い汚れは黒カビ。こまめに、裏表ともに天日にさらして、黒カビ予防をする。

便器

便器以外の汚れにも注意が必要

ポイント

- 便器周辺や便座の方が汚れていることも
- 便器掃除用ブラシは消耗品と心得えて
- 暖房便座をはずして隅々まで掃除しよう

便器

つねに

使う道具

- 中性洗剤
- ブラシ
- ウエス

1 中性洗剤をスプレーする

便器内部に、消臭効果などがある中性洗剤を多めにスプレーし、数分置く。

2 ブラシで隅々までこする

フチ裏、水たまりの境界線部分などを、ブラシでしっかりとこすり洗う。

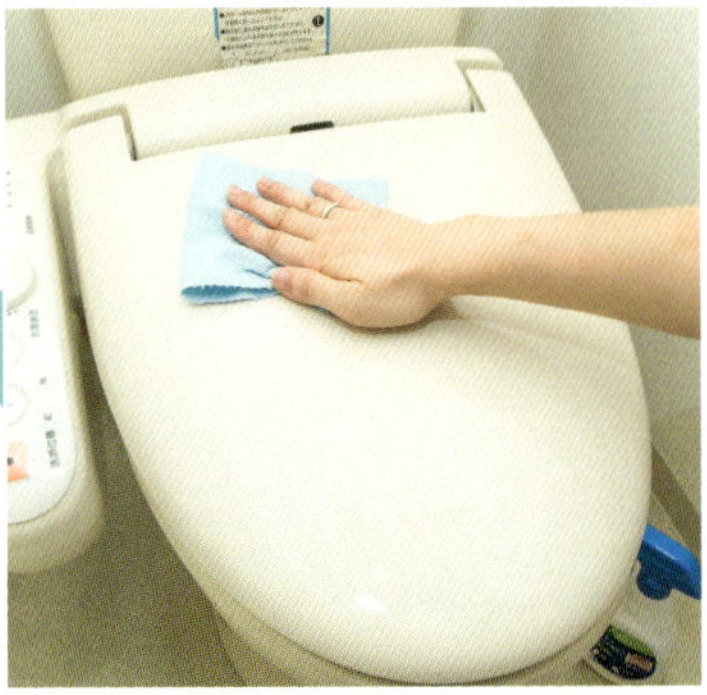

3 便器掃除は上から下に向かって

フタの外側→内側→便座→便座のフチ、裏側→便器のフチ→便器外周の順に、中性洗剤をつけたウエスで拭く。

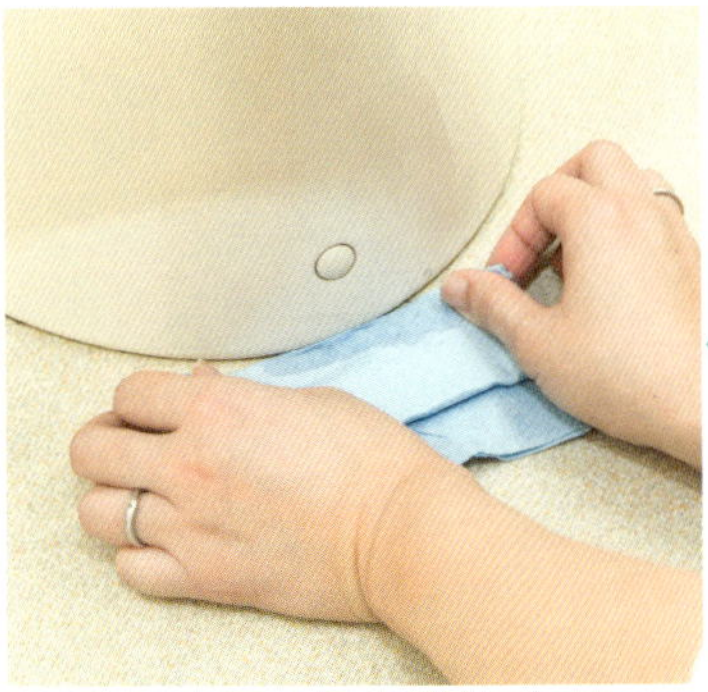

4 便器外周と床との継ぎ目に注意

垂れた尿は便器を伝って床に落ちるため、便器と床の継ぎ目は特に念入りに。

Check!

「さぼったリング」はタンク掃除で解消

水面の境界線の黒ずみを、よく「さぼったリング」と呼びます。でも、この原因は必ずしも「トイレ掃除のさぼり」とは決めつけられません。トイレタンク内部の汚れが原因の可能性もあるので注意しましょう。

目先の「さぼったリング」消しには、塩素系漂白剤スプレーが便利。

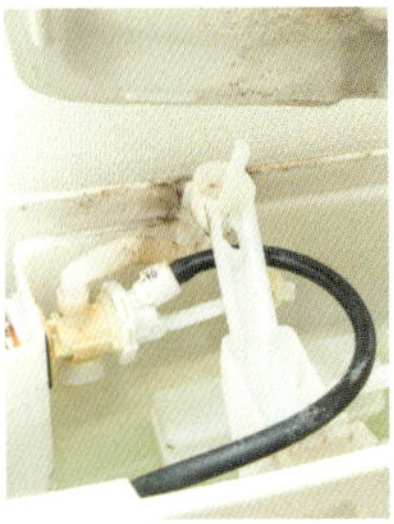

「さぼったリング」は、タンク内のカビやサビが原因のことも多い。

洗浄機ノズル

月1回

使う道具
- クエン酸
- 歯ブラシ
- つま楊枝

1 ノズルを引き出す

取扱説明書に従い、ノズルを引き出す。水アカ、カビ、便などがついていることが多い。

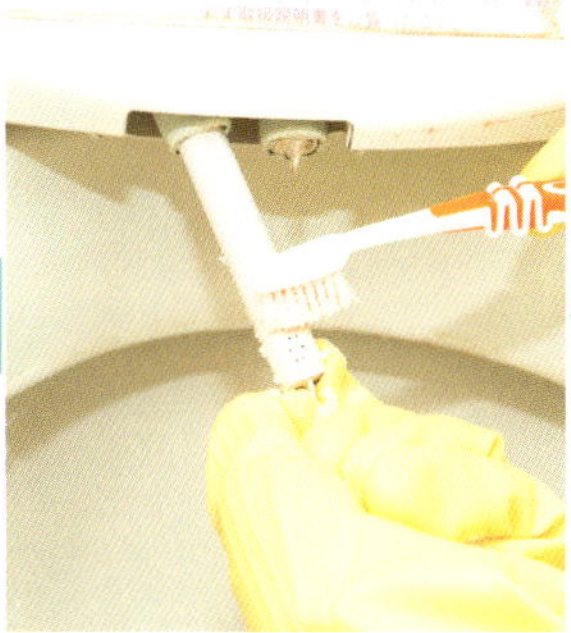

2 クエン酸でこする

石化したノズル汚れは、クエン酸の顆粒をつけた歯ブラシでこすり洗う。

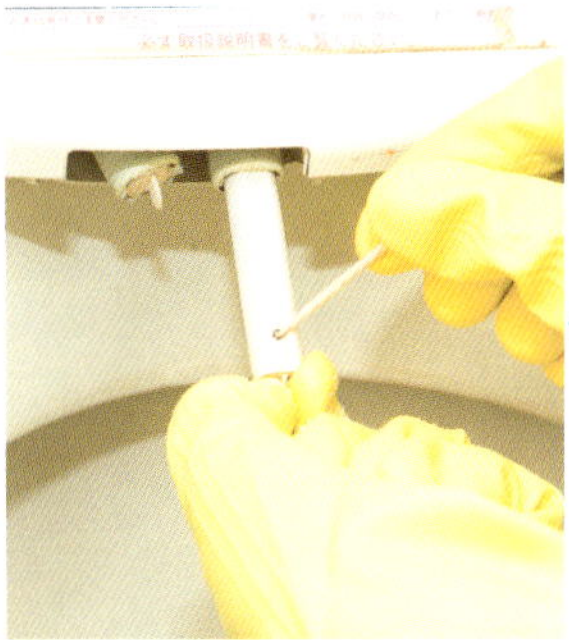

3 細部はつま楊枝などで

シャワー穴部分などのつまりはつま楊枝で取る。全体をよくすすいで、乾かしてから格納する。

暖房便座操作部

月1回

使う道具
- クエン酸水（P31参照）
- お掃除クロス
- 新聞紙
- 歯ブラシ

1 すき間を掃除する

便座に直結している操作部には尿が付着しやすいので、クエン酸水を吹きつけたお掃除クロスで、細部までよく拭く。

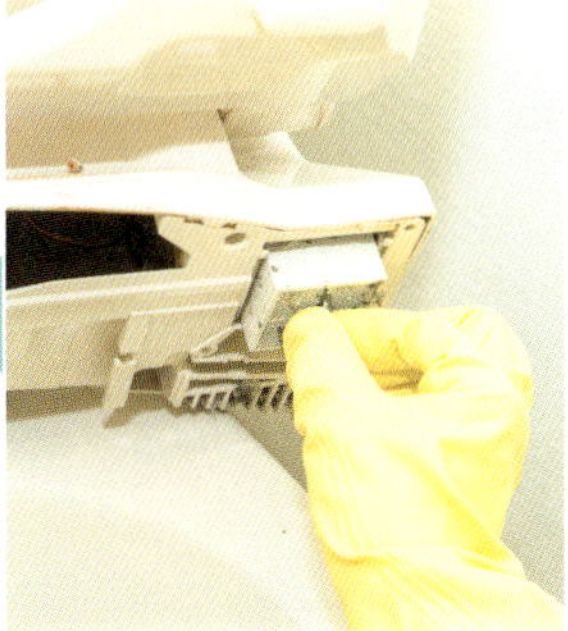

2 脱臭フィルターをはずす

取扱説明書に従って、操作部の裏から脱臭フィルターを取りはずす。

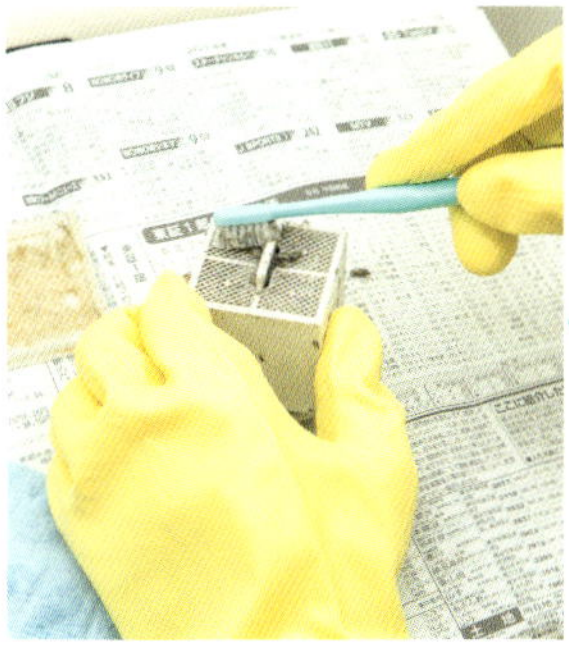

3 ホコリをかき出す

新聞紙の上で、脱臭フィルターのホコリを歯ブラシを使ってかき出し、もとに戻す。

タンク・水受け

月1回

使う道具
- クエン酸水（P31参照）
- お掃除クロス
- サンドペーパー
- ブラシ

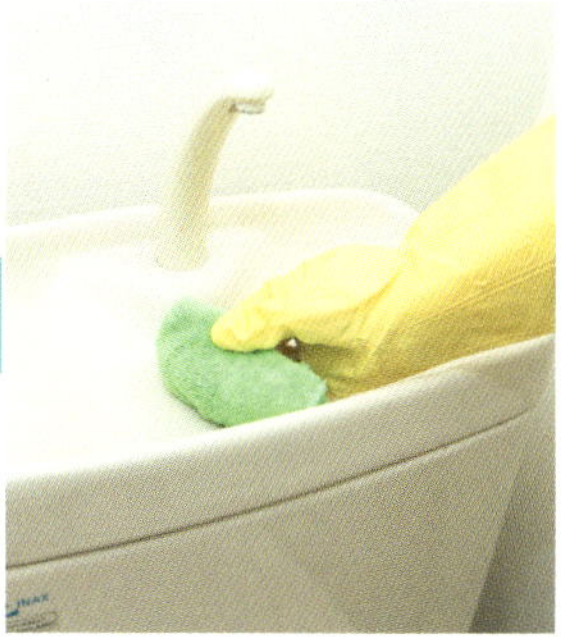

1 水受けを拭く

タンクの水受け部分は、クエン酸水を吹きつけたクロスで拭き掃除する。

2 タンクの内部を掃除する

タンク内部の水アカ、サビ、カビなどを、柄の長いブラシなどでこすり落とす。

サンドペーパーは#2000がおすすめ

3 サンドペーパーでこする

水受け吐水口などの石化汚れは、クエン酸水でゆるめ、耐水サンドペーパーでこする。しっかりぬらしてから軽めにこするように。

床・壁・ドアほか

意外な場所が悪臭のもとに

ポイント

- トイレは予想以上にホコリが多い
- 壁の下側はこまめに拭く
- 床、壁、ドアが悪臭源の可能性も

床 週1回

使う道具
- 中性洗剤
- ウエス
- メラミンスポンジ

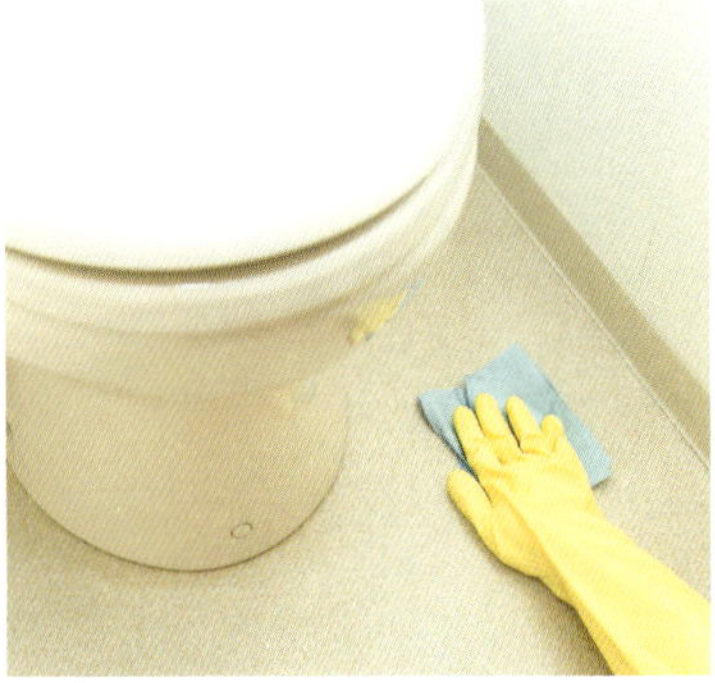

床全面をまんべんなく拭く

中性洗剤をスプレーし、手前から奥にかけてウエスでホコリをかき取りながら、床全面をまんべんなく拭き、水拭きで仕上げる。

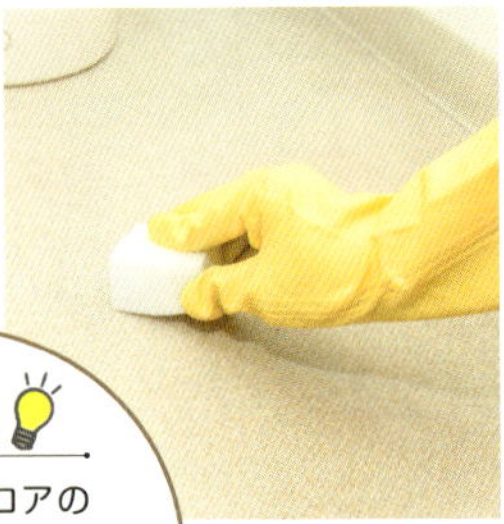

アドバイス

クッションフロアの場合は、メラミンスポンジでの掃除も効果的。隅や細部の掃除もしやすい！

壁 週1回

使う道具
- 中性洗剤
- ウエス

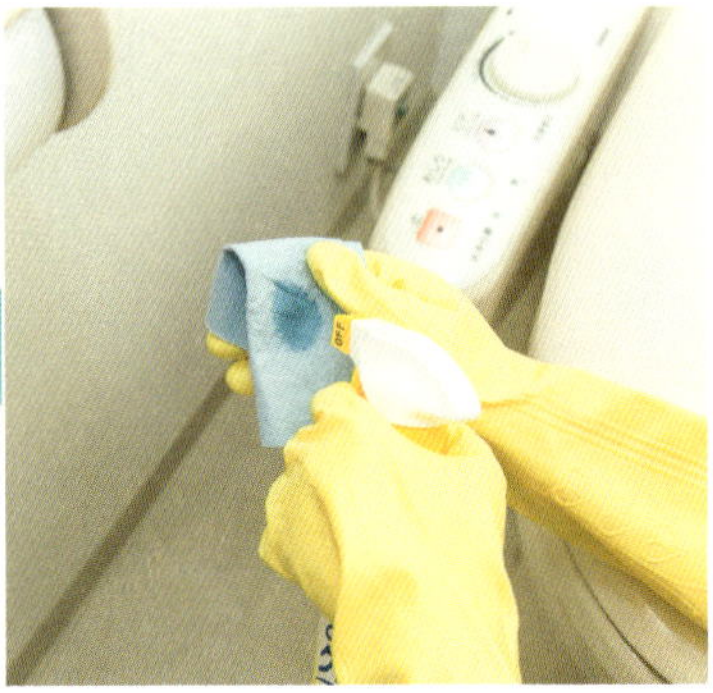

1 中性洗剤をつけたウエスで拭く

壁が傷むので、タイル壁以外では直接洗剤を吹きつけないように。必ずウエスに吹きつけてから、こすらずやさしく拭く。

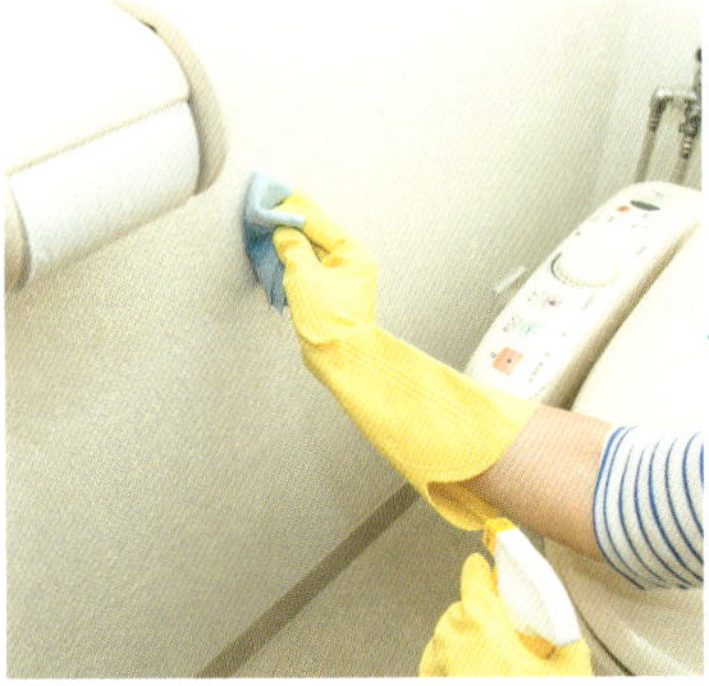

2 壁の下側はこまめに拭く

壁には予想以上に尿の飛沫が付着しているもの。特に低い部分の壁は、こまめに拭き掃除を。最後に水拭きで仕上げる。

裏ワザ クエン酸＋ハッカ油のスプレーでスッキリ

トイレ掃除にもクエン酸スプレーが使用できます。水アカ系の汚れがよく落ちるだけでなく、独特のアンモニア臭を中和させる効果があります。

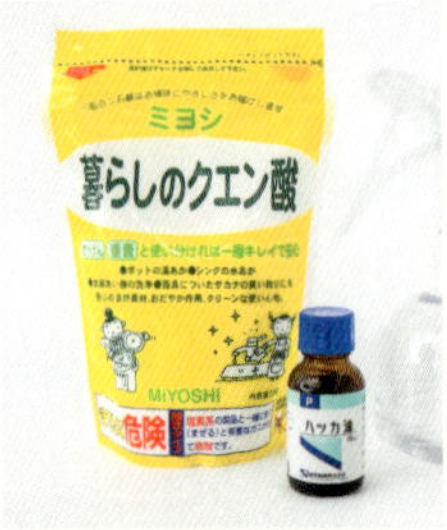

クエン酸 5g、水 200ml、ハッカ油など清涼な香りの精油5～10滴を合わせる。

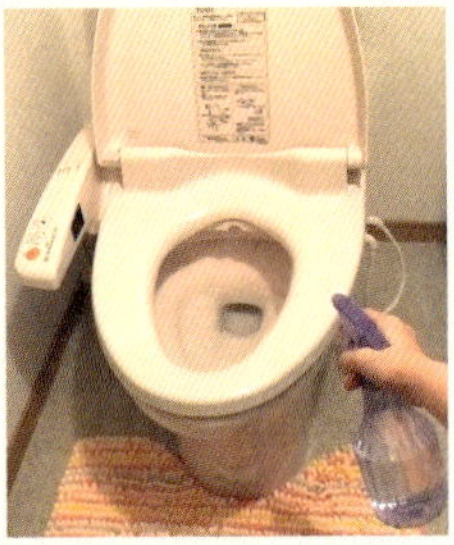

用を足したあとに、便器にシュッと吹きつけるだけで、効果あり。

ドア

週1回

使う道具
- 中性洗剤または クエン酸水 (P31参照)
- お掃除クロス

1 廊下→内側の順に拭く

お掃除クロスを中性洗剤かクエン酸水で湿らせ、低い部分を重点的に拭く。汚れの少ない、廊下側→内側の順に。

2 ドア枠全体を拭く

換気扇でホコリを吸うため、予想以上に汚れているドア枠。全体をまんべんなく拭く。

3 ノブやカギもピカピカに

誰もが触れるドアノブやカギは汚れやすいところ。ていねいに拭いて、ピカッと光らせて清潔に。

換気扇

年1回

使う道具
- 消毒用 エタノール
- 歯ブラシ
- ウエス
- 掃除機

1 掃除機でホコリを吸う

換気扇カバー手前のホコリを歯ブラシでかき取り、掃除機で吸う。

2 消毒用エタノールで拭く

カバーの表面は、消毒用エタノールを吹きつけたウエスで、ていねいに拭く。

アドバイス

換気扇に換気扇フィルターを貼ると、ホコリの吸い込みがぐっと減るのでおすすめです

Check!

ウイルス性胃腸炎をしっかり予防する「トイレ除菌・掃除術」

ノロウイルスなどによるウイルス性胃腸炎にかかると、便に大量のウイルスが排泄されます。トイレが感染源にならないよう、しっかり除菌・掃除をしましょう。

① 使い捨て手袋、マスクを装着

② 塩素系漂白剤を水で希釈して「次亜塩素酸ナトリウム0・02%溶液」を作る

③ ウエスを②の液に浸してドアノブ、便器、床などを丹念に拭く

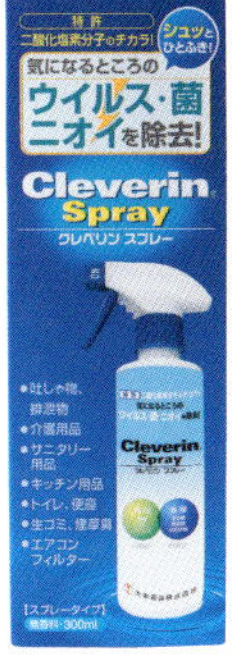

ニオイが次亜塩素酸ナトリウムよりやさしい「クレベリンスプレー」(二酸化塩素)なども便利。

トイレ

ホコリと飛沫汚れに注意 ペーパーホルダーほか

ポイント

- 洗濯していないカバー類は悪臭のもと
- マット類は、こまめな洗濯で清潔に
- マットは洗濯後、天日干しを

ペーパーホルダー 週1回

消毒用エタノールで拭く

プラスチック製のホルダーは静電気を帯びやすく、ペーパーの繊維クズや綿ボコリなどが予想以上にたまるので、消毒用エタノールを吹きつけたウエスで拭く。

使う道具
- 消毒用エタノール
- ウエス

アドバイス

便器との距離が近い場所のため、普段から除菌を心がけて、こまめに掃除しましょう

カバー・マット類 週1回

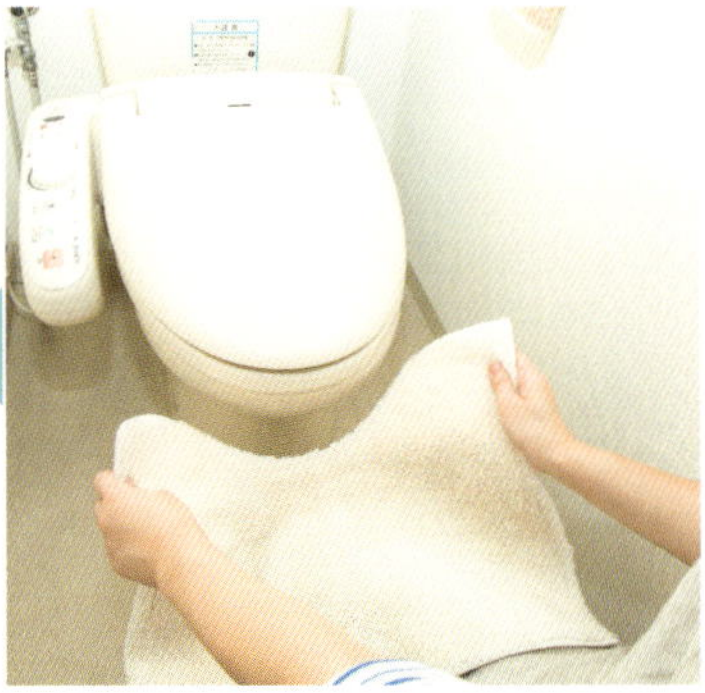

1 マットはこまめに洗濯を

週に1度、新しいものと交換し、汚れたマットは洗濯して天日干しする。

2 便座カバーをはずして細部を掃除

次にカバー類も新しいものと交換し、こまめに洗濯をする。便座カバーをはずしておくと、便座の細部の掃除もしやすい。

使う道具
- 洗濯用洗剤

Check!

「乗せるだけ」の便座シートが便利

寒い季節は「乗せるだけ」の便座シートがおすすめ。カバーより気軽に取りはずしができます。また、暖房洗浄便座の消費電力は意外と大きく、1カ月で約200円のコストがかかっています。節電のために夏場は電源をオフに。

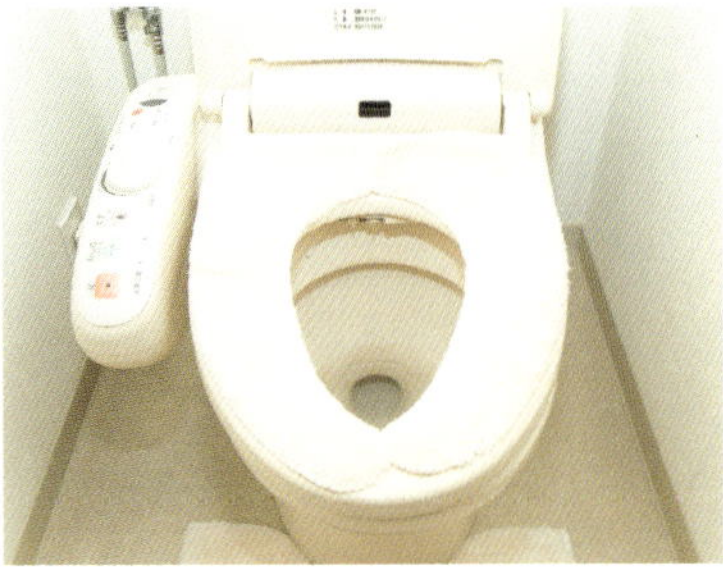

こまめに洗濯をすれば、悪臭などの心配も少なくてすむ。

水まわり掃除の共通ルール

日々、汚れてしまう浴室、洗面所、トイレ、さらにキッチンといった水まわり。「汚れ方」にも共通の法則があるので、なぜ汚れるのかを知り、ものの置き方や掃除の方法を見直しましょう。

法則1 汚れは使用頻度に比例する

ひんぱんに使うキッチン、たくさんの家族が入浴する浴室、出入りの激しいトイレなど、「利用頻度」の高い水まわりほど汚れ方も激しくなります。こまめな掃除を心がけましょう。

法則2 汚れはものの量に比例する

並べたままのシャンプー類、出しっ放しの調理器具や鍋、ギャラリー状態のトイレ……。置いてあるもの（道具）が多いほど、その場所の汚れの蓄積ペースは速まります。使うものだけを置くなど、収納の仕方を見直しましょう。

法則3 道具の汚染が汚れを加速する

スポンジやブラシなどに雑菌が繁殖していると、掃除をしているつもりでも逆に汚れをこすりつけてしまうことに。清潔な掃除道具を使いましょう。

法則4 見えない所が汚れの巣になる

換気扇内部、浴槽エプロン裏、洗濯槽裏、便座と便器のすき間など、一見、目につかない場所ほど、水アカなどの汚れがたまり、カビの温床になっています。定期的に点検する習慣を。とくに自分では掃除が難しい場所は、清掃業者などプロの手を借りるのも手です。

法則5 通常とは違う使い方で汚れは加速する

浴室で洗濯、洗面所で部屋干しをするなど、通常とは違った使い方をすると汚れは加速します。そんなときはいつも以上に掃除を念入りにして、汚れをためない習慣を身につけましょう。

法則6 水気をなくせばキレイになる

水まわりに水気はつきものですが、掃除の仕上げや水の使用後にから拭きするなど、水気を取るだけでも汚れは激減します。

梅雨前に徹底的にやりたい！

お風呂まるごと デトックス掃除術

梅雨の季節が近づくと、浴室から生臭いニオイがしたり、浴槽のヌメリが気になったり、カビを発見する頻度が上がったり……。そんな憂うつな梅雨前の季節こそ、浴室掃除のチャンスです。どうせやるなら、最小の手間で徹底的にキレイにしてみませんか？

お風呂にカビが生えやすいのは、湯アカや石けんカスがカビの栄養になるため。カビが発生してしまったら、普段の掃除道具の他に次の6つの道具を用意します。

❶ゴム手袋
❷マスク
❸メガネ（ゴーグル）
❹浸け置き用洗浄剤
（風呂釜洗浄剤、粉末の酸素系漂白剤）
❺塩素系漂白剤
❻ラップ

注意する4つのポイント

❶換気扇を回し、空気の循環をつくる
❷掃除中に入浴しないよう家族に伝える
❸他の洗浄剤と塩素系漂白剤を併用しない
❹塩素系漂白剤を使う際はゴム手袋、マスク、メガネをつける

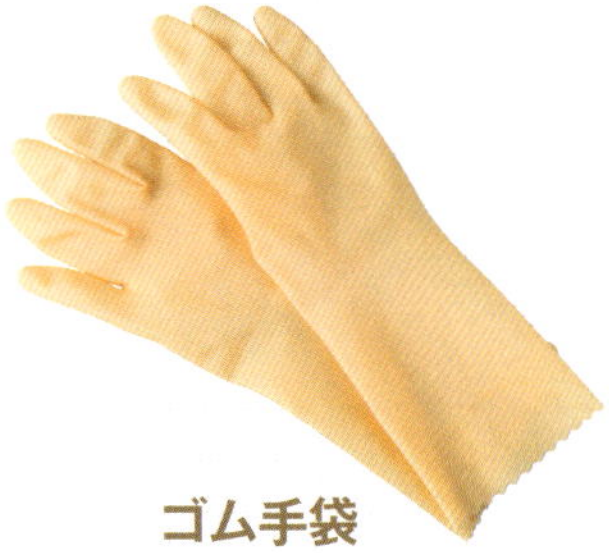
ゴム手袋

マスク

メガネ（ゴーグル）

浸け置き用洗浄剤
（風呂釜洗浄剤、粉末の酸素系漂白剤）

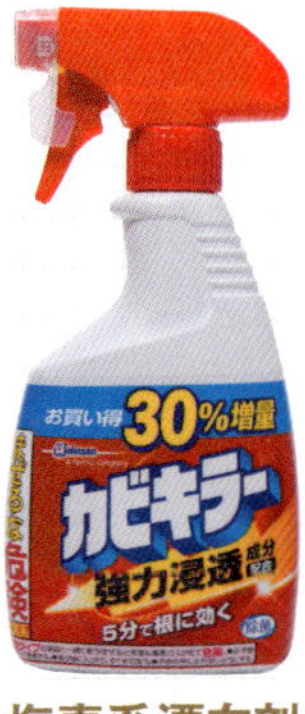

塩素系漂白剤

ラップ

一度にまとめてヌメリ＆除菌＆カビ取り！

ステップ1

浸け置くだけで浴槽まるごと除菌＆掃除

入浴後、40℃程度の残り湯に、浸け置き用洗浄剤を入れて浴槽をまるごと掃除。さらに洗面器、風呂イス、掃除用スポンジ、ブラシ、石けんケース、浴槽のフタ、その他小物類、シャワーヘッドなど、すべてを浸け込み、ひと晩～半日放置します。

ステップ2

浸け置きした小物類、浴槽をこすり洗いする

8～12時間後、汚れがゆるんできたら、浸け込んでいた浴室グッズをスポンジなどでこすり洗いして、石けんカスや黒ずみ、ヌメリを取っていきます。さらに浴槽の洗浄液を使って、ドアまわり、排水口まわり、浴室の床なども一緒にキレイにします。

ステップ3

しっかりすすいで洗剤成分を落とす

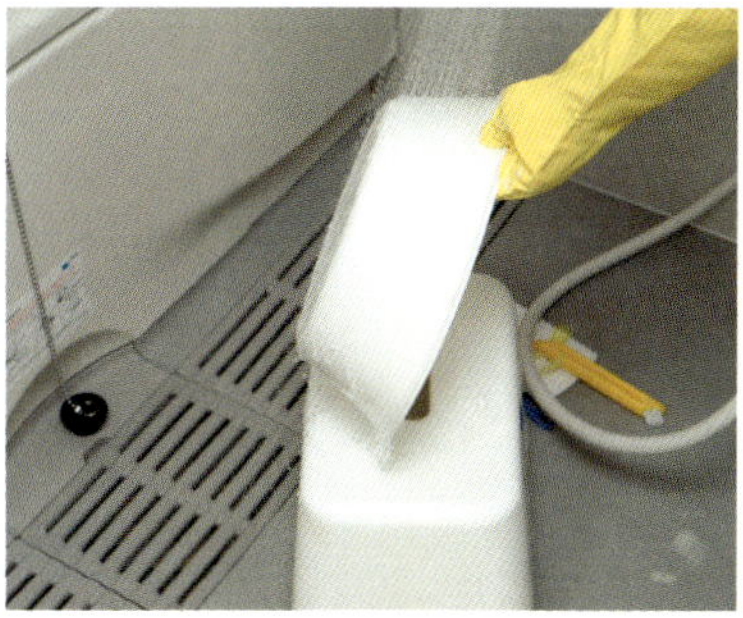

浴槽の栓を抜き洗浄液を流したら、風呂釜や配管部分のすすぎのために、一度だけ自動給湯します。その際、こすり洗いした浴室グッズや、床や棚なども給湯した湯ですすげば節水にもなります。最後にシャワーですすいで、洗剤成分をしっかり落とします。

ステップ4

排水口などに残ったカビは塩素系漂白剤で落とす

排水口などに残ったカビ汚れには、泡状になる塩素系漂白剤（いわゆるカビ取り剤）を吹きかけます。パッキンなどに入り込んだ黒カビは、漂白剤を吹きかけたあと、30分～1時間ほど置き、細かな部分を歯ブラシでこすれば驚くほどキレイになります。

リビング・窓まわり・和室

リビングの汚れのおもな原因はホコリです。
ホコリが湿気と合体して汚れが目立つ前に掃除をしましょう。

リビング

天井・壁 ▶▶▶ P.62

意外とホコリ汚れが多い場所。定期的に掃除を。

照明 ▶▶▶ P.64

蓄積したホコリ汚れが明るさに影響する。

テレビほか家電 ▶▶▶ P.66

静電気による汚れが多い場所。ホコリ取りの習慣を。

カーペット・ラグ ▶▶▶ P.58

洗えるものは洗い、洗えないものは拭く。シミ汚れはすぐ落とすことが鉄則。

エアコン ▶▶▶ P.65

稼働させるほどホコリで汚れるので、ときどきケアを。

ソファ・イス・テーブル ▶▶▶ P.60

生活している中でついた汚れが残りやすい。こまめに拭こう。

床 ▶▶▶ P.56

日々の掃除で、気持ちのよい触れ心地をキープ。

窓まわり

カーテン ▶▶▶ P.72

定期的に洗濯することで、部屋のニオイやカビを予防。

ブラインド ▶▶▶ P.73

汚れを蓄積させないよう、こまめなお手入れが肝心。

窓ガラス・サッシ ▶▶▶ P.68

水だけでも汚れを落とすことができる。

網戸 ▶▶▶ P.70

メラミンスポンジを使って、手間を最小限に。

和室

障子・ふすま ▶▶▶ P.76

ホコリが桟にたまりやすい。ハタキが活躍。

畳 ▶▶▶ P.74

日常の掃除は掃除機で。湿気をためず、カビを予防。

天井 ▶▶▶ P.62

月1回程度、ホコリ取りを。

押入れ ▶▶▶ P.77

生活している中でついた汚れが残りやすいので拭き掃除が効果的。

リビング・窓まわり・和室の掃除スケジュール

掃除どき	場所		用意する道具
つねに	リビング	フローリング床（通常）	ペーパーモップ　お掃除クロス　掃除機
		カーペット・ラグ	お掃除クロス　掃除機　ゴム手袋　セスキ炭酸ソーダ水
		扇風機	ハンディモップ
	和室	畳	掃除機　お掃除クロス　歯ブラシ　塩
		障子・ふすま	ハンディモップまたはハタキ　お掃除クロス　消しゴム
		敷居	お掃除クロス　輪ゴム
週１回	リビング	革製ソファ	ハンディモップ　お掃除クロス　メラミンスポンジ　セスキ炭酸ソーダ水　掃除機
		加湿器・除湿器	掃除機
		テレビ	ハンディモップ　お掃除クロス
月１回	リビング	イス	中性洗剤　ハンディモップ　お掃除クロス
		テーブル	消毒用エタノール　中性洗剤　お掃除クロス
		天井	ペーパーモップ　お掃除クロス　中性洗剤
		和室の天井	ほうき　ストッキング
		ビニールクロス壁	ハタキ　お掃除クロス　ウエス　歯ブラシ　中性洗剤　塩素系漂白剤（ジェル状）
		布クロス壁	ハタキ　消しゴム
		しっくい壁・土壁	ハンディモップまたはハタキ　消しゴム
		エアコン	ハンディモップ　お掃除クロス　掃除機　中性洗剤
		AV 機器	お掃除クロス　掃除機
		電話・ファックス	お掃除クロス　ハンディモップ　綿棒　消毒用エタノール
		パソコン	お掃除クロス　ハンディモップ　綿棒　消毒用エタノール
		ゲーム機	お掃除クロス　ハンディモップ　綿棒　消毒用エタノール
２カ月に１回	窓まわり	窓ガラス	メラミンスポンジ　お掃除クロス　新聞紙　スクイージー　中性洗剤　クエン酸水
		サッシ	広域ブラシ　歯間ブラシ　ウエス　お掃除クロス　掃除機　メラミンスポンジ　消毒用エタノール
		網戸	セスキ炭酸ソーダ　メラミンスポンジ　ウエス　掃除機
３カ月に１回	リビング	照明器具	ハンディモップ　お掃除クロス　中性洗剤
	窓まわり	ブラインド	ハンディモップ　お掃除クロス　中性洗剤　掃除機　軍手
半年に１回	窓まわり	カーテン・カーテンレール	おしゃれ着用洗剤（中性洗剤）　洗濯ネット　お掃除クロス
	和室	押入れ	お掃除クロス　掃除機　消毒用エタノール
年１回	リビング	フローリング床（ワックスがけ）	ペーパーモップ　お掃除クロス　掃除機　ワックス剥離剤　ワックス
	和室	畳	掃除機　お掃除クロス　歯ブラシ　塩

ホコリを効率的に取り除く
フローリング床

ポイント

- 床汚れのおもな原因は空気中のホコリ
- 掃除機がけ後も床全体を拭く
- ワックスでフローリングをすべすべに

フローリング床

つねに／年1回（ワックスがけ）

使う道具
- ペーパーモップ
- お掃除クロス
- 掃除機
- ワックス剥離剤
- ワックス

1 水拭きをする

飛散するホコリを確実に除去するには、お掃除クロスやペーパーモップで、まず水拭きする。

2 掃除機をかける

掃除機では、拭き残したゴミや髪の毛を重点的に吸い取る。

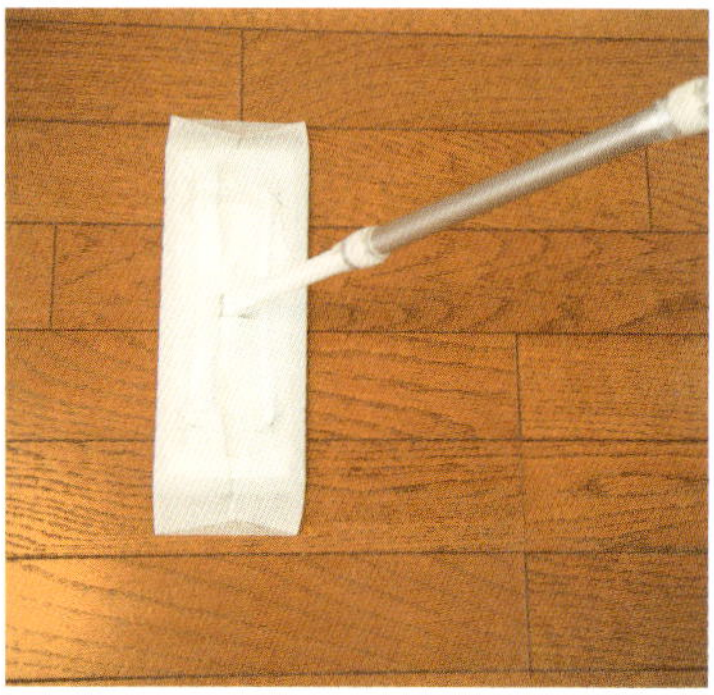

3 ペーパーモップで拭く

ペーパーモップにウエットシートもしくはドライシートをぬらしてセットし、床全体を拭いて仕上げる。

年 1 回のスペシャルケアも

床の黒ずみはワックス剥離剤で表面の汚れをリセット。その後ワックスをかけ直す。

裏ワザ

クエン酸水＋精油スプレーで床ピカ

クエン酸水に精油（エッセンシャルオイル）を加えたスプレーを使うと、床がピカピカになります。精油は、ユーカリやヒノキなど衛生効果が高く、さわやかな香りのものを選びましょう。裸足で歩きたくなるような気持ちよい床を実感できます。

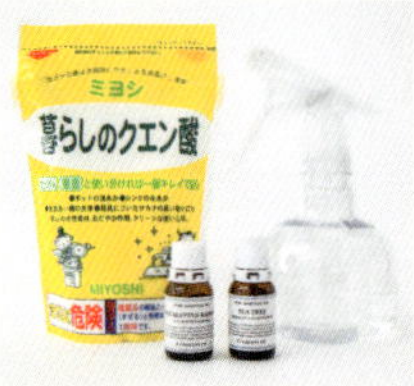

2～5%に希釈したクエン酸水に、「ユーカリ」「ヒノキ」などの精油を5～10滴垂らす。

スプレーを床に吹きつけ、お掃除クロスで拭く。

床の汚れ・キズには

床汚れのひどい箇所を重点的にケアしましょう。
床についたキズや穴も大きくなる前の手当てが肝心です。

◆キッチンなどの油汚れ◆

1 重曹を塗る
固まった油汚れには、重曹を水で溶いたペーストを塗りつける。

2 スポンジでこする
20分ほど置いてから、スポンジなどでこすり、汚れを落とす。

◆足あと・手アカ◆

1 フロアシートで拭く
市販のフロア用ウエットシートを小さく折り、力を込めて拭く。

2 セスキスプレーで
皮脂汚れに強いセスキ炭酸ソーダ水を吹きかけ、さらにこする。

◆マジック◆

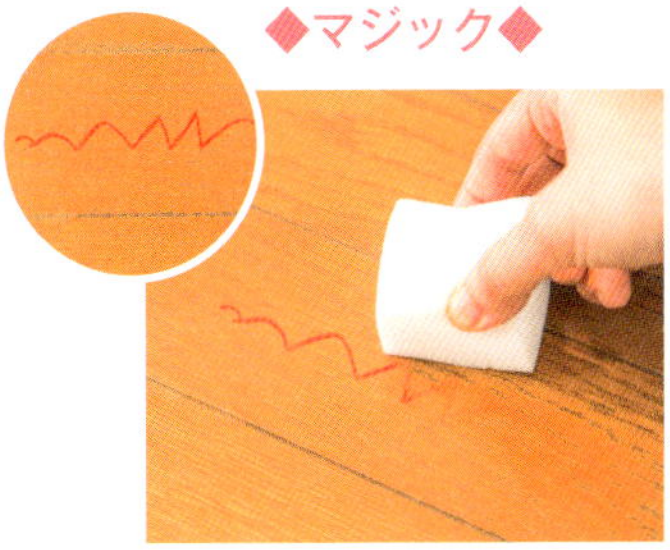

メラミンスポンジでこする
水で湿らせたメラミンスポンジで、汚れをこすり取る。

◆クレヨン◆

クレンジングオイルを使う
クレンジングオイルまたはマニキュア除光液をウエスにつけ、くるくると拭き取る。

◆キズ・穴◆

1 補修用クレヨンを塗る
床と同色系のフローリング補修用クレヨンを、キズと直角に塗る。

2 ドライヤーを併用する
大きな傷には、ドライヤーの熱で補修用クレヨンをやわらかくして塗り、補修する。

3 ヘラでこそげる
クレヨンがはみ出した部分は、キズと平行にヘラを使ってこそげ落とす。

4 木目を描く
床の木目色のクレヨンで木目を描き直して仕上げる。

意外にも「拭き掃除」ですっきり カーペット・ラグ

ポイント

- 普段のケアはこまめに掃除機がけを
- 洗えるものは洗ってしまうのがベスト
- 洗えないものは拭き掃除がおすすめ

カーペット・ラグ

つねに／月1回（セスキ拭き）

使う道具
- お掃除クロス
- 掃除機
- ゴム手袋
- セスキ炭酸ソーダ水（P31参照）

1 掃除機をかける
掃除機で毛足の中のゴミやホコリを吸い取る。ゆっくり時間をかけ小さく前後させてしっかり吸い込み、除去する。

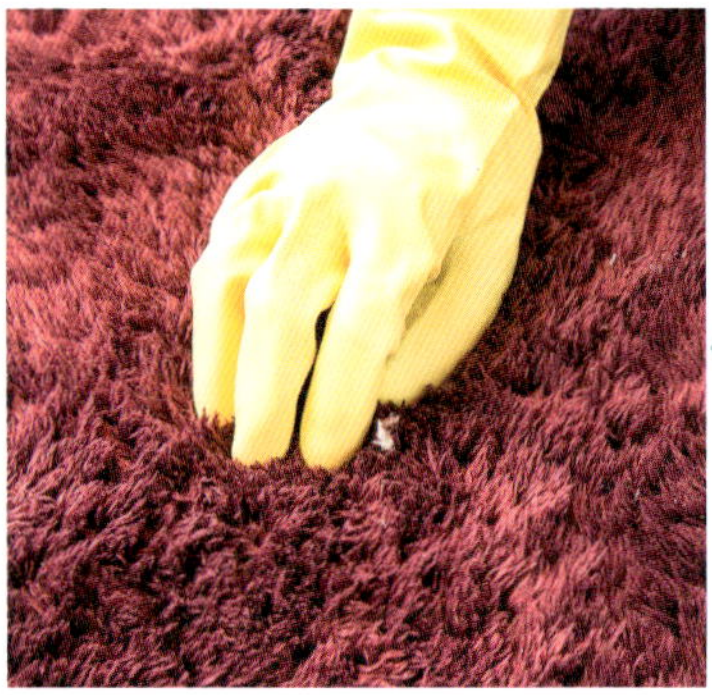

2 髪の毛はゴム手袋でこすり取る
からまった髪の毛などは、ゴム手袋を手にはめ、こすって摩擦でゴミをかたまりにすると取りやすい。

3 セスキ拭きをする
セスキ炭酸ソーダ水をお掃除クロスに吹きつけ、毛足を立てるように拭くと、表面についた皮脂汚れが取れる。

アドバイス
洗濯OKなラグなどはおしゃれ着用洗剤（中性洗剤）で洗うのが衛生的です

Check!

セスキ炭酸ソーダ水でカーペット・ラグをキレイにお手入れ

油脂・皮脂汚れをゆるめ、悪臭も中和するセスキ炭酸ソーダは、カーペット・ラグ掃除に大活躍します。布製ソファやマットレスにも応用できるので、どんどん活用しましょう。

❶セスキ炭酸ソーダを溶かしたぬるま湯に、ぞうきんを浸してしぼり、広い範囲を拭き掃除する。

❷汚れが激しい場合は、電子レンジに1分かけて拭く。アルカリが強まり、さらに効果が高まる。

カーペット・ラグのシミや汚れには

シミがついたらすぐに落とすことが鉄則。時間が経てば経つほど汚れは落ちにくくなります。

◆コーヒー・しょうゆなど水性の汚れ◆

直後なら叩いて吸い取る

付着直後なら、乾いたウエスなどをのせてトントンとたたいて吸い取る。

1 カーペット用洗剤を使う

乾いてしまった場合は、水で軽くぬらし、カーペット用洗剤をたっぷり吹きつける。

2 すすぎ拭きで仕上げる

汚れを外から内へとしごき取っていく。水拭きし、さらにから拭きで仕上げる。

◆ペットの粗相・嘔吐物などの汚れ◆

1 シミに重曹を盛る

ペットシートなどで表面の汚物を取り、重曹をこんもりかける。

2 重曹を吸い取り、水拭きする

乾いたら掃除機で重曹を吸い取り、ぬれたウエスで拭く。

◆口紅・チョコレートなど油性の汚れ◆

溶剤で素早く取り去る

ベンジンやマニキュアの除光液を染み込ませた布で、つまんで汚れを布に移す。

◆カレー・牛乳など両性の汚れ◆

汚れの中から油分を先に取り去る

ベンジンなどを含ませた布で汚れを布に移し取り、カーペット用洗剤でゆるめてしごき取る。

◆ガム・米粒など粘着性の汚れ◆

ガムは冷やして、米粒は乾燥させて取る

ガムはポリ袋に入れた氷をあてて冷やし固めて取る。米粒は乾燥させて、掃除機でかき出す。

Check!

種類不明＆どうしても落ちない汚れは漂白剤で

40～50℃のお湯2ℓに10gの酸素系漂白剤を入れ、布を浸す。布を軽くしぼってシミを覆い、汚れをもみほぐす。

素材に合った掃除方法を
ソファ・イス・テーブル

ポイント

- ソファやイスはこまめにホコリをはらう
- テーブル掃除は除菌も兼ねて
- 素材を傷つけないように汚れを落とす

革製ソファ

週1回

1 ホコリをはらう

ソファは空気中のホコリがつきやすい。気づいたときに、ハンディモップなどで表面のホコリをよくはらっておく。

2 はずせる座面クッションははずす

構造的にはずせる部分はすべてはずす。すき間に落ちているホコリ、髪の毛などは掃除機でしっかり吸い取る。

3 お掃除クロスで水拭きする

ベタつきや汚れが気になる場合は、お掃除クロスをセスキ炭酸ソーダ水を吹きつけてぬらし、全体を水拭きする。

4 ひどい汚れにはメラミンスポンジ

なかなか落ちない皮脂汚れなどは、湿らせたメラミンスポンジでこする。目立たないところで試してから始めよう。

使う道具

- ハンディモップ
- お掃除クロス
- メラミンスポンジ
- セスキ炭酸ソーダ水（P31参照）
- 掃除機

布製ソファ

定期的にクリーニングに出す

掃除機で隅のゴミやホコリを取る際、座面全体に掃除機がけを行うようにするとホコリの蓄積を抑えられる。カバーがはずせるタイプは、年１回程度ドライクリーニングに出そう。

合皮製ソファ

革製ソファに準じた方法で OK

ホコリ取りと隅の掃除機がけをした後、水でぬらしてよくしぼったお掃除クロスで、こまめに拭き掃除をする。ホコリや皮脂汚れをためないように。

イス
月1回

使う道具
- 中性洗剤
- ハンディモップ
- お掃除クロス

1 ホコリを取る
ハンディモップで、イス全体のホコリを取る。

2 中性洗剤で拭く
汚れやベタつきなどは、中性洗剤を吹きつけたお掃除クロスで拭き、水拭きで仕上げる。

3 背部や脚の下を拭く
手を触れる背部はもちろん、ホコリ汚れがつきやすい脚の下をしっかり拭く。

テーブル
月1回

使う道具
- 消毒用エタノール
- 中性洗剤
- お掃除クロス

1 消毒用エタノールで拭く
テーブルは面だけでなく、手の触れやすいフチが汚れていることが多いので注意。

2 脚のホコリ汚れを拭く
薄めた中性洗剤をお掃除クロスに含ませて、脚の下の方まで拭く。

アドバイス
いわゆる台ふきんは細菌汚染されやすいため、消毒用エタノールを使って拭きましょう。

Check!

無垢材などは「から拭き」が基本

一見、同じような木製の家具でも、その材質や塗装、仕上げの方法が全く異なっていることは多いもの。水気を嫌うもの、シミになりやすいものなど、さまざまな弱点はありますが、どんな材質や塗装であっても、「から拭き」でお手入れするのが木製家具の基本です。

●無垢材・天然木
水拭きはNG。基本はから拭き。

●化粧合板・プリント合板
汚れがひどいときは薄めた中性洗剤で拭いてから水拭きする。必ずから拭きで仕上げる。

無垢材のタンス。から拭きで素材を傷つけないように拭く。

天井・壁

静電気や油煙の影響を受けやすい

ポイント

- 天井や壁は汚れが蓄積しやすい
- 照明や天井近くの壁の凹凸などに注意
- 水を嫌う素材に気をつける

天井

月1回

使う道具
- ペーパーモップ
- お掃除クロス
- 中性洗剤

1 お掃除クロスでホコリを取る

ペーパーモップにお掃除クロスを挟み、ホコリを取る。とくにホコリがたまりやすい壁と天井の境、四隅は念入りに。

2 ベタつきには中性洗剤を使う

油煙等でベタつく場合は、中性洗剤をお掃除クロスに吹きつけて、拭き取り、水拭きで仕上げる。

和室の天井

月1回

使う道具
- ほうき
- ストッキング

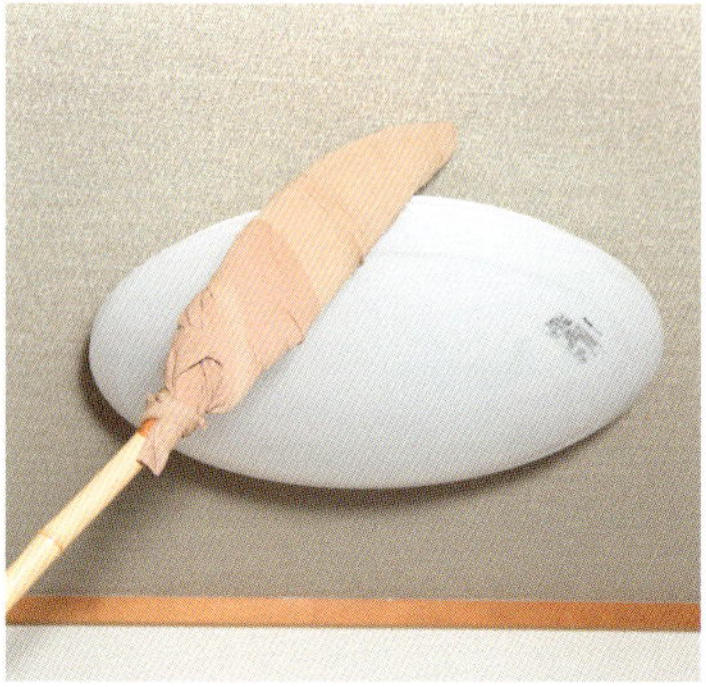

ホコリを取ればOK

和室の天井は基本的に水を嫌うので、ホコリを取り除くだけでよい。ほうきに使い古したストッキングを巻きつけたものが便利。

アドバイス

使い古しのストッキングなら、掃除の後捨てられるので清潔

裏ワザ

天井についたタバコのヤニにはクエン酸水が効く

天井や壁についたヤニを取るには、クエン酸水での水拭きが効果的。ヤニはアルカリ性なのでクエン酸で中和します。クエン酸水でシミにならないよう、狭い範囲から拭き、拭きながら汚れを取り除いていきます。

ためてしまうと落としにくい汚れなので、定期的に取り組もう。

ビニールクロス壁

月1回

使う道具

- ハタキ
- お掃除クロス
- ウエス
- 歯ブラシ
- 中性洗剤
- 塩素系漂白剤（ジェル状）

1 ホコリをハタキで落とす

ホコリが集まりやすい場所をハタキではたいてホコリを落とす。

2 ビニールクロスは水拭き

ビニールクロスは水拭きも可能。静電気の汚れや油煙のベタつきには中性洗剤を併用して拭き掃除をする。

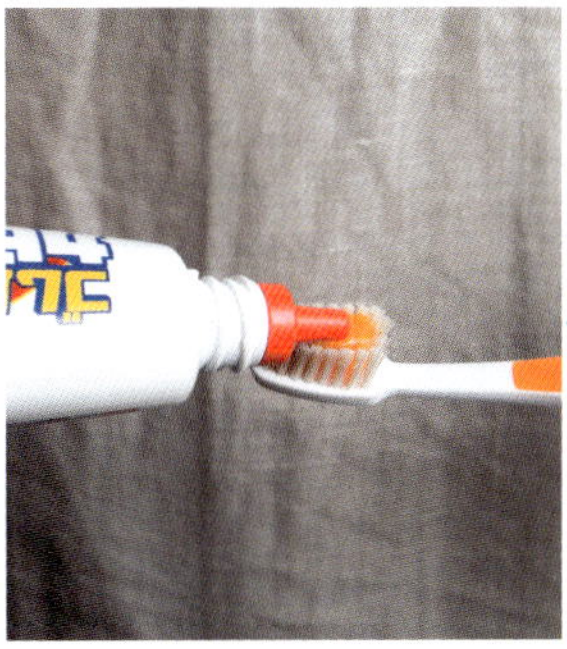

3 カビは漂白剤で落とす

ビニールクロスのカビにはジェル状の塩素系漂白剤を。歯ブラシで少量ずつ塗り、ぬらしたウエスで拭き取る。

布クロス壁

月1回

使う道具

- ハタキ
- 消しゴム

手アカは消しゴムで落とす

布クロスの壁には水が使えないため、基本はハタキでホコリ取りを。手アカ、鉛筆での落書きには消しゴムが使える。

しっくい壁・土壁

じゅらく壁、珪藻土など

月1回

使う道具

- ハンディモップまたはハタキ
- 消しゴム

水気を嫌うため、ハタキを活用

しっくい壁、土壁ともに水気を嫌う。ハンディモップなどでホコリを落とし、汚れは消しゴムで。

裏ワザ

セスキ炭酸ソーダ水で壁のしつこい黒ずみを解消

セスキ炭酸ソーダ水を含ませたお掃除クロスで、ドアノブ近辺やスイッチプレートのまわりなど、壁の気になるところに吹きつけ、トントンと軽くたたくように塗ります。数分おいてからキレイなお掃除クロスで同じようにトントンとたたくように拭き取ると、黒ずんでいた壁がキレイに。

ゴシゴシこするとクロスがよれてたり破れたりしてしまう可能性があるので、注意しよう。

汚れのほとんどはホコリ
照明・エアコンほか

ポイント

- 稼働時間が長いほどホコリがたまる
- ホコリ取りはハンディモップが便利
- フィルターは掃除機でまめにケアする

照明器具
3カ月に1回

使う道具
- ハンディモップ
- お掃除クロス
- 中性洗剤

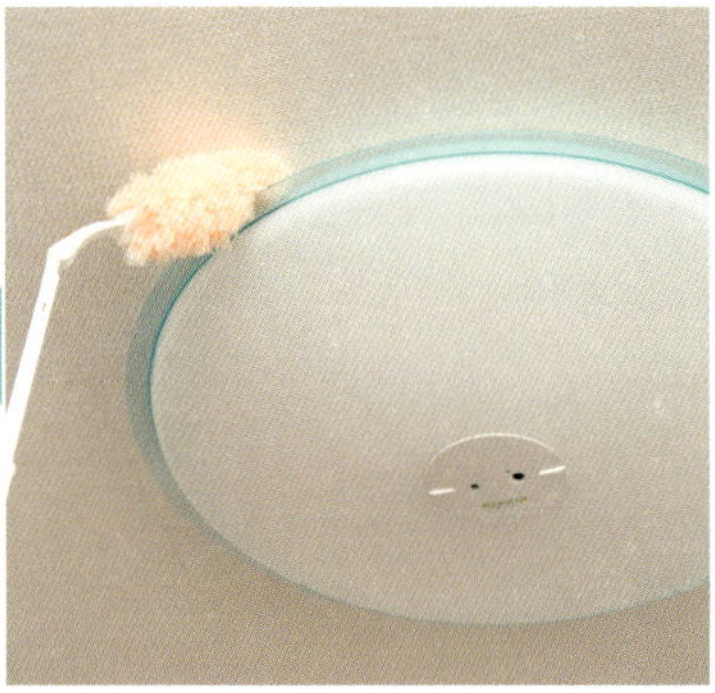

1 積もったホコリを取る

照明器具の掃除には、柄の長いハンディモップが便利。照明器具と天井のすき間をとくに念入りに。

2 取りはずしてホコリをはらう

カバーをはずし、ホコリをはらう。中性洗剤つきクロスで拭いた後、水拭き、から拭きをする。

加湿器・除湿機
週1回

使う道具
- 掃除機

フィルターはホコリを取る

吸気フィルターはホコリがたまりやすいので、こまめに掃除機で吸い取る。

扇風機
つねに／年1回（しまう前）

使う道具
- ハンディモップ
- お掃除クロス
- 中性洗剤
- スポンジ

ホコリを絡める前に対処

シーズン中のケアはハンディモップで。しまい込む前にガードとプロペラははずして、中性洗剤で洗う。

汚れをためないコツ

早めにハンディモップでホコリを落とす

照明器具は部屋の空気中のホコリが「着地」するため、ホコリまみれになっています。なかなか手の届きにくい場所ですが、早め早めに、ハンディモップなどでホコリを落としておきましょう。

低い場所にある照明器具なら柄の短いものがおすすめ。

エアコン

月1回

1 外側のホコリを取る

エアコンの上部や側面のホコリを取る。柄の長いハンディモップなら掃除しやすい。

2 中性洗剤で拭く

油煙などのベタつきは、中性洗剤を吹きかけたお掃除クロスで拭き取り、水拭きで仕上げる。

3 エアフィルターをはずして洗う

前面パネルを開き、エアフィルターを引き出してはずす。表面についたホコリを掃除機で吸い、中性洗剤を吹きつけてぬるま湯ですすぐ。

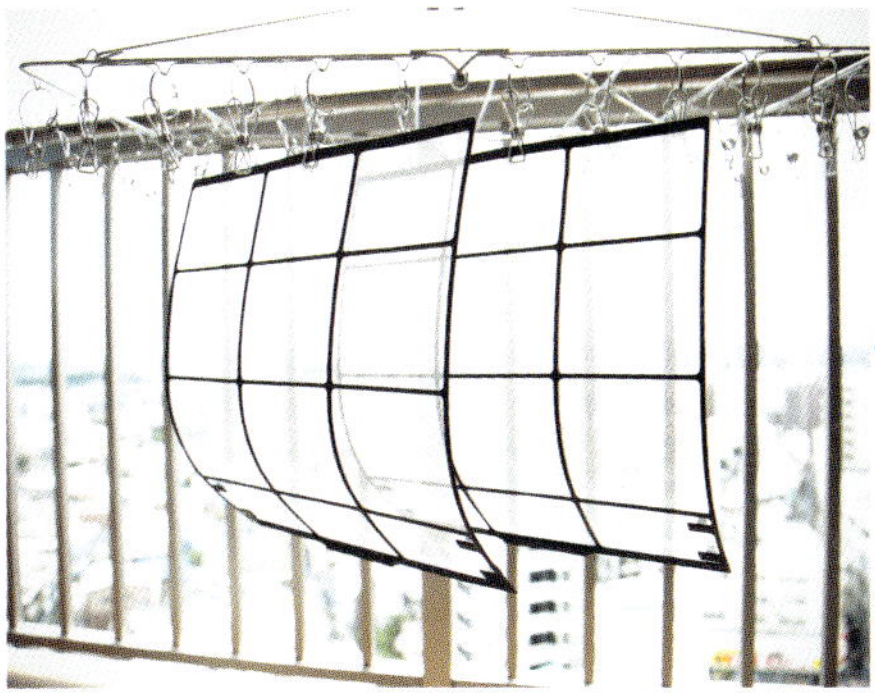

4 乾燥させてもとに戻す

洗い上がったフィルターを陰干ししてある程度乾燥させ、もとに戻す。送風運転を1時間ほど行い、完全に乾燥させる。

使う道具

- ハンディモップ
- お掃除クロス
- 掃除機
- 中性洗剤

Check!

エアコン掃除は、天井・壁掃除のチャンス

普段じっくり見ることのない天井や壁。エアコン掃除のタイミングで汚れを確認してみましょう。ホコリと湿気が合体して黒ずみになっていたり、タバコのヤニで黄色くなっていたり……。掃除に使う道具も同じなので、同時に掃除を行う習慣をつけて、部屋全体を明るくキレイにしましょう。

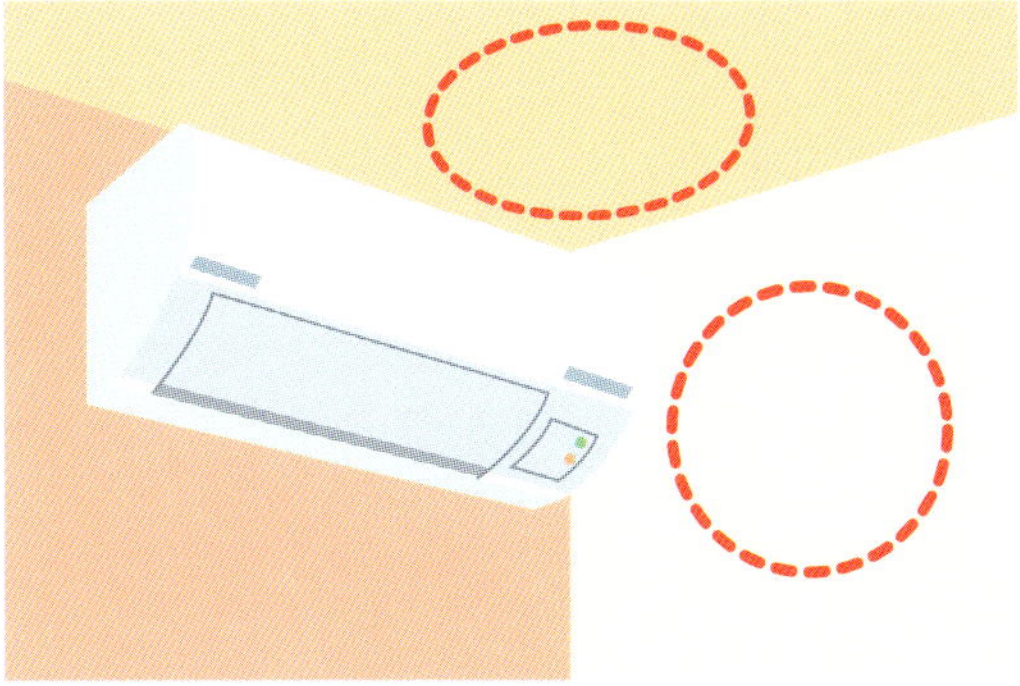

テレビほか家電

ホコリと手アカが汚れの原因

ポイント

- 使い「ながら」掃除で汚れをためない
- ホコリ除去は故障の予防にもつながる
- 手アカはこまめなから拭きで早めのケアを

テレビ

週1回

使う道具

- ハンディモップ
- お掃除クロス

1 ホコリと手アカを落とす

ハンディモップでホコリを吸い取るように除く。手アカは、お掃除クロスでやさしく拭き取る。

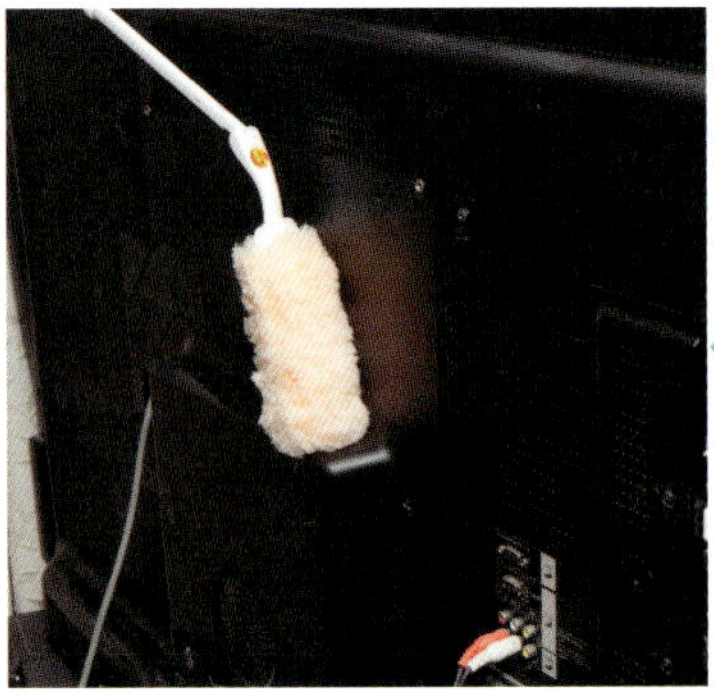

2 裏側のホコリを取る

テレビは裏側のほうが汚れやすい。ホコリをこまめに除去しておこう。

AV機器

月1回

使う道具

- お掃除クロス
- 掃除機

1 拭き掃除をする

手が触れるところにつきやすい手アカも、早めに対処すれば、から拭きだけで十分落とせる。

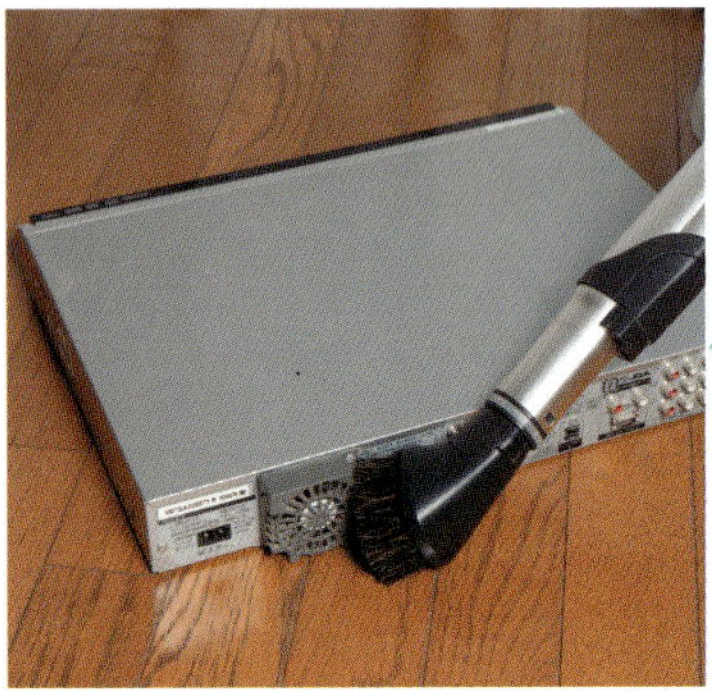

2 ファンまわりのホコリを取る

側面の通気口や背面の冷却ファンがつまらないよう、掃除機のすき間ノズルなどでホコリを吸い取る。

汚れをためないコツ

AV機器はゆったり配置しよう

ホコリは静電気で吸い寄せられます。ひどいと機器に悪影響を及ぼすことも。AV機器のホコリ取りをラクにするには、間隔をあけて配置すること。そうすればハンディモップや掃除機のすき間ノズルが入り込みやすくなります。放熱のためにも「スペースのゆとり」は大切です。

スペースにゆとりをもってAV機器を配置すれば、掃除もしやすくなる。

電話・ファックス

月1回

使う道具

- お掃除クロス
- ハンディモップ
- 綿棒
- 消毒用エタノール

1 ハンディモップでホコリを取る

静電気で呼び寄せやすいホコリ。ハンディモップで取り除いておこう。

2 消毒用エタノールを使う

手アカやニオイがつく受話器は、消毒用エタノールを吹きつけたお掃除クロスで拭く。

3 細部は綿棒で掃除

ボタンまわりは、少量の消毒用エタノールをつけた綿棒で汚れを落とす。ファックスも同様。

パソコン

月1回

使う道具

- お掃除クロス
- ハンディモップ
- 綿棒
- 消毒用エタノール

1 ハンディモップでホコリを取る

電源を落とし、ハンディモップでディスプレイ、キーボードのホコリを取る。

2 細部は綿棒で掃除

手アカが多いキーボードは、少量の消毒用エタノールをつけた綿棒で掃除する。

3 マウスのホコリを取る

マウスはお掃除クロスで拭く。裏側はホコリが多いのでていねいに。

ゲーム機

月1回

使う道具

- お掃除クロス
- ハンディモップ
- 綿棒
- 消毒用エタノール

1 ハンディモップで拭く

本体やコード類はハンディモップでホコリを取り、お掃除クロスでから拭きする。

2 手アカを拭き取る

コントローラーの手アカは、消毒用エタノールをつけたお掃除クロスで拭く。

3 細部は綿棒で掃除

ボタンなどの細かい部分についた汚れは、消毒用エタノールをつけた綿棒を使って落とす。

雨上がりや曇りの日がチャンス 窓ガラス・サッシ

ポイント

- すぐに乾いて、跡が残る晴れの日は避ける
- 細部まで掃除できる道具を準備
- カビの除去、防止も定期的に行う

窓ガラス

2カ月に1回

使う道具

- メラミンスポンジ または お掃除クロス
- 新聞紙
- スクイージー
- 中性洗剤
- クエン酸水（P31参照）

1 水拭きをする

軽く水でぬらしたメラミンスポンジで上から下に向かって、こするように拭く。

2 スクイージーで水きり

汚れを含んだ水はスクイージーなどで水きりし、お掃除クロスで脇に残った水分を拭き取る。

3 煤煙、油煙、ヤニを落とす

油性の汚れは水だけではキレイにならないので、適宜洗剤を使用する。屋外の煤煙・屋内の油煙には中性洗剤、ヤニにはクエン酸水を使う。

アドバイス

お掃除クロスの代わりに、よくもんだ新聞紙を使ってもOK！

Check!

スクイージーは窓掃除のおすすめアイテム

スクイージー（スキージー、T字型水きり）は、平面の水分を取り除くことに特化した掃除道具。ホームセンターの他、100円ショップでも手に入ります。仕上がりがキレイになるので持っていて損はありません。

水きりしながら水分を吸引するスクイージー状の家電も。

小ぶりのものが扱いやすくておすすめ。

サッシ

2カ月に1回

使う道具

- 広域ブラシ
- 歯間ブラシ
- ウエス
- お掃除クロス
- 掃除機
- メラミンスポンジ
- 消毒用エタノール

1 泥やホコリをかき出す

サッシの泥やホコリは、なるべく乾いた状態でかき出すようにする。広域ブラシなど、サッシ専用のものが便利。

2 泥やホコリを水で落とす

メラミンスポンジをサッシ幅にカットして水でぬらし、押し出すように汚れを落として、お掃除クロスでから拭きする。

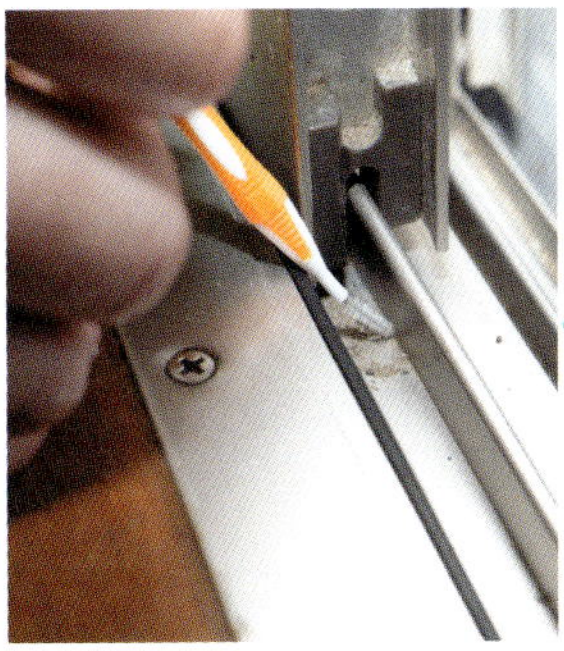

3 細部は歯間ブラシで掃除

細部に残った汚れは、歯間ブラシでかき出し、拭き取る。

4 サッシの上部を拭く

サッシ上部にもホコリやカビが付着していることが多い。カビは消毒用エタノールをつけたウエスで拭く。

5 掃除機をかける

サッシにたまった綿ボコリや髪の毛などのゴミを掃除機で吸い取る。床掃除のときに一緒にやっておくとラク。

アドバイス

排気ガスや雨風にさらされたサッシ（屋外側）の汚れ防止には、研磨剤の入っていないカーワックスを塗るのが効果的

裏ワザ

消毒用エタノールで窓カビを防止

結露のせいでサッシのパッキンや周囲の木枠までカビが及んでいたり、カーテンがカビだらけになったりすることも。消毒用エタノールをときどき吹きかけ、カビの蔓延を防ぎましょう。

消毒用エタノールを吹きかける。木部の塗装を剥がすおそれもあるので材質には注意して。

網戸

屋内側は綿ボコリ・屋外側は土ボコリ

- メラミンスポンジを活用する
- わが家の状況に合った網戸掃除を
- 普段からの「ついで掃除」がおすすめ

網戸
2カ月に1回

使う道具

- セスキ炭酸ソーダ
- メラミンスポンジ
- ウエス
- 掃除機

1 メラミンスポンジで拭く

水を使った掃除がむずかしい場合、メラミンスポンジが便利。たっぷり水を含ませ、しっかりしぼってから拭こう。

2 タテヨコにやさしく拭く

網戸を上から下へ、タテヨコと拭く。メラミンスポンジが汚れたら、裏返して使う。網がよれるので力は入れないように。

3 汚れたらその都度、バケツですすぐ

スポンジが汚れたら水ですすいでしぼり、いつもキレイな状態で拭けるようにする。

4 ばい煙にはセスキ炭酸ソーダを使う

ばい煙や油煙などでベタつく場合は、すすぎ水にセスキ炭酸ソーダを大さじ１ほど加える。外側を先に拭くと効率的。

5 落ちたスポンジカスを拭き取る

掃除の際に削れて落ちたメラミンスポンジカスやホコリのかたまりを、ウエスや掃除機で取り除く。

プリーツ網戸の場合

小さめにカットしたメラミンスポンジを水でぬらしてしぼり、プリーツの角に沿わせるようにしてタテ方向に拭く。

網戸の掃除あれこれ

メラミンスポンジ以外にも、専用掃除グッズを使うなど、網戸掃除の方法はいろいろ。
自分の家に合った掃除方法を見つけよう。

◆屋外で丸ごと水洗い◆

1 表面のホコリを落とす
網戸を取りはずし、水を使えるテラスなどに運ぶ。やわらかいブラシで表面のホコリをざっと落としておく。

2 網戸用洗剤を吹きつけて洗う
水でぬらしてから、網戸用洗剤を全体に吹きつけ、ブラシでやさしくこすり洗いする。

3 枠ごとすすいで乾燥させる
汚れがあらかた浮かんだら枠ごとすすぎ洗いをし、そのまま屋外で乾燥させてからもとに戻す。

なでるだけで汚れが落ちる「網戸ワイパー」。使い捨てのシートをつけて使う。

◆室内からは掃除機で◆

ブラシタイプのノズルで吸い取る
普段の掃除機がけに「網戸吸い」を組み込むのもおすすめ。ブラシタイプのノズルなどを網戸にそっと沿わせて吸い取る。

汚れをためない
コツ

お掃除クロスで「サッと拭き」をいつもの習慣に

網戸のホコリ取りに使えるのが、マイクロファイバーのお掃除クロスとガムテープ。マイクロファイバーは、拭くだけでホコリを簡単にからめ取るので、網戸の掃除と相性がぴったり。拭くだけでは取れないホコリのかたまりは、ガムテープで軽く押さえてあげると簡単に取ることができます。網戸は掃除をしてもすぐにホコリがたまりやすいので、いつもの掃除ついでに、気がついたらサッと拭く「おまけ掃除」の習慣をつけておきましょう。

マイクロファイバーのお掃除クロスなら、ちょっと拭くだけでも汚れが落ちる。

ホコリのかたまりは、ガムテープを軽く押しあてると簡単に取れる。

部屋の表情を左右する カーテン・ブラインド

ポイント

- ホコリが多いので定期的なケアが必要
- 洗えるものは丸洗いする
- 不潔なカーテンはカビ・ダニの温床になる

カーテン・カーテンレール

半年に1回

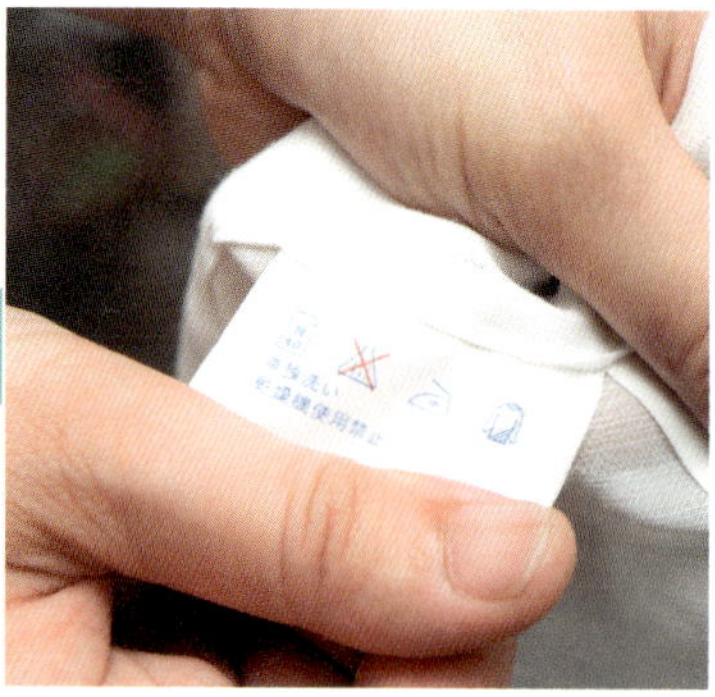

1 洗濯表示を確認する

ウォッシャブルのカーテンは「おしゃれ着洗い」に準じた方法で洗濯することができる。まずは洗濯表示を確認しよう。

2 カーテンレールからはずす

カーテンをレールから取りはずす。洗濯するなら湿度の低い晴天の日を選ぼう。

3 じゃばらにたたんで洗う

カーテンフックをはずし、じゃばらにたたんで大きめの洗濯ネットに入れる。「おしゃれ着洗い」と同様の方法で洗濯する。

フックは内側になるように折り畳めば、カーテンと一緒に洗濯しても大丈夫

4 フックは別にして洗う

カーテンフックも汚れているので、洗面器などに入れ、薄めた中性洗剤で洗い、よくすすいでおく。

5 カーテンレールを拭く

カーテンレールも掃除しておく。薄めた中性洗剤とお掃除クロスで拭くと、驚くほど汚れていることが多い。

6 カーテンレールに戻して干す

ごく短時間脱水し、カーテンにフックを装着してそのままレールにつるして干す。

使う道具

- 中性洗剤
- 洗濯ネット
- お掃除クロス

ブラインド

3カ月に1回

1 ホコリを落とす

ブラインドの羽根についたホコリが軽いうちは、ハンディモップで落とし、掃除機で吸い取る。

端のほうで試してから拭こう

2 細部の汚れはクロス拭き

ホコリに油煙などが混じり落ちにくい場合は、中性洗剤とお掃除クロスで羽根を1枚ずつ挟んで拭く。

3 水拭きとから拭きをする

水拭き、から拭きをして仕上げる。間の狭いブラインドの場合は、軍手をクロス代わりにすると便利。

アドバイス

軍手をクロス代わりにするときは、手荒れ防止のためゴム手袋の上に軍手をはめるのがおすすめです

使う道具

- ハンディモップ
- お掃除クロス
- 中性洗剤
- 掃除機
- 軍手

カビ予防のコツ

しっかり換気して、結露や湿気対策を

窓のまわりは湿気・カビ対策が欠かせない場所。特に冬には結露の影響を受けやすく、カーテンやブラインドがぬれてカビが発生することがあります。さらに、そのまま放っておくと部屋全体のカビやダニの原因にもなるため、しっかり換気をする習慣をつけましょう。冬場には結露に気づいたら、ぞうきんなどで水気をしっかりと拭き取ることも、湿気の対策になります。

カーテンや窓をこまめに開閉し、定期的に換気をしよう。

畳 目に沿ってホコリや汚れを取る

ポイント

- 「ホコリをためない」ことがダニ予防に
- カビは消毒用エタノールで拭き取る
- 畳のベタつきはお湯拭きで落とす

畳

つねに／年1回（畳の下）

使う道具

- 掃除機
- お掃除クロス
- 歯ブラシ
- 塩

1 掃除機をかける

畳は目にホコリがたまりやすいので、目に沿わせ掃除機をしっかりかける。フチ部分はすき間ノズルなどを活用しよう。

2 ベタつきをお湯拭きで落とす

皮脂などによるベタつきを感じる場合は、目に沿わせお湯で拭き上げる。窓を開けるなどしてよく乾燥させる。

3 汚れを塩で落とす

こびりついた汚れには塩をすり込み、歯ブラシなどでこすって落とす。

4 畳の下を掃除する

年に一度は、畳の下も掃除をしておきたい。畳のフチにマイナスドライバーを差し込み、持ち上げる。

5 掃除機で吸い取る

畳のすき間から下へ落ちたホコリやダニを掃除機で吸い取る。ノズルタイプのブラシが便利。

裏ワザ

畳のカビは、消毒用エタノールで除去する

梅雨時などに畳一面に薄くカビが生えることがあります。そんなときは消毒用エタノールをたっぷり吹きつけたウエスで拭き取り掃除を。部分的なカビには、直接、消毒用エタノールを吹きつけ、歯ブラシなどでかき出し、ウエスでぬぐい取ります。

カビは水拭きやから拭きをするとかえって蔓延する。消毒用エタノールを使い、ウエスはすぐ捨てること。

ほうきとちりとりの使い方

電気を使わず掃除ができ、深夜でも騒音を気にしなくてすむなど、ほうきの価値が今、見直されてきています。小まわりがきくので、日々の「ながら掃除」や「小掃除」にもおすすめです。

◆ほうきとちりとりの種類◆

ほうき

和室で使うなら「座敷ほうき」、たたきやベランダには「土間ほうき」、タイルの土間などは「自在ほうき」など、場所に合わせて選ぼう。

ちりとり

持ち手の短い「ダストパン」、柄を持ち上げるとフタが閉まる「文化ちりとり」など、それぞれ用途に合ったものを使う。

◆使い方◆

1 力を込めずに軽く持つ

ほうきは体の正面に床から浮かせ気味に持ち、体の面に平行に左右（ヨコ）に動かす。

2 目に沿って掃く

畳、床とも目に沿わせ、つまったゴミを軽くかき出すように短い間隔で掃く。

3 ちりとりにゴミを掃き入れる

ゴミに対し、ちりとりを斜めに置き、ほうきの先でゴミを囲い込むように掃き入れる。

Check!

ほうきは「つり収納」で手軽に使えるように

ほうきは毛先が曲がると掃きにくくなってしまうので、毛先を下にして置いておくのは避けましょう。部屋の見えるところにつるしておけば、いつでも手軽に使えるので一石二鳥です。一緒にちりとりもつるしておくのもよいでしょう。つるす場所がないときは、部屋の角などに毛先を上にして立てかけておくのがおすすめです。そうすると毛先を傷めず長く使えます。

おしゃれなほうきは、つるしておくとインテリアのアクセントにも。

障子・ふすま・押入れ

デリケートなので扱いは慎重に

ポイント

- カビを生やさないよう乾燥させる
- 基本はホコリを取り去るケアで十分
- 押入れはダニ対策も意識を

障子・ふすま

つねに

使う道具

- ハンディモップまたはハタキ
- お掃除クロス
- 消しゴム

1 ホコリを落とす

ホコリが湿気や油煙で固まってしまわないよう、まめにハタキやハンディモップで落とす。

桟や表面にホコリがつく

障子は桟（骨組み）部分にホコリがたまる。ふすまは表面（紙）がホコリをよく吸うのでここを徹底的に掃除すること。

2 引き手の手アカは消しゴムを使う

ふすまの引き手周辺についてしまった手アカは、消しゴムでこすって落とす。力を入れ過ぎないよう注意しよう。

3 ふすまはから拭きする

ふすま掃除に水を使ってはいけない。表面のホコリはハンディモップで、引き手の手アカはから拭きしてこまめに落とそう。

敷居

つねに

使う道具

- お掃除クロス
- 輪ゴム

ゴミをまめに取り除く

敷居にはゴミがたまりやすい。敷居とふすまの間に輪ゴムをかませて動かすと、奥のゴミがついて出てくる。

畳と一緒に掃除する

敷居（ふすまや障子のレール部分）は、すべりが悪いと建具を傷めることに。畳と一緒に掃除をしよう。

押入れ

6カ月に1回

使う道具
・お掃除クロス
・掃除機
・消毒用エタノール

開閉でホコリがたまる

押入れは開閉するだけでホコリが入り込む。また、湿気がたまりやすいため、カビやダニの巣窟になりやすい。

1 ホコリは掃除機で吸う

中の物を取り出す。大きなホコリのかたまりや髪の毛などは、掃除機で念入りに吸い取る。

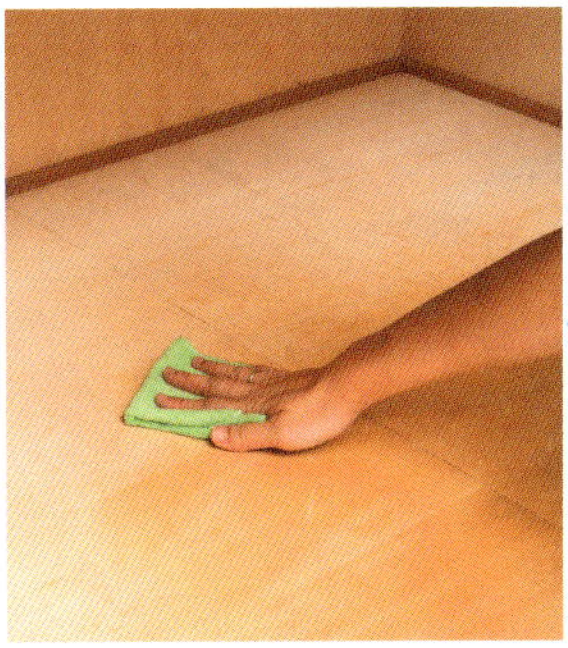

2 消毒用エタノールで拭く

カビが疑われる細かな汚れは消毒用エタノールを吹きつけたお掃除クロスで隅々まで拭き取る。

湿気・ダニ対策

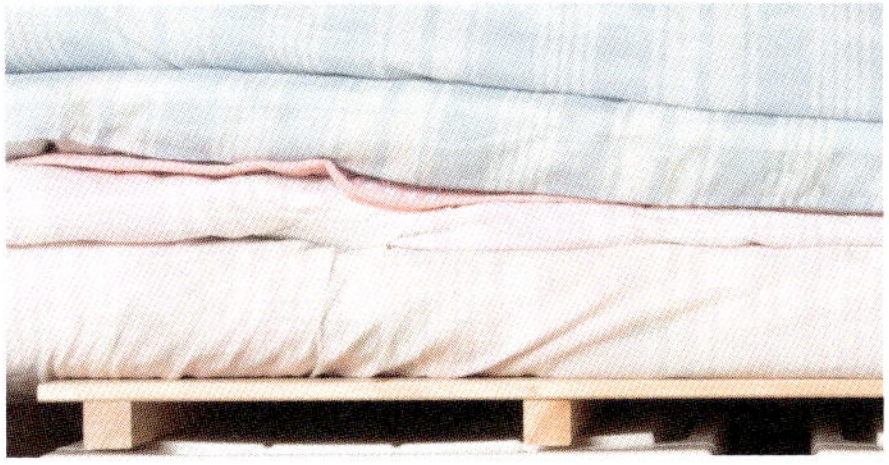

すのこを設置する

空気循環を促し、湿気をためないようにするには、すのこが効果的。

ダニ捕り効果を維持するため、ダニ捕りマットは定期的に交換しよう

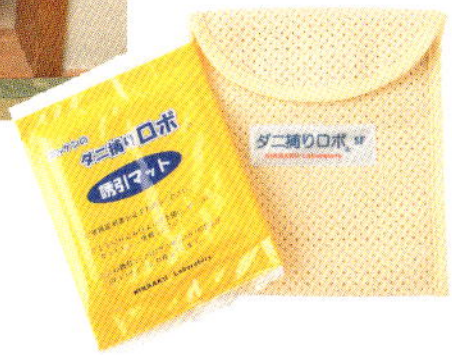

「ダニ捕りマット」を寝具に挟む

ダニを誘引・捕獲する「ダニ捕りマット」。寝具の間に挟んでおくだけでダニ対策に。

湿気をためない
コツ

押入れのふすまは、少し開けて乾燥させる

押入れはふすまを少し開けておくだけでも湿気対策になります。人目が気にならない場所なら、常に15センチほどのすき間を開けておくだけで、中に湿気をため込まず、カビ対策になります。湿気の多い梅雨の時季には、空気が乾燥する日を選んで1日2時間ほど、扇風機で風を送り込むようにしておきましょう。湿気を取り除けばダニの発生も防ぐことができます。

扇風機で風を送り込み湿気を防止する。

住まいに潜むカビ・ダニ・ゴキブリ対策

換気と湿度コントロールで3大トラブルに備える

私たちはなぜ掃除をするのか？ ――「汚れを落とすため」「快適に暮らすため」「不衛生による健康上の被害を避けるため」……。その目的を突きつめると、カビ・ダニ・ゴキブリを発生させないようにすること、住まいの衛生を整え維持することにつながります。つまり、この3大トラブル源を発生させずにいられるなら、掃除は成功です。そのためにもカビ・ダニ・ゴキブリの発生・発育条件を知って、しっかり対処しておきましょう。

じつはよく似ている
カビ・ダニ・ゴキブリの繁殖条件

	カビ	ダニ	ゴキブリ
温度	5～35℃（最適温度は20～30℃）	20～30℃（最適温度は25～30℃）	5～45℃（最適温度は20～35℃）
湿度	60～80%以上（最適湿度は80%以上）	60～80%以上（最適湿度は80%以上）	70%以上（最適湿度は75%以上）
エサ	木材、ホコリ、食品、皮革、洗剤など	カビ、ホコリ、フケ、アカ、食品など	食品、ホコリ、カビ、フケ、髪の毛、ペットの毛、油汚れ、衣類やふとんの汚れ、昆虫の死骸（ダニやゴキブリ仲間も）

カビ・ダニ・ゴキブリは三つ巴の関係

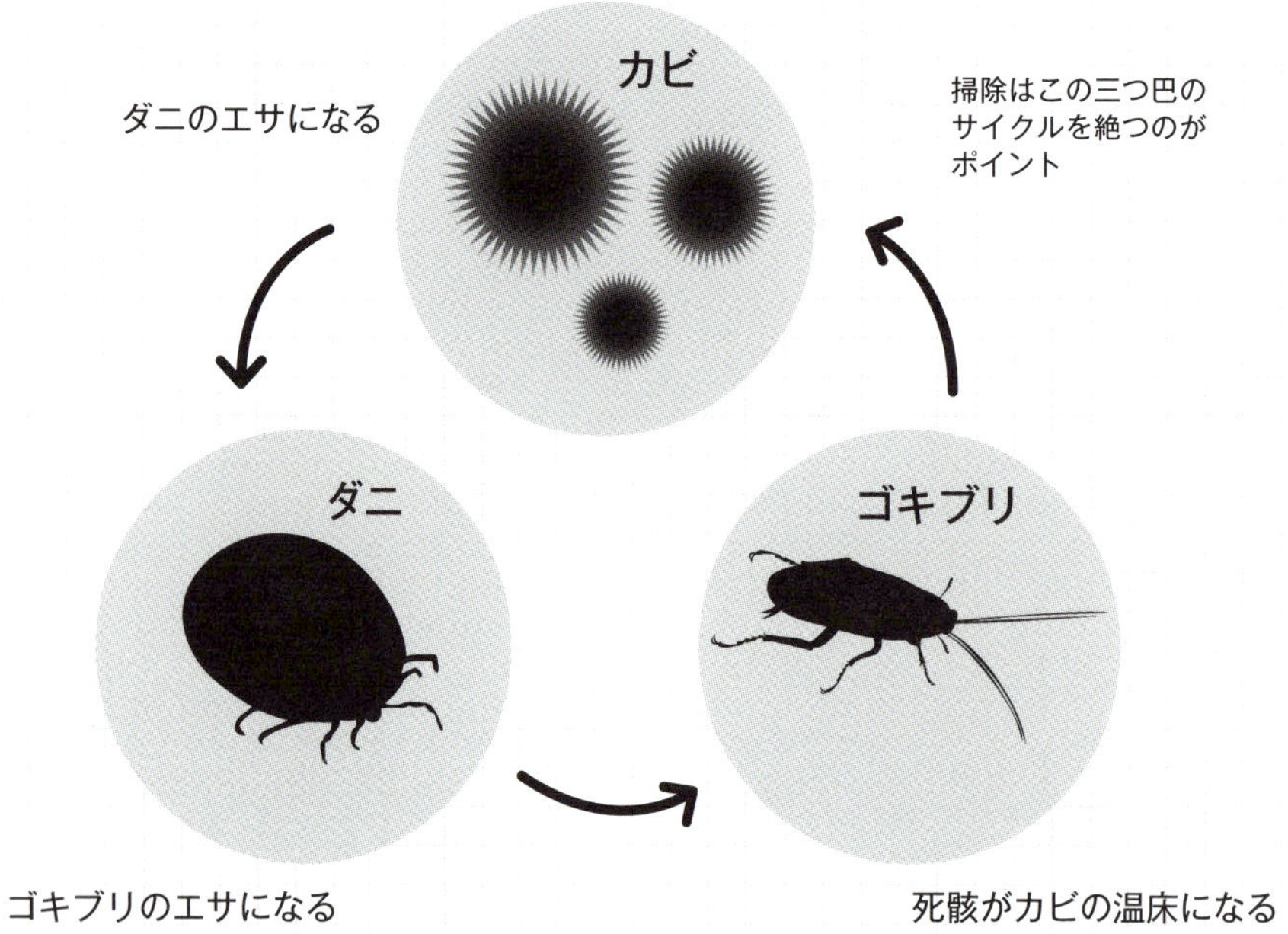

カビ
ダニ
ゴキブリ
ダニのエサになる
掃除はこの三つ巴のサイクルを絶つのがポイント
ゴキブリのエサになる
死骸がカビの温床になる

【カビ】

カビは微生物の一種である菌を構成する「真菌類」に分類される、キノコや酵母の仲間です。栄養、湿度（水分）、酸素があれば成育できるため、世界中のいたるところで見ることができます。いわゆる自然の分解者で、麹やチーズなど、一部のカビは食品として活用されるなど暮らしに重宝されています。

数万種にのぼるカビのうち、人間の住まい内の環境に適応した（好んで生える）カビは、ほんの数十種。これらは「見た目の汚らしさ」や「建材を傷める」こと、また「アレルギー性疾患の原因になる」などの理由で、除去する必要があります。

●カビの予防方法

特に湿度が高くなりがちな季節（梅雨～真夏）や、結露の起こりやすい冬場は湿度コントロールが大切。湿度計を部屋の各所に設置し、過剰な湿度にならないように、適切な換気や除湿を行いましょう。また、エサを減らすためにも、こまめな掃除が大切です。

●カビが発生したら

その1 目についた状態（コロニー）になっている場合

すでに胞子を大量に飛ばしているため、カビ取りは「見つけ次第、即殺」が基本。浴室などでは塩素系漂白剤（次亜塩素酸ナトリウム）を吹きかけ、押入れなどでは消毒用エタノールで拭き取るようにします。掃除機で吸ったり、から拭きしたり、洗剤で拭いたりするのは逆にカビの胞子を飛ばし、エサつきで移植しているようなものなので厳禁です。

その2 目につかないところで大発生している場合

エアコンの内部や、浴室のエプロン裏など目につかないところで大発生している場合もあります。独特な「カビ臭さ」を感じたら注意して温床を探す必要があります。大規模に生えているカビ（壁一面など）は、専門業者によるカビ取りを依頼した方が安心です。

鉢植えやドライフラワーもカビの温床になりやすいので注意しましょう。

【ダニ】

全世界に2万種以上もいると言われ、その体長や形状には大きな違いがあります。日本の一般的な住まいで見られる種類のダニ（コナヒョウヒダニ、ケナガコナダニ、イエダニ、フトツメダニなど）は、0・2～0・7㎜程度と、目視しにくい小ささです。拡大すると、形状はクモによく似ていますが、クモの仲間ではありません。

住まい環境を好むダニの多くは、人間のフケやアカを好んで食べ、ふとんや収納スペースなど高温多湿になり、潜り込みやすい場所で繁殖します。いわゆる「咬《か》む」ダニはごく少数で、多くは咬まないダニですが、アレルギー反応を誘発します。

●ダニの予防方法

湿度が高くなりがちな季節（梅雨〜真夏）や、結露の起こりやすい冬場の湿度コントロールが予防のカギになります。ダニの潜みやすいふとん（ベッド）周辺の布製品の洗濯、乾燥。また、エサを減らす目的での掃除が有効です。

●ダニが発生したら

まれに目視できるほどの大発生が起こることがあります。そういった場合には、発生した部屋全体を燻煙剤で殺虫するのが効果的です。いるかいないかわからないのが通常なので、ふだんから掃除、換気（乾燥）を住まい全体において心がけましょう。

【ゴキブリ】

熱帯原産の昆虫で全世界に約4000種、日本にはうち50種あまりが生息しています。日本の住まい内では、「チャバネゴキブリ」「クロゴキブリ」「ヤマトゴキブリ」「ワモンゴキブリ」が多く見られます。これら身近なゴキブリは体長1〜4センチ、平べったい体型で狭い場所に潜むことに適しています。雑食性で、熱帯雨林にあるような樹液や朽ち木、動物の死骸やふんのほか、人間の残飯、アカ、髪の毛、油、紙などまで食べます。

年間を通じて温かい家電のそば、壁と家具のすき間などに好んで巣食います。おもな害としては、見た目の不快感（不快害虫）のほか、移動の際に細菌性の病原菌を媒介すること、ゴキブリのふんがアレルギーの原因になることが挙げられます。

●ゴキブリの予防方法

屋外からの侵入が多く、集合住宅では換気口や配管をつたって入ってくることもあります。一戸建てでは窓や玄関からの侵入頻度が高いので、ドアや窓を開け放しておく際には注意しましょう。

●ゴキブリが発生したら

家の中に発生した場合、駆除と繁殖阻止を同時に行う必要があります。いくつかの方式があるので、ライフスタイルなどに合わせて検討し、必要なものは備えておきましょう。

- **毒餌（食毒剤）式**
設置が簡単（ゴキブリの通り道らしきところに置くだけ）。餌を食べたゴキブリが巣で死んだ後、仲間に毒が伝播するドミノ効果も期待できます。ただし「ホウ酸団子」などは誤食に注意が必要です。
- **捕獲器具（トラップ）式**
いわゆる粘着シートによる生け捕り方式です。死骸を容易に処理できるメリットがあります。
- **薬剤（残留、蒸散、燻煙、エアゾール）式**
殺虫効果大。薬剤による汚損や環境、健康への影響が懸念されます。

Storage

第2章

すっきり快適
収納のきほん

すぐに見つかる、
サッと取り出せる

収納のきほん

スペースに見合った分の量を収納し、
必要なときにすぐに取り出せる工夫をすると毎日、気持ちよく生活できます。
家の収納を見直して、心地よい空間をつくりましょう。

●ためずに捨てる

ものを捨てる基準は、自分や家族にとって必要かそうでないか。必要ではないと思ったら、勇気を持って手放しましょう。また、ストックを必要最小限にとどめておくことも、ものを少なくする秘訣です。

●置き場所を決める

ものの定位置は、必要だと思ったときにすぐに手が届くことを基準に決めるのがおすすめ。自分以外の家族に定位置を把握してもらうことも大切です。

すっきり快適に暮らすコツ

使いやすく収納

自分はもちろん、家族がしまいやすいように工夫をすることも大切。よく使うものは、使い勝手のよい場所に置いておこう。

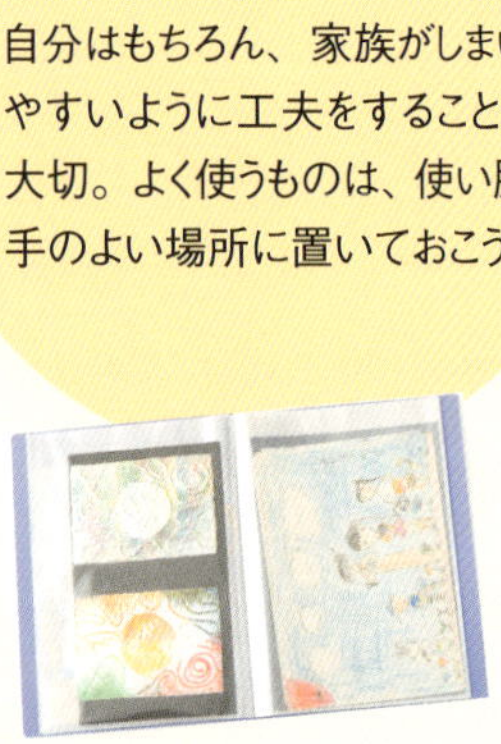

適量をキープ

自分の家の収納スペースを把握し、そのスペースを超えるようなら、たとえ安くてもまとめ買いや衝動買いは避ける。

本当に必要か見極める

ものを買うときは、必要かどうか考えるようにしよう。どうしても欲しいと思っても、その場ではすぐに買わず、実際にどのくらい使用するかなど、検討する時間を持とう。

アイテムごとの収納マップ

収納するのに必要なグッズは何か、どこにしまえばいいか、
アイテムごとにしまうコツを覚えておきましょう。

キッチン用品 ▶▶▶ P.122

種類別に分けること、調理中に取りやすい場所に置くことを守ると、機能的で美しいキッチンに。

洗面所・トイレ用品 ▶▶▶ P.120

洗剤など細々としたものはかごやバケツに入れておくと見た目もすっきり。不衛生にならないように気をつけて。

寝具 ▶▶▶ P.108

押入れにはすのこを敷いて湿気対策を。毛布などの季節の寝具は、ケースなどに入れて保管を。

おしゃれアイテム ▶▶▶ P.98

デリケートな素材が多いおしゃれアイテムは、素材を傷めたり、型くずれしたりしないように適切な収納をする。

衣類 ▶▶▶ P.84

よく着る服はクローゼットにつるしておくのが基本。引き出しにしまうときは、コンパクトにたたみ、立てて収納を。

靴・傘 ▶▶▶ P.104

通勤や通学に履く靴は、取り出しやすい下駄箱に入れて。シーズンオフの靴などあまり履かないものは、箱などにしまう。

生活雑貨 ▶▶▶ P.114

たまってしまう書類はクリアファイルなどを利用して整理整頓を。子どもの人形などの雑貨は、しまう前にお手入れしておく。

衣類

クローゼットの収納法

つるし方を少し工夫するだけで、収納力が大幅アップ!
空きスペースも収納ボックスで有効活用しましょう。

ステップ 1 つるす衣類を選ぶ

優先順位を決めて

何も考えずにただつるすのはNG。クローゼットの特性を活かして、つるす収納に向いているデリケートな服や使用頻度の高い服を優先的に選びましょう。

型くずれしやすい服

たたむと折りジワがつくデリケートな素材の衣類は、必ずつるすこと。ただし、つめ込みすぎもシワの原因になるので注意。

ネクタイなど長いもの

たたんで収納するのがむずかしい丈の長いものは、専用のハンガーを使ってつるすと、すっきりしまうことができる。

着る頻度で分ける

よく着る衣類をつるす。着る頻度が少ない衣類や、たたんで収納できる衣類は引き出しに収納する。収納スペースに合わせて、分類してみよう。

ステップ 2 丈でグループ分けする

着たい服がすぐに見つかる

つるすときに、丈の短い服から長い服へと順番につるすと、見た目がすっきりするだけでなく、服も取り出しやすくなります。

Before

服を把握できない

丈をそろえないでつるすと、雑然とした印象に。服も取り出しづらいので、時間の無駄になってしまう。

After

収納スペースもアップ

丈の短い服と長い服を分けてつるすと、クローゼットの下にスペースが生まれ、収納ケースなどがすっきり収まる。

アドバイス

服の種類やそでの長さ、色別に分けておくと、見た目がさらにすっきりと美しくなり、コーディネートするときもスムーズです

ステップ3

空いた空間を活用する

収納ボックスを使って機能的に

つるした衣類の下のスペースやクローゼットは、収納ボックスを使うと、すっきりしまえて取り出しやすくなります。

上段にはシーズンオフの服を

クローゼットの上段には、シーズンオフの服や旅行バッグなどを入れておこう。

収納ケースを下の空きスペースに

つるした衣類の下のスペースには、引き出しつきの収納ケースを置くと便利。洋服や小物を収納できる。

よく使う小物をボックスに入れて

よく使うかばんや袋などの小物類を、取り出しやすいボックスなどに入れて収納。重ねすぎには注意しよう。

パジャマなどの一時置き場に

パジャマや少しだけ着た服など、一時的に置いておきたい服も、カゴなどに入れておくと散らからずにすむ。

Check!

収納ケースはサイズをそろえて

スペースを有効活用するには、収納ケースのサイズをそろえること。置く場所によって使いやすいタイプを選ぶのもポイント。

重ねられる引き出しつきケース

フタを閉めるタイプより断然使いやすい引き出しつきケース。奥行きのあるタイプを選ぼう。

取り出しやすい軽いケース

クローゼット上段にはものを直接置かず、軽いケースに入れれば取り出しやすい。重いものを入れるのは避けて。中身が見えるとより便利。

つるす収納

かさばる、シワになるものはハンガーで

ポイント

- 服に合わせたハンガーを使う
- デリケートな服は形を整える
- ポケットを空にしてから収納する

コート・ワンピース［丈の長いもの］

〈使うもの〉

丈夫で肩に丸みのあるハンガー

重さに耐えられる丈夫なハンガーで、肩のラインに丸みのあるものを使うと、形が崩れず安心。

ポケットのものは必ず取り出して、型崩れを防ぐ

コート

重いロングコートは、肩のラインとえりが崩れないよう、肩に厚みのあるハンガーにつるし、防虫カバーをかけてつるす。ブラシをかけてからしまうと素地が傷みにくい。天然毛のブラシなら静電気も防げる。

アドバイス

ドレープやフリルがついたものは形をつぶさないよう、衣類の間隔を空けてつるす

ワンピース

ハンガーにかけると、つるつるとすべりやすいワンピース生地。肩部分がぴったりで、すべり止めがついたハンガーがおすすめ。手ですそをやさしく伸ばして全体のシワを取り、形を整える。

〈使うもの〉

すべり止めつきハンガー

えりが開いたデザインやすべりやすいシルク、ポリエステルの服には、肩にすべり止めがついたハンガーがおすすめ。ブラウスにも◎。

スカート［プリーツのある服］

プリーツはキレイな状態で、ウエストがたるまないように、ピンチタイプのハンガーに挟んでつるす。跡をつけたくない場合は、厚めのハギレをあてて挟む。

〈使うもの〉

ピンチタイプのハンガー

ピンチが強かったり、生地が厚手の場合は、跡がついてしまうことも。挟む部分がゴム製になっているものがベスト。布をかませて挟んでもよい。

スーツ

〈使うもの〉

丸みがあるしっかりした形のハンガー

クリーニングの小さなプラスチック製ハンガーは型くずれの原因に。実際の肩の形に近いデザインの丈夫なハンガーを使うと安心。木製なら静電気と湿気が防げる。

パンツ

ズボンとハンガーの間に布を挟むと折りジワが防げる。スペースに余裕があるときは、すそを上にしてつるせばひざのシワが伸びやすい。

ジャケット

一回着たらポケットを空にし、ブラッシングしてからしまう。ハンガーにかけてボタンを閉め、肩のライン、上えり、下えり、ポケットのフタの順で形を整える。

ズボン

〈使うもの〉

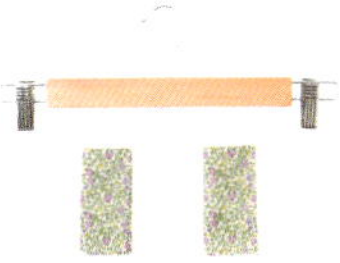

ピンチタイプのハンガー

二つ折りにしづらいデザインのズボンは、ウエストやすそをピンチで挟んでつるしておこう。

ピンチで挟むときは、ウエストをたるませないように。幅が足りないときは、股の部分で二つ折りにする。当て布でピンチ跡の予防も。

〈使うもの〉

かけるタイプのハンガー

クローゼットのスペースが狭い場合は、二つ折りにしてつるそう。すべり止めつきがおすすめ。

折り目をつけないようにするには、布を挟むとGOOD。すその方を長めにしておくと、重さのバランスがよく、下に落ちない。

収納アップのコツ

機能的なハンガーを選んで

たたむと折りジワがつくデリケート素材のおしゃれ着や、たたむとかさばるコート類はつるす収納を。ピンチが上下に2個ずつついたハンガーや、肩部分にくぼみがあるハンガーなど、機能的なものがたくさんあります。洋服の形に合わせて使い分けて、収納スペースを有効活用しましょう。

軽い素材のパンツやスカートなら、ピンチが上下に2個ずつついたハンガーに重ねて。

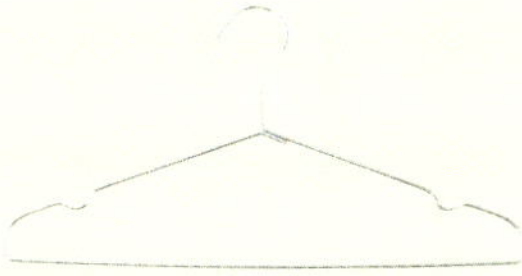

肩部分にくぼみがあるハンガーなら、細い肩ヒモの服でもスマートにつるせる。

衣類

引き出しの収納法

引き出しの収納スペースを有効活用するには、コンパクトにたたんで収納すること。
立てて収納すると、着たい服をすぐに取り出せてラクチンです。

ステップ1 種類ごとに分ける

服の数や種類を確認する

効率的に収納するには、種類別に入れることが基本です。自分がどのアイテムをどの程度持っているかを把握することにもつながります。

下着、靴下

引き出しの中でぐちゃぐちゃになってしまいがちな小さな衣類は、ていねいにたたんでしまっておくと長もちにもつながる。

ジーンズなど

カジュアルにはくジーンズは、折り目を気にしなくても大丈夫なので、たたんで収納する。

Tシャツ、カットソー

やわらかい素材のTシャツやカットソーは、つるすよりもたたんだ方がしまいやすい。部屋着などシワを気にしなくてよい服もたたんで収納を。

ステップ2 コンパクトにたたむ

引き出しを最大限活用する

スペースが限られている引き出しを有効利用するには、なるべく小さくたたむこと。種類別に大きさがそろうようにたたみましょう。

Tシャツ、カットソー

長方形になるようにたたんだら、引き出しの幅に合わせて2～3列になるように入れると数多くしまえる。

ジーンズ

引き出しの高さに入るように長方形にたたむと、立てて収納できるので、見た目もすっきり。ブックエンドで仕切るのも有効。

下着、靴下

細々としたものは、市販の仕切りつきのケースや空き箱などを利用して、種類別に入れておくと取り出しやすい。

アドバイス

たくさんの洋服をすっきりとしまうには、引き出しの幅や高さにそろえることが大切

▶詳しいたたみ方は
90ページへ

ステップ

③ 分類して立てて収納

ひと目で取り出しやすく整える

立てて収納しておくと、ひと目でどんな衣類があるかを把握できるので、着たいものをサッと取り出せます。選びやすいよう、そでの長さや種類ごとに分けて入れましょう。

【そでの長さで分ける】

タンクトップ
肩ヒモが出ているとしまいづらいので、肩ひもを中に入れるようにして長方形にたたむ。

Tシャツ
さまざまなサイズがあるTシャツは、そでを内側に折って同じサイズの長方形になるようにたたむ。

長そで
長方形にたたんだ後、さらに二つ折りにすることで、立てて収納できるサイズになる。

【種類別に仕切る】

ショーツ
引き出しの高さに合わせてコンパクトに。選びやすいよう表面が見えるようにしまう。

ブラジャー
カップがつぶれないように、詰め込みすぎに注意する。

靴下
三〜四つ折りにしてコンパクトに。丸めて立ててもよい。

ケースを重ねる

引き出しの中でぐちゃぐちゃになりがちな靴下や下着は、ケースを仕切りとして利用し、しまう場所を固定しよう。深めの引き出しには、重ねられるケースを使うと収納力が倍になる。

仕切りを利用する

厚紙は引き出しの高さに合わせて折り曲げる。小さめのブックエンドなら、衣類が少なくても倒れないので便利。

衣類

たたむ収納

形とサイズをそろえてコンパクトに

ポイント

- そでは内側に折りたたむのが基本
- 引き出しの高さより少し低めにする
- 何列か並べるときは、幅に合わせる

Tシャツ・カットソー

1 タテ二つ折りにする

シワを伸ばしてからたたむとキレイな仕上がりに。まず、タテ二つ折りにする。

2 そでを折りたたんで長方形に

そでを内側に折りたたんで、長方形にする。ここから丸めてしまってもOK。

3 二つ折りにする

肩とすそが合うように、長さ半分のところで二つ折りにする。

引き出しが深い場合は、三つ折りにするなど調整を

4 さらに四つ折りに

さらに半分に折り、四つ折りにする。折り山を上にして、立てて収納する。

丸めてもOK

すそからくるくる丸めても大丈夫。紙袋などを仕切りにするとぐちゃぐちゃにならず、しまいやすい。

タンクトップ

1 折って長さを半分に

肩ヒモとすそを合わせて長さ半分の二つ折りにする。

2 肩ヒモを内側に

左右の脇を合わせてさらに二つ折りに。肩ヒモが内側に入るようにする。

3 引き出しの高さに合わせて折る

長さを二つ折りか三つ折りにし、折り山を上にして、立てて収納する。

ポロシャツ

1 そでと身ごろを折る位置を確認

そでと身ごろを折る位置は、えりの幅に合わせると分かりやすい。

2 そでと身ごろを折りたたむ

ボタンをかけて裏返し、そでと身ごろを背中側に折る。長そでの場合は、背中側に折ったら、そでを肩から折り返す。

3 すそを持って二つ折りにする

すそと肩を合わせて二つ折りにする。すそを肩に持っていくとたたみやすい。

4 折り山を持って二つ折りに

さらに二つ折りにする。折り山を肩に持っていくとたたみやすい。

5 えりを上にして収納

表にし、えりの形を整えてから、えりを上にして立てて収納する。

アドバイス

えりつきの衣類は平置きでも OK。少しずつずらして、えりが見えるようにしまっておくと、服を選ぶときに便利

裏ワザ

ワイシャツはたたみ方の工夫で長そでと半そでを見分ける

ワイシャツのたたみ方

1 片方のそでは普通にたたむ

ボタンをかけて裏返し、片方のそでと身ごろを背中側に折り、そでを折り返す。

2 もう片方のそでを外に出す

もう片方のそでと身ごろも背中側に折り、そでの一部が外に出るように折り返す。

3 丈を 1/4 に折りたたむ

ワイシャツのすそを折り込み、下 1/2 を上にたたんで、さらに二つ折りにする。

Tシャツの長そでも同様にできる

4 そでを前に折りたたむ

表に返し、えりを整えたら、外に出しておいたそでを前面に出るように折る。

タートルネック

1 後ろ身ごろを上にする

後ろ身ごろを上にして置き、シワになりやすいタートルネック部分を広げて整える。

2 両そでを折りたたむ

そでのつけ根に手を添え、そでを引っ張るようにして、両そでを背中で交差させる。

3 肩と脇線を折りたたむ

引き出しの幅に合わせて、肩と脇線を内側に折りたたむ。

4 左右のラインをそろえる

左右のラインがまっすぐになるように折ると、仕上がりがキレイな四角形に。

5 ネック部分を手前に折る

表に返し、タートルネック部分を手前に折り返す。

アドバイス

丈を引き出しの高さに合うよう、さらに二つ折りにするなど調整してみましょう

セーターは丸めても OK

ニット素材はシワになりにくいので、丸めて収納しても大丈夫。ネック部分とそでを内側にたたんだら、ネック部分から丸めて筒状に。

横に並べて収納

しまうときは、横にして並べる。仕切りに厚紙などを使うと、収まりやすい。たたむときは引き出しの幅に合わせる。

虫くいしやすいウールなどのニットは、防虫剤を入れておくと安心!

フードつきの服（パーカー）

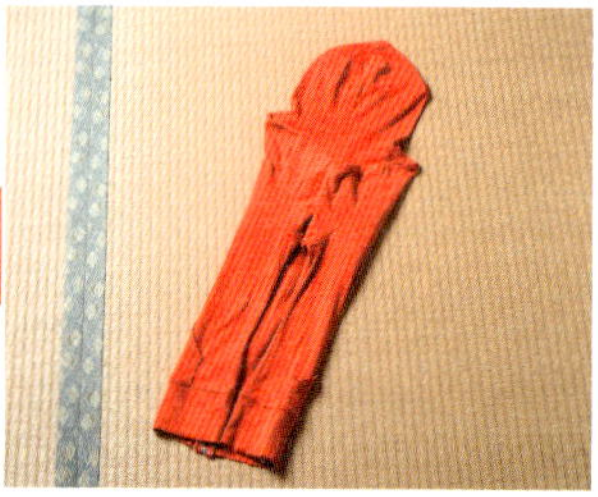

1 そでと身ごろを折り返す

フードつきの服は背中側を上にして置き、そでを内側に折り返してから、肩と身ごろを折り返す。

2 フードを折りたたむ

フードを手前に折り返し、すそから肩のほうへ二つ折りにする。

3 表にして形を整える

表に返したら、首まわりがよれないように整えておく。

ショーツ

1 ヨコに二つ折りにする
ヨコ半分のところで、二つ折りにする。

2 1/3 の大きさにする
両端を内側に折りたたみ、1/3の大きさにする。

3 折り山を上にしてしまう
形を整えて、折り山が上になるようにして立てて収納する。

ボクサーパンツ・トランクス

1 両端を折りたたむ
幅が 1/3 になるように、両端を内側に折りたたんで三つ折りにする。

2 すそをゴム部分に入れる
丈が 1/3 になるように折りたたみ、すそをゴム部分に入れる。

アドバイス
トランクスも同様に。すそをゴム部分に入れるとキレイ

ブラジャー

1 真ん中で二つ折りにする
ワイヤーや肩ヒモがねじれていないかチェックしたら、カップを重ねる。

2 背中部分をカップにしまう
背中にあたる部分をカップの裏に折り込んでカップの形を整える。

3 肩ヒモもカップにしまう
肩ヒモも同様に折り込み、この形を崩さないように立てて収納する。

Check!

一度だけ着た衣類はどうしまう？

洗濯に手間がかかるウールやシルクなどのデリケートな素材の衣類。一度しか着ていない場合、しまう前にどのようなケアをしているか紹介します。

Aさん

セーターやジャケットは、着るたびに洗濯をするのが大変なので、家に帰ってきたらまずハンガーにかけて、陰干しをしてからクローゼットに入れています。ニオイがついてしまったときは、市販の消臭スプレーが便利です。

Bさん

ウールやシルクなどのデリケートな素材を使ったおしゃれ着は、脇などに汗じみがついてしまうのが心配です。かといって、毎回手洗いするのは時間的に難しいのが現実。そんなときは、クリーニングを利用しています。

衣類

衣替え

シーズンごとの衣替えは、衣類をケアしながら整理もできるチャンスです。
手間を惜しまず、ていねいな衣替えをしましょう。

ステップ 1 衣類の状態をチェック

キレイな状態でしまうのが基本

次のシーズンに気持ちよく着るためにも、汚れをしっかり落とし、傷んだところは修繕してからしまいましょう。

チェック①
シミや黄ばみ
汗や皮脂の汚れは虫のエサになるので注意。とくに汗ジミは黄ばみの原因にもなるので、キレイに洗濯してからしまおう。

チェック②
ボタンやすそのほつれ
ボタンが取れかかっていたり、すそがほつれたりしていたら、修繕してからしまうこと。次に着るときに困らない。

チェック③
ポケットの中
ポケットの中にものを入れたまましまうと型崩れの原因に。必ずポケットは空にすること。

ステップ 2 しまう場所に合わせてケースを選ぶ

広さと取り出しやすさを考える

収納スペースに合わせてケースを使い分けるのも、収納上手への第一歩です。奥行きや高さなどをしっかり測ってから購入しましょう。

狭い場所や高い場所で
高い場所へ持ち上げなくてはならないので、軽量のケースが◎。やわらかい素材なら、狭い場所で変形させて使える。

Fits
Fits

押入れや納戸で
引き出しまたはフタつきの重ねられるタイプを。押入れは奥行きが深いので、購入するときにはサイズに気をつけよう。

アドバイス
クリーニングのカバーをつけたままにしていると湿気がこもるので、必ずはずしましょう

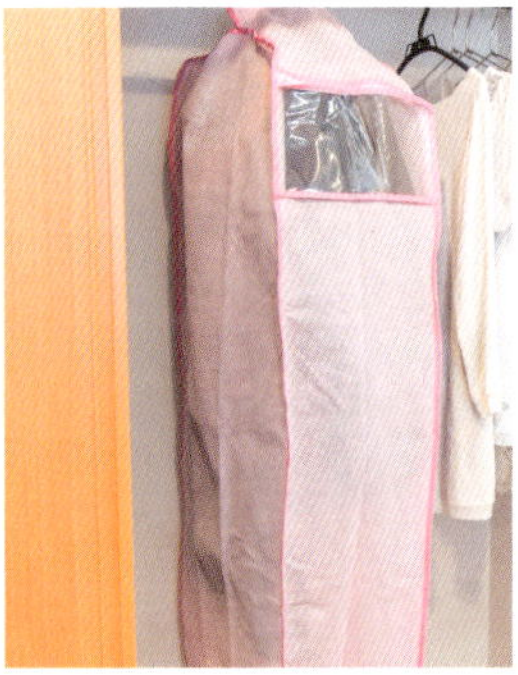

クローゼットで
つるして収納するときは、ホコリよけになる衣類カバーをつける。

ステップ3
スペースを決めてあふれたら捨てる

捨てて収納スペースを確保

衣替えはどんどん増えていく衣類を整理する絶好のチャンス。自分の中で基準を決めて、勇気を出して処分しましょう！

こんな服は捨てよう

今シーズン一度も着ていない

昨年の夏は着たのに、今年の夏は着なかった……という服は処分の候補。来シーズンも着ないと思ったら捨てよう。

年齢や時代に合わない

トレンドや年齢にそぐわない服は着ていても違和感があるのでは。迷ったら着てみて、鏡でチェックし、いらないと思ったら処分する。

サイズが合わない

体型の変化は急には戻らないもの。きつくなったり、ゆるくなったりしたら処分し、今の自分の体型に合った服をすてきに着こなそう。

防虫剤の種類と特徴

大切な服を長く着るために、しまうときには防虫剤を。効能などを理解して、服の種類に合う適切なものを選びましょう。

種類	特徴	こんな衣装、素材に	注意点
 パラジクロロベンゼン	防虫剤の中で一番早く効き目が広がるが、消耗も早い	ウール、シルク、綿、毛皮	ピレスロイド系の防虫剤以外の併用は不可。塩化ビニールやビーズ、スパンコールなどのスチロール製品、金糸、銀糸、合成皮革などには使用できない
 しょうのう	クスノキに由来する、古くから使われている防虫剤。金糸、銀糸、金箔に影響しにくい	和服	ピレスロイド系の防虫剤以外の併用は不可
 ナフタリン	効き目がゆっくりと持続するため、長期間開ける予定のない収納ケースなどに入れる	ウール、シルク、人形	ピレスロイド系の防虫剤以外の併用は不可。塩化ビニールにも使えない
 ピレスロイド系	無臭で手軽に使え、半年～1年間もつ。現在はこのタイプが主流	ウールなどほとんどの素材	銅などの金属製品は避ける。無臭なので、交換時期を忘れないように

大切な衣類

きちんとお手入れしたい

ポイント

- 礼服は衣類カバーに入れ替える
- 革や毛皮は湿気対策を
- 着物は風を通してからたたむ

礼服

小物類はまとめて礼服の近くに

小物類はまとめて

ふくさ、カバン、数珠などの礼服用の小物類は、箱などにまとめて置いておけば、いざというとき慌てずにすむ。

衣類カバーをかける

クリーニングから戻ったら、通気性の悪いビニールカバーを必ず取り、衣類用カバーに替える。

革ジャケット

シーズンオフ

湿気を避けてつるして保管

肩に厚みのあるハンガーにかけ、つるしておく。数カ月に一度陰干ししておくとカビ防止になる。

シーズン中

こまめなお手入れが肝心

着用後はやわらかい布で拭いて汚れやホコリを落としておく。汚れがひどいときは、革専用クリーナーを使う。

毛皮・ファー

シーズンオフ

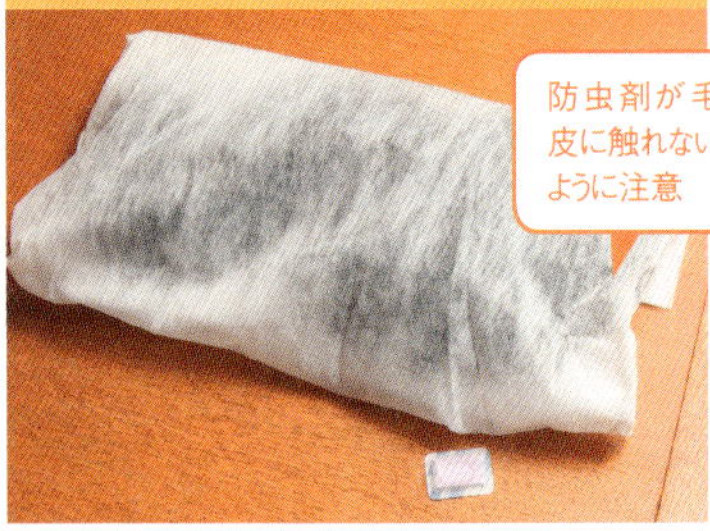
防虫剤が毛皮に触れないように注意

カバーをかけて保管

ホコリを落とすなどのお手入れをして、ハンガーにかけて陰干しする。毛皮専用のカバーをかけて、前後にゆとりを持って保管する。毛皮は虫に弱いので、防虫剤を忘れずに入れる。

シーズン中

気になるときは拭いて OK

着用後は振りさばいたり、ブラシを使ったりして毛並みを整えながらホコリを落とす。汗やニオイが気になるときは、おしゃれ着洗剤を薄めた液にふきんなどをつけ、かたくしぼってからそっと拭き、逆方向からも拭く。

着物

1 しっかり風を通してからたたむ
着物を脱いだら和服用ハンガーにかけ、半日～1日風を通す。

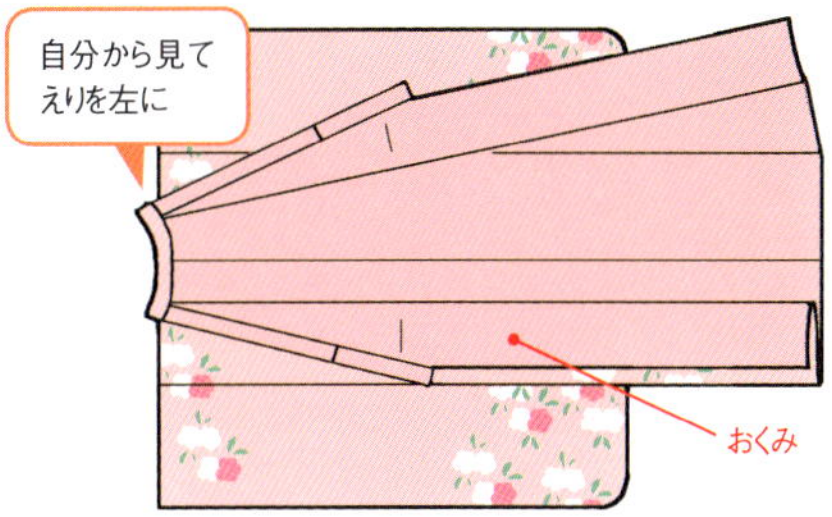
自分から見て
えりを左に
おくみ

2 下前のおくみを手前に折る
えりが左、すそが右側になるように床に着物を広げ、おくみ線に沿って、下前のおくみを手前に折り返す。

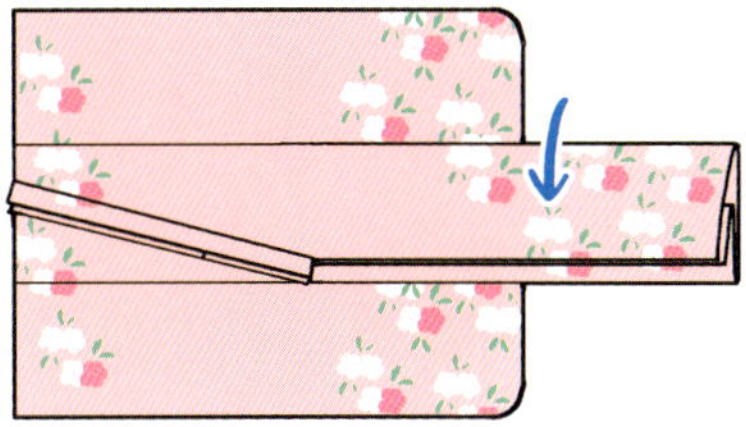

3 左右のおくみを重ねる
えりを内側に折り、上前のえり、おくみ、すそを下前にそろえて重ねる。

4 脇線とそでを重ね背中心で折る
上前の脇線を下前の脇線にそろえて重ねる。背縫いをきちんと折り、左右のそでもしっかりそろえ、上前のそでを身ごろの上に折り返す。

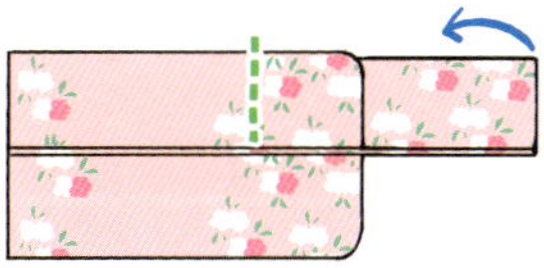

5 身ごろを折って裏返す
すそを持ち、たとう紙（保管用の包み）に合わせ、身ごろを二～三つ折りにする。両端を持って裏返す。

年に一度、
虫干しを

6 下前のそでを折り返す
下前のそでも同様に身ごろの裏に折り返す。振袖の場合はたとう紙に合わせてそでを折り上げ、たとう紙に包む。

小物類

小物類は箱や
空き缶などにま
とめておこう

伊達締め・半えり
伊達締めと半えりは手洗いしてから、しっかり乾かす。シワにならないようにたたむ。

帯締め
先端の房がぼさぼさになりやすいので、適当な長さにまとめたら、和紙にくるんでしまう。

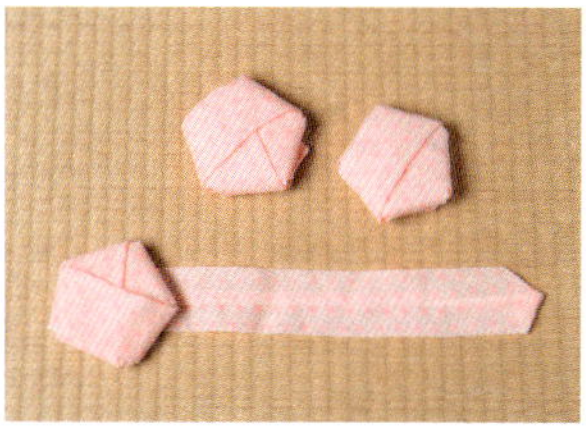

腰ひも
シワがつかないように、五角形に折る。まず端を少し斜めに折って五角形の下地をつくったら、その上に重ねていく。

おしゃれアイテム

お気に入りをスマートに収納

ポイント

- アイテム別に収納場所を決める
- デリケートなものは型崩れに注意
- お気に入りは見せる収納もおすすめ

帽子

ハンガー＆フック

キャップの向きをそろえると、すっきりたくさんつるせる。

キャップは文具用リングでつるす

キャップの収納に便利なのが、文具用のリング。ハンガーの下にいくつかつけたら、キャップのベルト部分を通して、つるしておく。

フック

お気に入りのものをインテリア風に

壁に飾ってインテリアに

壁面も収納スペースに利用しよう。フックを取りつけ、お気に入りの帽子をかけておけば、インテリアにもなる。

ケース

同じ種類を重ねてしまう

デザインが似ている帽子や布製の帽子は、シルエットが崩れないように重ねて、引き出しタイプの収納ボックスへしまう。

裏ワザ

お手製スタンドで型崩れ防止

デリケートな帽子は、手作りの帽子スタンドを利用すると便利です。クリアシートや厚紙を切り、丸めて筒型にしてテープでとめ、帽子をのせます。2～3個くらい重ねても大丈夫です。

空間ができるので湿気も防げて一石二鳥。

バッグ

S字フック

クローゼットにつりさげ収納

普段使いのバッグは、クローゼットにS字フックをかけてつりさげておくと、取り出しやすくバッグも傷まない。

大きさや形をそろえてつるすと、見た目もすっきり。

枝分かれタイプや角度を変えられるフックなら省スペースに。

ケース

出番の少ないバッグはクローゼットへ

パーティバッグなどの使用頻度の低いものは引き出しつきのケースに入れて、クローゼットの空きスペースなどに収納する。

詰めもので型くずれを防止

型くずれを防ぐため、バッグの形に合わせてたたんだ新聞紙や包装紙をつめる。傷つきやすい素材は布袋に入れる。

アドバイス

普段の買い物などに使用頻度の高いエコバッグは、玄関やダイニングなど目につく場所に置くのがおすすめ。持ち忘れ防止になります

かご・ボックス

丸めて収納

買い物用のエコバッグや布製のバッグはくるくる丸めて、かごやボックスに入れておくだけでOK。必要なときにすぐに取り出せて便利。

アクセサリー（ネックレス・ピアス）

コルクボード

作り方

1 コルクボードの枠に、好みのマスキングテープを貼る。

2 ネックレスをつるすところにプッシュピンかネジをさす。

完成

ちょっとした手間をかけて、見た目にも楽しいアレンジを。

アクセサリーをボードに

からまりやすいネックレスは、つるして収納するのが一番。コルクボードを額のようにアレンジし、プッシュピンなどでとめておけば、インテリアに早変わり。

裏ワザ

ネックレスはつるしてクローゼットに

からまりやすいネックレスは、ベルトハンガーやネクタイハンガーなどにつるし、クローゼットへ。すぐに取り出せ、コーディネイトもスムーズに決まります。

よく使うものや、からまりやすい長めのものをつるすのに便利。あまりたくさんかけすぎないように。

小袋

チェーンのからまりを防ぐ

そのまま箱などに入れてしまうと、チェーンがからまったり、ピアスの片方を失くしたりするので、ジッパーつきの小袋に１種類ずつ入れて保管しよう。

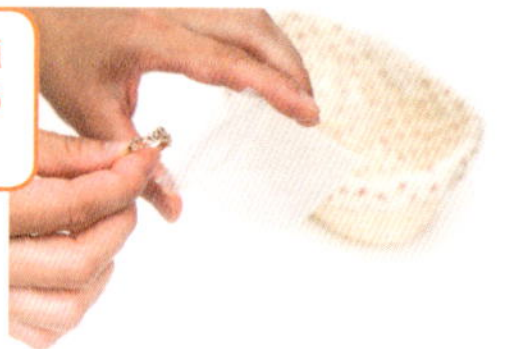

必ず1種類ずつ入れるのがコツ

アクセサリー（指輪）

メラミンスポンジ

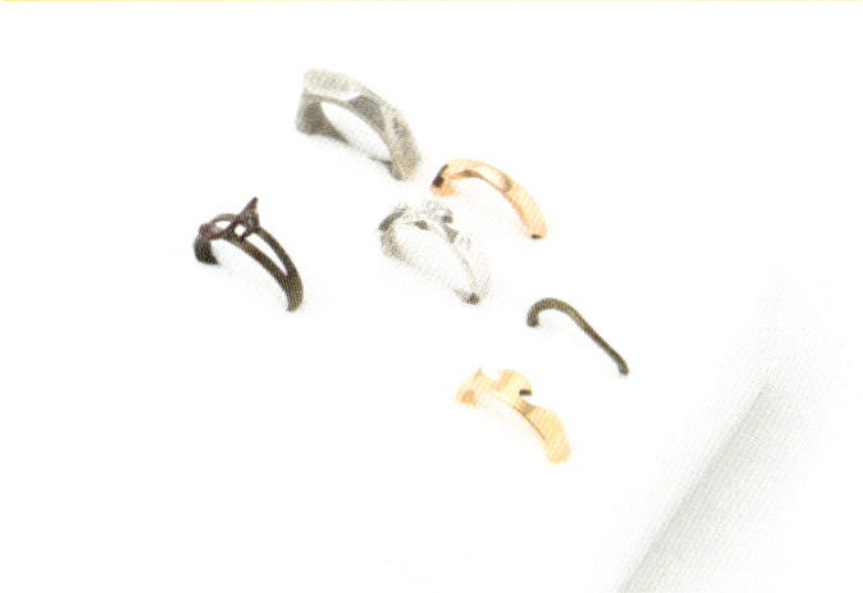

お手製リングケースに

リングをしまうボックスに合わせてメラミンスポンジをカットし、リングを差し込む切れ目をカッターで入れる。切れ目は1cmくらいに。

リング立て

アクセサリースタンドと一緒にオブジェのように飾っても

いつも着ける大切な指輪用に

マリッジリングなどの毎日着ける指輪は、はずしたらアクセサリースタンドにかけておくと、なくす心配が少ない。受け皿にはイヤリングやピアスを置ける。

ヘアアクセサリー（髪飾り）

アドバイス

とくに増えやすい子どものヘアアクセサリーは、きちんと収納して、必要以上に増やさないようにしましょう

仕切りケース

種類・色ごとに分けて入れる

ゴムやピンなどバラバラになりやすい髪飾りは、仕切りつきのケースに種類別に入れる。さらに色別にすると使いやすい。とくに細かな髪飾りには、フタつきのケースがおすすめ。使ったらもとに戻す習慣を。

裏ワザ

片栗粉でもつれたチェーンがほどける

なかなかもつれが取れないチェーンは、もつれた部分に片栗粉かベビーパウダーを少量かけ、指先でもみほぐすようにするとラクにほどけます。

1 もつれたら無理にほどかず、片栗粉かベビーパウダーをかける。

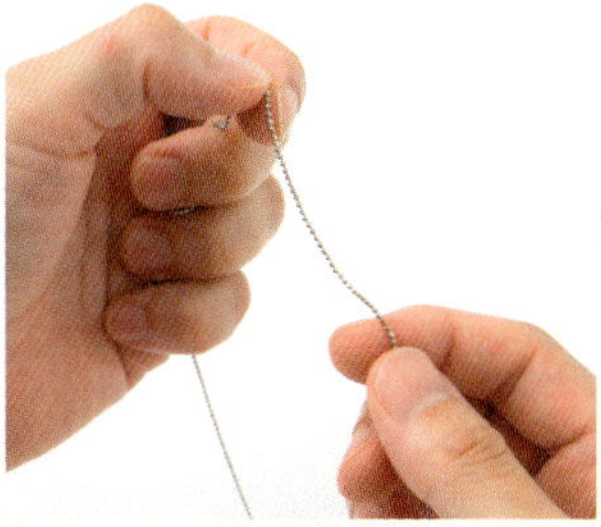

2 チェーンを傷つけないよう、ていねいにほどいていく。

めがね・時計

トレイ

アドバイス

着替える場所やベッドの脇、テレビ台など、自分の生活に合わせてトレイを置いておくと、探すこともなくなります

はずしたらトレイに戻す習慣を

はずしたら置きっぱなしにしてしまいがちなめがねや時計は、必ずトレイなどに入れて、所定の位置に置くように。トレイにはやわらかい布を敷き、お手入れ用のクロスも一緒に入れておくと便利。

ケータイ・スマホ

かご・ケース

テレビの近くなど見つけやすい場所へ

指定席を決めて紛失を防ぐ

どこに置いたかわからなくなることも多い、携帯電話やスマートフォンは、しまう場所を決めておくこと。リモコン類も置き場所を決めておくと、家族も片付けやすい。

化粧品・ヘアケア用品

かご・ケースや専用ボックス

ヘアケア用品にはかごを

高さのあるヘアケア用品などは、深さのあるかごに入れる。使うときはかごごと取り出すこともできて便利。

種類ごとに分けてしまおう

細かく仕切って立てて収納

サイズや形のさまざまな化粧品は、片付けに困るアイテムのひとつ。細かく仕切れるケースや専用の化粧ボックスなどを使って立てて収納を。見つけやすく、液もれなども防げる。

ネクタイ・ベルト

箱・かご

詰め込みすぎるとシワの原因に

大きさをそろえて入れる

箱やかごにしまうときは、たたみ方に気をつける。ネクタイはていねいに巻く。

ハンガー

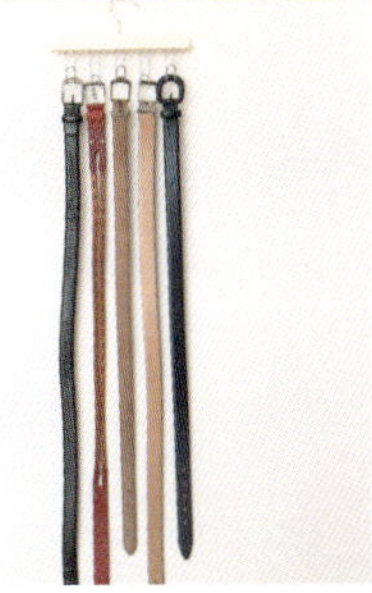

たくさんつるせる専用ハンガーを

ネクタイを挟んだり、すべり止めがついた専用のハンガーなら1個で10本以上のネクタイをつるすことができる。ただし、重たくなるのであまりたくさんつるさないように注意したい。ベルトも同様に。

スカーフ・ストール

アドバイス

ストールの長さを半分にして、輪の部分に手を入れてくるくるっと巻く要領でふんわりさせるのがコツです

箱・かご

ふんわり巻いて収納を

つるすスペースがなければ、ふんわりと巻いて、箱やかごに入れておくとよい。折り目がつかず、シワ防止にもなる。幅を狭くして巻けば、2段にして収納することもできる。

ハンガー

すべり止めつきが便利

スカーフやストールはすべり止めつきの衣類用ハンガーがおすすめ。クローゼットにしまうときは、シワがつかないように注意しよう。

裏ワザ

身近なものを捨てずに活用

専用の収納グッズを買わなくても、身近なもので代用してみましょう。アイデア次第で意外なものが、お役立ちグッズに早変わりします。

ペットボトルも同様に使えます

牛乳パック

カットして、スカーフやベルトを入れる。

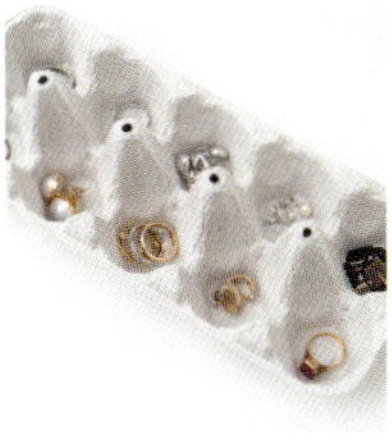

卵パック

紙の卵パックは丈夫で小分けに向いている。

製氷皿

製氷皿のくぼみにリングやピアスを入れる。

靴

下駄箱の収納法

出し入れのしやすい下駄箱に入れるのは、日常的に履く靴だけと決め、それ以外は靴箱などに入れてしまっておきましょう。

ステップ 1 少しゆとりを持たせる

無理に押し込む収納はNG

下駄箱にゆとりがないと出し入れがしづらく、きれいさもキープできません。湿気がこもりニオイの原因にもなり、型くずれだって心配です。特別な靴は、箱に入れて別の場所に保管するなどして、スペースに余裕を持たせましょう。

ステップ 2 靴は種類ごとにしまう

靴の高さ、幅でしまう場所をまとめる

幅が広く高さがない革靴や運動靴、幅が細く多少高さがあるヒール、さらに高さがあるブーツや長靴の3種類に靴を分け、しまう場所を決めます。場所が決まったら、板の高さを調整し、収納グッズや靴の向きなどで空間を有効に活用すれば、取り出しやすくなります。

革靴

幅が広く、場所を取るスニーカーや革靴。いらない靴は処分し、よく履くものだけ下駄箱へ。

ハイヒール、パンプス

かかとの高さにバラつきがあると見た目も悪いもの。収納グッズを使ってすっきりさせる。

ブーツ、長靴

冬のおしゃれアイテムも収納面ではお邪魔な存在。シーズン中だけ下駄箱スペースを。

背が高すぎる靴は箱にしまう

丈が極端に長いブーツは箱にしまって別の場所に収納しておくと、スペースにゆとりが生まれ、無駄もない。

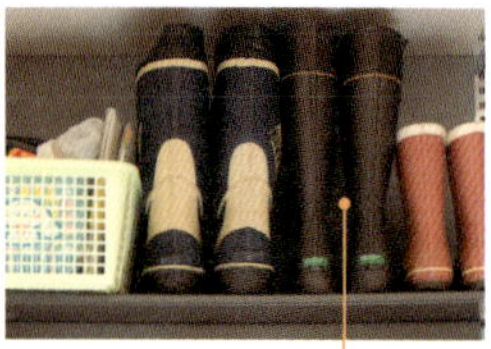

高い場所はかかとを手前にして

高い場所にしまう場合は、かかとを手前にしておくと、取り出しやすく、しまうときもラク。

上下にしまう

100円ショップでも売られているシューズホルダー、シューズストッカーはタテにしまえて、収納力もアップ。

汚れはバットで防止

サンダルなど、夏のレジャー靴は砂や泥汚れを考えてバットなどを置いておくと、掃除がラクに。

前後にずらしてしまう

幅の広い靴は、靴の向きを互い違いにしておけば、ムダなスペースが生まれない。

ステップ3

オフシーズンの靴は靴箱にしまう

大切な靴を長もちさせるために

履かない靴を下駄箱に入れたままにしておくと、カビが発生し傷む原因になります。ひとつずつていねいに箱に入れて保管しましょう。

1 きちんと汚れを落とす

靴についたホコリや汚れをしっかり落としてメンテナンスをしたら、シューキーパーで形を整える。

2 箱に防湿剤を入れる

革靴は湿気に弱いので、箱に防湿剤を一緒に入れておく。カビ防止にもなり、来シーズンも快適に履ける。

3 中身をラベリングしておく

箱を開けなくても中身がわかるように、箱の外側にラベルを貼り、押入れやクローゼットなどの空きスペースに。

Check!

靴の収納スペースを倍にするお役立ちグッズを使いこなそう

ハイヒール、パンプス、スニーカーなど、靴の形状に合わせて、効率的に収納ができるグッズがたくさん販売されています。また、つっぱり棒やかごを使うなどちょっとした工夫だけでも収納力が高めることができます。

グッズで半分のスペースに

靴を上下に重ねてしまえる収納グッズは、1足分のスペースで2足分しまえる優れもの。取り出すときは、台ごと引き出せばOK。

ヒールのある靴はつっぱり棒に

棚と棚の間につっぱり棒を渡し、片足を奥に、もう片足を手前に置いてヒールをかけると、ヒールの靴でも重ねることができる。

子どもの靴はかごにまとめて

下駄箱に並べるのには小さすぎる子どもの靴は、すぐに取り出せるようにかごなどにまとめて入れておこう。

省スペースで片付けたい 下駄箱まわりのアイテム

ポイント

- 少しのすき間も収納に活用する
- 小物をまとめるなら、かごを有効利用
- 湿気・ニオイ対策もしっかり

傘

かご

レインコートなども一緒に

折りたたみ傘はかごへ

折りたたみ傘の本数が多いなら、かごへ。玄関に置いておけば、急いで出かけるときにも探さなくてすむ。

つっぱり棒

S字フックを使えば、折りたたみ傘もかけられる

玄関の空きスペースで

スペース的に傘立てを置けない場合は、玄関の空きスペースにつっぱり棒を渡し、そこに傘をかけておく。

スリッパ

ラック

スリムタイプが◎

スリムなデザインなのに何足もかけられるラックも人気。自分の家の玄関スペースに合ったものを見つけよう。

タオルハンガー

風通しもよいので清潔

下駄箱の側面などにタオルハンガーを取りつける。あまり数はかけられないがスペースを有効活用できる。

かご

インテリアになる

おしゃれなかごなら、インテリアとして玄関脇に置ける。スリッパは立てて収納する。

お手入れグッズ

アドバイス

汚れに気づいたときにすぐに使える場所に置いておきましょう

ひとまとめにして下駄箱の隅へ

ブラシ、使い古しの布、汚れ落としクリーナー、靴クリームなどのお手入れグッズはかごなどでひとまとめにし、すぐに取り出せる下駄箱の隅などに置いておこう。

下駄箱の湿気・ニオイ対策

足から出る汗や、水たまりや雨などによりぬれて湿気がちな靴。
外から帰って靴の内外に水分がついたままの状態で、
脱いですぐに下駄箱にしまうと、すぐにニオイやカビが発生してしまいます。
「一日履いた靴は、たたきの上で一日以上休ませてからしまう」ことから始めましょう。

気になるニオイには

重曹

掃除用の重曹を紙コップに入れ、上部をティッシュで覆って輪ゴムでとめる。ニオイのたまる下駄箱の「最下段、両脇」にセットする。

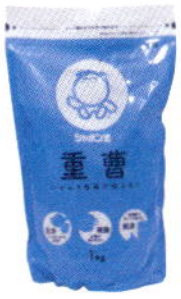

「下駄箱臭さ」は、細菌がアカ汚れを分解することで発生。酸性の悪臭なので、アルカリ性のもので中和できる。

カビのもと・湿気には

除湿剤（除湿シート）

市販のカルシウムや炭を使った除湿剤は湿気対策とニオイ対策が同時にできて便利。下駄箱最下段の両脇にセットする。

靴や傘などは、ぬれたまま収納しないこと。玄関、下駄箱に湿気がたまらないよう、除湿アイテムを使おう。

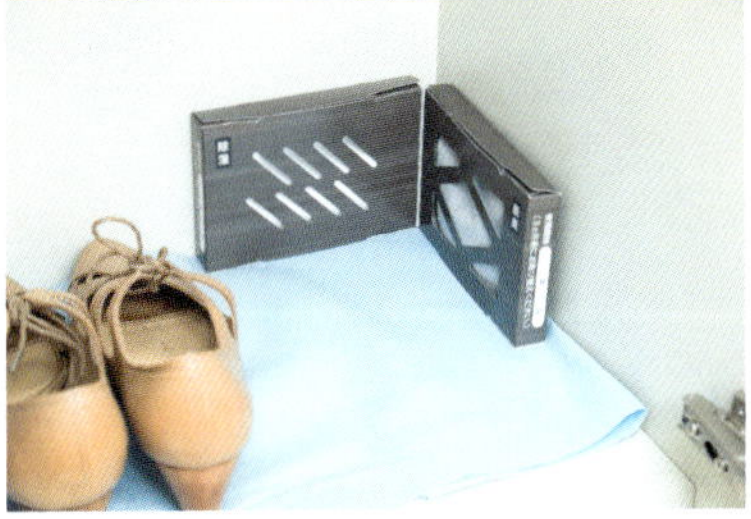

裏ワザ
靴のカビは消毒用エタノール＆乾燥で解消

足裏から出る汗や雨水などで湿りがちな靴は、つねにカビが生えやすい状態にあります。革靴はもちろん、布製のスニーカーやサンダル、長靴などのあらゆる靴に、消毒用エタノール除菌と乾燥をほどこしておきましょう。

下駄箱内のカビには

カビの生えた靴箱やつめ物などは捨てる。消毒用エタノールで下駄箱内を拭き、扉を開けて隅々まで乾燥させる。ぬれた靴は乾いてからしまうこと。

靴のカビには

消毒用エタノールでカビを拭き取り、革専用の弱酸性洗剤で洗浄し、乾燥させる。カビ取りに特化した皮革用洗剤（シャンプー）も市販されている。あまり履かない靴なら、思いきって処分を検討しよう。

寝具

押入れの収納法

意外とたっぷり収納スペースがある押入れは、取り出しやすさを考えて、寝具の定位置を決めましょう。

ステップ 1 種類ごとに分ける

使用頻度や大きさ別にする

広さと奥行きのある押入れは、使う頻度や寝具の大きさによって、しまう場所を決めておくと効率的です。

毎日使う寝具

敷きぶとん、掛けぶとんなど、一年を通して使う普段使いの寝具は、取り出しやすい場所へ。

すぐには使わない寝具

毛布や羽毛ぶとん、厚手のシーツなどは、特定の季節にしか使わない寝具。かさばるものが多いので、シーズンオフはふとんケースなどで保管する。

枕などの小さめの寝具

シーツ、タオルケットなどコンパクトにたためるものや、枕、取り替え用の枕カバーなどは、ふとんとエリアを仕切って収納すると取り出しやすい。

ステップ 2 スペースを区切る

空間の分割が有効活用の鍵

つっぱりラックや収納ケースを使って、空間を左右に分割するとしまいやすくなります。ふとんが崩れてくるのを防ぐ効果もあるので、押入れがぐちゃぐちゃになることもありません。

ラック

寝具の大小で仕切る

ふとんの幅を測り、つっぱりラックで仕切りをつくる。寝具の大小を分けてしまうと、見た目もすっきり。

収納ケース

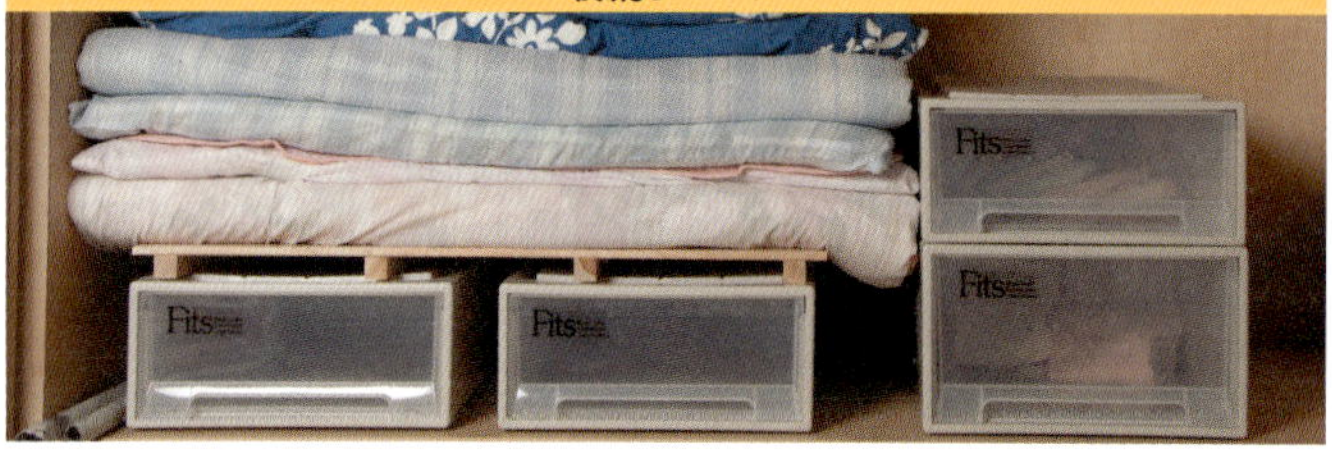

ふとんの下に収納ケースを

収納ケースを並べてすのこを置き、その上にふとんを重ねる。あまり重くならないようにすること。

仕切りと収納の二役に

収納ケースをいくつか重ねると仕切り代わりになる。あまり高く重ねないようにする。

アドバイス
仕切りをすると収納しやすく、取り出しもラクになります

ステップ 3

収納場所を決める

定位置が決まると出し入れがスムーズに

毎日使うもの、たまにしか使わない季節ものなど使用頻度を基準に押入れの定位置を決めましょう。寝具など大きいものや重いものは取り出しやすい高さに収納します。

毎日使う寝具

一番出し入れしやすいのが、押入れの上段。湿気防止にすのこを敷き、普段使いの寝具を重ねてしまっておく。

すぐには使わない寝具

ふとんケースや圧縮袋などに入れて保管しよう。天袋のほか、つっぱり棒で仕切りを作って立てて収納してもOK。

注意

ケースの上に重いものを乗せると、ケースの破損の原因になるので気をつけよう。

枕など小さめの寝具

仕切りを活用して、枕、シーツ、タオルケットなど種類別にまとめて置いておく。細々したものはケースへ。

Check!

取り出しにくい押入れの下段には

奥が見えづらく、ものを取り出しにくい押し入れの下段。直接ものを入れずに、キャスターつきの収納家具や引き出しつきの収納ケースを使って普段使いができるようにしましょう。

たんす代わりにもなる引き出しタイプ

フタつきのタイプだと、いちいちケースを取り出さなくてはいけないので、引き出しタイプを選ぼう。

スムーズに取り出せるキャスターつき

キャスターがついた収納ラックは取り出すのが簡単なので、普段使いのものをしまっておくのにも◎。

ふとん・季節の寝具

きれいにたたんで、崩れ防止

ポイント

- ふとんの種類によってたたみ方を変える
- ふとんをしまうときはダニやカビ対策を収納グッズを使うとすっきりしまえる

ふとん

掛けぶとん

最初にタテに二つ折りに

タテに半分に折ってから、さらに左右を二つ折りすると安定する。

敷きぶとん

ジャバラにたたむ

ふとんの端を持ち、ジャバラに三つ折りになるようにたたむ。

毛布

1 タテに二つ折りに

毛布も掛けぶとん同様に、まずタテに半分に折る。

2 コンパクトにたたむ

半分に折り、収納スペースやケースに合わせて、さらに半分もしくは三つ折りにする。

Check!

ホコリが舞うので、窓を開けてたたむ

ふとんをたたむとき、ふとんから出るホコリが部屋に充満してしまうので、必ず窓を開けて換気をしながらたたむようにしましょう。とくにアレルギー体質の人は注意が必要です。

季節の寝具

圧縮袋

1 圧縮袋の大きさにたたむ

圧縮袋に入る大きさにたたむ。冬用の羽毛ぶとんなど季節もののふとんは、日に干して、熱を冷ましてからしまおう。

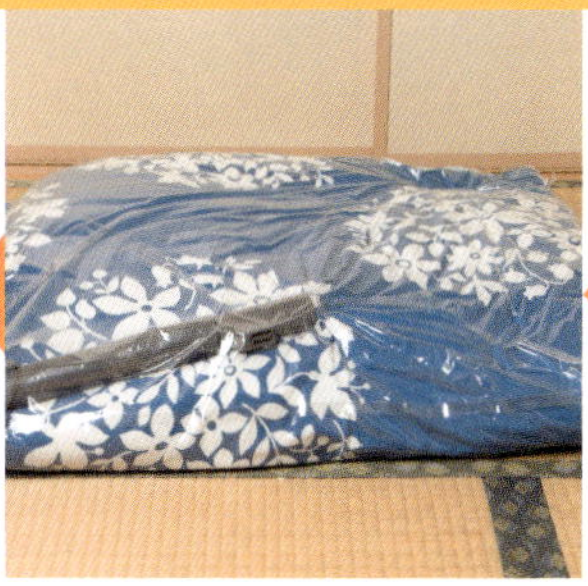

2 掃除機で圧縮する

圧縮袋の入り口を端を残して閉じ、掃除機のノズルを入れて空気を吸い上げる。吸い上げるためのバルブ口がついたタイプもある。

3 保管は半年を目安に

平らになったら掃除機を抜き、口をすべて閉じる。半年以上保管する場合は、一度取り出し、ふとんを干してから再び圧縮する。

ふとんケース

ダニやカビ対策にも

ダニやカビを防止する加工をほどこした素材を使うなど、機能的なものが増えているので、きちんとケースに入れてしまおう。

クッションカバーに

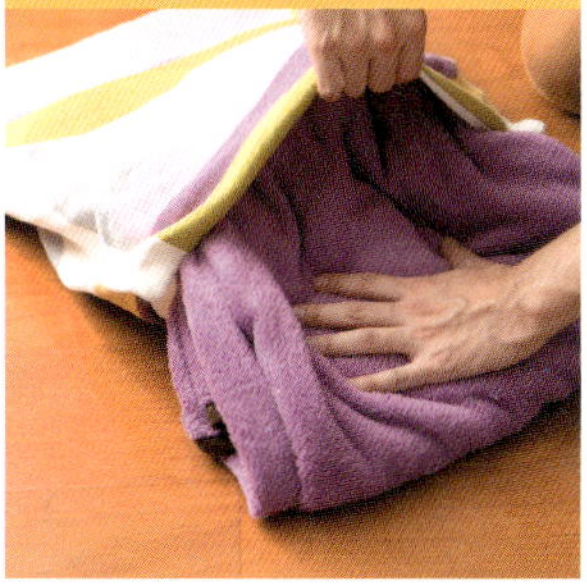

有効利用しながら収納する

たたんだ毛布をクッションカバーに入れれば、オフシーズンも有効活用できる。毛布やふとん専用のクッションカバーも市販されている。

アドバイス

保管中も定期的に干す、洗うなどのケアは忘れずに。シーズンになったらお手入れしてから使いましょう

裏ワザ

新聞紙やすのこで湿気対策を

ダニやカビの原因になる湿気はふとんの大敵。押入れにしまうときは、必ずすのこを敷き、すき間に丸めた新聞紙をさし込んでおくと湿気対策になります。

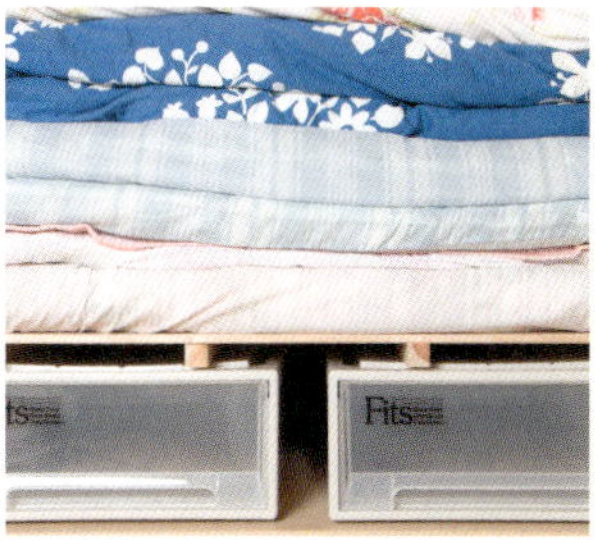

ふとんの下にすのこを置くと、通気効果が期待できる。

細めに丸めた新聞紙をすき間にさして置いておこう。湿ったら取り替える。

こまめなケアで清潔に 寝具のお手入れ

ポイント

- こまめに干して湿気を取り除く
- 素材によっては陰干しする
- カバー類は定期的に洗濯する

ふとん

落ちないようにふとんばさみでとめる

1 湿気がたまる面を上に

体にあたる方を上にして太陽にあて、湿気を取る。1時間くらい経ったら裏返す。綿ぶとんは天日干しに、羽毛ぶとんは陰干しに。

2 ふとんたたきはNG

ふとんたたきをすると、中綿のちぎれた繊維がホコリとなって舞い散ってしまうので、気になる場合は掃除機で吸うようにする。

カバー類

定期的な洗濯を心がける

カバーにはたくさんのホコリがついている。シーツも汗を吸って汚れるので、気になったらすぐに洗濯する。

アドバイス
なるべく1週間に1度、とくに夏場はこまめに洗うよう心がけましょう

▶シーツ・ふとんカバーの洗い方は155ページへ

Check!

ふとんの打ち直しで新品同様に

長く使ってぺちゃんこになったふとんは、中綿を打ち直すことで、新品同様にふっくらと変身します。さらにダニやホコリもキレイに取り除くことができ、保温性・吸湿性もアップするので、ふとん専門店に相談してみましょう。

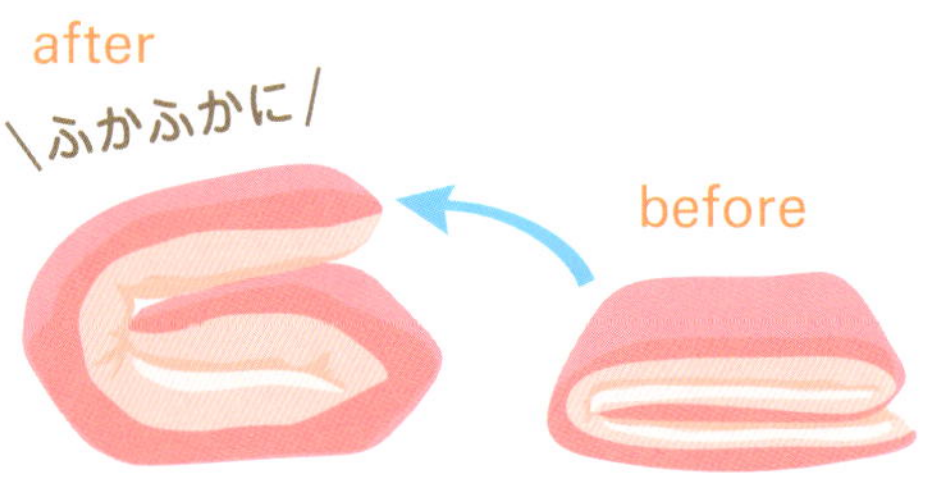
after
ふかふかに
before

枕

1 干すときはつるす
干し場所に困る枕は、針金ハンガーを伸ばして輪を丸くし、その間に枕を入れて物干し竿にかける。風通しもよくなるのでおすすめ。

▶枕の洗い方は 151 ページへ

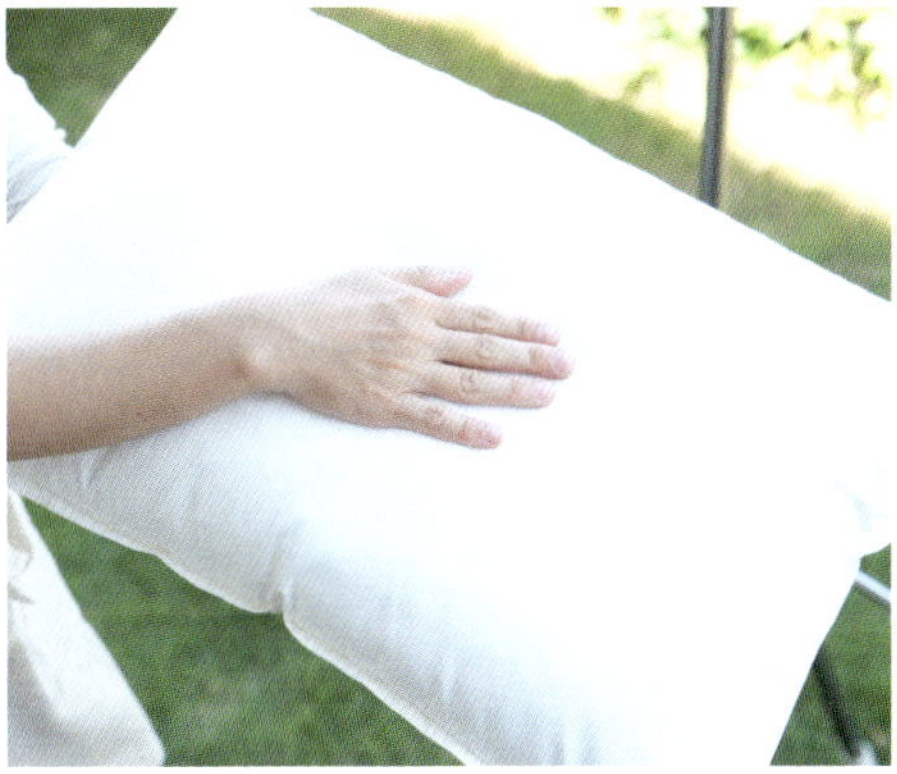

2 軽くホコリをはたく
干し終わったら、軽くホコリをはたく。ポリエステル綿やパイプなどは天日干し、低反発ウレタンや羽毛などは陰干しにする。

マットレス

1 定期的に表裏・上下を替える
干せないマットレスは、1～3カ月に1度表裏・上下を換え、3カ月に1度は太陽にあてよう。ベッドパッドはこまめに替える。

2 汚れは中性洗剤で拭き取る
汚れがついてしまったら、薄めた中性洗剤を含ませた布で拭き取る。気になるニオイは、ファブリック用の消臭スプレーを吹きかける。

▶ナチュラルアロマスプレーの作り方は 174 ページへ

Check!

梅雨や花粉、忙しさでふとんが干せないときは？

外にふとんが干せない日が長く続くと、寝ていても気持ちがよくないもの。そんなときは窓際干し、専用道具の使用などの方法があります。

●布団乾燥機＋掃除機で
ダニをしっかり死滅させる環境は 50～55℃で 50 分が必要。下にすのこを敷いて布団乾燥機をかけた後、布団専用の掃除機で、ダニの死骸をしっかり吸い取れば、より完璧。

●忙しいときは窓際干しで
陽のあたる窓際にイスを置き、上にふとんを広げる。それだけで外に干したときと同じ効果が 80％も得られる。

●黒のビニール袋をかけて
布団を覆うように黒のビニール袋をかければ、花粉もガードできるし、効率よく熱を吸収して布団もカラッ。

決めた量を超えたら仕分けをする 本・CD・書類など

ポイント

- 決めた収納スペースを超えたら処分
- 専用のケースやファイルを用意する
- 保管場所を家族で共有する

本・雑誌

ケースがいっぱいになったら、不要なものは捨てる

カテゴライズするとすっきり

雑誌はごちゃごちゃしてしまうので、同じ雑誌をまとめるなどカテゴライズを。ラベルを貼った書類ケースに入れておくとよい。

読んでいる本を入れる場所をつくる

ついつい増えてしまう本や雑誌は、今読んでいるものだけを入れるボックスをつくり、読み終わったら捨てるか取っておくか決める。

CD・DVD

専用ボックス・専用家具

ぴったりサイズでケースごとしまえる

CD や DVD はプラスチックや不織布などでできた専用のボックスや、ぴったりのサイズに造られた専用の家具なら、ケースごとキレイにしまえる。

専用ファイル

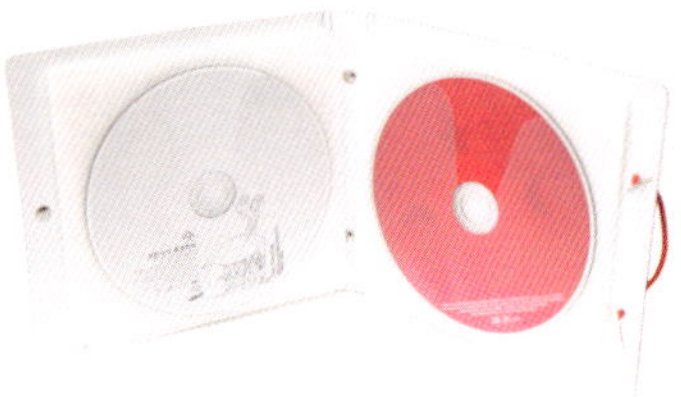

ケースを処分して保管

CD や DVD の枚数が多いときは、ケースを処分し、中身のみを専用ファイルに入れると省スペースで収納できる。

モノをためないコツ

入らないものは捨てる

心地よく過ごしたいのに、ものがあふれかえっていてはストレスがたまるばかり。収納スペースを決め、そこに入らなくなったら、不要なものはどんどん処分するようにしましょう。

before
ものを整理する前に収納ケースを増やすのは NG！

after
収納ケースの数を決め、中身も整理することですっきり！

書類（請求書・プリント類）【日々増える書類】

1 仕分けしてクリアケースへ入れる

買い物のレシート、電気やガスの請求書、子どもの学校のプリントなど書類を種類別にし、それぞれをクリアケースに入れる。

2 さらに大まかに分類する

1で分けたクリアケースを、家関連のもの、学校関連のもの、というように大まかに分け、書類ケースにまとめておく。ルールを決めて、定期的に処分する。

アドバイス

時間がないときは、一時的に置き場をつくっておき、整理する時間が取れるときにまとめて分類しましょう

書類（説明書・保証書）【ときどき出し入れする書類】

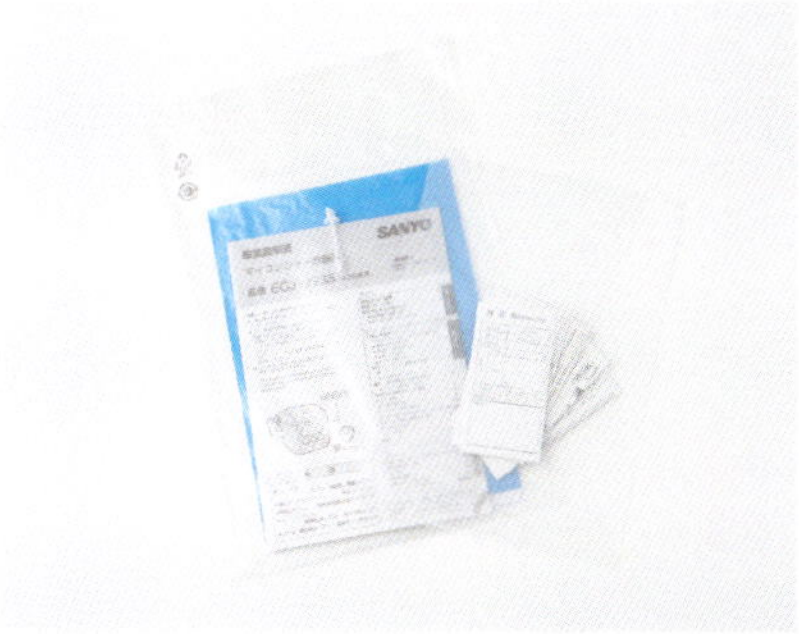

1 説明書と保証書は一緒にファイリング

トラブルが起こったときに対応できるように、家電の取扱説明書と保証書は必ずセットにし、クリアファイルに入れておく。

2 クリアファイルは種類別に

クリアファイルは家電、貴重品など種類別に分けておくと、必要なときに取り出しやすい。

アドバイス

使う場所に置いておくとすぐに取り出せて確認できます。定位置にクリアファイルをまとめて置くのでもよいでしょう

書類（契約書など）【大切に保管する重要な書類】

1 中身が見えないファイルへ入れる

契約書や証明書は、専用のファイルを用意し、必ずそこに保管するようにする。重要書類は外から見えないファイルが適している。

2 ケースにまとめておく

家関連、生命保険関連など種類別にファイリングしたら、ケースや戸棚にまとめて入れておくなど、大切に保管しよう。

アドバイス

いざというときに困らないよう、保管場所を家族で共有しておくことも大切です

用途に応じて分類する 写真・おもちゃなど

ポイント
- 紙製のものは専用ファイルに入れる
- 保管がむずかしい立体作品は写真で残す
- よく使うものはすぐに取り出せる場所に

写真

飾る収納

お気に入りは飾る

写真袋に入れたままにしてしまいがちな写真は、コルクボードなどに貼って飾る。データを入れておけば自動再生してくれるデジタルフォトフレームを利用しても。

アルバム収納

残したいものだけをプリント

お気に入りの写真を選んでプリントし、アルバムで保存。データはCDなどにバックアップしておく。アルバムのサイズをそろえておくとしまいやすい。

思い出の品

立体の工作など

写真に撮って残しておく

どうしてもとっておきたいもの以外は、写真に残して処分する。写真はアルバムに入れて大切に保管しよう。

絵やカードなど

クリアファイルで作品集を作る

子どもが描いた絵やカードはなかなか捨てられないもの。クリアファイルに入れておけば、作品集のようにも楽しめる。

裏ワザ

ダンボールで作るディスプレイボードに楽しく飾る

カードや絵を貼っておくのにおすすめなのが、手づくりのボード。ダンボールに布などを貼るだけで立派なインテリアに。これなら子どもでも気軽に使えます。

材料

ダンボール、布、ヒモ、ボンド

作り方

1. ダンボールを長方形に切り、包めるサイズに布を切る。
2. ダンボールにボンドをぬり布を貼る。
3. 壁につるせるように、ヒモをつける。

おもちゃ

子どもごとに色を分ける

子どもが何人かいる場合は、それぞれのおもちゃを自分専用のボックスに入れるようにする。収納ボックスを色で分け自主的に片付けるように促そう。

サイズごとに分類して収納

布でできた大きめのボックスにはぬいぐるみ、フタつきの小さめのバケツにはブロック、というふうに分類して収納する。ぽんぽんと入れておくだけなので、子どもでも簡単に片付けられる。

スポーツ用品

外遊び用おもちゃはバケツへ収納

小さい子どもがいる場合は、公園で使う砂場用のおもちゃなどをまとめてゴムバケツへ入れておくと、洗うのもラク。

シーズンごとに分類する

プール用品やスキーウェアなどシーズンもののスポーツ用品は、季節ごとにまとめてかごや収納ケースに。押入れの天袋など、取り出しづらい場所に置いてもOK。

用途に分けて収納

公園で使うなわとびやフリスビーなど、用途ごとにまとめてかごに入れると機能的。玄関など取り出しやすい場所に置く。かごごと持ち運ぶこともできる。

レジャー・アウトドア用品

食事の小物類はキッチンへ

ピクニック用のお皿やフォーク、水筒など、小物類はひとまとめにしてキッチンに収納しておくと便利。

中身をラベリングする

ひと目で何が入っているか分かるように、入れ物の側面にラベルを貼っておくようにする。

ダンボールにまとめる

テントやバーベキュー用のコンロなど大ものはダンボールなどにまとめて、倉庫などにしまっておく。

行事・イベント用品

汚れを落としてから適切に保管する

ポイント

- デリケートな人形は保護材を使う
- ホコリをはらってからしまう
- 防虫剤を活用する

雛人形

1 毛ばたきでホコリを取る

人形の顔や衣装についたホコリを毛ばたきなどでやさしくはらう。取れない場合は、綿棒などを使ってそっと拭き取る。

2 薄紙で顔を保護する

やわらかい薄紙を顔の長さに合わせて細長くし、顔を覆って保護する。

3 人形を箱に戻す

買ったときの箱にもと通りにしまう。人形と箱の間にふわっと丸めたつめ紙を入れて、人形を固定する。

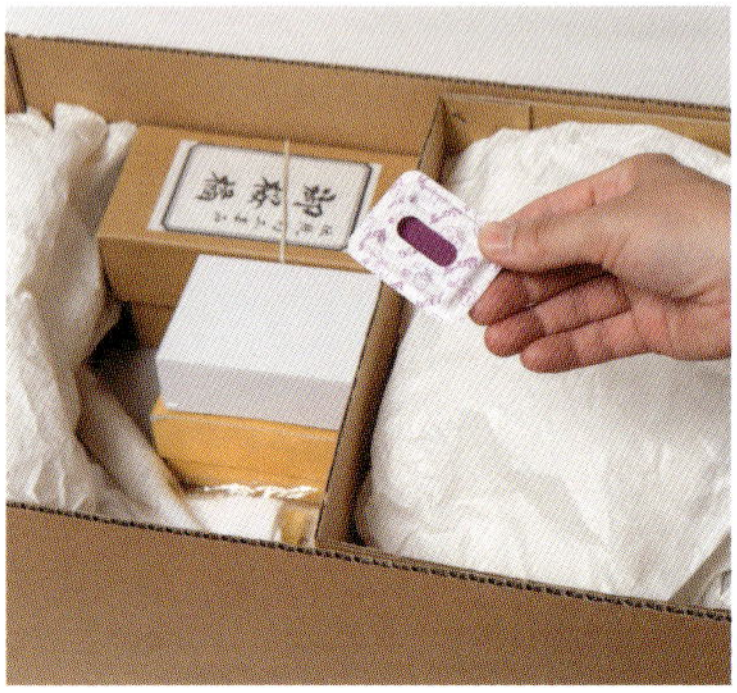

4 人形専用の防虫剤を入れる

箱の隅に人形専用の防虫剤を入れる。防虫剤と防カビ剤を一緒に入れると、人形が変色してしまうおそれがあるので避けること。

裏ワザ

写真を撮っておくと、翌年迷わない

人形の多い雛飾りなど、小物が増えれば増えるほどむずかしくなる飾りつけ。配置の写真を撮っておくと、人形同士の位置のバランスや小物の向きなど、迷うことなくスムーズに飾れます。

五月人形

アドバイス

湿気に弱いので、晴れた日を選んでしまいましょう

必ず手袋をする

しまうときは必ず手袋をする。金属部分に指紋がつくとサビや色あせの原因に。

1 毛ばたきでホコリを取る

毛ばたきなどでホコリをはらい、指紋がついている部分はぬるま湯に浸したやわらかい布でていねいに拭き取る。

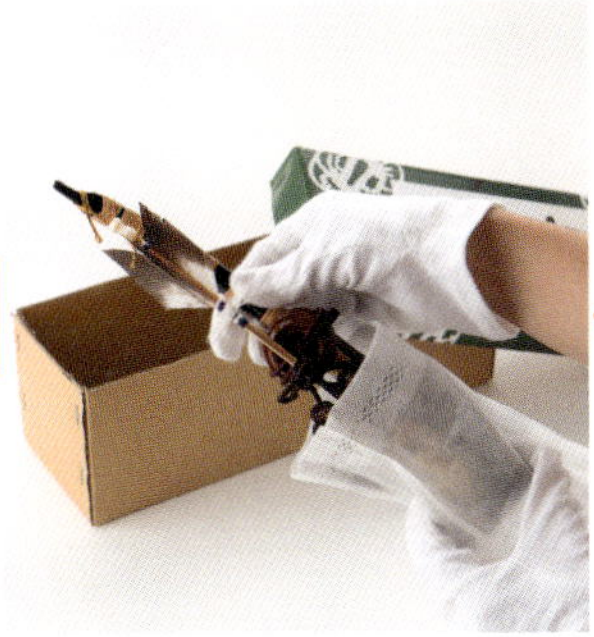

2 もと通りにしまう

人形を分解して、買ったときの箱にもと通りの状態にしまう。パーツは袋に入れ、ひっかけて破損させないように注意しよう。

3 通気のよい場所に保管

湿気の少ない、通気のよい場所にしまう。防虫剤を入れすぎると金属部分が傷むので、適量を金属部分に触れないように入れる。

こいのぼり

雨の日や風の強い日には、外に出さないように

必ず乾かしてからしまう

よく乾燥させてからホコリを落とし、たたんでしまう。汚れがついていたら、中性洗剤を溶かしたぬるま湯で部分洗いを。

クリスマスツリー

ホコリをはらってからしまおう

1 分解して収納する

もと通りに分解して、買ったときの箱にていねいにしまう。箱がない場合は、布袋や衣類用の衣装ケースで代用できる。

2 オーナメントは ケースに収納する

繊細なつくりのオーナメントはホコリがつきやすいので、必ずフタができるケースやダンボールへ。からまりやすいコードはまとめておく。

種類ごとにまとめて収納する
洗面所・トイレ用品

ポイント

- 使用頻度に合わせて場所を選ぶ
- かごやバケツにまとめておく
- つっぱり棒を上手に活用

洗剤・掃除道具【洗面台の下】

手前に今使っているもの、うしろにストックを

掃除用具はバケツにまとめる

ぞうきんやブラシ、ゴム手袋など水まわりで使う掃除用具は、まとめてバケツに入れておくと出し入れがラク。

洗剤はかごですっきり収納

洗剤はバラバラといろいろなところに置くのではなく、専用のかごにまとめて入れておこう。

タオル・洗濯用品など【洗面所の棚】

上段にはすぐ使わないものを置く

新品のタオルや、取り替え用の足拭きマットなどは、上段やつり戸棚へ置いておく。

中段には使用頻度が高いものを置く

頻繁に使うタオルや洗濯用品は取り出しやすい中段へ。詰め替え用のシャンプーなども見やすい位置に置いておくと便利。

シャンプーの試供品などもまとめておこう

電化製品は水がかからない場所に置く

電化製品は水にぬれるのを避けるため、かごに入れてから棚などにしまっておく。

アドバイス

タオル収納にはかごもおすすめ。たたんだらかごに入れて、そのまま収納棚へしまうことができます

トイレ用品

つっぱり棒

つっぱり棒3本で収納棚に

トイレなどの狭い空間にはつっぱり棒が活躍する。斜めにならないよう、水平に取りつけるのがコツ。

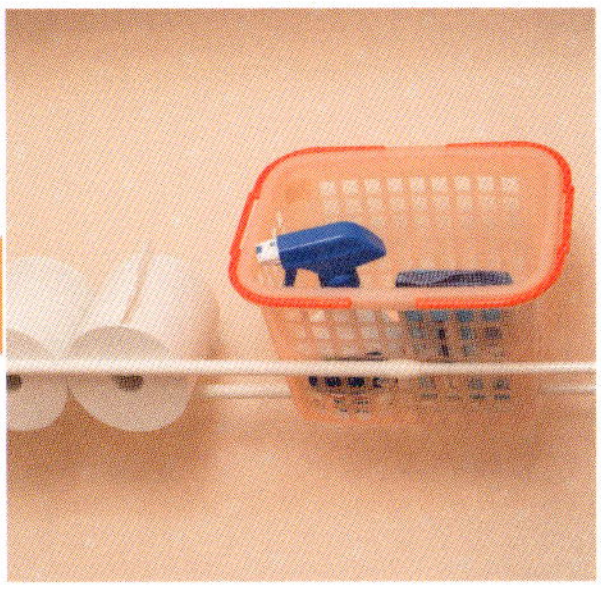

1　1本は壁ぎわに、もう1本はトイレットペーパーがのるくらいの幅を取り、少し高めに取りつける。

2　最後の1本を天井近くに取りつけ、目隠し用のカフェカーテンをつける。

かご

インテリアにもなる

見映えのよいかごで見せる収納を。床に置く場合は、ホコリがたまりやすいので、必要最小限の量にとどめる。

ゴムバケツ

汚れてもいいので安心

掃除用具の収納にはゴムバケツもおすすめ。汚れても洗えるので便利。

アドバイス

ホコリが気になるなら、布をかけて。あまりたくさんの量を置かないように気をつけましょう

キレイに見せるコツ

色や飾りでひと工夫

一日に何度も使うトイレは、気持ちよく使えるように、ちょっとした工夫を。過度に演出すると掃除がたいへんになるので気をつけましょう。

花とかごでかわいく

ナチュラル感のあるかごに、フェイクの花やグリーンを飾って、リラックスできる空間を演出する。

グッズは色を統一

トイレカバーやマット、トイレットペーパーホルダーの、色を統一すると、見た目もキレイ。

限られたスペースを有効活用 食器・キッチン用品

ポイント

- しまう前に食器を分類する
- 使用頻度や形を考えて収納する
- かごや収納グッズを活用する

食器

上段にはあまり使わない食器を置く

取り出しづらい食器棚の上段には、つかみやすい大きめの皿や、たまにしか使わない食器などを置く。取り出すときに危険なので、あまり重ねすぎないように。

中～下段によく使う食器を置く

普段使いの食器は取り出しやすい中～下段にしまう。コの字ラックで二段にすると収納力がアップ。

マグカップやグラスはかごを使う

ついつい手前に置いてあるものばかり使ってしまうマグカップやグラス。かごに入れておけば奥に入れたものを取るのもスムーズ。そのまま食卓へ持ち運びもできる。

平皿はかごに立てて収納

枚数が多いパン皿などは、平置きして重ねると場所を取るだけでなく、下のほうのお皿が取りづらくなる。かごに立てて収納すれば便利。

かごに布を敷いたものなら、来客時にも出せて便利

カトラリー・ふきん・布類

お弁当袋、ナフキンなど布類

引き出しに入るサイズのかごに、同じ大きさになるようにたたんで入れる。立てて収納すると取り出しやすい。

カトラリー

増えてしまいがちなカトラリーは普段使いのものを厳選すると、すっきりしまえる。種類や長さ別に分けて入れよう。

アドバイス

お弁当作りに使う道具なども近くにまとめておくと便利です

保存容器・弁当箱

かごにまとめてしまう

弁当箱は大きめのかごにまとめて収納する。おしぼり入れやカトラリーなども一緒にしまっておこう。

フタと容器を分ける

たくさん使う保存容器は、フタと容器を分けて重ねてしまうとかさばらない。購入する際は、重ねられるものを選ぼう。

型抜き・ピックなど

細かなグッズは小分けする

型抜きやピックなど、散らばってしまう細かいグッズは、小さな容器に種類ごとに入れておくとすっきりする。

ラップ・アルミホイル

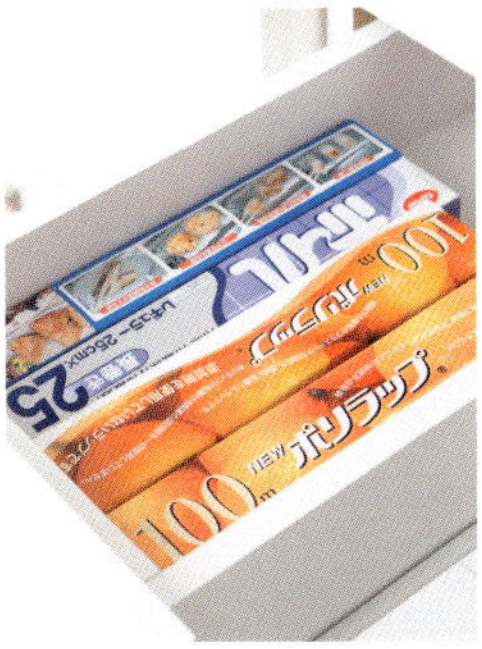

すぐ取れる引き出しへ

調理中にもよく使うラップやアルミホイルは調理台から近い場所の引き出しに入れておくと取り出しやすい。

**デッドスペースに
つりラックをつける**

食器棚やつり戸棚にかけられる、つりラックを使って収納。食器棚のデッドスペースを活用できる。

Check!

食器の収納を倍にするお役立ちグッズ

かごを使って立てて置いたり、ラックを使って二段にしたりすると、狭いスペースを有効活用できます。

**スタッキングラックで
収納力アップ**

食器棚の限られたスペースを最大限使うのに役立つのが、二段に収納できるスタッキングラック。上段には軽めの食器を置くこと。

**プラスチックかご、
書類ケース**

書類のように、食器を立てて収納すると省スペースに。立てる場合は、なるべく大きめのお皿を。繊細な食器は避ける。

キッチン用品

専用のグッズやラックですっきり

ポイント

- よく使うものは調理台の近くに収納
- フライパンなどかさばるものは立てる
- 専用のラックを利用する

アドバイス

引き出しにしまう場合は、仕切りやかごを利用して、種類や大きさで分類しましょう

おたま・フライ返しなど［コンロの近く］

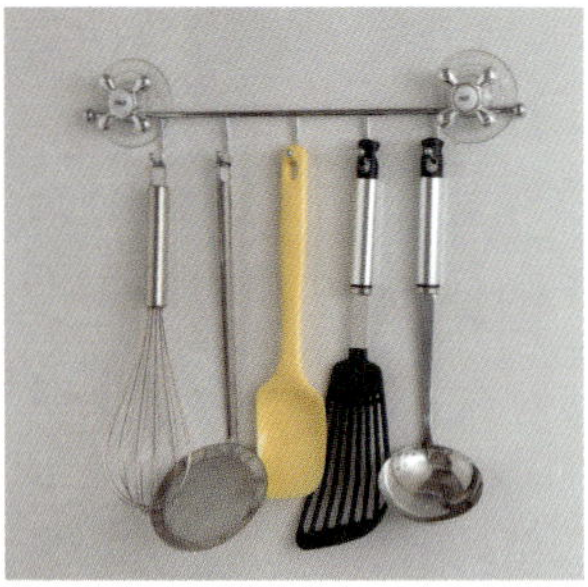

壁からつるす

フックつきのハンガーなどにつるす。よく使うものだけにしぼっておくとごちゃつかない。

ツール立てにさす

調理によく使うキッチンツールは、しっかりとした素材のツール立てにさし、コンロ脇に置いておくと、すぐに取り出せて便利。

鍋・フライパン［レンジの下など］

フライパン

立てて入れておくと、サッと取り出せて使いやすい。フタや中華鍋も立てておこう。備えつけのラックがない場合は、大きめの書類ケースなどで代用できる。

鍋

鍋はフタを裏返してのせ、その上に鍋を重ねていくと省スペースに。大きいものから小さいものへ重ねるようにしよう。

ザル・ボウル［シンクの下など］

バットやスチーマーなども一緒に

大きいものから重ねる

ザルやボウルは深さのある場所にしまっておこう。一番大きなものを下にして、大きさの順に重ねていくと、おさまりがよい。

包丁・まな板【シンクの下または調理台】

よく乾かしてからしまおう

まな板もシンク下へ収納

調理台を広く使いたいなら、まな板もシンク下へ。タオルハンガーなどを使えば、扉裏にスリムにおさまる。また、つり下げラックなら風通しもよくなるので衛生的。

シンク下の扉裏

シンク下の扉の裏に備えつけの包丁立てがある場合は、水気をよく拭いてからさしておく。

ラック

包丁とまな板を一緒に立てておけるスタンドならコンパクトにしまえるので、出しておいても気にならない。

調味料【シンクの下・調理台】

容器の種類をそろえると、見た目もキレイ

専用の容器とラックを利用して

調理によく使う調味料は容器に入れ替え、専用のラックにまとめて調理台脇に配置する。塩や砂糖など頻繁に使う調味料は、片手でフタを開けられる容器が便利。

背の高いもの

料理酒やみりん、しょうゆなど、背の高いビンやペットボトルに入った調味料は、シンク下など深さのある場所にまとめる。

Check!

エプロンはどこに置く?

意外に置き場所に困るのがエプロン。調理台に置きっ放しにするのではなく、つるしたり、かごを利用して、定位置を決めておくとよいでしょう。自分に合った置き方を探してみましょう。

Aさんの場合

冷蔵庫の脇に磁石式のフックを取りつけて、そこにかけています。そうするとパッと着けられるし、調理が終わったあとも簡単に片付けられます。

Bさんの場合

大きめのかごに入れて、食器棚の上に置いています。くしゃっと入れておいても、外から見えないので、急な来客のときなどにも困りません。

その空間がもったいない！
あきスペースを有効活用しよう

収納スペースがないと悩んでいるなら、無駄なスペースがないかもう一度確認してみましょう。
グッズなどを利用して出し入れしやすい工夫をすれば、収納力がさらにアップ!

天袋

奥行きを利用して、使用頻度の少ないものを置く

押入れの上にある天袋は、押入れ同様の奥行きがあるので、無駄にしてはもったいない収納スペース。収納グッズを活用すれば、出し入れの不便も解消!

奥行きのある透明な収納ケースを

天袋で困るのが、いったんしまったら中身をなかなか確認できないこと。透明な収納ケースなら一目瞭然。取っ手つきだと出し入れもしやすい。

２列にするなら手前に背の低いものを

天袋は奥行きがあるので、収納ケースによっては2列にできる。その場合は、中身を書いたラベルが見えるように、手前に背の低いケースを置こう。

すき間（家具の間や下など）

すき間を埋めるためのひと工夫を

家具と壁の間や家具と床の間はどうしても空いてしまうもの。すき間専用家具を使ったり、すき間に合った大きさのものをしまったりして有効的に使おう。

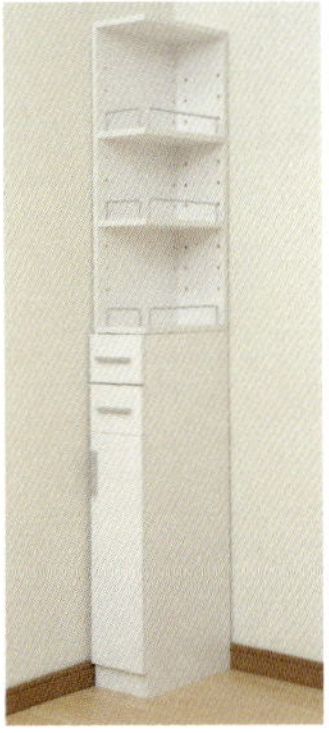

専用家具でジャストフィット

幅が狭い場所にも置ける、すき間専用家具を購入するのもおすすめ。単なるすき間が収納スペースになります。キッチンや水まわりなどで大活躍。

スリムなフタつきボックスが優秀

押入れの服と下に置くボックスなどとのすき間も、スリムなボックスを使えば収納スペースに。ホコリがつくのでフタつきのものを選ぼう。

Iron

第3章

かしこくお手入れ
洗濯・アイロン・裁縫のきほん

Washing

Sewing

洗濯

知っておきたい

洗濯機のこと

さまざまな機能をもつ洗濯機。基本的な使い方をマスターして、洗濯上手になりましょう。

また、洗濯機自体も汚れるので、メンテナンスも忘れずに。

基本的な使い方（ドラム式の場合）

「汚れた衣類やタオルなどの布類を、洗ってキレイにすること」が洗濯機の役割です。そのためには、洗濯機のサイズ、標準コースをはじめさまざまな機能に合わせて、洗濯物や洗剤を計量することが大切です。

1 汚れた洗濯物を分類し、洗剤や洗い方を選ぶ

白もの、色柄もの、デリケートなものなど、状態を見て一緒に洗うものを選別。洗い方や洗剤を決める。

2 洗濯物を入れ、洗剤や柔軟剤をセットする

洗濯機の容量に合わせて洗濯物の量を加減し、洗濯槽に入れる。基準量の洗剤や柔軟剤をセットする。

3 「標準」コースでスイッチを押す

タオルや普段使いのシャツなどの衣類を洗う場合には、「標準」コースを選択し、スイッチを押す。

基本のお手入れ

こまめに糸クズを取り除き、ホコリやカビを拭き取ることが大切です。使っていないときに、洗濯機をランドリーボックス代わりにするのはNG。空にしてフタを開けておき、洗濯槽を乾燥させましょう。

1 洗濯機の中に水滴を残さない

ドア周辺やドアパッキンに水滴がついているときは、ウエスで拭き取る。放っておくと黒カビの原因になる。

2 洗剤投入口・ボディは拭き掃除を

粉末、液体ともに洗剤は固まりやすいので、こまめな拭き掃除を。汚れがひどい場合はお湯で拭く。

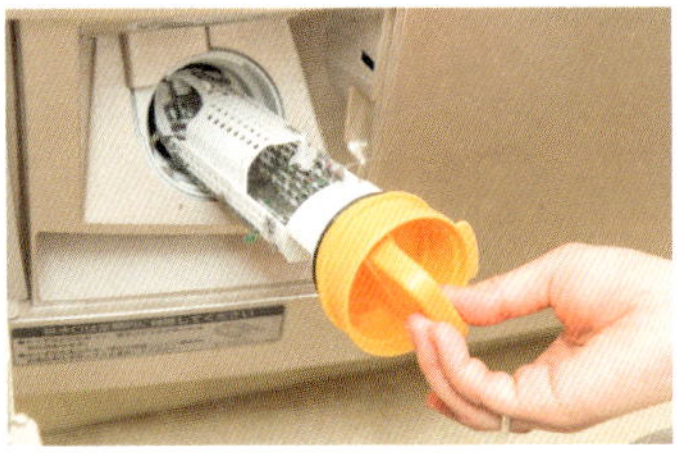

3 糸クズフィルターは洗濯のたびに洗う

糸クズのみならず、食べ物カスや髪の毛などもからみつく。頻繁に汚れを取り除いておくこと。

洗濯槽のカビ対策をしよう

洗濯物につく黒っぽい汚れやニオイ……。これは洗濯槽内にカビが繁殖している証拠。洗濯槽のカビ対策には2カ月に1度、専用クリーナーによる洗浄が効果的です。

洗濯機選びのコツ

機能、デザイン、価格に加え、ライフスタイルや家族人数なども考える必要があります。まずは条件を書き出し、優先順位をつけて、数多い選択肢からわが家にとっての「ベストな一台」を選びましょう。

洗濯機選びのポイント

あてはまるものにチェックを入れて、優先順位を決めよう

- □ 乾燥機能を日常使いする
- □ 設置スペースが十分にある
- □ 夜に洗濯を行うことが多い
- □ インテリア性を重視したい
- □ 洗濯物が取り出しやすい方がいい
- □ 毎日大量に洗濯物が出る
- □ 大物洗いの頻度が高い
- □ 汚れ落ちを重視したい
- □ 節水、省エネが気になる
- □ 価格を重視したい

洗濯機の種類

全自動で洗濯、すすぎ、脱水ができる洗濯機が主流。乾燥機能がついたものと、そうでないものがあります。また、「タテ型」「ドラム式」では洗濯方式などに違いがあるので、迷ったらお店の人に相談してみましょう。

タテ型 全自動洗濯機

洗濯から脱水までを全自動で行う。タテ型洗濯槽の底にある回転羽根で渦巻き状の水流を起こし、その力で汚れを落とす。節水性は低いが汚れ落ちはよい。

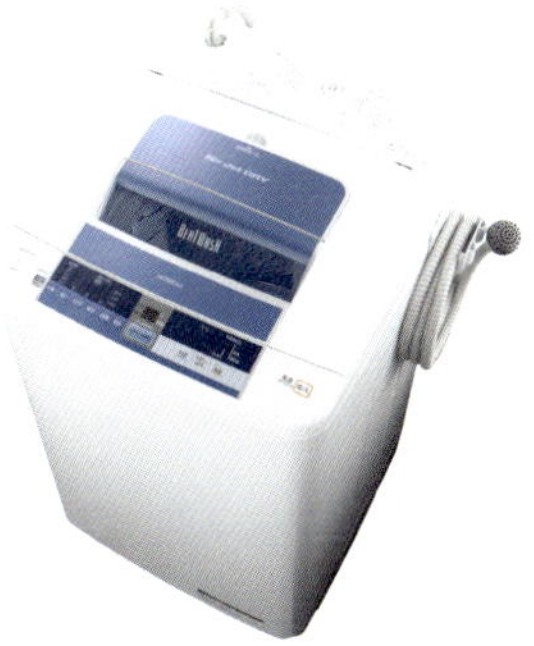

ドラム式 洗濯乾燥機

洗濯から脱水、乾燥までノンストップで行う。シャワーで水を受けながら回転する洗濯物が、「落ちる」ときの衝撃で汚れをたたき落とす。節水性が高い。

タテ型 洗濯乾燥機

全自動洗濯機に乾燥機能が加わったもの。乾燥の際に、多少の乾きムラやシワが生じてしまうこともある。

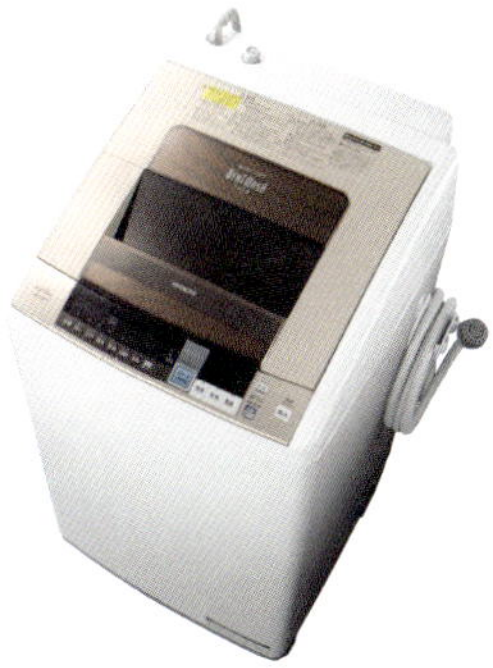

二槽式

「洗濯槽」「脱水槽」の二槽に分かれている。すすぎの前後の脱水前に、洗濯物を手動で移動させる必要があるが、こだわりの洗濯方法を柔軟に実現できる。比較的安価。

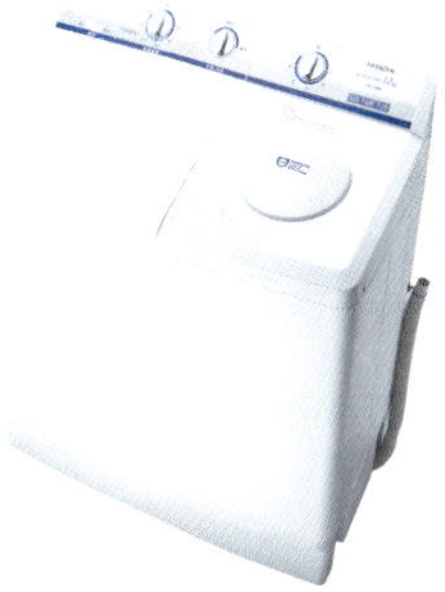

洗濯

洗剤の選び方

洗剤売り場にずらりと並んだ洗剤から、目的に合う洗剤を正しく選ぶのは簡単ではありません。それぞれの洗剤の特性を知り、選ぶ基準を把握しましょう。

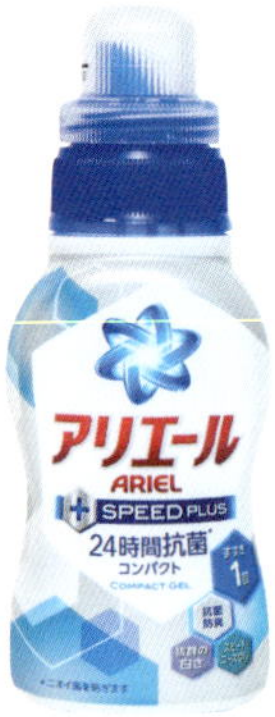

コンパクト液体洗剤（弱アルカリ性／中性／弱酸性）

●特徴

液体洗剤を1/2～1/3に濃縮し、小型パッケージ化。持ち運びや収納に便利。

●効果

液体洗剤同様の効果。洗濯槽のカビ防止や、洗濯物の抗菌をプラスしたものも。

●使い方

洗濯機の洗剤ポケットに適量を入れる。

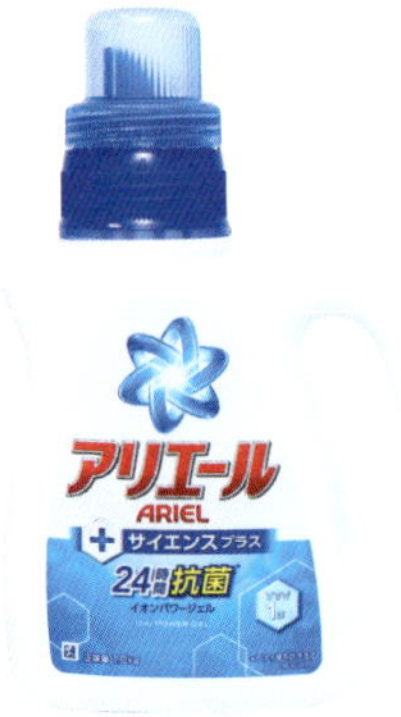

液体洗剤（弱アルカリ性／中性／弱酸性）

●特徴

水に溶けやすい。洗濯物の汚れのひどい部分に「部分塗り」しやすい。

●効果

粉末洗剤より洗浄力が弱まるが、普段の洗濯物には十分。添加されている酵素、漂白剤により効果が異なる。

●使い方

洗濯機の洗剤ポケットに適量を入れる。

粉末洗剤（弱アルカリ性）

●特徴

洗浄力が強く、しっかり汚れを落とす。粉末のため、冬場などは溶けきらずに残る場合がある。

●効果

商品により酵素、漂白剤などの添加による違いはあるが、基本的に泥や汗汚れを落とすのに適している。

●使い方

洗濯機の洗剤ポケットに適量を入れる。

Check!

「ジェルボールタイプ洗剤」で計量いらず

洗濯槽にボールをポンと入れるだけなので、洗剤の計量をする必要がなく、詰め替えの手間が省けて時短になる、お手軽な洗剤です。このジェルボール洗剤は液体内部の水分含有量を低く抑えることで酵素の働きを高めています。そのため、洗浄力で他の洗剤と同等の効果が期待できます。見かけがゼリーのようなお菓子に似ているので、子どもの誤飲には注意しましょう。

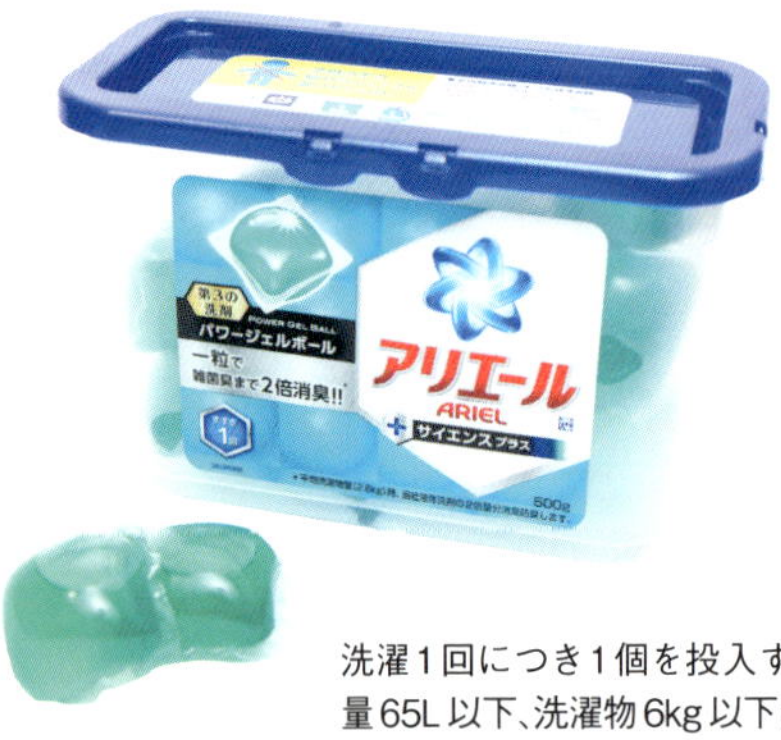

洗濯1回につき1個を投入する。水量65L以下、洗濯物6kg以下が基準。

洗濯用石けん・液体石けん洗剤（弱アルカリ性）

●特徴

粉末石けん洗剤より水に溶けやすく、扱いやすい。

●効果

粉末石けん洗剤同様の効果がある。

●使い方

よく溶かして使う。固まりやすいので、洗剤ポケットに投入しないこと。

洗濯用石けん・粉末石けん洗剤（弱アルカリ性）

●特徴

成分がシンプルで、赤ちゃんの洗濯物などにも安心して使うことができる。ドラム式では使用できないこともある。

●効果

洗浄効果に加え、ふんわり仕上がるので柔軟剤は不要。

●使い方

洗剤を先に投入し、よく溶かしてから洗濯物を入れる。固まりやすいので、洗剤ポケットに入れないこと。

部分洗い洗剤（弱アルカリ性／中性）

●特徴

衣類のえり、そで口などに付着した皮脂や泥汚れなど、部分汚れを落とす。

●効果

がんこな汚れをピンポイントで溶かして落とすことができる。

●使い方

「直接汚れに塗り込む」「汚れにスプレーしてしばらく置く」など、商品によって異なる。

ウール・おしゃれ着用洗剤（中性）

●特徴

毛・絹・綿・麻・合成繊維など、デリケートな素材を洗濯できる。

●効果

型崩れや色落ちなどを予防するトリートメント効果がある。弱アルカリ性洗剤に比べて洗浄力は穏やかだが、ニオイ、汚れ、シミなどに対する効果は決して低くない。

●使い方

液体洗剤と同様に使える。おしゃれ着を洗濯機で洗う場合は、洗濯ネットに入れて「手洗いコース」などを選択する。

●洗剤の成分と特徴

同じように見える洗剤ですが、成分を比較すると大きな違いが見つかることもあります。

洗う衣類に合った洗剤が選べるよう、その成分と特徴を知っておきましょう。

成分	特徴
界面活性剤	汚れ落としの主成分。反発し合う「水」と「油」を混ざりやすくする
酵素	繊維の奥に入り込んだ皮脂汚れ（脂質）、血液汚れ（タンパク質）などを分解し落としやすくする
アルカリ剤	洗浄力を増強する。洗濯液を適度なアルカリ性に整え、汚れを取り除きやすいようにする
水軟化剤	洗浄力を増強する。水道水に含まれるカルシウムイオンやマグネシウムイオンなどの金属イオンを捕らえ、水の硬度を下げる
蛍光増白剤	見た目の白さを増す働きをする。色あせしたり、色合いが変わる場合があるので注意

洗濯

柔軟剤・漂白剤

衣類をやわらかくしたり、清潔感のある仕上がりにするなど、汚れ落とし以外の効果も洗濯の重要な部分。除菌やニオイ対策などがプラスされた商品もあります。

柔軟剤

●種類と特徴

柔軟仕上げ剤（柔軟剤）

●特徴

洗濯し乾燥させた衣類（繊維）の表面に油の膜をつくることで、ふんわりなめらかな肌触りに仕上げ、静電気の発生や花粉の付着を防止する効果もある。さまざまな香りを楽しめるものも多い。「チクチク防止」「洗濯ジワ予防」など、求める効果を明確にしてから選ぼう。香りが強すぎると気分を悪くする場合もある。なるべく香りの少ないものから試すとよい。

●使い方

洗濯前に専用の投入口に適量をセットしておくと、自動的に投入される。二槽式、手洗いの場合には最後のすすぎの際に加える。

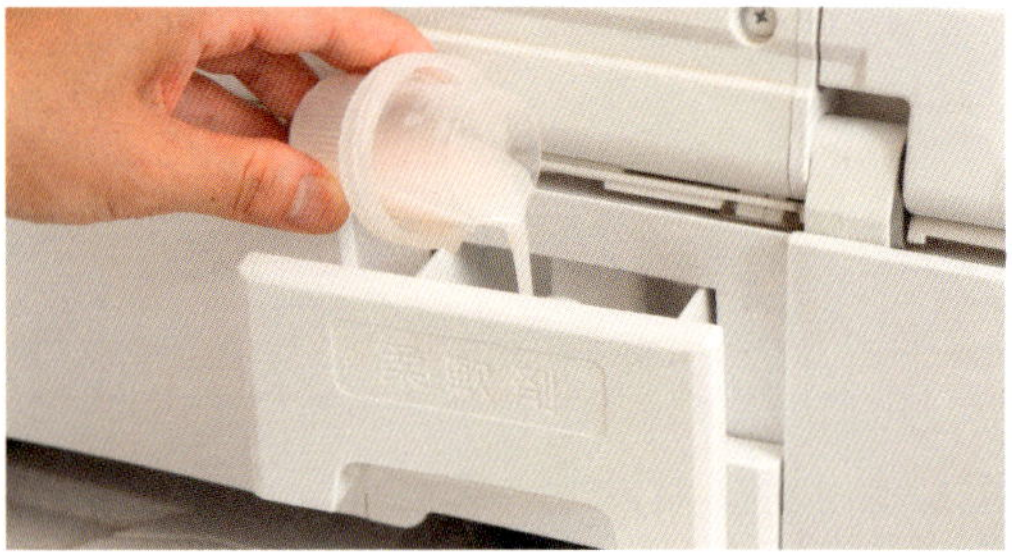

●注意点

洗剤と同時に使うと互いの効果を打ち消し合ってしまう。必ず最後のすすぎに使おう。また適量以上の柔軟剤を使い続けると、洗濯物の吸水性や風合いを損ねてしまうことがある。石けん洗剤とは併用しないこと。

裏ワザ

石けん派の人におすすめ
クエン酸＋精油でオリジナル芳香を楽しむ

石けん洗剤は合成洗剤に比べてゴワゴワ感が少なく、柔軟剤いらず。とはいえ、ほのかな香りは楽しみたいもの。そこで、適度な柔軟効果と芳香が楽しめる、オリジナルリンスの作り方をご紹介します。用意するのはクエン酸大さじ2と、好みの精油（エッセンシャルオイル）数滴。それを170ミリリットルの水に混ぜ、しっかり精油を溶かし、すすぎになったら加えます。また、温度が高くなるほど香りが飛びやすいので、乾燥機や天日干しより、部屋干しがおすすめ。

柔軟剤に近い効果が得られて、ほのかな香りも楽しめる。

漂白剤

●種類と特徴

酸素系漂白剤（粉末）

●特徴・効果

主成分は過炭酸ナトリウム。液性は弱アルカリ性だが、強力な酸化力で漂白する。除菌、消臭効果も高い。使用後は水・炭酸ソーダ・酸素に分かれるため、環境負荷も少ない。

●使い方

洗剤と一緒に洗濯機に入れる。または水かぬるま湯に溶かして浸け置き。

●使えないもの

ウール、シルク、水洗いできないもの、金属製の付属品（金属染料も含む）。

酸素系漂白剤（液体）

●特徴・効果

主成分は過酸化水素、液性は弱酸性。酸化力で漂白する。殺菌効果も高い。短時間で効果があり、弱酸性なので水洗いできるウール、絹にも使うことができる。

●使い方

洗剤と一緒に洗濯機に入れる。部分汚れには直接塗りつける。ただし長時間置かないようにすること。

●使えないもの

ボタンやファスナーなど、金属製の付属品。

還元系漂白剤（粉末）

●特徴・効果

主成分は二酸化チオ尿素、液性は弱アルカリ性。酸化漂白で落ちない白もの漂白や、酸化漂白による黄ばみの回復などに使用。

●使い方

40℃程度のお湯に溶かし、浸け置き。毛、シルクにも短い時間なら使える。

●使えないもの

水洗いできないもの。生成り、色柄もの。金属製の付属品。

塩素系漂白剤（液体）

●特徴・効果

主成分は次亜塩素酸ナトリウム、液性はアルカリ性。酸化力で漂白する。除菌・消臭効果も高く、強力に黄ばみ・黒ずみを取る。木綿、麻、ポリエステル、アクリルなどに使用。

●使い方

洗剤と一緒に洗濯機に入れる。または浸け置き。

●使えないもの

塩素系漂白剤を使うことのできる白ものの繊維にしか使用できない。

●汚れに合わせた漂白剤の選び方

全体的な汚れには

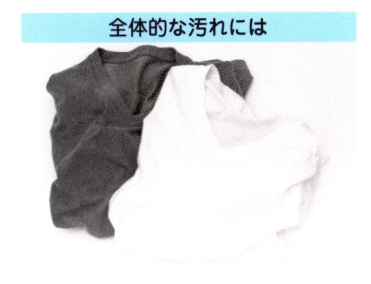

酸素系漂白剤（液体）

衣類全体の汚れには、白もの・色柄ものともに使える「酸素系漂白剤（液体）」を、洗剤と同時に使う。

部分的な汚れには

酸素系漂白剤（液体）

食べこぼしのシミやえり・そで汚れなどの部分的な汚れには、酸素系漂白剤（液体）を直接衣類に塗る。そのまま放置せず、すぐにほかの洗濯物と一緒に洗濯する。

がんこな汚れには

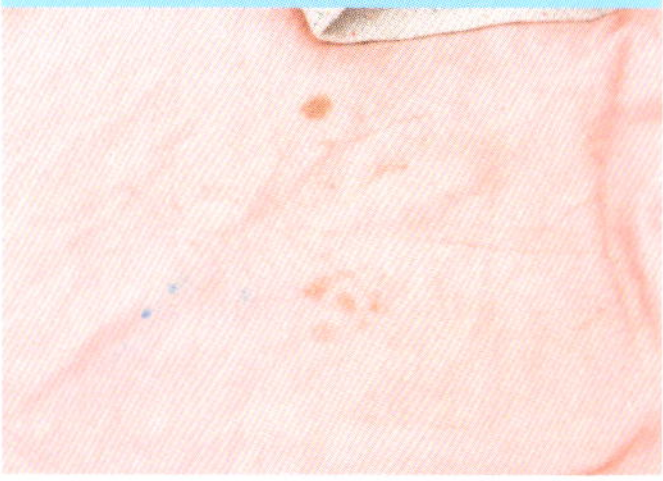

酸素系漂白剤（粉末）

時間が経ってしまったシミや、広範囲な黄ばみには、洗剤と酸素系漂白剤（粉末）をぬるま湯で溶いた液体に浸けてしばらく置く（2時間以内）。

洗濯

洗濯表示の見方

洗い方や干し方、アイロンのかけ方は、タグの洗濯表示を守るのがルールです。
洗濯表示以外にも注意書きがある場合は、必ず確認してから洗いましょう。

洗濯処理

30	液温は30℃を限度とし、洗濯機で弱い洗濯ができる	50	液温は50℃を限度とし、洗濯機で弱い洗濯ができる	95	液温は95℃を限度とし、洗濯機で洗濯ができる
30	液温は30℃を限度とし、洗濯機で非常に弱い洗濯ができる	40	液温は40℃を限度とし、洗濯機で洗濯ができる	70	液温は70℃を限度とし、洗濯機で洗濯ができる
	液温は40℃を限度とし、手洗いができる	40	液温は40℃を限度とし、洗濯機で弱い洗濯ができる	60	液温は60℃を限度とし、洗濯機で洗濯ができる
	家庭での洗濯禁止	40	液温は40℃を限度とし、洗濯機で非常に弱い洗濯ができる	60	液温は60℃を限度とし、洗濯機で弱い洗濯ができる
		30	液温は30℃を限度とし、洗濯機で洗濯ができる	50	液温は50℃を限度とし、洗濯機で洗濯ができる

漂白処理

	塩素系及び酸素系漂白剤の使用禁止		酸素系漂白剤の使用はできるが、塩素系漂白剤は使用禁止		塩素系及び酸素系の漂白剤を使用して漂白ができる

タンブル乾燥

	タンブル乾燥禁止		低い温度でのタンブル乾燥ができる（排気温度上限60℃）		タンブル乾燥ができる（排気温度上限80℃）

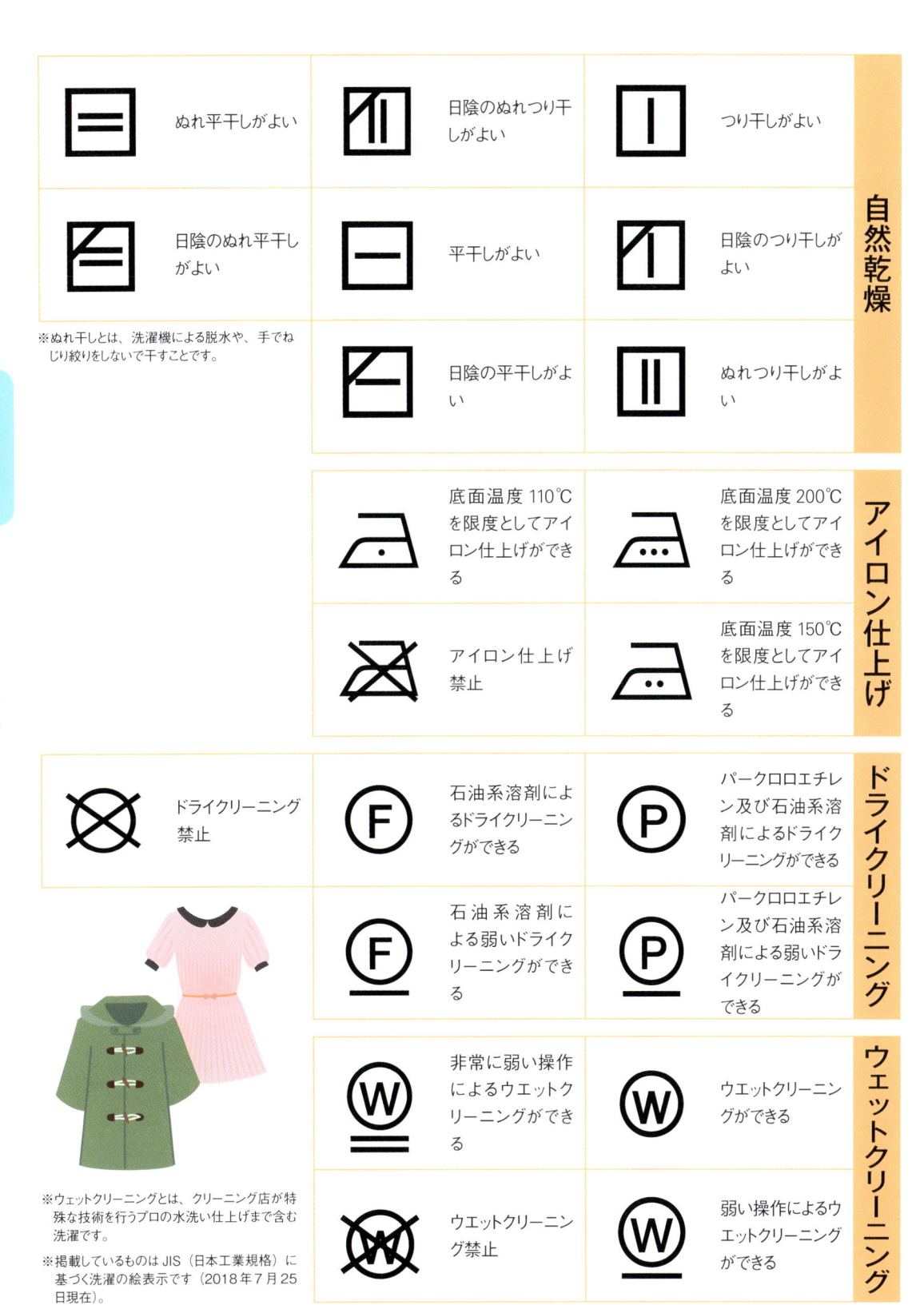

自然乾燥

- ぬれ平干しがよい
- 日陰のぬれつり干しがよい
- つり干しがよい
- 日陰のぬれ平干しがよい
- 平干しがよい
- 日陰のつり干しがよい
- 日陰の平干しがよい
- ぬれつり干しがよい

※ぬれ干しとは、洗濯機による脱水や、手でねじり絞りをしないで干すことです。

アイロン仕上げ

- 底面温度110℃を限度としてアイロン仕上げができる
- 底面温度200℃を限度としてアイロン仕上げができる
- アイロン仕上げ禁止
- 底面温度150℃を限度としてアイロン仕上げができる

ドライクリーニング

- ドライクリーニング禁止
- 石油系溶剤によるドライクリーニングができる
- パークロロエチレン及び石油系溶剤によるドライクリーニングができる
- 石油系溶剤による弱いドライクリーニングができる
- パークロロエチレン及び石油系溶剤による弱いドライクリーニングができる

ウェットクリーニング

- 非常に弱い操作によるウエットクリーニングができる
- ウエットクリーニングができる
- ウエットクリーニング禁止
- 弱い操作によるウエットクリーニングができる

※ウェットクリーニングとは、クリーニング店が特殊な技術を行うプロの水洗い仕上げまで含む洗濯です。

※掲載しているものはJIS（日本工業規格）に基づく洗濯の絵表示です（2018年7月25日現在）。

洗濯前の準備

まずは、色、素材、汚れ具合で洗濯物を分別し、
家で洗濯が難しいものはクリーニング店へ持っていきましょう。

ステップ 1 種類ごとに分ける

仕分けの基準は、色、素材、汚れ具合

洗濯機にいっぺんに放り込むのではなく、白いものと色柄もの、汚れがひどいものを分けておくと、縮みや色移りなどのトラブル防止になります。

色柄もの

初めて洗うときは色落ちに用心を

色柄ものは特に色落ちに注意。黒や紺など、濃い色の綿素材は色落ちする可能性が高いので、洗う前にチェックを。

白もの

色柄ものと分けることで白さをキープ

汚れや色が移りやすい白い衣類やタオルは、色柄ものの繊維がつくのを防ぐために、分けて洗うのが基本。

洗濯ネットに入れるもの

おしゃれ着や黒い衣類を入れる

おしゃれ着のほか黒いものは糸くずがつくととても目立つので、目の細かい洗濯ネットに入れると安心。

汚れがひどいもの

他の洗濯物に汚れを移さない

油汚れやドロ汚れなど、汚れがひどい場合は、部分洗いやシミ抜きをしてから、洗濯機に入れるか手洗いをしよう。

クリーニングに出すもの

洗濯表示と素材を確認して

タグを確認し、水洗い不可の表示がある場合はクリーニング店に相談する。特にレーヨンや皮革などの素材は要確認を。

手洗いするもの

デリケートな素材はていねいに洗う

手洗いの洗濯表示があるものや繊細な飾りがついた衣類、色落ちの心配があるものは、手洗いをしよう。

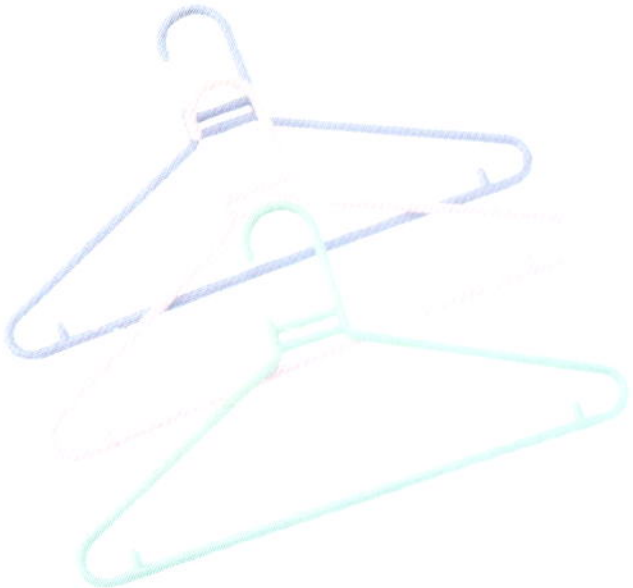

ステップ 2

チェックする

衣類を長もちさせるためのひと手間を

仕分けがすんだら最終確認を。色落ちやポケットの中をチェックし、ほかの洗濯物を傷めないためにボタンやファスナーをとめましょう。

ファスナー

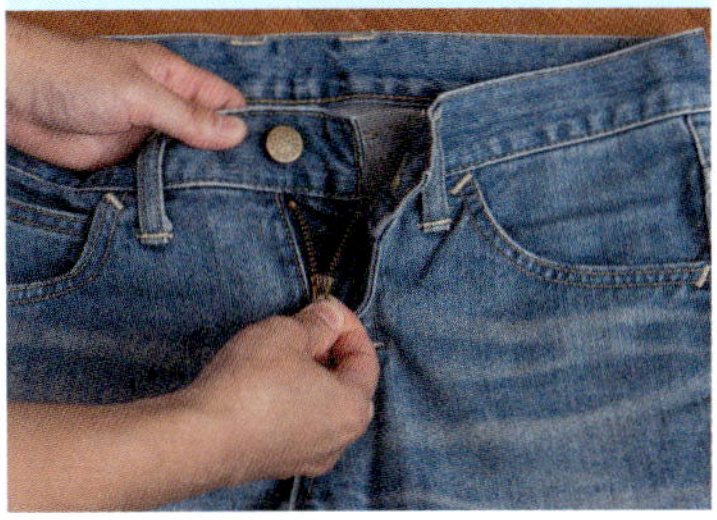

ファスナーをとめて型崩れ防止

パンツやスカートのファスナーはとめておかないと他の衣類に引っかかり傷めてしまうことも。型くずれ防止にも効果的。

ボタン

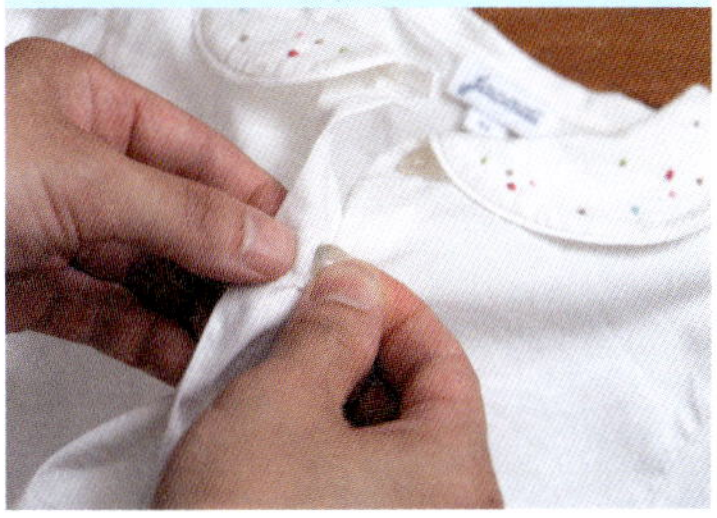

生地を傷めないように、ボタンをとめる

他の衣類と絡まりを防ぐため、ボタンやホックはとめること。シャツのボタンは型崩れ防止のためにもしっかりとめよう。

色落ち

目立たない部分をこすって色落ちするかをチェック

色柄のものは、薄めた洗剤液をつけた白い布ですそなど目立たない部分をやさしくこすり、布に色が移るかどうか確認をする。

ポケットの中

ものが入っていないか確認する習慣を

ついついものを入れたままにしてしまいがちなポケット。洗う前に必ずチェックし、細かいゴミは歯ブラシで落として。

子どものいる家庭は

名札やシール、ごはんがついていることも……。

Check!

クリーニングに出す必要のあるものを見極める

自宅で対処できない汚れやデリケート素材の服は無理をせずクリーニング店に相談しましょう。

家庭で落とせないシミがついたもの

絵具やゲルインクなどのシミや、時間が経ってしまったシミ。

縮みや色落ちが起こりやすい素材

シルク、レーヨン、キュプラ、アセテート、毛皮、革製品など、縮みや色落ちなどが起こりやすい素材。

ドライクリーニングは汗汚れが落ちにくい

水を使わず、石油などの有機溶剤を使用するドライクリーニングは、油汚れは落ちるが、汗や水性の汚れはほとんど落ちないので注意を。

自分でアイロンできない

スーツや麻のジャケットなど、型くずれやシワになりやすい衣類。ドライクリーニングで仕上げてもらうと長もちします。

洗濯

洗濯前の下洗い

**ひどい汚れは部分洗いが基本です。
黄ばみやがんこな汚れは浸け置き洗いをしましょう。**

【汚れ落ちアップのコツ】

基本的なポイントを守って洗う

ただやみくもに洗うのではなく、基本を守って洗濯をすれば、汚れもニオイもしっかり落とせるはず。ぜひ覚えておきたいポイントを４つ紹介します。

ポイント1
早めに洗う

汚れてから時間が経つと、汚れが落ちにくくなるだけでなく、付着した菌が繁殖し、イヤなニオイの原因に。

ポイント2
洗剤はきちんと量る

洗剤の容器に表示してある洗剤量は守ること。多いと衣類に洗剤成分が残り、少ないと汚れが落ちにくくなる。

ポイント3
詰め込みすぎない

洗濯機に詰め込みすぎると、汚れ落ちが悪くなり、しっかりすすぎができない。最大容量の7~8割を目安に。

ポイント4
下洗いをする

汚れがひどいものは、浸け置き洗いをしたり、部分洗い用の洗剤を使ったりして、下洗いをしてから洗濯機へ。

部分洗い用洗剤

洗剤液を塗るスティックタイプと、洗剤液を吹きつけるスプレータイプがある。

【浸け置き洗い】

黄ばみや汚れをすっきり落とす

衣類全体の黄ばみや汚れが気になるときは、そのまま洗濯機に放り込まず、浸け置き洗いをしてから洗濯機で洗うと効果的です。

白い素材なら、酵素入りの洗剤がおすすめ

1 ぬるま湯で洗剤液を作る

大きめの洗面器に、40℃くらいのぬるま湯と洗剤を入れる。洗剤の量は、水5Lに対し、20～25gを目安に。

2 洗剤はしっかりと溶かしてから

手でよくかき混ぜて洗剤をしっかり溶かし、洗濯物を入れる。汚れがひどい部分には手で洗剤液をすり込む。

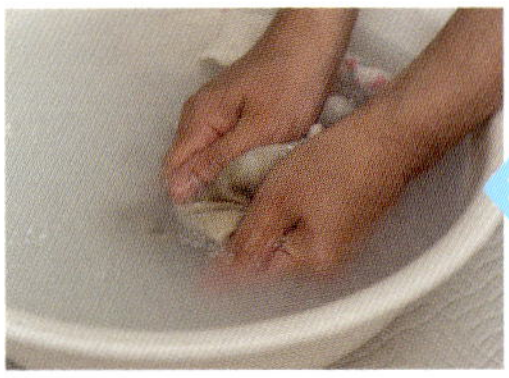

3 浸け置き後はもみ洗いを

30分～２時間浸け置きしたら、もみ洗いを。そのまま洗濯機へ入れ、他の洗濯物と一緒に洗う。

アドバイス

汚れがひどい場合は、洗濯用固形石けんを汚れにすり込み、洗濯板で洗うとよいでしょう

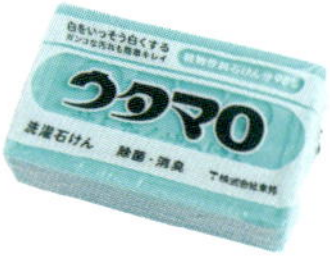

【えりやそでの部分洗い】

気になる黒ずみは部分洗いを

ワイシャツなどのえりやそでは、皮脂や汗の汚れを落としきれずに黒ずんでしまうことも。部分洗い用洗剤ですっきり洗いましょう。

部分洗い用洗剤

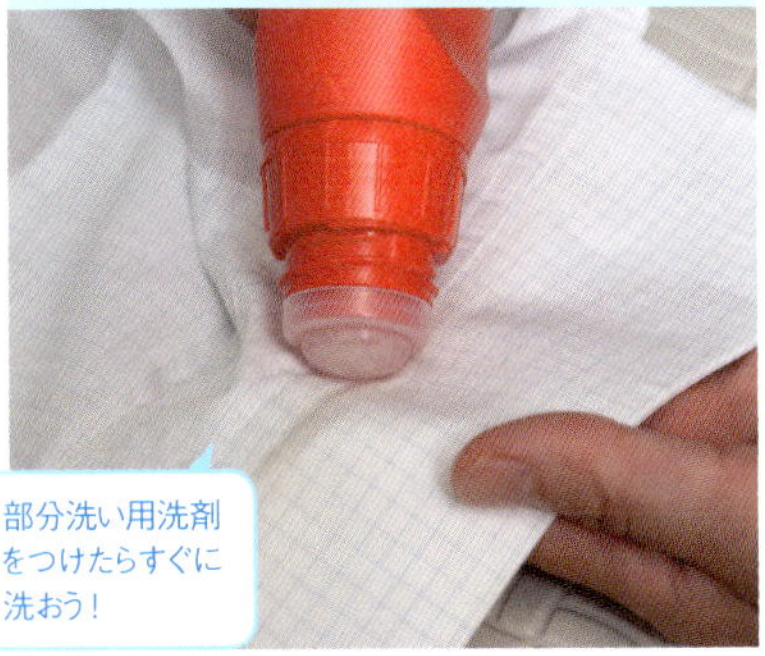
部分洗い用洗剤をつけたらすぐに洗おう！

洗剤と汚れをなじませてから洗濯機へ

部分洗い用洗剤をつけて、そのまま洗濯機へ入れ、他の洗濯物と一緒に洗う。軽くもんで、布地と洗剤をなじませるとさらに効果的。

濃いめの洗剤＆ブラシ

濃いめの洗剤液でこするのも◎

いったん衣類をぬらしてから、粉末洗剤（大さじ1）をお湯（50ml）で溶かした洗剤液をつけ、ブラシでこすってから洗濯機へ。

【泥ハネなどの部分洗い】

ガンコな泥汚れは歯ブラシで対処

洗濯機で洗うだけでは落ちにくい泥ハネ。歯ブラシを活用して泥をかき出してから洗うと、汚れ落ちがアップします。

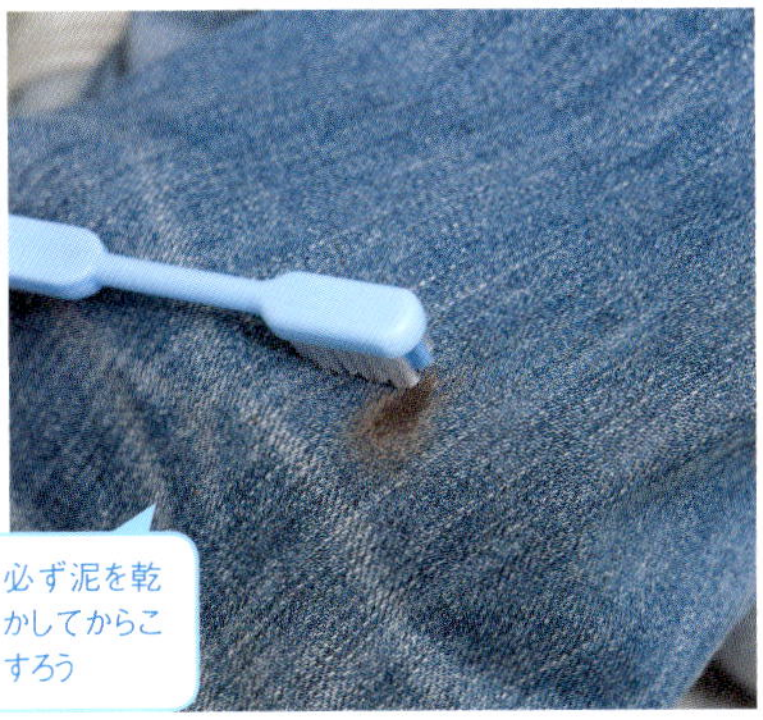
必ず泥を乾かしてからこすろう

1 まず歯ブラシで泥をかき出す

泥が乾いたら、歯ブラシで泥をかき出す。湿ったままこすると、繊維の奥に泥が入り込んでしまうので注意を。

使い古しの歯ブラシや、洗濯用のブラシを常備しておくと、部分洗いのときに便利！

2 洗剤をつけて、こすって落とす

洗剤をつけた歯ブラシを細かく動かしてこすり、泥を落とす。洗剤がついた部分をよくすすいでから、洗濯機で洗う。

裏ワザ

色移りしたら洗剤を濃くして熱めのお湯で洗う

色移りを防ぐには、「色柄ものを分けて洗う」、「色落ちしやすい素材はお湯で洗わない」、「洗濯したらすぐに干す」などの工夫が必要です。色移りしてしまったら、時間が経つほど落ちにくくなるので、早めの対処が肝心。50℃くらいのお湯で通常の3倍程度の濃度の洗剤液を作り、ぬれている状態のままもう一度洗いましょう。それでも落ちない場合は、クリーニング店で相談を。

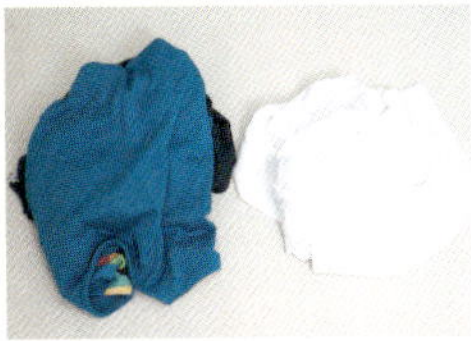

色移りを防ぐには、色や汚れ別に分けておくことが肝心。

色移りした服はすぐにもう一度洗う。漂白剤は使わない。

シミ抜きの方法

衣類を傷めないために、シミの種類に合ったシミ抜き方法で対処しましょう。
どんな種類のシミでも、つけたらすぐに落とすのが基本です。

シミの種類		シミ抜き方法	使うもの
しょうゆ お茶・コーヒー ジュース	水性	すぐに水洗いする。落ちない場合は水でぬらした布でシミをたたき、あて布にシミを移す。さらに、台所用洗剤を歯ブラシに含ませてなじませる。	 台所用洗剤　布　歯ブラシ
チョコレート 口紅 ボールペン 機械油	油性	ベンジンを含ませた布でシミをたたいてなじませる。油分を取り除く。色が残ってしまう場合は、台所用洗剤をつけた歯ブラシでたたき、ぬるま湯でもみ洗いする。	 ベンジン　台所用洗剤　布　歯ブラシ
カレー ミートソース マヨネーズ たれ・ドレッシング	混合性	繊維を染色してしまうほど強力なカレーなどのシミ。あて布をして、台所用洗剤とクエン酸を1：1で混ぜ合わせ、シミ部分に塗布。洗面器にお湯をはり、お湯の中でもみ洗いしながらすすぐ。	 台所用洗剤　クエン酸　布
赤ワイン	不溶性	赤ワインのシミはアントシアニンという色素が原因。あて布をして、漂白剤と重曹を1：1で混ぜ合わせ、シミ部分に塗ってなじませてしばらく置き、シミが薄くなったら洗濯機で洗濯する。	 漂白剤　布　重曹
血液 牛乳	タンパク	血液は熱いお湯で洗うと固まってしまうので、必ず水で洗い流すこと。台所用洗剤をつけた歯ブラシでたたくか、落ちない場合は、漂白剤で漂白する。	 台所用洗剤　漂白剤　歯ブラシ
泥ハネ	樹脂	泥ハネジミには油がまじっていることも。あて布をして、台所用洗剤を薄めずシミに塗布する。さらにその上から歯磨き粉をつけた歯ブラシでたたき、お湯の中でもみ洗いしながらすすぐ。	 台所用洗剤　歯磨き粉　歯ブラシ　布

［シミ抜きの方法］しょうゆの場合

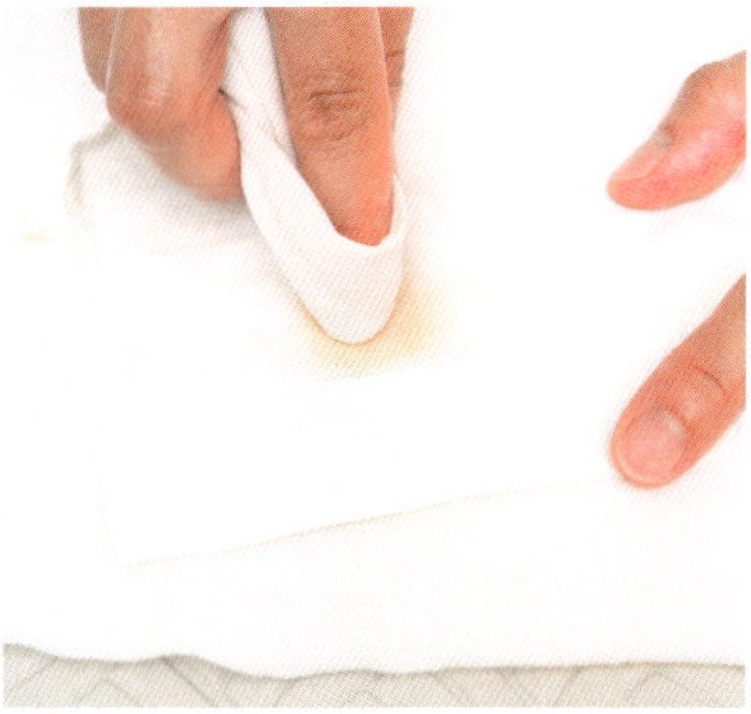

1 シミをたたいて落とす

シミの下にあて布をし、水でぬらした布で上からたたき、あて布にシミを移す。つけたばかりのシミなら、これで落ちることも。

2 洗剤液をつけた歯ブラシでたたく

1で落ちない場合は、台所用洗剤をつけた歯ブラシでたたき、下に敷いたあて布にシミを移す。

アドバイス

シミが落ちたら、水洗いをして洗剤成分を取り除きましょう

［シミ抜きの方法］外出時の応急処置

アドバイス

携帯用のシミ取り剤を持ち歩いていると便利です

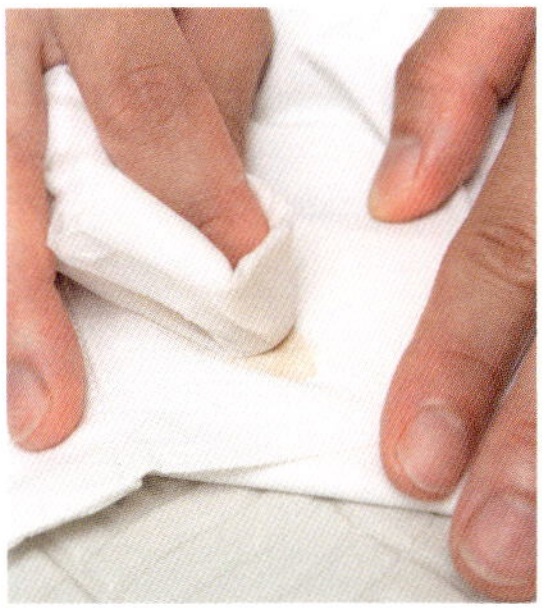

1 ティッシュを布代わりに使う

シミの下にティッシュを厚めに重ねて敷き、別のティッシュに石けんを含ませて泡立て、ポンポンと押さえるように上からたたく。

2 汚れはティッシュで吸い取る

浮いてきた汚れを下に敷いたティッシュで吸い取り、水を含ませたキレイなティッシュで石けん成分を取り除く。

衣類の部位に合わせた洗剤も多く出ている。

裏ワザ 最終手段は効果抜群の煮洗い

白い綿や麻についた、どうしても落ちないシミや汚れは、煮洗いを試してみましょう。煮洗いをすると、驚くほど白さがよみがえります。ただし、布地が傷むので、どうしても落とせない場合のみ行いましょう。

1. 大きめの鍋にたっぷりと水を入れ、標準量の漂白剤（または漂白剤と洗剤）を溶かし入れる。
2. 洗濯物を入れ、弱火で10分ほど煮たら取り出し、洗剤成分が落ちるまで水でしっかりすすぐ。

before

after

定番アイテム
それぞれの特徴に合わせた洗濯を

ワイシャツ

ポイント

- ワイシャツ類はボタンをとめてから洗濯する
- たたんでネットに入れると型崩れ防止に
- 早く乾かすには風があたるように干す

使う道具
- 洗濯用洗剤
- 部分洗い用洗剤（または固形石けん）
- ネット

両手で軽くもむと、洗剤が繊維にしみ込み、汚れが落ちやすい

1 汚れたえりやそで口は部分洗いを

えりやそで口に汚れがある場合は、洗濯機に入れる前に部分洗いを。部分洗い用洗剤か固形石けんを塗って軽くもむ。

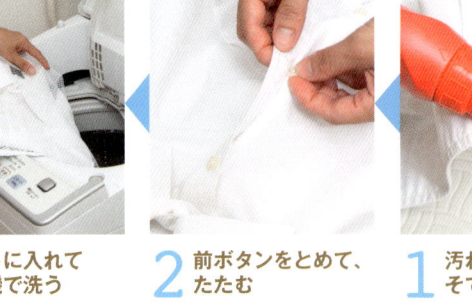

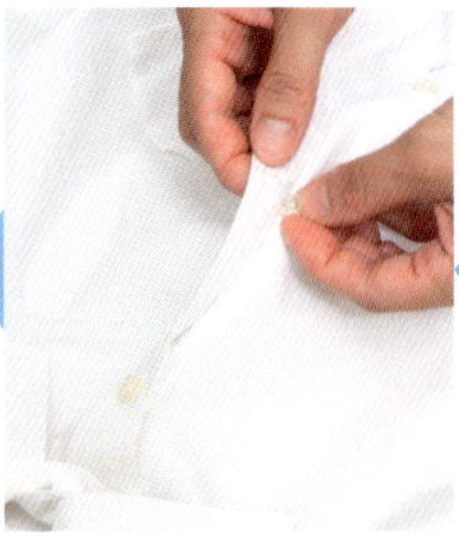

2 前ボタンをとめて、たたむ

型くずれを防ぐため、前ボタンをすべてとめてたたむ。とめることで、ボタン保護の役目も。

3 ネットに入れて洗濯機で洗う

たたんだワイシャツをネットに入れる。ネットは、型くずれを防ぎながら汚れもしっかり落とせる目の粗いものを選ぶ。

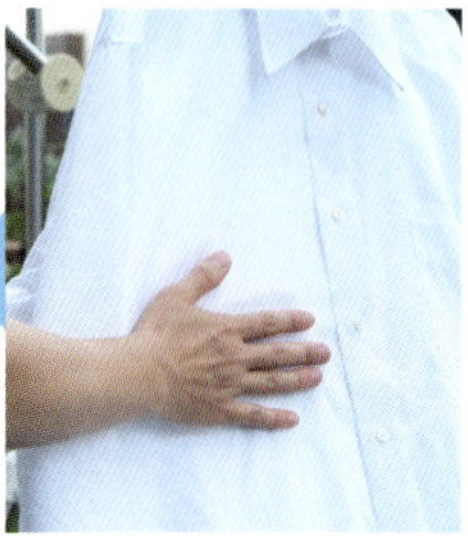

4 ハンガーに干したら、シワを伸ばす

洗い終わったら軽く脱水し、ハンガーに干して、手のひらでたたいてシワを伸ばす。

5 えりや前たて部分は念入りに伸ばす

干す前に、えりや前たて部分は、両手でピンと引っ張ってから手のひらでたたき、しっかりとシワを伸ばしておくと仕上がりがキレイに。

アドバイス 

ネットがない場合は、そでを身ごろの中へ押し込み、他の洗濯物にからまるのを防ぎましょう

シワにならないコツ

脱水時間に気をつけよう

長時間の脱水は、シワや型崩れの原因になります。まず洗濯表示を確認し、しぼり方を弱くする表示があるかどうかチェックしましょう。綿なら約1分、ウールなどのシワになりやすい素材は15～30秒でOK。脱水が終わったら、できるだけ早く取り出して干すことも、シワ防止につながります。

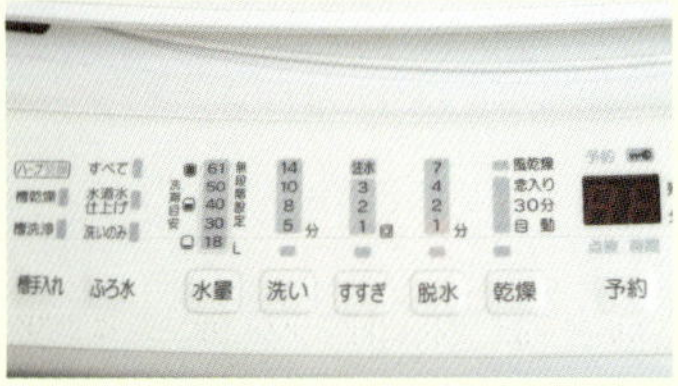

秒きざみの脱水は洗濯機のメモリやボタンで設定できない場合が多い。その場合は、手動で停止させて時間を調整する。

ポロシャツ

使う道具
・洗濯用洗剤
・ハンガー

洗い方

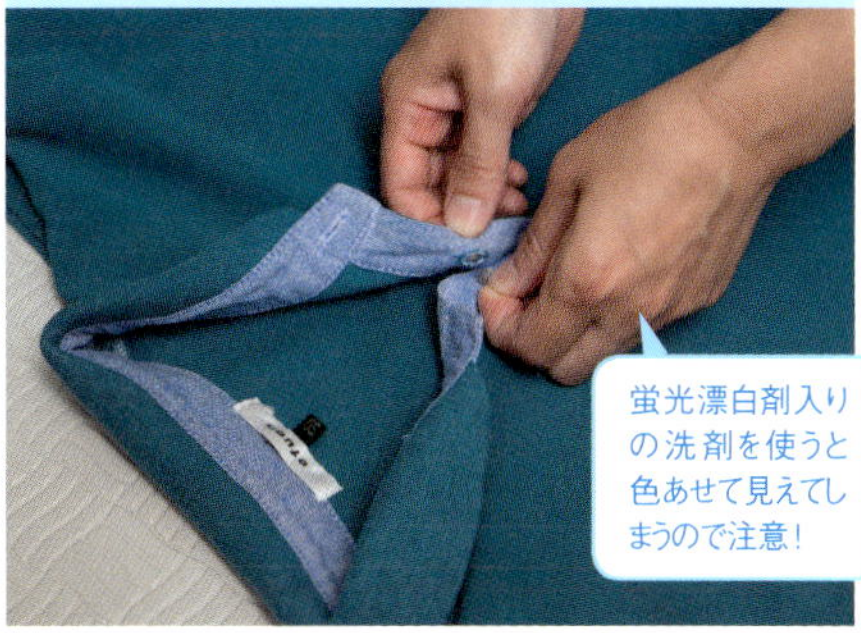
蛍光漂白剤入りの洗剤を使うと色あせて見えてしまうので注意！

ボタンをとめて型くずれを防ぐ

ボタンをとめてから洗濯機へ。のりづけをする場合は、すすぎが終わってから洗濯機が回る程度の水を入れ、のり剤を入れて数分回す。

干し方

アドバイス
伸びやすいので干すときは、厚めのハンガーや平干しがおすすめです

えりまわりと前たてのシワを伸ばす

シワになりやすいえりまわりや前たてを手のひらでたたいて、ていねいにシワを伸ばしてから干す。

Tシャツ

使う道具
・洗濯用洗剤
・ネット
・ハンガー

洗い方

裏返してから洗う

プリントなどの飾りがある場合は、飾り部分への摩擦を少なくするため、裏返しにしてネットに入れて洗濯を。色あせ防止にも。

干し方

肩部分が伸縮するハンガーなら、上から入れられるので便利！

干すときも裏返したままで

色あせを防ぐために裏返したまま干す。ハンガーは、首まわりを伸ばさないように上からではなく、下から入れるのが基本。

フードつきの服

使う道具
・ピンチハンガー

干し方①

フード部分を物干し竿にとめる

フード部分が背中に重なったままだと乾きづらくなってしまうので、ピンチで物干し竿にとめておく。

干し方②

物干し竿に二つ折りにする

フード部分に日があたるように注意し、物干し竿に二つ折りになるように干す。表側が乾いたら、裏返して。

干し方③

グッズを活用する

フード部分を広げて干せる専用ハンガーは、干すスペースが狭い場合にも便利。

ジーンズ

使う道具

- 中性洗剤
- ネット
- ピンチハンガー

洗い方

ダメージ加工がしてあるものはネットに入れて

1 ファスナーとボタンをとめる

布地を傷めないように、ファスナーやボタンをしっかりとめる。洗濯機に入れる前に、ポケットの中に何も入っていないか確認し、標準コースで洗う。

干し方

2 ハンガーで筒状に干す

脱水したら裏返して振りさばき、ピンチの多いハンガーを使って筒状に干す。乾きにくいボタン、ファスナー、ウエスト部分に日があたるようにする。

干し方②

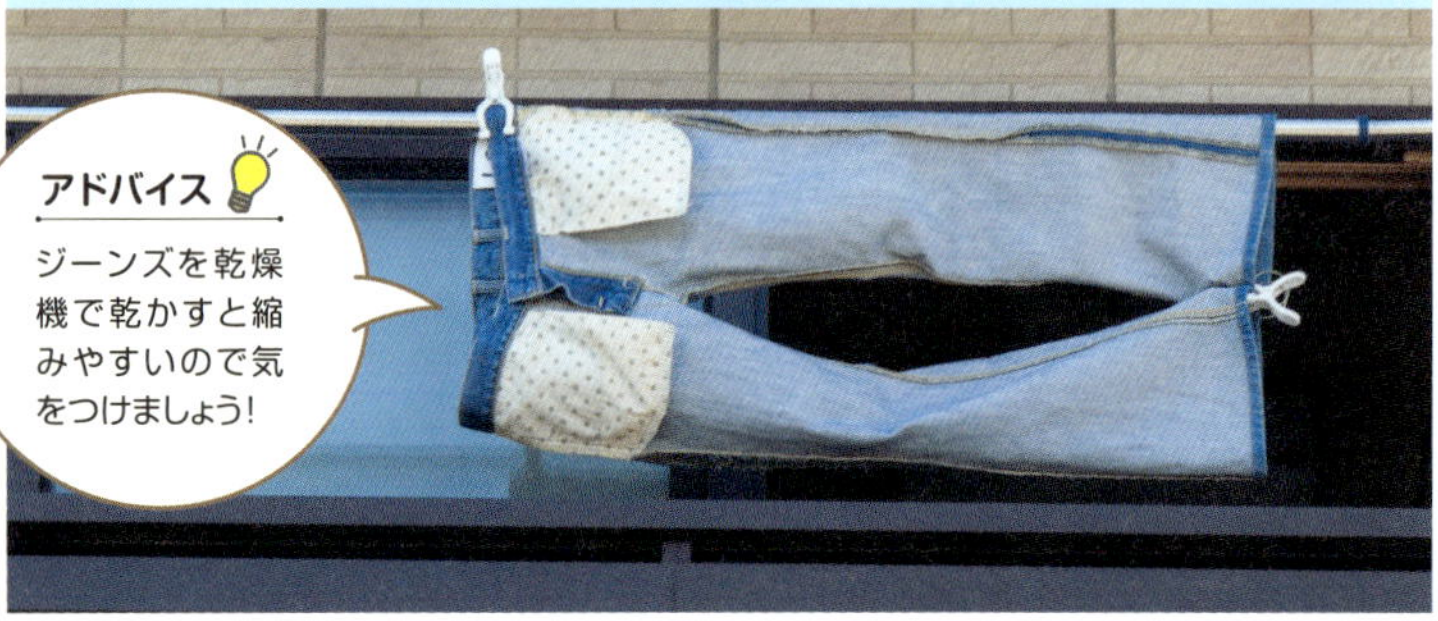

アドバイス

ジーンズを乾燥機で乾かすと縮みやすいので気をつけましょう!

物干し竿に通して風通しよく

早く乾かしたいときには、裏返して片方を物干し竿に通し、風を通りやすくする。左右のすそをピンチでとめる。

色落ちさせない
コツ

新品のジーンズは最初の洗濯を慎重に

必ず単独洗いで

とくに色落ちがしやすい新品のジーンズは、必ず単独で洗うこと。生地をパリッとさせるためにのりがついているので、裏返して水に1時間ほど浸けて、のりを落としてから洗濯機へ入れましょう。

お湯で洗わない

お湯で洗うとジーンズの染料が落ちやすいので、水で洗うこと。買ってから最初の洗濯は水洗いだけでも十分ですが、洗剤を使う場合は、蛍光漂白剤の入っていない中性洗剤を使いましょう。

スカート

使う道具
- 中性洗剤
- ネット
- ピンチハンガー

洗い方

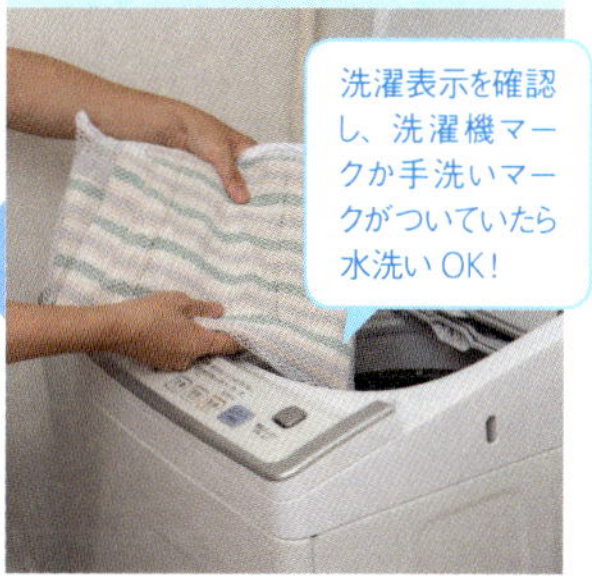
洗濯表示を確認し、洗濯機マークか手洗いマークがついていたら水洗いOK!

1 裏返し、ネットに入れて洗う

ファスナーやボタンを閉めて裏返し、洗濯ネットに入れて手洗いコースで洗濯する。押し洗いでもよい。色柄ものは色落ちに注意。

綿のスカートを干す

2 シワになりそうな部分をたたく

脱水したらすぐに取り出して振りさばき、裏返して折りたたむ。手のひらで軽くたたいてシワを伸ばし、筒状に干す。

ウールのスカートを干す

ウールは日光に弱い素材なので、陰干しを

手を上下させてシワを伸ばす

脱水したらすぐに取り出して振りさばき、軽くひっぱって形を整える。裏返して筒状に干す。生地を手のひらで軽く挟み、上から下へすべらせてシワを伸ばす。

タオル

使う道具
- 中性洗剤
- ネット

洗い方

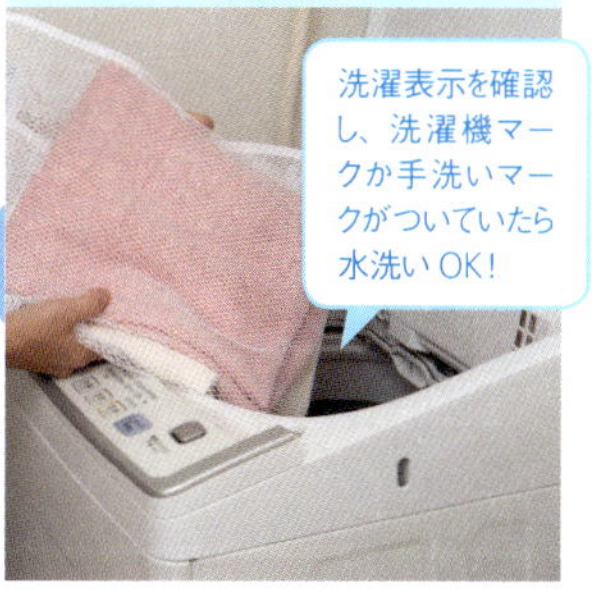
洗濯表示を確認し、洗濯機マークか手洗いマークがついていたら水洗いOK!

1 ネットに入れ中性洗剤だけで洗う

他の洗濯物とは分けて、ネットに入れて洗う。柔軟剤はタオルの吸水性を損なうおそれがあるので、洗剤だけを使う。

干す前

2 パタパタ振ってループを起こす

タオルをふんわりさせるには、両端を持ってパタパタとよく振り、ループ（パイル）を起こしてから干す。

干し方

風通しのよい日陰で干して、タオルのやわらかさをキープ!

3 軽く引っ張り、形を整える

バスタオルは、二つ折りにすると湿った面が重なるので乾きづらい。風にあたる面が大きくなるようにずらして干す。

長もちさせるコツ

タオルは新品のものでも洗ってから保管を

ギフトなどのいただきもののタオルを長く使わない場合も、一度洗ってからしまった方が状態よく保存できます。また、買ったばかりのタオルには、製造中のホコリなどが含まれていることもあります。必ず洗濯してから使いましょう。洗濯することで吸水性も高まります。

デリケートな衣類はていねいに おしゃれ着

ポイント

- デリケートな素材は押し洗いが安心
- 洗濯機で洗うときは手洗いコースで
- 洗うときも干すときも型を整えて

ブラウス

使う道具
- 中性洗剤
- ネット
- ハンガー

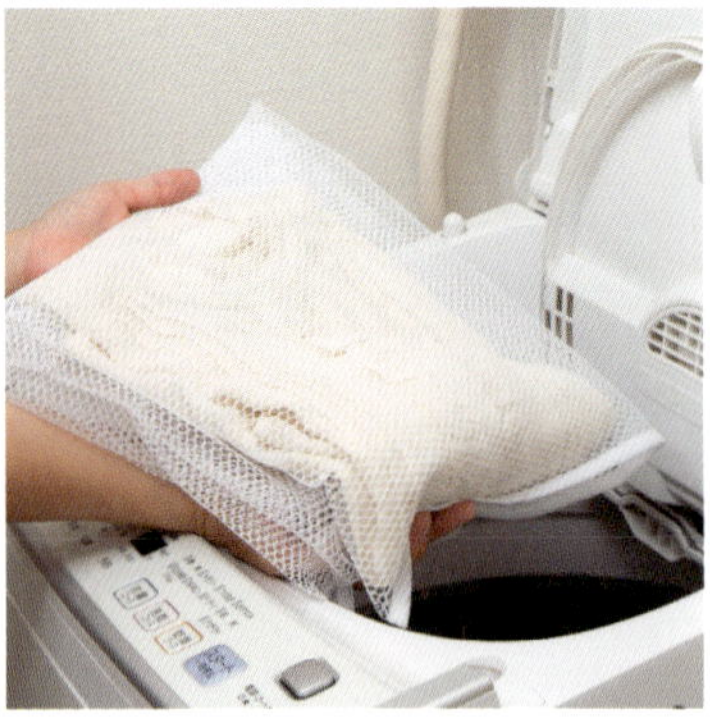

1 きちんとたたんでネットに入れる

装飾がついたブラウスは、他の洗濯物とからまないようにネットに入れること。ボタンをとめてキレイにたたんで入れよう。

2 装飾部分を整えてから干す

脱水は短時間でOK。さっと振りさばき、ハンガーにかけて第一ボタンをとめ、レースやリボンなどを軽く引っ張って形を整える。

ニット・セーター

使う道具
- 中性洗剤
- 歯ブラシ
- ネット
- 平干しハンガー

ウールは弱アルカリ性洗剤で洗うと縮むので注意!

1 汚れ部分に洗剤を染み込ませる

汚れている部分に洗剤を歯ブラシの背でたたいて染み込ませ、汚れている部分を外側にしてたたんでネットへ。手洗いコースで洗う。

2 シワを伸ばして平干しする

脱水したらすぐに取り出し、バスタオルの上に広げる。手のひらでポンポンとたたき、シワを伸ばす。風通しがよく、直射日光があたらない場所で平干しを。

型崩れしないコツ

ハンガーのサイズと衣類に合った干し方をする

CHUMMY PARK

サイズに合うハンガーを

肩が落ちたりしないよう、洋服のサイズに合わせてハンガーを使い分けると◎。子ども服には専用のハンガー、厚手の服には厚みのあるハンガーを使いましょう。

ボタンをしっかりとめる

ブラウスやワイシャツは第一ボタンを、ポロシャツは前ボタンすべてをとめてから干すと、えりまわりや前たてのシワを防げます。

麻

使う道具
- 中性洗剤
- ネット

毛羽立ちやすい麻は、やさしく押し洗いが基本

1 汚れは押し洗いで取る

汚れやすいそでや前身ごろが上にくるように折りたたむ。洗剤を溶かした洗剤液に入れて押し洗いしたら、しっかりすすぐ。

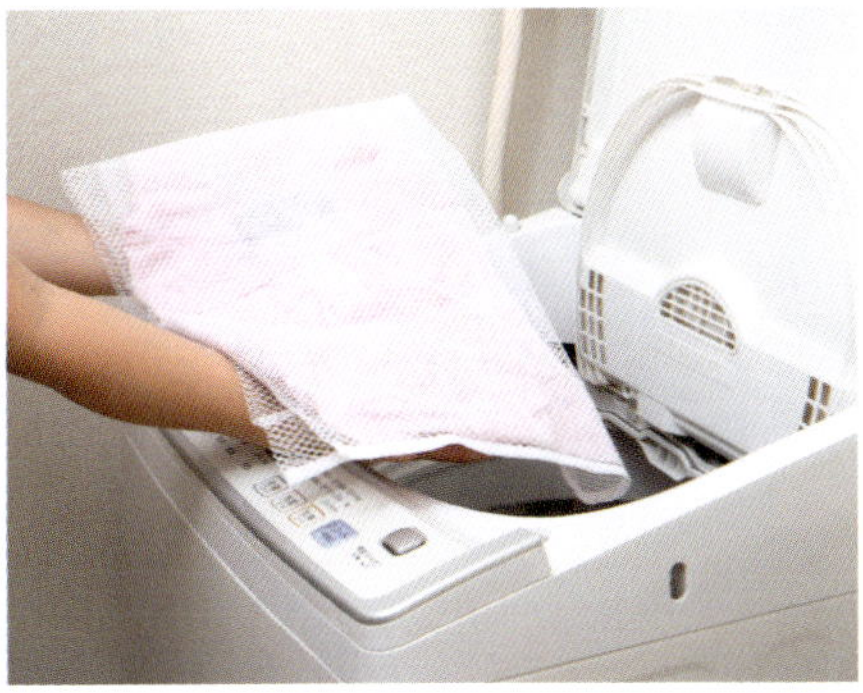

2 短時間脱水でシワを防ぐ

脱水するときはネットに入れる。麻はシワになりやすいので、15秒程度でOK。干すときはシワを伸ばして整えてから。

シルク

使う道具
- 中性洗剤
- バスタオル

こすったりひっぱったりすると傷める原因に

1 こすらずに振り洗いを

洗う前に色落ちするかどうかを確認する。色落ちする素材なら、洗剤を溶かした洗剤液に浸して振り洗いを。色落ちしないものは手洗いコースで。

▶色落ちを確かめる方法は 137 ページへ

仕上げは生乾きの内に中温であて布をしてアイロンがけを

2 バスタオルで水気を取る

水を2回替えてすすいだら手で軽くしぼり、バスタオルの上に広げる。形を整え、端からくるくると巻いて水気を取る。軽く振りさばいて陰干しする。

ウール

使う道具
- 中性洗剤
- ネット
- 歯ブラシ

中性洗剤を溶かした洗剤液で洗う

1 キレイに折りたたみ、押し洗い

汚れやシミ部分に中性洗剤の原液をつけ、歯ブラシの背でたたいて染み込ませておく。しばらく置いたらキレイに折りたたみ、洗剤液に浸けて押し洗いする。

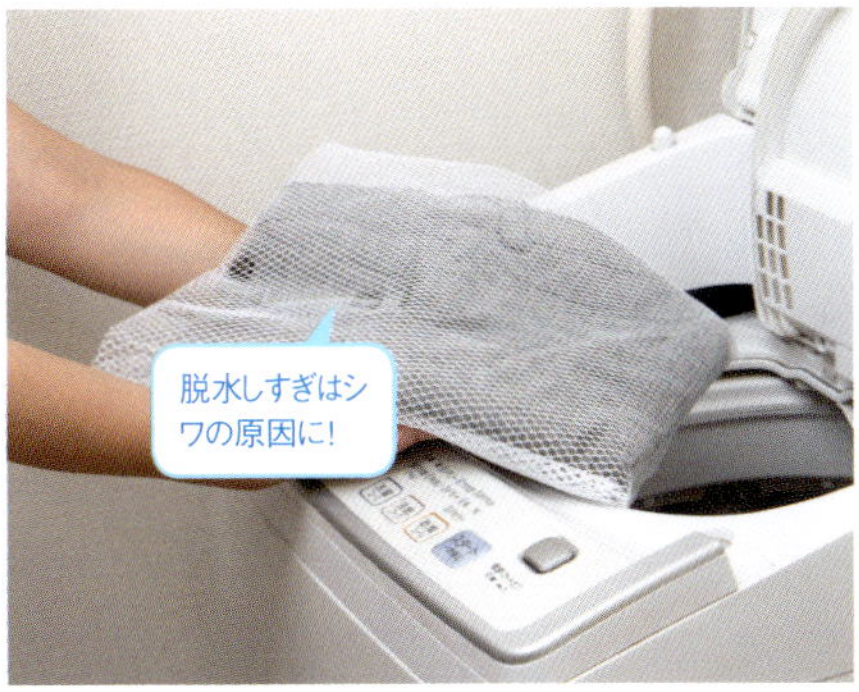
脱水しすぎはシワの原因に!

2 短時間脱水を2回してから、陰干しを

ネットに入れて30秒間脱水したら、水を数回替えてすすぎ、もう一度30秒間脱水する。干すときは形を整えてから陰干しする。

小物 手洗いで型くずれを防ぐ

- デリケートな小物類は手洗いで
- 干すときは型くずれしない工夫を
- ガンコな泥汚れは浸け置き洗いを

ブラジャー

使う道具
- 中性洗剤
- バスタオル
- ピンチハンガー

1 やさしい手洗いで型くずれを防ぐ

ホックをとめてから洗剤を溶かした洗剤液に入れて、やさしくつかみ洗いを。水を何回か替えてすすいだら、バスタオルに包み、形がくずれないように水気を取る。

2 カップはピンチでとめない

カップの形を整えてから、アンダーバストの部分をピンチではさむ。室内で干す場合は、風通しのよい場所で干す。

スカーフ

使う道具
- 中性洗剤
- バスタオル

1 水を使って押し洗い

洗剤を溶かした洗剤液で、やさしく押し洗いする。30℃以上の高い温度で洗うと色落ちすることもあるので注意。

仕上げは生乾きの状態でアイロンがけを

2 バスタオルで水気を取る

すすいだら小さくたたみ、両手でしぼる。さらにバスタオルに挟んで水気を取る。干すときは挟む部分にハンカチをあてること。

▶アイロンのかけ方は 165 ページへ

型崩れしない コツ

ランジェリーは"特別扱い"で洗濯機へ

洗濯機洗いなら専用ネットで

ブラジャーで気になるカップの型くずれは、専用のネットを使えば安心。摩擦による生地の傷みも防ぎます。

ドライ、手洗いなどの弱水流コースで

ブラジャーをネットに入れるときは必ずホックをとめて。ドライコースや手洗いコースで洗い、脱水は短めに設定を。

帽子

使う道具
- 中性洗剤
- 歯ブラシ
- ザル

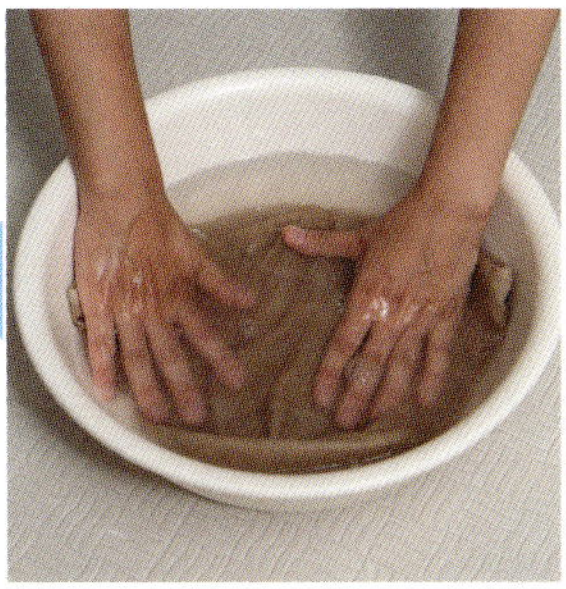

1 布製の帽子はやさしく手洗い

汚れ部分に洗剤の原液を直接つける。歯ブラシの背でたたいてなじませて、洗剤液で押し洗いする。

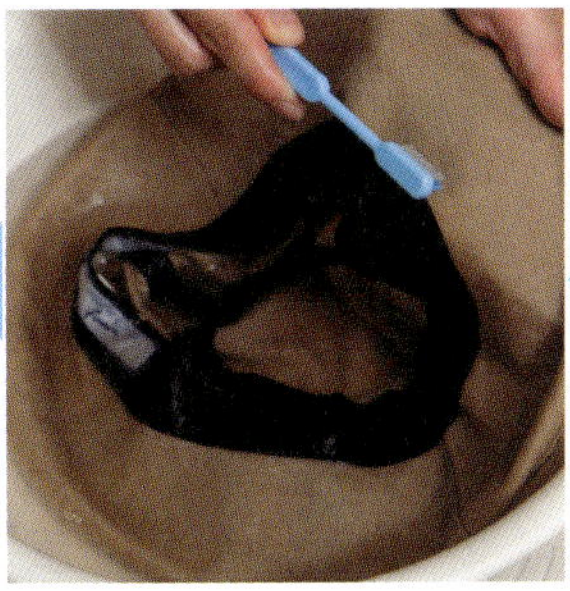

2 がんこな汚れは歯ブラシを使う

落ちない汚れや内側の汗ジミなどは、歯ブラシでこすって落とす。脱水は15秒程度にして、型崩れを防ごう。

3 ザルを活用して型崩れ防止

つばを軽く引っ張ってシワを伸ばし、形を整える。ザルにかぶせて干すと型崩れしない。風通しのよい場所で陰干しする。

布製バッグ

使う道具
- 中性洗剤
- スポンジ
- 洗濯ブラシ
- ピンチハンガー

1 スポンジでやさしく洗う

まずは色落ちしないかを確認。洗剤を溶かした洗剤液に浸し、表面をスポンジでなでるように洗う。目立つ汚れはたたいて。

2 洗濯ブラシで汚れを落とす

丈夫な生地についた汚れなら洗濯ブラシでこすって落とす。こすりすぎると色落ちすることもあるので注意しよう。

3 底の方をとめて下向きに干す

乾きづらいのが底の部分。下向きになるように干すと、底の部分に水分がたまらないので、しっかり乾かすことができる。

ナイロン製バッグ

使う道具
- 中性洗剤
- スポンジ
- バケツ
- ピンチ

1 洗う前にファスナーを開けておく

バッグが収まるサイズのバケツを用意し、ぬるま湯で洗剤を溶かし、薄めの洗剤液を作る。洗う前にファスナーは全部開ける。

2 もみ洗いで汚れを落とす

バッグを浸し、手でやさしくもみ洗いする。汚れが目立つ部分はスポンジなどで軽くこすり、しっかりすすいで洗剤を落とす。

3 底をとめて陰干しをする

日光が直接あたると生地にダメージを与えるので、風通しのよい場所で陰干しを。乾燥機を使うのはNG。

上履き・運動靴（スニーカー）

1 汚れは洗濯ブラシではらう

泥やほこりなどの汚れは洗濯ブラシではらい、水洗いで軽く落とす。ヒモがある場合ははずしておく。

2 レジ袋で洗剤液をなじませる

酵素入り粉末洗剤を30～40℃のぬるま湯で溶かし、洗剤液を作る。レジ袋に入れ、靴とヒモも入れて30分～2時間浸け置きを。

3 専用ブラシでこする

くつ洗い用のブラシで汚れている部分をこする。スニーカーなどのヒモの汚れもブラシでこすって落とす。

4 汚れと洗剤をすすいで落とす

すすいで汚れと洗剤をしっかり落とす。ヒモを通す穴のまわりなどは歯ブラシを使ってこすりながらすすぐと、よく落ちる。

アドバイス

スニーカーなど、とくに乾きにくい靴にはおすすめです

5 バスタオルでつつみ洗濯機で脱水する

洗濯機で1分間脱水すると乾かす時間の短縮に。古いバスタオルで靴を包んでから脱水にかけると、さらに乾きが短縮できる。

6 S字フックに吊るして風をあてる

干すときは物干し竿にS字フックをかけてつり下げておく。風が通りやすいので、すっきり早く乾く。

使う道具

- 酵素入り粉末洗剤
- 洗濯ブラシ
- くつ洗い用ブラシ
- レジ袋
- 使い古しのバスタオル
- S字フック
- 歯ブラシ

裏ワザ

折り曲げた針金ハンガーで左右一緒に干す

S字フックや専用のハンガーがないときは、針金ハンガーが便利です。両端を斜め上向きに折り曲げ、乾きづらいつま先が上になるよう、靴をひっかけます。ハンガーひとつで、左右両方の靴を干すことができ、引っかけるだけなので、どこにでも干せて重宝します。

枕

使う道具
- 中性洗剤
- ネット
- 針金ハンガー
- 布

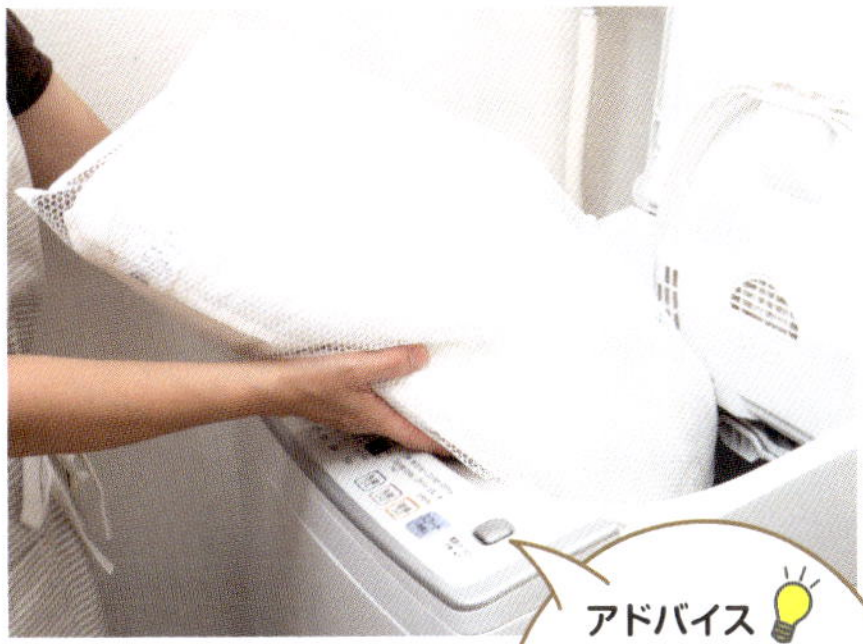

1 洗える枕は洗濯機で丸洗い

薄めた洗剤を含ませた布で汚れをこすり落とし、ネットに入れて手洗いコースで洗う。

アドバイス

洗濯できない羽根枕は陰干し、そばがら枕は天日干しにしましょう

2 針金ハンガーを2つ使って平らに干す

針金ハンガーを2つ用意し、下の部分を少し広げて輪をつくり、枕を通して陰干しする。

ぬいぐるみ

使う道具
- 中性洗剤
- ネット
- タオル（バスタオル）
- ピンチハンガー

タオルと一緒に入れると、脱水の際にガタガタしない

1 洗えるものは丸洗い

洗濯表示を確認し、洗えるものは丸洗いを。手洗いの場合、全体をぬらして毛並みに沿ってブラッシングを。手洗いコースなら目の粗いネットに入れる。

2 形を整えて陰干しを

手で軽くたたいて形を整え、風通しのよい日陰につるして陰干しする。ネットに入れたままピンチで挟んで干すと干しやすい。

日傘

使う道具
- 中性洗剤
- スポンジ

スポンジでやさしくこする

中性洗剤で洗剤液を作る。スポンジに含ませて泡立て、やさしくこするように洗い、シャワーですすいで陰干しする。

Check!

洗えないぬいぐるみは部分洗いを

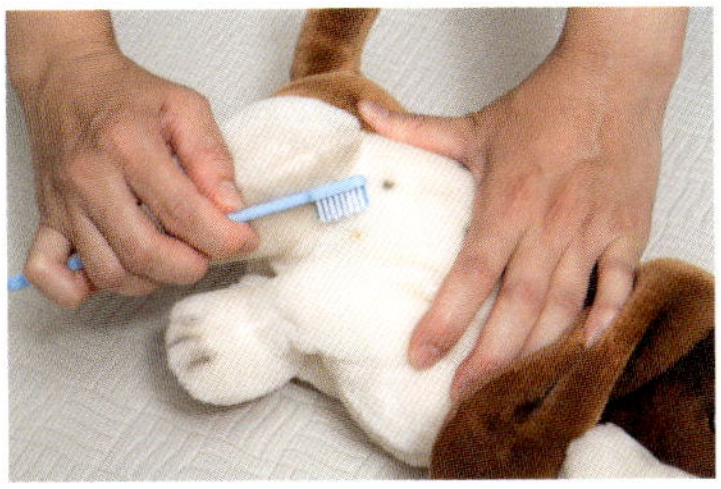

まずブラシでホコリをはらう。薄めに中性洗剤を溶かした洗剤液をスポンジに含ませ、軽くたたくように拭く。ひどい汚れは洗剤液を泡立てて歯ブラシにつけ、こすり洗い。仕上げに全体を水拭きする。

季節のもの

シーズンが過ぎたら適切なお手入れを

ポイント

- 季節の変わり目に洗う
- 素材に合わせてていねいな洗濯を
- しっかり干してカビを防止

ダウンジャケット

使う道具
- 中性洗剤
- 柔軟剤
- スポンジ
- 防水スプレー
- 平干しハンガー
- ハンガー

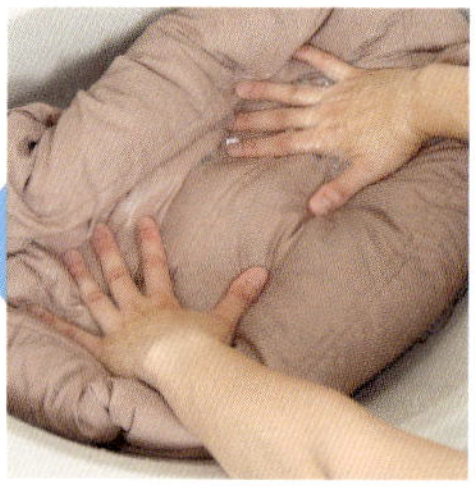

1 羽毛が浮かないよう押し洗い

表地に綿やポリエステルを使っている場合は手洗い可能。30℃以下の水に洗剤を入れて溶かし、やさしく押し洗いする。

2 ひどい汚れには洗剤の原液をつける

汚れが気になるえりやそで口は、洗剤の原液をつけ、スポンジでたたいて染み込ませる。力を入れてゴシゴシこすらないこと。

3 洗剤液ごと洗濯機に入れ脱水する

押し洗いした洗剤液ごと洗濯機に入れ、約30秒かけて脱水する。

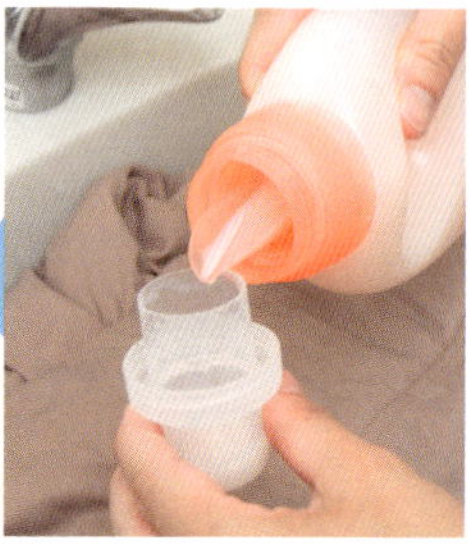

4 2～3回水を替えてすすぐ

脱水したら、30℃以下の水ですすぎを2～3回、押し洗いする要領で行う。最後に柔軟剤を入れて全体になじませる。

羽毛のかたよりをほぐして、ふんわり感をキープ

5 30秒ほど脱水したら平らにして陰干し

洗濯機で30秒脱水したら、平干しハンガーなどに平らに広げて日陰に干し、半乾きになったら羽毛のかたよりをやさしくほぐす。

6 室内で干して自然乾燥させる

仕上げは自然乾燥で。ほとんど乾いたら厚みのあるハンガーにかけ、室内で2～3日完全に乾かす。最後に防水スプレーをかける。

手袋

使う道具
- 中性洗剤
- 洗濯ブラシ
- ネット

指先はつかみ洗いを！

1 指先に洗剤をつけておく

汚れやすい手袋の指先に中性洗剤の原液をつけ、洗濯ブラシの背でたたく。洗剤液に浸けて押し洗いし、すすいで洗剤液を落とす。

2 形を整えてから陰干しする

ネットに入れて洗濯機で脱水したら、すぐに取り出し、形を整えて風通しのよい日陰で平らにして干す。

浴衣・帯

使う道具
- 中性洗剤
- 洗濯ブラシ
- ネット
- スプレーのり
- アイロン
- タオル
- ハンガー

1 汚れに洗剤をなじませる
えりやすそなどに汚れがついていたら洗剤の原液をつけ、洗濯ブラシの背でたたいてなじませる。

2 本だたみをしてネットに入れて洗う
タンスにしまうときのようにたたみ、大きめの洗濯ネットに入れて、手洗いコースで洗う。

3 物干し竿に両そでを通して干す
脱水したらすぐに取り出し、物干し竿に両そでを通して日陰で干す。手でたたいてシワを伸ばし、形を整える。

▶本だたみは 97 ページへ

4 のりを使ってドライアイロンをかける
アイロンがけをするときは、スプレーのりを使うとキレイに仕上がる。藍色の浴衣はテカりやすいので、あて布をするか、裏側からかけること。

5 帯は汚れを拭き取って陰干しする
洗濯できない帯は、使い終わったら乾いたタオルなどで汗や汚れを取る。ハンガーにかけて陰干しし、湿気を取り除く。

アドバイス
シーズン中は風通しのよい場所につるして保管しましょう

水着

使う道具
- 中性洗剤
- ネット
- ピンチハンガー

水中メガネやキャップもすぐに水洗いを

1 現地で水洗い
海やプールから出て着替えたら、現地ですぐに水洗いを。プールの塩素や海水の塩分を残したままにしておくと、生地が傷む原因に。

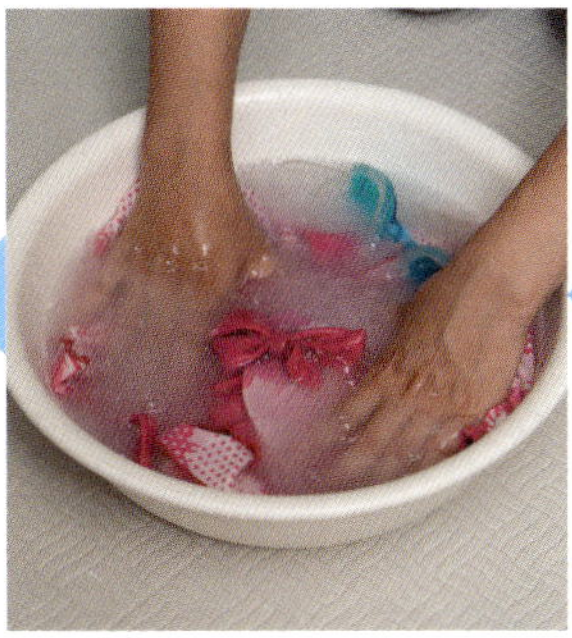

2 洗剤液で押し洗いする
家に帰ったら、洗剤を溶かした洗剤液でやさしく押し洗いを。すすいだらネットに入れて、洗濯機で 15 〜 30 秒脱水する。

砂がついている場合は、引っ張って落とす

3 形を整えて干す
脱水後すぐに取り出し形を整えたら陰干しする。肩ヒモのある水着は脇の部分を、ビキニならアンダーバスト部分をとめて干す。

大もの

干し方を工夫して乾きやすく

ポイント

- 洗濯機に入らない毛布は足踏み洗い
- カバー類は裏返してゴミを取ってから
- 風通しをよくすると早く乾かせる

毛布

使う道具
- 液体洗剤
- ネット
- 洗濯ブラシ
- 柔軟剤

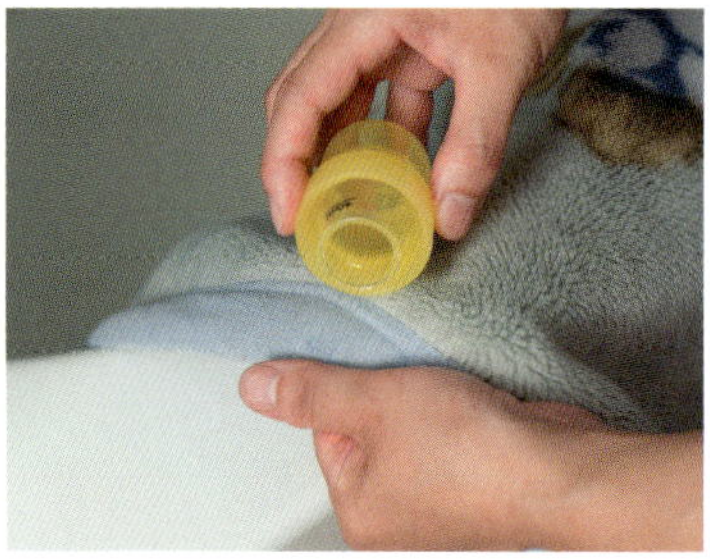

1 えり元の汚れに液体洗剤をつける
えり元に皮脂汚れなどがついていたら、液体洗剤をつけ、洗濯ブラシの背でたたいてなじませておく。

2 ジャバラにたたむ
汚れがひどい部分が上になるように、タテに半分に折ってからジャバラ状になるようにたたむ。

3 毛布コースで洗う
大きめの洗濯ネットに入れて、毛布コースで洗う。毛布などの大ものには、さっと溶けてすすぎやすい液体洗剤がおすすめ。すすぎのときに柔軟剤を入れると、ふんわり仕上がる。

4 M字状にして干す
物干し竿を2本使い、M字状にして干すと効率よく乾かせる。途中で表と裏をひっくり返すと、さらに乾きが速くなる。

Check!

洗濯機に入らないものは足踏み洗いを

足踏み洗いのときも、汚れが上にくるようにジャバラにたたむのがポイント。洗剤液にしばらく浸してから洗いましょう。

1 浴槽に水かぬるま湯を深さ10cmほど張り、液体洗剤を溶かす。ジャバラにたたんだ毛布を入れて、全体を足踏み洗いする。

2 キレイな水に取り替えて2～3回すすいだら、水を抜く。浴槽のふちにかけて十分に水をきってから外に干す。

シーツ・ふとんカバー

1 裏返して四隅のゴミを取る

ふとんカバーは裏返して四隅にたまったゴミを取り除いておく。ボックスシーツも同様に。

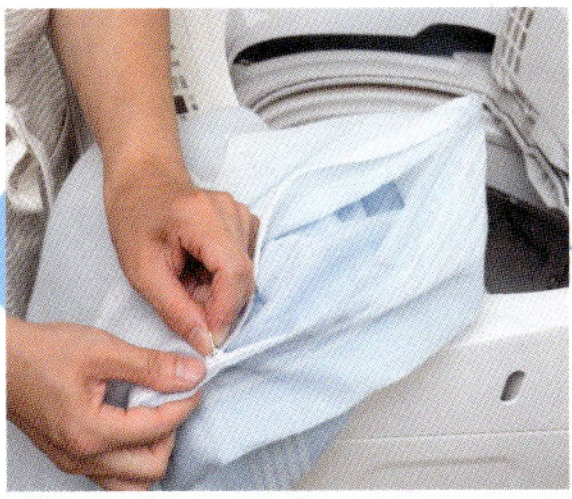

2 ファスナーを閉めてから洗う

ふとんカバーのファスナーを閉めて洗濯機へ入れる。他の洗濯物が入り込んだり、生地を傷めたりするのを防ぐ。

3 手でたたいてシワを伸ばす

脱水後小さめに折りたたみ、上から手のひらでパンパンとたたき、シワを伸ばす。この方が干してからよりシワが伸びやすい。

4 上下左右に引っ張りシワを伸ばす

物干し竿にかけ、まず両端を持ってヨコに引っ張り、次に上下を持ってタテに引っ張ってシワを伸ばす。両端をピンチでとめる。

アドバイス

パリッと仕上げたいときは洗濯のりを併用するのがおすすめです

使う道具

- 液体洗剤
- ピンチ

早く乾かす干し方のコツ

風にあたる面積をちょっとした工夫で多く、大きくする

梅雨時期や冬場、日あたりが悪いときでも、干し方次第で大ものの洗濯物をしっかり、早く乾かすことができます。コツは風にあたる面積をできる限り大きくすることです。

角形ハンガーでジャバラ状にする

物干し竿や干すスペースがないときは、角形ハンガーを使って、ジャバラ状になるように交互にとめます。

2本の竿を使って風通しをよくする

生地同士がくっついていると、乾きづらいもの。物干し竿を2本渡し、その上をまたぐようにかけるか、M字にすると風通しがよくなります。

▶カーテンの洗い方・干し方は72ページへ

干し方のコツ

風がたっぷりあたる干し方にすれば、洗濯物は早く乾きます。色あせや生地の傷みにも気をつけて干しましょう。

ポイント 1

風通しをよくする

風があたる面積を増やす

早く乾かすためには、風通しをよくすることが一番です。風のあたり方や、風の通り道を考えた干し方をすれば、洗濯物の乾きが断然アップします。

中心に長いもの、外側に短いもの

角形のピンチハンガーは中心部に風があたりづらいので、外側にハンドタオルや靴下などの短いもの、内側にタオルなどの長いものを干す。

タオルなどはパラソルハンガーで

風をまんべんなくあてることができる回転ハンガーは、フェイスタオルや子ども服を干すのにちょうどよい大きさ。

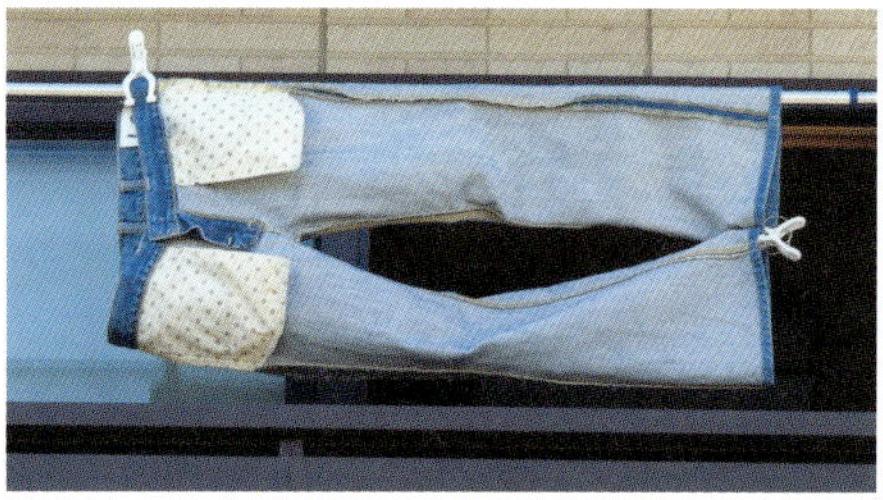

風の通り道をつくる

長い丈のパンツは、片方を物干し竿に通して干すと、パンツの内側に風が通って乾きやすい。左右のすそは内側をピンチでとめる。

ポイント 2

デリケートな衣類は陰干しに

太陽に弱い素材に気をつける

何でも日にあてて乾かせばいいわけではありません。直射日光に弱い素材のものは、必ず風通しのよい日陰で干しましょう。

ウールなどのおしゃれ着

衣類のタグをチェックし、ウールやシルク、麻、ナイロンなどが使われている場合は、直射日光により傷む可能性があるので注意すること。

色柄もの

色柄ものやプリントのある衣類は、直射日光をあてると色あせたりプリントが傷むことも。裏返して干すと安心。

ポイント3

均一に乾かす

まんべんなく風や光をあてる

生地が厚めになっている部分やポケットが大きいものなどは、裏返して干したり、重なり部分をなくしたり、干し方を工夫するだけで、乾きが速くなります。

厚手の服はそでを上にあげる

トレーナーなどの厚手の衣類はそでと脇の下がなかなか乾かないので、肩部分が乾いたらそでをひっかけて、風をあてる。

ポケットつきの服は裏返す

スカートやズボンなどはまず裏返しにして干し、ポケット部分が乾いたら表側にひっくり返して、表裏を均等に乾かす。

アドバイス

フードつきの服はフードを下にして干すと、背中まわりにフードがつかないので、早く乾きます

ウエスト部分を上にする

▲スカートやズボンはウエスト部分を上に。

▲靴下は、つま先を下にすると、つま先やかかとに水がたまってしまうので乾きづらい。早く乾かしたいときは、つま先をピンチでとめて干す。

裏ワザ

狭いスペースでたくさん干すには

風の通りはあまりよくないので、薄手のものを干す

ジグザグ干し

タオルなどを干すスペースがないときは、2枚の端を重ねてピンチでとめ、ジグザグになるように干します。

パラソル干し

放射線状にアームが伸びるパラソルハンガーの下に角形のピンチハンガーを連結します。少しのスペースでタオルや下着など軽いものをたくさん干せるので便利。

洗濯

部屋干しのコツ

梅雨どきなどに頭を悩ませる室内干し。嫌なニオイのもとになる雑菌を繁殖させないためには、家電などを活用したひと手間が大事です。

ポイント1

一度にたくさん洗濯しない

湿気がこもり、乾かない原因に

室内にたくさん干してしまうと、湿気がこもるので乾きづらくなります。洗濯物はあまりためこまず、こまめに洗いましょう。

ポイント2

家電の風を利用する

短時間で乾かし、雑菌の繁殖を防ぐ

長時間干していると雑菌が繁殖してしまい、ニオイの原因に。扇風機やエアコンなど、家電を効果的に使ってできるだけ早く乾かします。

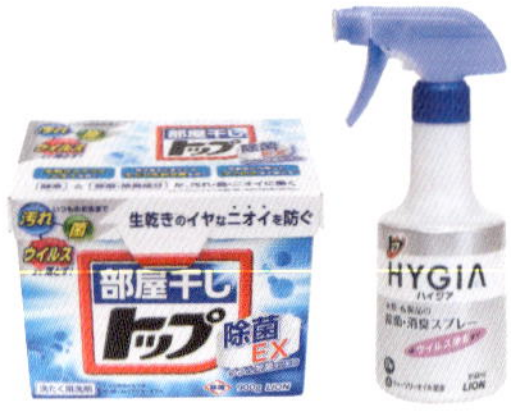
部屋干しトップ
除菌EX
HYGIA

専用の洗剤も活用

部屋干しで気になる生乾きの嫌なニオイ。その原因になる衣類についた雑菌の除菌や、消臭効果のある洗剤やスプレーを使うとよい。

アイデア 2
専用竿がない場合はつっぱり棒を渡して

浴室乾燥機

湿気が多い浴室は、部屋自体が湿気の取れやすい設計に。洗濯物の間隔をあけ、換気扇をつけて干すのがおすすめ。

アイデア 1

扇風機

弱の首振りスイッチで洗濯物にまんべんなく風をあてれば、3倍も乾きは速い。乾燥機よりも安く、繊維が傷む心配もなし。

アイデア 4

エアコン

暑い時期は、エアコンと扇風機を併用すると、早く乾かすことができる。エアコンはランドリーモード（除湿モード）に設定を。

アイデア 3

除湿乾燥機

洗濯物全体を効率よく除湿しながら乾かすことができる。送風や除菌・消臭機能がついたタイプなどさまざまある。

ポイント 3

身近なグッズを利用する

ひと手間かけて早く乾かす

乾燥時間を短縮するには洗濯物の水分をしっかり取り、部屋の湿度を上げないことがポイント。新聞紙など、身近なものも活用します。

アイデア 1

洗濯物の下には新聞紙を

湿気がたまっている洗濯物の下に吸湿性が高い新聞紙を広げて敷いておくと、乾くスピードがアップ！

アイデア 2

乾いたタオルで包んで脱水

大切な衣類は乾いたバスタオルの上に洋服をのせ、手前からくるくる巻いて水気を取れば、水分も取れて、乾きも早い。

アイデア 3

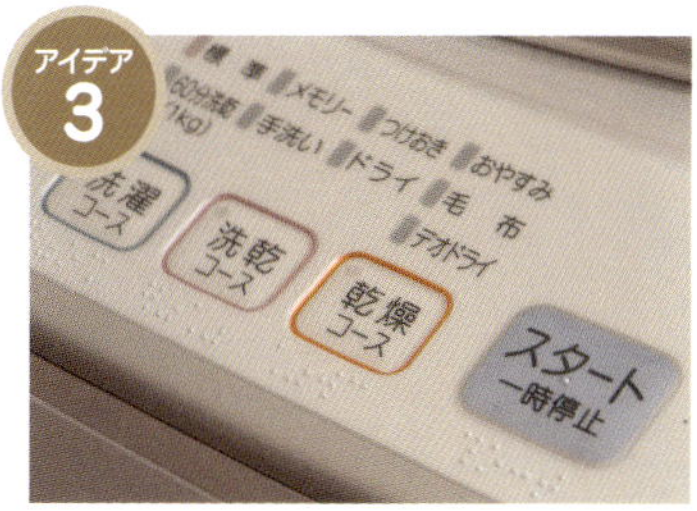

乾燥機能をかしこく使う

最初に10分ほど乾燥機能を使ってから干せば乾きが早い。逆に、先に形を整えて1時間くらい干してから乾燥機にかけるとシワや縮みが少なくキレイに仕上がる。

アイデア 4

グリップ式ハンガーで間隔を保つ

洗濯物が密集していると乾きづらい。しっかり固定できるグリップ式ハンガーなどで間隔を10cm以上離して干す。

アイデア 5

脱水直後にアイロンをかける

洗濯機で脱水したあと、乾きにくい部分やシワを伸ばしたい部分にアイロンをかけて干せば、シワにならず早く、キレイに乾く。

Check!

部屋干しグッズあれこれ

かもい用洗濯ハンガー

洗濯物を少しだけ干したいときは、かもいに専用のフックをつけます。カーテンレールなどは窓から湿気が移るので不向き。

室内用物干し

天井にポールを取りつけ、物干し竿を通して使用する「室内用ホスクリーン」。使わないときは、ポールを取りはずしておけば、空間もすっきりします。

アイロン

アイロンのきほん

知っているようで意外と知らないアイロンの上手な使い方。
機能やかけ方の基本を身につけて、効果的に使いましょう。

【基本の使い方】

素材に合わせて温度やかけ方を変えて

まずタグの洗濯表示で、アイロンの設定温度やあて布が必要かどうかをチェックし、衣類を分類しておくとスムーズです。心配なときは目立たない場所で試してから行いましょう。

ポイント1

低温から高温へ

アイロンの温度上昇に合わせて、低温でかけなくてはいけない衣類から始め、高温で終えるようにすると、時間の無駄が省ける。

ポイント2

一方向にかける

戻りジワを防ぐために、軽くすべらせるように一方向にかける。もう片方の手で衣類を引っ張りサポートする。

ポイント3

熱や水分がなくなってからしまう

アイロンをかけたあとは、衣類をハンガーにかけ、熱や水分がなくなってからしまう。

どんなときに使う？

スチーム機能

シワ伸ばしやふんわり仕上げたいときに

シワを伸ばしたり、パンツやスカートに折り目をつけたりするときは、スチームを使って軽く押さえる。セーターなど毛足の長い衣類をふんわり仕上げたいときにも。

スプレーのり

パリッとのりづけしたい衣類に

ワイシャツなどをハリのある仕上がりにしたいときに使う。ただし、シルクやレーヨンなど水洗いできない素材には使用しない。えりもとやそで口などの部分使いもおすすめ。

あて布

デリケート素材のテカリ防止に

テカリが気になるウールやシルク、麻などのデリケートな素材をアイロンするときには、生地を傷めないように、大きめの綿のハンカチやガーゼをあててからかける。

仕上げ剤

たくさんシワがついたときに

綿素材など水洗いができる衣類にシワがたくさんついてしまったら、アイロン用仕上げ剤を使う。アイロンのすべりもよくなり、細かいシワも一気に取れる。

【アイロン選びのコツ】

アイロンの用途によって選ぼう

アイロンの熱を出す性能にほとんど差はありません。ただ、スチームなどの機能や、形状によっては使い勝手が変わってきます。自分の使いやすいものを選び利用しましょう。

●ドライかスチームか

家庭用のアイロンはシワに蒸気をかけて伸ばすスチーム機能がついたアイロンが主流。力と熱でシワを伸ばすドライアイロンだけのタイプは、生産しているメーカーが減ってきているのが現状。

●置き型かハンディタイプか

最近人気なのが手軽に使えるハンディタイプ。衣類をハンガーにかけたままスチームをかけられるものや、ドライアイロンの手のひらサイズのコンパクトタイプもある。置き型よりはパワーが落ちるが、ちょっとしたシワ伸ばしに便利。

●細かい機能の違いに注目する

長く使いたいなら、アイロンをかける面がフッ素コーティングされているもの、スチームをたくさん使うなら、目づまり防止機能があるものなど、目的に合わせて機能を確認しよう。

アドバイス
持っている衣服の種類、大きさに応じて、アイロンを選びましょう。コードレスタイプのアイロンは使い勝手もよく便利ですよ

アイロンの種類

ドライアイロン

高温の熱と押さえる力でシワを伸ばす。デリケートな素材やウールの毛の流れを整えるのには不向き。

スチームアイロン

蒸気をたくさん吹きかけることでシワを伸ばす。衣類についたニオイを消す効果もある。

コンパクトタイプ

軽くて細かい部分のアイロンがけもしやすいコンパクトタイプは、出張や旅行にも便利。

ハンディスチーマー

衣類をハンガーにかけたまま使うことができる。衣類から少し浮かせ、スチームをかけてシワを伸ばす。

●コードつき

高温を維持しやすくスチームの勢いも下がらないので、大もののアイロンがけに適している。コードで動きが制限されるので、細かい部分のアイロンがけには不向き。

●コードレス

自由自在に動かすことができるので、ワイシャツなどの細かい部分をかけるときに便利。数分に1回は充電の必要があるため、大もののアイロンがけには不向き。

スチームアイロン

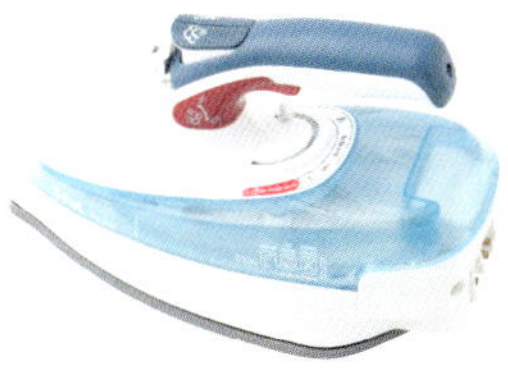

ハンディスチーマー

アイロンがけでスマートなシルエットに
ワイシャツ・ネクタイ

ポイント

- ワイシャツは細かな部分もていねいに
- アイロン台の角などを活用すると便利
- ネクタイはあて布をしてスチームで

ワイシャツ

1 ボタンを開けてそで口から

ボタンを開けたまま、そで口の左右の端から中央へかける。ボタンのまわりはアイロンの先を使っててていねいに。

2 そでの中央を押さえてズレを防止

そでのラインをぴったり整える。そで口の空きを押さえながら、そで山やそで下の方にアイロンをかける。タック部分は、手でそで口を軽く引っ張りながらかける。

3 えりは左右の端から中央へ

えりの裏側からアイロンをかける。えりの縁にシワが寄らないように、左右の端から中央へ。表側も同様に。好みでスプレーのりをかけて、パリッと仕上げる。

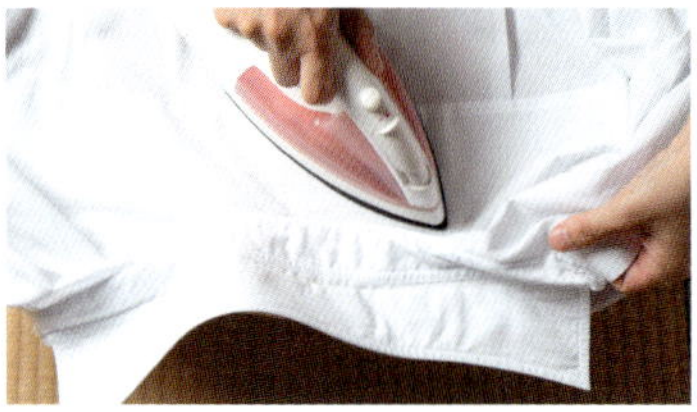

4 ヨークはアイロン台の角を使って

アイロン台の角にヨーク（布が2枚重ねになっている部分）をかけ、えりを浮かせた状態で押さえるようにかける。

5 前身ごろとポケットもていねいに

左前身ごろをかける。全体を下から上にかけ、ポケットは両側から中央の方へかけるとシワにならない。

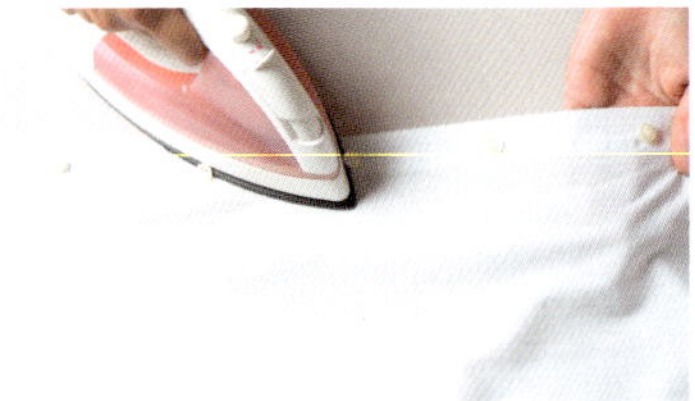

6 ボタンまわりのシワにも注意

ワイシャツをずらし、右の前身ごろをかける。すそからえりの方に大きく動かし、アイロンの先でボタンの間のシワを伸ばす。

7 そでぐりのシワを伸ばす

アイロン台の角にそでぐりがくるようにかけ、そでぐり部分のシワを伸ばす。

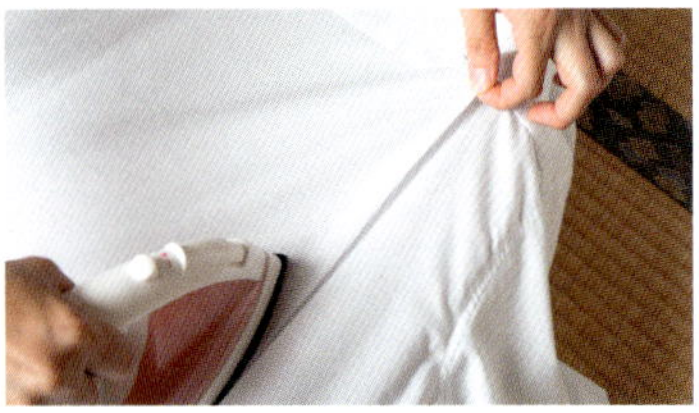

8 背中のタックも整えて

最後に後ろ身ごろをかける。すそからえりの方に大きく動かし、左手でタックやえりを引っ張りながら、タックの形状を整えて軽く押さえる。

使う道具

- アイロン
- アイロン台
- スプレーのり

ネクタイ

使う道具
- アイロン
- アイロン台
- あて布
- 菜箸

高温だと風合いが損なわれるので注意

1 中温でスチームをあてる

気になるシワを手で伸ばし、あて布をする。中温に設定したアイロンのスチームで浮かしがけをする。

2 手でやさしくシワを伸ばす

スチームをよくあてたら、一度あて布を取り、シワが伸びる方向を確認しながら、手でシワを伸ばす。

3 アイロンの熱で乾燥させる

シワが伸びたらスチームを切り、あて布をしてアイロンの熱で水分を蒸発させるように浮かしがけをする。

4 菜箸２本でふんわり仕上げる

菜箸を折り目部分に差し込んでアイロンがけすると、ネクタイがふわっと仕上がる。

5 スチームで浮かしがけをする

あて布をしながらスチームで浮かしがけをする。全体にあてたら、あて布をはずして、ネクタイの形が整っているか確認をする。

ふっくらとした印象に仕上がる

6 アイロンの熱で乾燥させて仕上げる

形が整っていたら、スチームを切り、もう一度あて布をしてアイロンの熱で水分を蒸発させるように浮かしがけをして仕上げる。

Check!

ネクタイ（セミウィンザーノット）の結び方

結び目が正三角形に見えるセミウィンザーノットの結び方は、清潔感があり正式な場にもおすすめです。

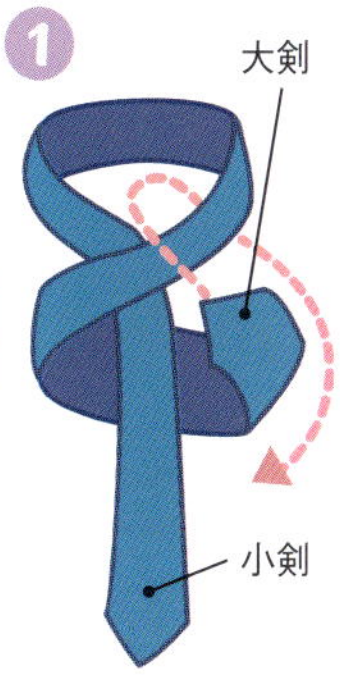
大剣
小剣

① ネクタイの表面が上になるように首にかけ、大剣を小剣の上にクロスさせる。

② 大剣を小剣に巻きつけるようにし、首元のループに大剣の先を入れ、引き上げる。

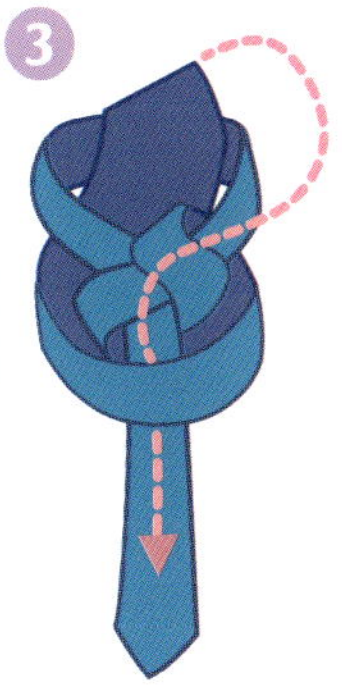

③ 大剣の先を新たにできたループに入れ、下に通す。

④ 大剣を引きながら結び目の形を整える。引きすぎると小さくなるので注意。

デリケートな衣類はあて布をして
ズボン・プリーツスカート・スカーフ

ポイント

- ズボンは押さえがけでズレを防止する
- プリーツは少しずつ整える
- スカーフの端はアイロンをあてない

ズボン

使う道具
- アイロン
- アイロン台
- あて布

1 ズボンの内側のシワを伸ばす

ズボンは左右の脚を重ねる。ズボンの上側の脚をめくり、下側の脚の内側にあて布をして、股の部分のシワを伸ばす。上側の脚も同様に。

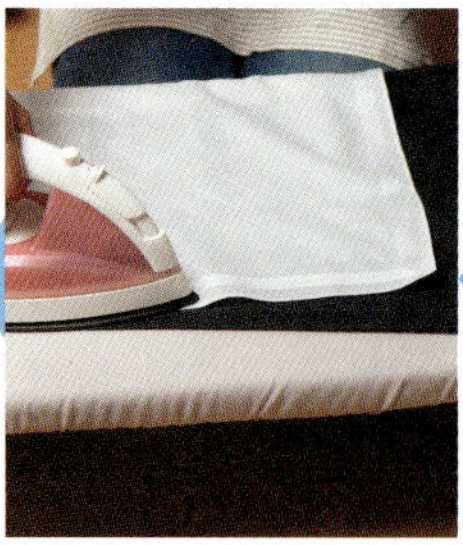

2 センターを押さえがけする

ズボンの上側の脚をめくって、下側の脚の内側にあて布をし、センターをすそから上へ押さえがけする。上側の脚も同様に。

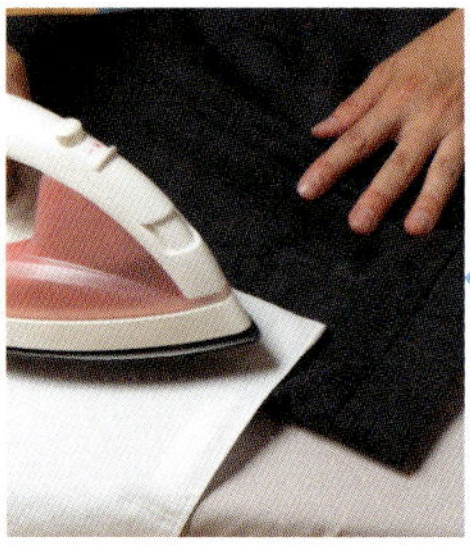

3 ファスナーと腰まわりにかける

あて布をして、ファスナーまわりと腰まわりにアイロンをかける。ファスナーにかけるときは、アイロンを引っかけないように注意。

4 すそにきっちり線をつける

きっちり線をつけたいすそは、押さえながらしっかりと。すべらせてかけると、線がズレやすくなるので注意。

5 タック部分を整える

最後に、タックを引っ張るようにして整えながら、アイロンをかけて仕上げる。

アドバイス
立体的に仕上げたいときは、たたんだバスタオルを中に入れてアイロンをかけるとよいでしょう

キレイにかけるコツ

脚つきアイロン台で作業しやすくする

ズボンなど丸みのある衣類をアイロンするときに便利なのが、脚つきのアイロン台。ズボンの筒状になっている部分にアイロン台の端を入れてアイロンをかければ、立体的な形に仕上がります。立ってかけるタイプと座ってかけるタイプがあるので、使いやすい方を選びましょう。

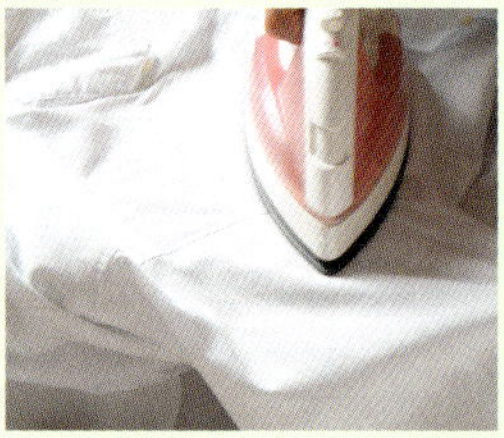

ワイシャツの肩からそでにかけての部分にも最適。

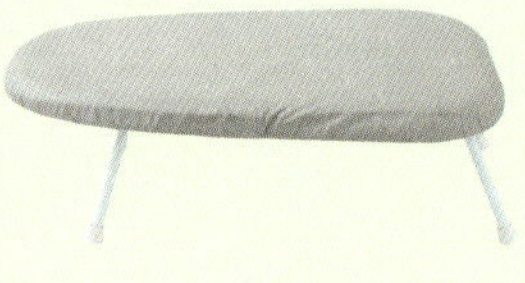

座って使うタイプの舟形のアイロン台。

プリーツスカート

使う道具

- アイロン
- アイロン台
- あて布
- クリップ

1 プリーツのズレ防止にクリップを

プリーツの折り目がずれてアイロンをかけづらいときは、クリップで仮どめをするとスムーズ。

2 ひだを少しずつ整えてかける

ひだを2～3本ずつ整え、すそからウエストの方へ押さえるようにしてかけ、何度か繰り返す。ウールはあて布をして押さえがけを。

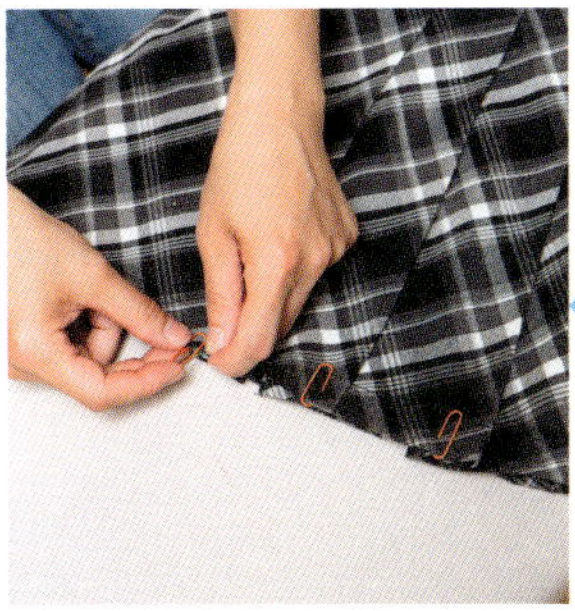

3 最後にクリップをはずす

最後にクリップをはずすのを忘れないようにする。スカートは熱と水分がなくなってからしまう。

スカーフ

使う道具

- アイロン
- アイロン台
- あて布

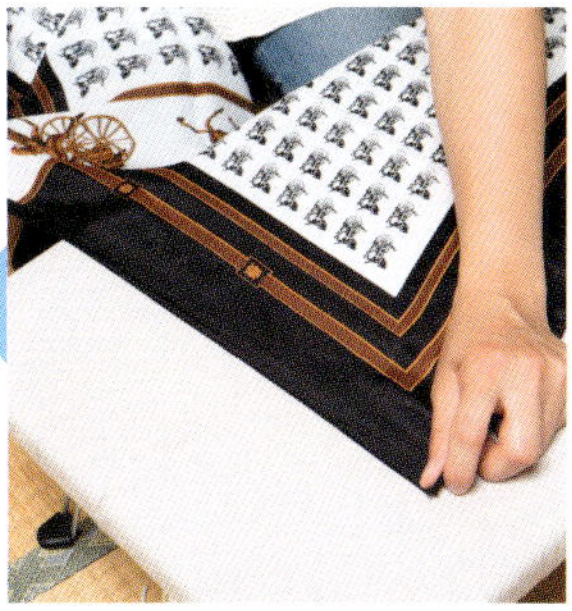

1 あて布をして、中央から左右へ

引っ張ると伸びる方をタテにし、裏返す。あて布をして中心から左右へアイロンをかける。

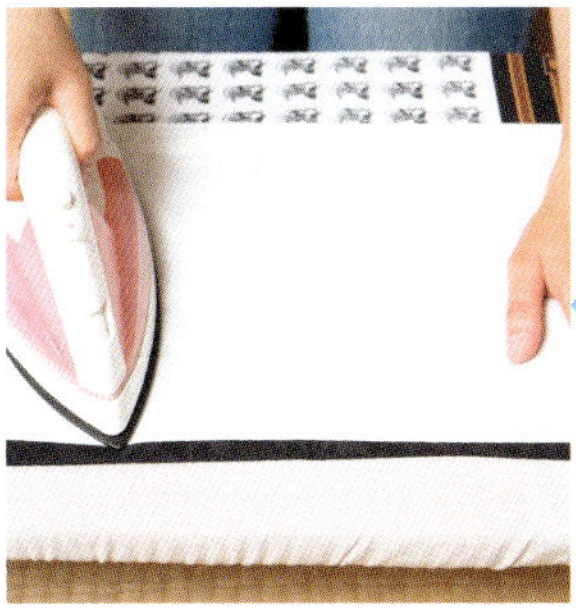

2 スカーフの端はアイロンをしない

縁かがりを施したスカーフの端をアイロンでつぶしてしまうと、首に巻いたときのシルエットが変わってしまうので注意。

アドバイス

シワをキレイに取るには、生乾きの状態でアイロンをかけるのがコツ。アイロンのあとはよく乾く場所にかけます

Check!

お風呂場でスカーフのシワ取りができる

シルク素材をアイロンがけする際、温度やあて布で慎重に扱っても、どうしても負担がかかってしまい、毛羽立ってしまうことも。失敗したくない、お気に入りのスカーフなどは、ハンガーにかけてお風呂場につるしておきましょう。浴槽から上がる残り湯の蒸気で、シワがキレイに取れます。ハンガーからすべり落ちないように洗濯バサミでとめます。洗濯バサミとスカーフの間には布をあてましょう。

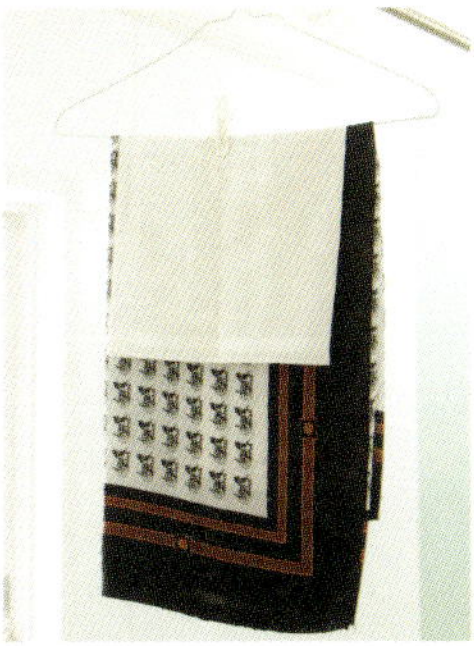

竿がない場合は洗濯ヒモや浴室専用のつっぱり棒でハンガーをかける場所をつくる。

トラブルもスチームで解消 ニット・セーター

ポイント

- スチームアイロンで浮かしがけする
- 必ずあて布をする
- 縮みなどの解消にもスチームが活躍

ニット・セーター

使う道具
- アイロン
- アイロン台
- あて布

1 スチームアイロンで浮かし気味にかける

スチームアイロンを少し浮かし、表面をなでるようにかけるのが、ふっくら仕上げるコツ。あて布を必ずする。

2 えりやそで口もスチームをたっぷり

えりやそで口も、アイロンを強く押しつけないようにしてかける。厚手のセーターの編み目を整えるなら、1cm程度浮かせる。

Check!

スチームアイロンでトラブル解消

お気に入りのニットが洗濯で縮んでしまったり、着ているうちに伸びてしまったら、スチーム機能を使いましょう。多少のトラブルなら解消できます。

●そで口が伸びてきたら……

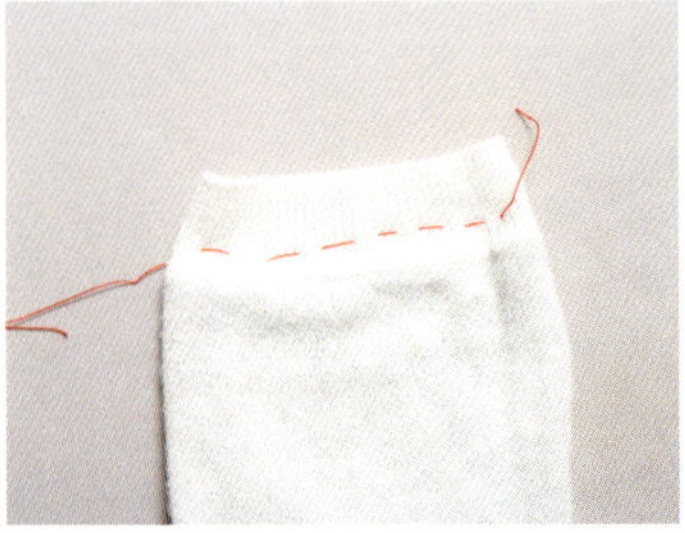

1 そで口を縫ってしぼる

しつけ糸などで、そで口の端から3～5mm内側をざっくりと縫い、ぎゅっと糸を引いてしぼる。

2 そで口にスチームをあてる

アイロンを浮かせながら、スチームをそで口の裏表にたっぷりあてる。糸を抜き、形を整えてからもう一度スチームをあてる。

●縮んでしまったら……

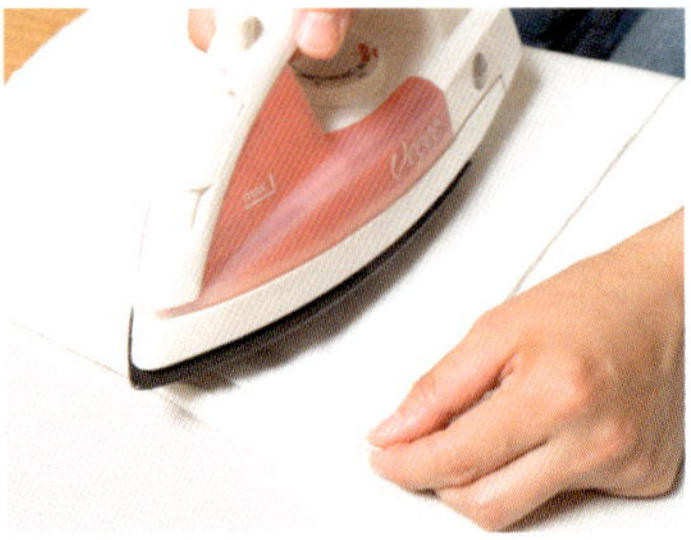

1 全体にスチームをたっぷりあてる

アイロンを浮かしながら、スチームをまんべんなくたっぷりあてる。あて布をするのを忘れないように。

2 少しずつひっぱって伸ばす

スチームをあてたら、上下左右にやさしくひっぱり、もとの大きさになるまで少しずつ伸ばしていく。

シワ取りのコツ

ゆっくりアイロンがけをする時間がないときには、洗濯時の工夫やアイロンの使い分けで対処しましょう。手軽にシワを防げたり、取り除けたりします。

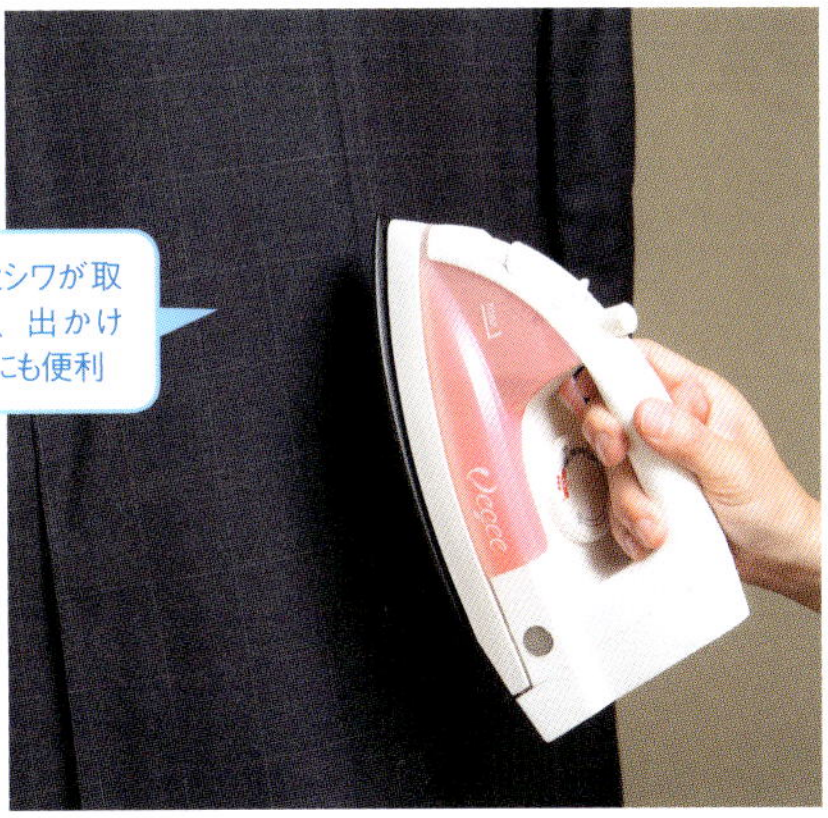

ハンガーにかけてスチームをあてる

ハンガーにかけ、シワの部分にたっぷりスチームをあてると、すぐにシワが取れる。

柔軟剤を使う

柔軟剤を使うとふんわりと軽く仕上がるので、干し方次第ではアイロンなしでもOK。

覚えておくと便利！　シワになりにくい素材・なりやすい素材

シワになりにくい素材

ポリエステル、ナイロン

衣類にもよく使用される化学繊維のポリエステルやナイロン。アイロンなしでOKだが、アイロンをかける場合は、中温（140～160℃）でかける。

綿100％の形態安定シャツ

綿の肌ざわりが好きだという人には、シワになりにくい特殊な加工を施した形態安定シャツがおすすめ。

ポリエステル混の形態安定シャツ

ポリエステルと綿を混紡させて作ったシャツ。洗濯後にシワがほとんど残らず、乾きも早い。

シワになりやすい素材

綿、麻、レーヨン

天然繊維の中でもシワになりやすいのが綿や麻。干すときに手でたたいてシワを伸ばすなどの工夫を。レーヨンにアイロンをかけるときはあて布をして中温で。

着用後のケアで差がつく すぐに洗わない衣類

ポイント

- ブラッシングでホコリを落としておく
- 汗や水分がついたらすぐに対処する
- 黒ずみは中性洗剤、皮脂はベンジンで落とす

ニット・セーター

使う道具

ブラッシング
- 毛玉取りブラシ

毛玉取り
- 毛玉取りブラシ
- ナイロンスポンジ
- ハサミ

ブラッシング

着用後はブラッシングをする

セーターを脱いだら、ブラッシングをして毛足を整える。テーブルなどの平らなところに置き、上から下へ、あまり力を入れないようにして表面を毛玉取りブラシで軽くなでる。

アドバイス

静電気が起きにくく、毛先がしなやかな豚毛のブラシがおすすめです。ブラシがなければ、逆さにしてパサパサと振るだけでもホコリが落とせます

毛玉取り

1 上から下に軽くこする

毛玉取りブラシがない場合は、台所用のナイロンスポンジで代用可能。ブラシをセーターにあて、上から下に軽くこする。

2 大きな毛玉はハサミで切る

ブラシで取れないような大きな毛玉は、1個ずつ毛玉をつまみ、セーターを切らないようにハサミを使って切り取る。

Check! 水分がついたときの対処法

●雨や雪でぬれたら

まず水分をタオルでよく拭き取る。そして、型くずれしないようにつるして乾かしたら、ブラッシングをして毛並みを整える。輪ジミができてしまった場合は、水でぬらして固くしぼったさらしなどの布で、輪をぼかすように、放射線状に拭く。

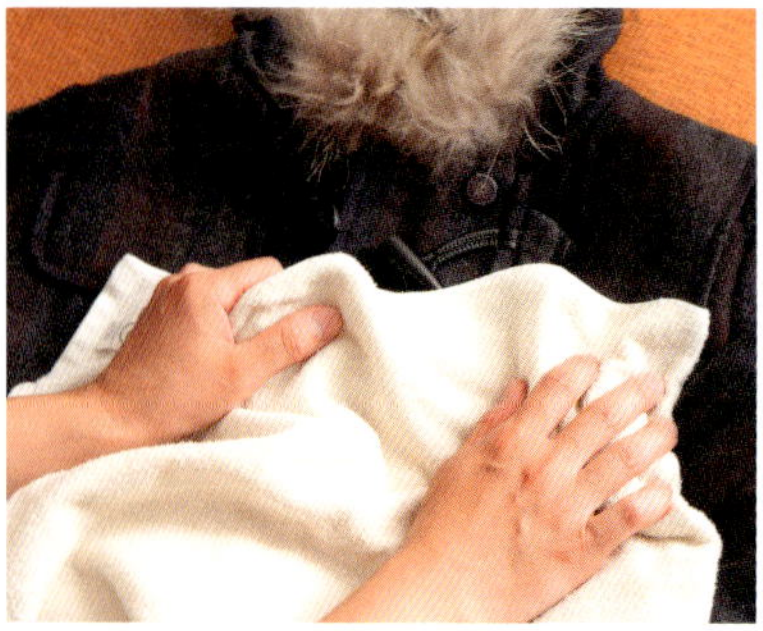

●汗をかいたら

汗に含まれる塩分やアンモニアが衣類に残ると黄ばみの原因に。脇の下など、汗をたくさん吸った場所は、水でぬらして固くしぼったさらしでたたき、塩分やアンモニアを移し取ってから、よく乾かしておこう。

コート・ジャケット・ダウン・フリース

使う道具

ブラッシング
- ブラシ

黒ずみ
- 中性洗剤
- アイロン
- さらし

皮脂汚れ
- アイロン
- ベンジン
- さらし

ブラッシング

同様にそで口とポケット口も

週に1回程度行う

1 たまったホコリを浮き上がらせる

ホコリがたまりやすいえり元は、立ててからブラシの毛先でトントンとたたき、ホコリを浮き上がらせる。

2 ブラッシングは一方向に

下から上へブラッシングして、ホコリを表面に浮き上がらせてから、毛並みに沿って上から下へブラッシングし、ホコリを落とす。

黒ずみ

洗剤液に浸したさらしで取る

さらしなどの布を洗剤液に浸して、ゆるめにしぼる。えり元やそで口などの黒ずみをこする。水を固くしぼったさらしで洗剤を拭き取り、風通しのよい場所で乾かす。

皮脂汚れ

ベンジン

1 さらしにベンジンを含ませる

さらしなどの布に、汚れた部分全体に塗れるくらいベンジンをつける。

2 ベンジンを含ませた布で汚れをこすり落とす

汚れた部分をこすり、風通しのよい場所につるしてしっかり乾かす。

裏ワザ

スチームアイロンの熱で殺菌&消臭

外出先でついてしまった焼き肉やタバコなどの嫌なニオイは、スチームアイロンで蒸気を全体的にかければ、さっぱり取れます。また、風邪が流行っている季節には、スチームの熱を利用して殺菌をしておくとよいでしょう。

ハンディタイプのスチーマーは、お出かけ前にも便利

アロマスプレーも効果的

▶ナチュラルアロマスプレーの作り方は 174 ページへ

靴 こまめなお手入れを心がけて

そろえておきたい靴のお手入れグッズ

ついつい怠りがちな靴のお手入れですが、こまめにケアすることでぐっと長もちするもの。
そのためにも基本のお手入れグッズはそろえておきましょう。

クリーナー
靴クリーム
防水スプレー
布
（着古したTシャツのハギレなどでOK）
ナイロンブラシ
ワックス
（シューポリッシュ）

革靴

1 靴全体を水拭きする

ブラシで靴表面のホコリや汚れを落としてから、ゆるめにしぼった布で全体をまんべんなく拭く。陰干ししでしっかり乾かす。

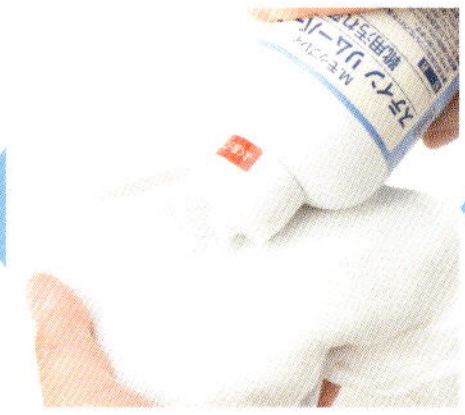

2 残っている靴クリームを落とす

以前に塗った靴クリームなどを、クリーナーを布につけて少し強めにこすって落とす。目立たない部分で色落ちしないかチェックを。

3 ナイロンブラシで靴クリームを塗る

靴の色に合った靴クリームを少量ずつ点々とつけてから全体に伸ばす。傷みやすい甲の部分や靴底との境目は特にていねいに。

4 靴クリームをなじませる

ブラシを使い、毛先を細かく動かすようにして、靴クリームを全体になじませていく。余分な靴クリームは布で落とすように磨く。

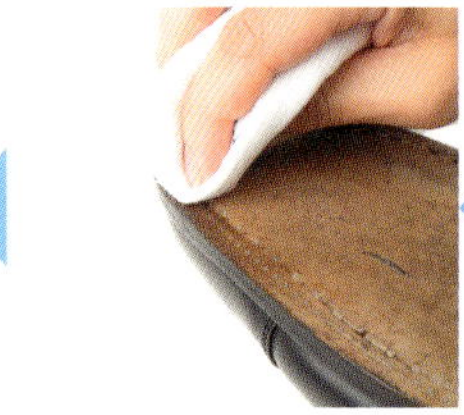

5 靴底の縁にワックスを塗る

靴底にも革が張ってある場合は、ひび割れを防ぐため、靴底のフチにワックスを塗って油分を補う。

6 防水スプレーで仕上げをする

防水スプレーをかけて、乾燥させる。特にやわらかい革の場合は、しっかり防水しておこう。

使う道具

- 布
- ナイロンブラシ
- クリーナー
- 靴クリーム
- ワックス
- 防水スプレー

ポイント

- 革靴の汗汚れは水拭きで落とす
- 靴クリームは均等に塗る
- 水にぬれたらすぐに対処する

スエード靴

使う道具
- 布
- ナイロンブラシ
- スエード専用スプレー

1 靴全体を水拭きする

靴表面のホコリや汚れをナイロンブラシで落としてから、ゆるめにしぼった布で全体をまんべんなく拭く。陰干しでしっかり乾かす。

2 ブラシで毛並みを整える

全体にナイロンブラシをかける。最初はいろいろな方向にかけ、最後は毛を起こすように一定方向にかける。

3 スプレーで防水対策をする

仕上げにスエードの油分を補い、防水効果があるスプレーをかけ、しっかり乾かしておく。

ブーツ

使う道具
- ナイロンブラシ
- 布
- クリーナー
- シューズキーパー（または新聞紙）

1 ブラシでホコリや汚れを落とす

大きめのナイロンブラシでブーツ全体のホコリや汚れを落とす。特にホコリがたまりやすい靴底との境目は念入りに行う。

2 クリーナーで汚れを落とす

クリーナーをつけた布で、全体の汚れをしっかり拭き取ったら、新しい布で磨いて仕上げをする。

3 形をくずさないように保管する

ブーツ用のシューズキーパーか、丸めた新聞紙を紙に包んで筒状にして入れ、型崩れを防ぐ。

Check!

靴のトラブル解消法

雨や汗で革靴をぬらしてしまったら、なるべく早めの対処が肝心。家庭でもできる簡単なお手入れ法を紹介します。

水ぬれ

まず使い古しのタオルで外・内側とも水気を拭く。次に新聞紙を丸めてつま先までしっかりつめ、風通しのよい場所で乾燥させる。完全に乾いたら、普段のお手入れを。

汗汚れ

表面に白い粉のように浮き出した汗汚れは、水をたっぷり含ませた布で水拭きを。塩がふいている部分は、多めに水を含ませて、強く押し込むように拭く。塩分が取れるまで、水拭きと陰干しを繰り返す。

新品の輝きをいつまでも 革製品・めがね・アクセサリー

ポイント

- 長もちの秘訣は定期的なお手入れ
- 素材ごとに汚れ落としの方法を変える
- 保管するときも注意をはらう

革製品

1 から拭きをしてホコリと汚れを取る

まず乾いた布でから拭きをし、ホコリと汚れを落とす。汚れが落ちない場合は、皮革用の汚れ落としクリーナーを使う。

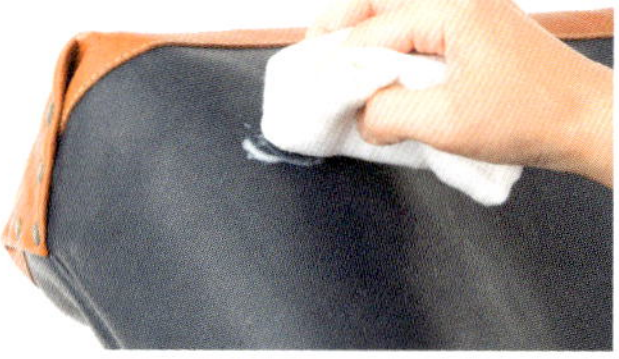

2 皮革用クリームで油分を補う

皮革用クリームを布につけ、全体にまんべんなく伸ばす。塗りムラがないように気をつけること。

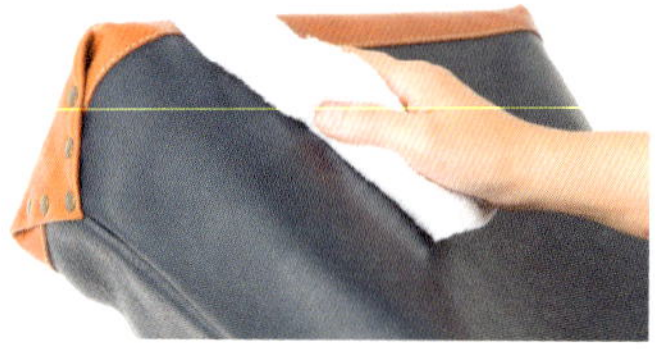

3 新しい布でから拭きをして光沢を出す

仕上げに新しい布でから拭きをする。傷つきやすい素材の場合は、布袋に入れてしまう。直射日光のあたらない、風通しのよい場所に収納を。

アドバイス

雨の日の外出には防水スプレーを忘れずに使いましょう

使う道具
- 布
- 汚れ落としクリーナー
- 皮革用クリーム

めがね

1 めがねの汚れは中性洗剤で落とす

レンズに指紋や皮脂汚れがついてしまったら、中性洗剤を薄めた液にめがねを浸け、指先でていねいに洗う。

2 やわらかい布で水分をしっかり拭く

水でよくすすいだら、やわらかい布で水分をしっかり拭き取る。

ネジのゆるみは専用ドライバーで

ネジのゆるみには、精密製品用の細いドライバーが大活躍。力を入れすぎると壊れてしまうので注意すること。

アドバイス

ねじを締めてもすぐにゆるんでしまう場合は、専門店へ持って行きましょう

使う道具
- 中性洗剤
- やわらかい布
- 専用ドライバー

チェーン

使う道具
・中性洗剤
・やわらかい布

チェーン

1 やさしくぬるま湯で振り洗いする

チェーンのすき間にホコリがたまったり、皮脂汚れがついてしまったら、中性洗剤を溶かしたぬるま湯で振り洗いをする。

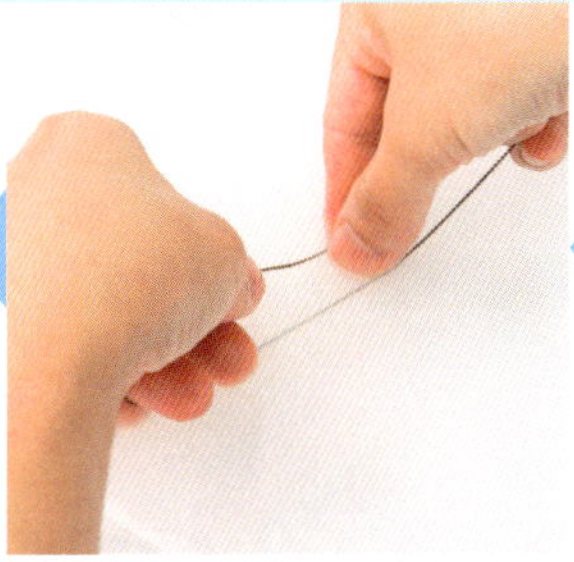

2 汚れている部分は指先で洗う

特に汚れているところやホコリがたまっているところを、指先を使っていねいに洗う。

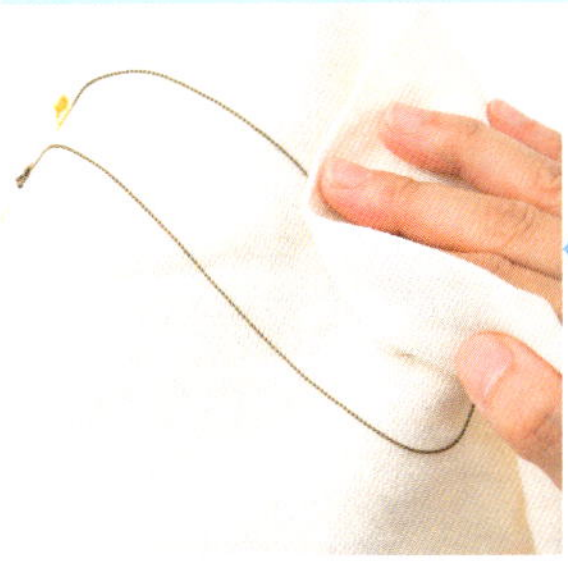

3 やわらかい布で水分を拭く

水で洗剤をよくすすいだら、傷にならないようにやわらかい布で水分をしっかり拭き取っておく。

銀

使う道具
・やわらかい布
・アルミホイル
・重曹または塩

銀

1 アルミホイルの上にアクセサリーを置く

耐熱容器にアルミホイルを敷き、その上にアクセサリーを置く。

2 重曹を入れ、熱湯を注ぐ

重曹（または塩）を入れて、熱湯を上から注ぐ。

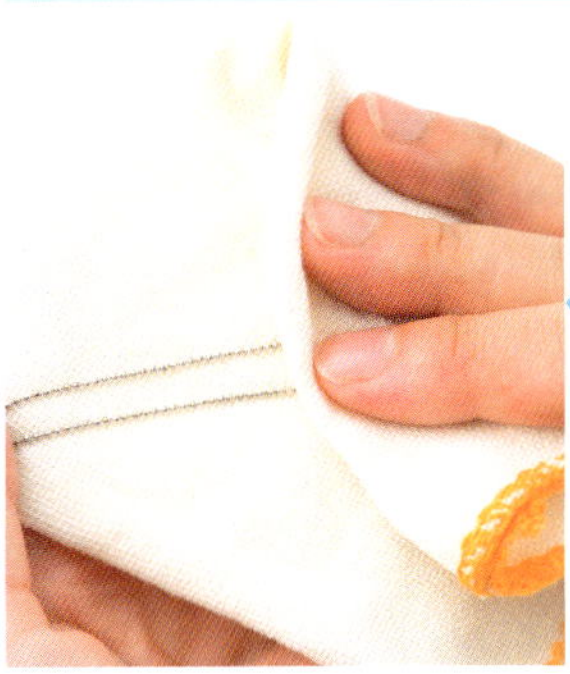

3 仕上げに乾いた布で拭く

仕上げに乾いた布で水気を拭くと、もとの輝きが戻ってくる。

その他の素材

使う道具
金・プラチナ・宝石
・中性洗剤
・やわらかい布
・歯ブラシ
パール
・やわらかい布

プラチナ・金

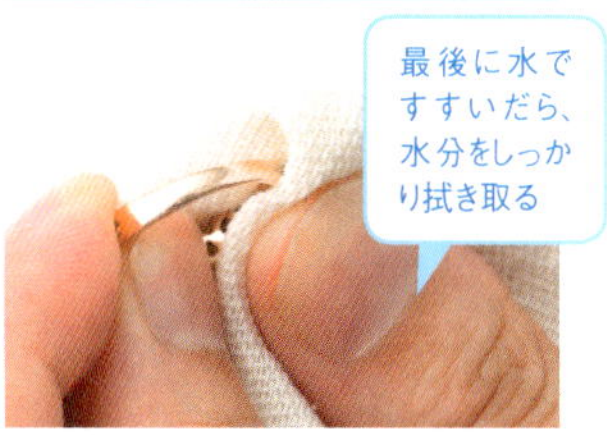

やわらかい布で拭く

日常のお手入れはやわらかい布で拭けば十分。しっかりお手入れするときは、中性洗剤を溶かしたぬるま湯に浸し、やわらかい歯ブラシで軽くこする。

パール

使い終わったら布で拭く

汗や皮脂、水、化粧品汚れに弱いデリケートなパールは、使い終わったらやわらかい布で拭くのを習慣にしよう。直射日光があたる高温・多湿な場所は避けて収納を。

宝石

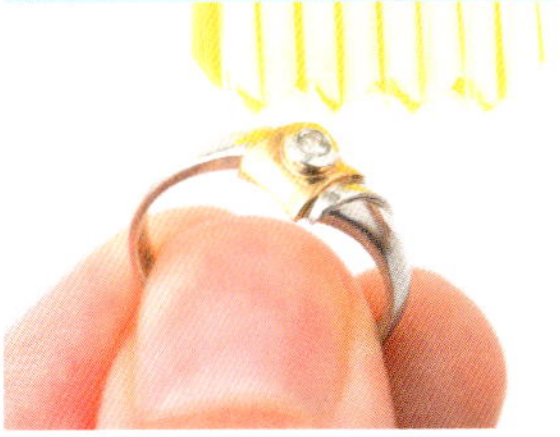

石ごとにお手入れ法を変える

ダイヤモンドやルビーなどの硬度の高い石は中性洗剤を溶かしたぬるま湯に浸し、歯ブラシで汚れを軽くこすったら、水ですすいでしっかり拭き取る。エメラルドやオパールなどの硬度が低い石は、やわらかい布でから拭きする。

洗えない布製品もすっきり！

家中のニオイにナチュラルアロマスプレー

カーテンや布ソファなどは、頻繁に洗濯することのできない布製品です。気になるニオイに使える消臭・芳香スプレーをシンプルな材料で手作りしてみましょう。蚊除け、ダニ除けに効果のある精油（エッセンシャルオイル）を選ぶなど、用途に合わせて作り分けます。自分好みの香りにすれば気分転換にもなります。

【衣類に】

タバコや魚の生臭さ、トイレのアンモニア臭などアルカリ性のニオイにはクエン酸が有効です。エタノールを加えると、除菌効果が高まり、精油もしっかり溶けます。

アドバイス

精油は殺菌・消臭効果の高いティートゥリー、ミント（ハッカ）、ラベンダー、ユーカリなどがおすすめ

クエン酸＋消毒用エタノールスプレーの作り方&使い方

1 消毒用エタノールを計量する

エタノール使用可能なスプレーボトルに、20ccを注ぐ。

※ボトルは、ポリエチレン製などアルコール耐性のあるプラスチックボトルを選ぶ。ガラスボトルも可。

2 精油を加えて混ぜる

好みの精油（エッセンシャルオイル）10滴を垂らしてよく振り混ぜる。

3 水とクエン酸を加える

水30cc、クエン酸小さじ1を加え、さらによく振り混ぜたら、できあがり。

ニオイを吸い込んだ帽子などにシュッ

ニオイをつけたくないとき、おでかけ前にシュッ

【ソファやカーテンに】

カーテンやソファ、下駄箱やゴミ箱など、暮らしのニオイのほとんどが酸性です。弱アルカリ性の重曹で中和しましょう。

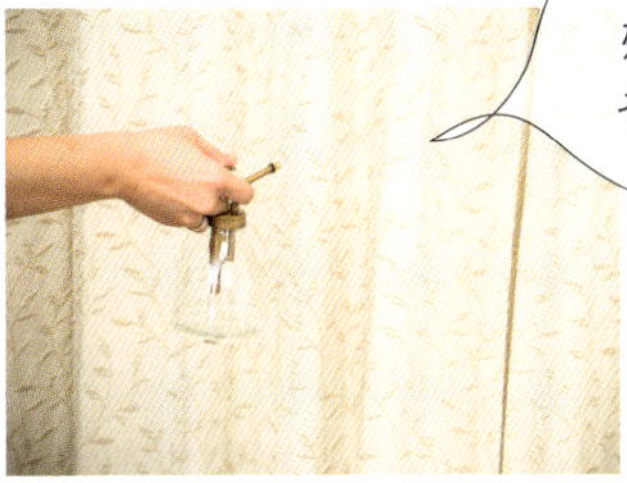

焼き肉のニオイが
残っている……。
そんなときにシュッ

精油自体に色がついているもの、粘度の高いものはシミになりやすいので避ける（オレンジ、マンダリン、ベルガモットなど）。

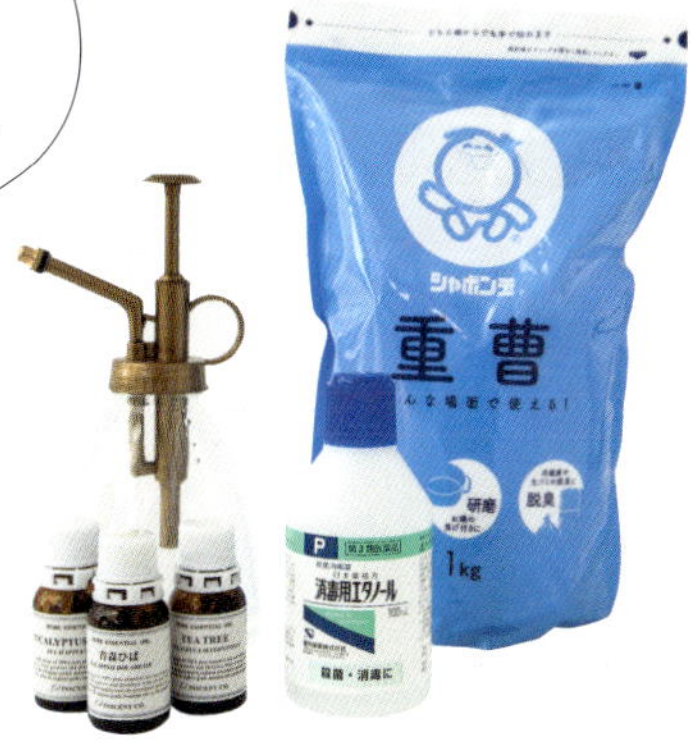

重曹＋消毒用エタノールスプレーの作り方&使い方

1 消毒用エタノールを計量する

エタノール使用可能なスプレーボトルに、20ccを注ぐ。

2 精油を加えて混ぜる

好みの精油（エッセンシャルオイル）10滴を垂らしてよく振り混ぜる。

3 水と重曹を加えよく振り混ぜる

水30cc、重曹小さじ1を加え、さらによく振り混ぜたら、できあがり。

【ぬいぐるみやベッドに】

揮発性が高く、除菌効果に優れているため、子どものものや寝具におすすめ。

濃い消毒用エタノールスプレーの作り方&使い方

1 スプレーを作る

エタノール40cc、精油10滴、水10ccを注ぎ、混ぜる。

2 たっぷりスプレーする

1のスプレーをぬいぐるみなどに吹きかけ、乾燥させる。

3 ホコリを吸い取る

乾燥後、掃除機でホコリを吸い取る。ダニ対策にも。

押さえておきたいスキル

ボタン・スナップつけ

ポイント

- 基本の裁縫道具は必需品
- 糸通しは専用の道具を利用するのも◎
- ボタンやスナップはていねいにつける

そろえておきたい裁縫道具

外出前にボタンが取れてしまった……など、
いざというときのためにも基本的な裁縫道具はそろえておきましょう。

手縫い糸
針・まち針・
針刺し
チャコペンシル
ゴム通し
指ぬき
裁ちばさみ
糸切りばさみ
糸切りリッパー
TOMBO
家庭用手縫糸
30/3 60m巻

玉結び

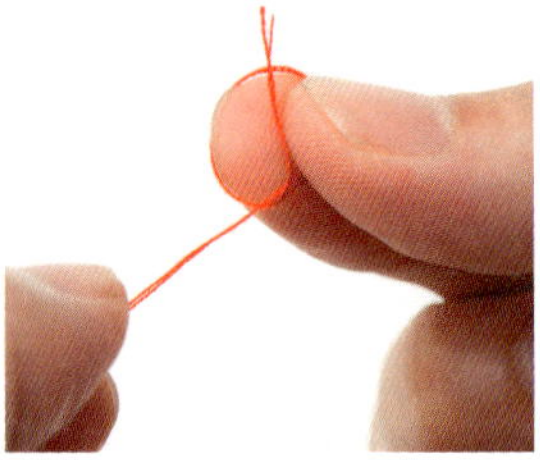

指先を使って玉を作る

糸の端を人差し指の先に１回巻きつけ、親指で糸を押さえる。人差し指をずらして糸をより合わせ、中指で押さえながら糸を引く。

糸通し

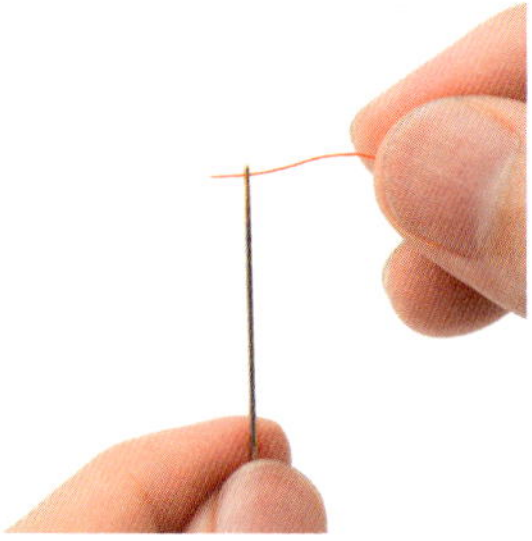

糸先をとがらせて通す

糸の先端を糸切りばさみでななめに切って、とがらせておく。針穴にまっすぐ入れるようにすると入りやすい。

裏ワザ

ワンタッチで糸が通せる

針に糸をうまく通せないときには、専用のグッズを使うとラクです。ワンタッチで通せるので誰でも簡単にできます。

らくらく糸通し
デスクスレダー・ピンク

クロバーの「デスクスレダー」。針と糸を指定の場所にセットし、ボタンを押すだけ。

魔法の針セット

河口の「魔法の針セット」。頭部のミゾに糸を当て下に引っ張るだけ。

ボタンつけ

使う道具
- 穴ボタン
- 手縫い糸
- 針

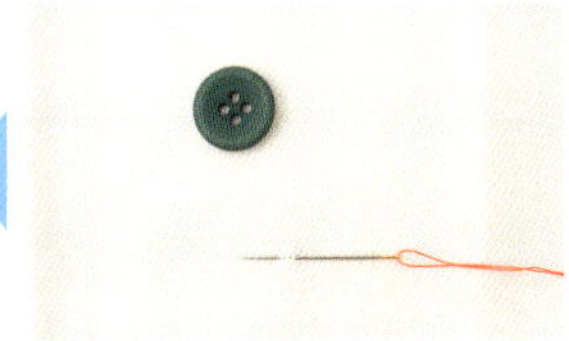

1 ボタンの場所に針を刺す

糸を針に通して端を玉結びにする。ボタンをつける場所に表から針を刺し、布を少しすくってまた表に出す。

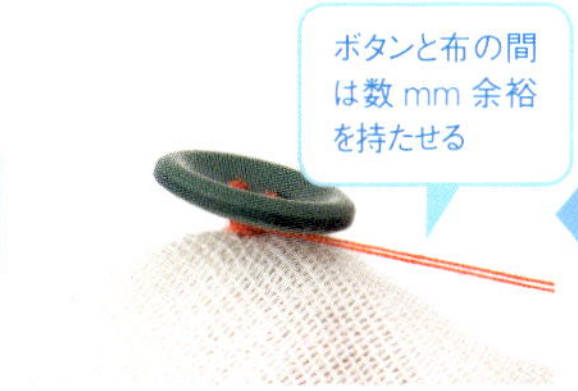

2 ボタンに足をつける

ボタン穴に針を通したら、布を少しすくってまたボタン穴に通す。これを2～3回繰り返し、糸を3～4回巻きつけて足にする。

3 裏で玉結びをしてボタンをとめる

足の糸を針ですくい裏側に針を出して糸を3回巻きつけ、糸がゆるくならないように押さえ、針を抜く。再び表に針を出して糸を切る。

足つきボタン

使う道具
- 足つきボタン
- 手縫い糸
- 針

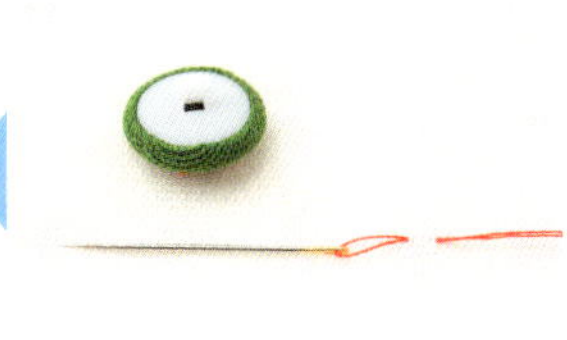

1 ボタンの場所に針を刺す

糸を針に通して端を玉結びにする。ボタンをつける場所に表から針を刺し、布を少しすくってまた表に出す。

2 ボタンの足に針を通す

ボタンの足に針を通して布を少しすくい、また足に針を通す。これを2～3回繰り返し、足と布の間に糸を3～4回巻きつける。

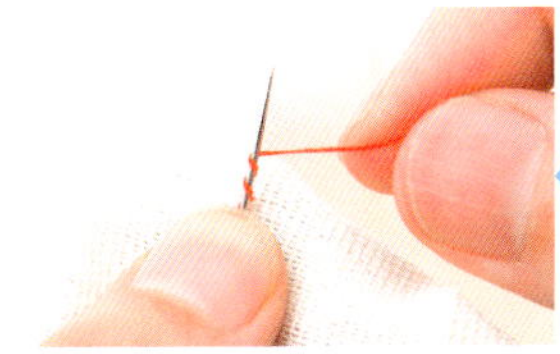

3 裏で玉結びをしてボタンをとめる

巻きつけた糸の部分をすくってから針を裏側に刺し、糸を出して玉結びに。再び表に針を出して糸を切る。

スナップボタンつけ

使う道具
- スナップボタン
- 手縫い糸
- 針
- チャコペンシル

1 凸のパーツから始める

スナップは凸のパーツからつけるとスムーズ。布を重ねたときに上になる布の裏に凸をつける。

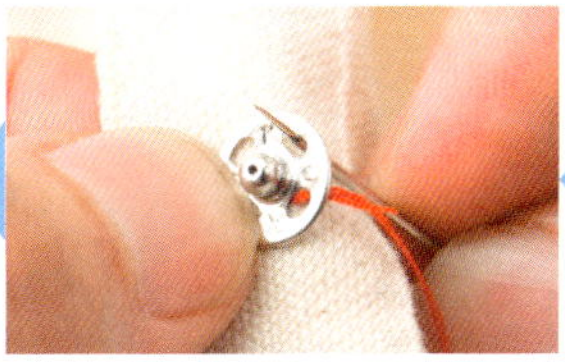

2 つける場所に針を出す

針に糸を通して端を玉結びにし、スナップをつける場所の布を少しすくってからスナップの穴から針を出す。

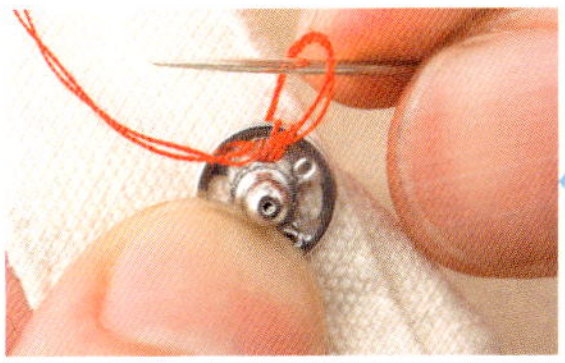

3 糸の輪に針をくぐらせる

糸をゆっくり引くと糸の輪ができるので、その輪に針をくぐらせ、糸をしっかり引く。これを2～3回繰り返したら、次の穴へ。スナップが動いてつけにくいときは、中央の穴にまち針を打つ。

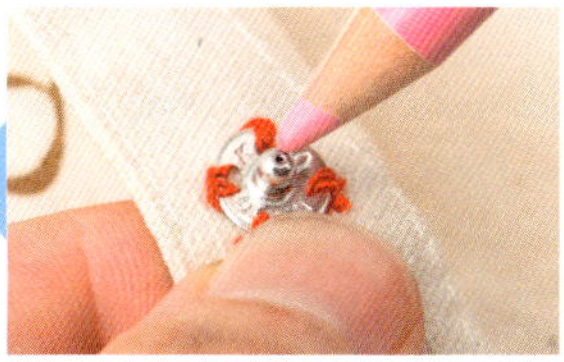

4 凹のパーツの位置を決める

すべての穴を縫ったら玉結びでとめる。凸の部分にチャコペンシルを少し塗り、下に重ねるほうの布に押しつける。

5 凹のパーツを取りつける

4で印をつけた位置に、凸のパーツと同様に凹のパーツをつける。最後に糸を切るときは、針をスナップと布の間にくぐらせる。

アドバイス
ホックも同様に。位置をしっかり確認してつけて

基本の手順をマスターする すそ上げ・ゴム通し

ポイント

- すそ上げはまつり縫いするかテープを使う
- 布用ボンドを利用すると手軽にできる
- ゴム通しは安全ピンでも代用可能

すそ上げ① [まつり縫い]

使う道具
- 針
- 糸

1 三つ折りの部分に針を出す
針に糸を通して端を玉結びにしたら、すその三つ折りの山の部分に裏から針を出す。糸は布の色に合ったものを使う。

右から左へ縫い進めよう

2 表地をすくう
表側に縫い目が出ないように表地の織り糸を1～2本すくったら、三つ折りの山の部分をすくい、一周して玉結びでとめる。

すそ上げ② [テープ]

使う道具
- すそ上げテープ
- アイロン
- あて布

T-fal

1 アイロンですそに線をつける
簡単にすそ上げをしたいときは、テープがおすすめ。テープをのせる前に、折り返し部分にしっかりアイロンをかけておく。

T-fal
商品に記載された説明をよく読んでから始めよう

2 スチームアイロンで接着する
すそ上げテープの接着面を布にあてたら、あて布をし、スチームアイロンの中温で上から押さえて接着する。

裏ワザ

布用ボンドなら針も糸も不要

針や糸がなくても、簡単にすそ上げをしたいときに重宝するのが、布用ボンド。直接布に塗ってヘラで伸ばしたら、あて布をしてアイロンで接着するだけ。針と糸を使わないので、デニムなど厚めの素材にも適しています。すそ上げのほかにも、アップリケをつけるなど、細かい作業にもぴったり。子どもの学用品の名前つけなども、これを使えば一気にはかどります。

針・糸がなくてもかばんが作れる!
裁ほう上手
裁縫初心者にもおすすめのお役立ち布用ボンド

ゴム通し

テープが抜けないよう気をつけて

1 通し口からゴムテープを入れる
ゴムの端をゴム通しで挟み、通し口からゴムを入れていく。通し穴の中にゴムが全部入るのを防ぐため、反対側のテープの端に通し穴より大きい安全ピンをつけておく。

2 ゴムの両端をまつり縫い
ゴムを通し終わったらゴム通しをはずし、ゴムのゆるみを均等にする。ゴムの両端を2 ～ 3cm 重ねてまつり縫いをする。

3 通し口からゴムを引き入れる
さらに裏側の重なりもまつってから、縫った部分を通し口の中に引き込んで完成。ゴム通しは安全ピンでも代用できる。

アドバイス
ゴムは幅がさまざま。通し口に入らないということがないよう、よく確認してから購入しましょう

使う道具
- ゴムテープ
- ゴム通し
- 安全ピン
- 針
- 糸

Check!

覚えておきたい基本の縫い方

ぞうきんなどのちょっとした縫い物なら、「なみ縫い」と「本返し縫い」ができれば十分。見た目をキレイに仕上げるポイントは、針目をそろえて縫うことです。

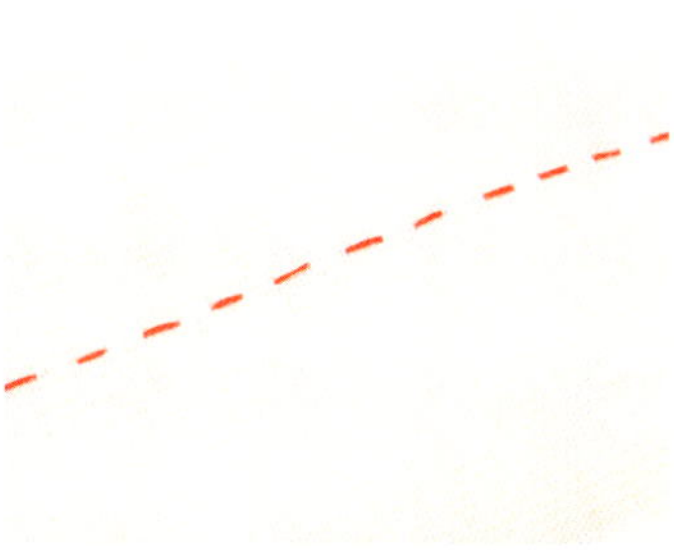

なみ縫い
なみ縫いは、仮縫いなどにも使える基本中の基本の縫い方。まず、針に糸を通して端を玉結びにしたら、「裏から表に針を出し、裏に針を出す」を等間隔で繰り返し、まっすぐ縫っていく。

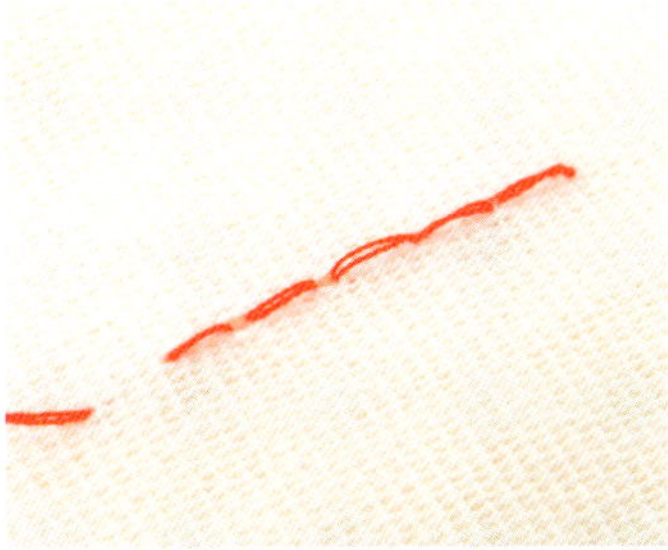

本返し縫い
なみ縫いよりも強度を上げたいときには本返し縫いを。裏から針を出したら、進行方向とは逆にひと針分戻って針を入れ、ふた針分先から針を出す。これを縫い目の大きさがそろうように気をつけながら繰り返す。

入園・入学の準備に役立つ 名札つけ・ぞうきん作り

ポイント

- たてまつり縫いで見た目をキレイに
- アイロン接着用の名札は時間短縮になる
- 古タオルなどは手縫いでぞうきんにする

名札つけ【たてまつり縫い】

使う道具
- アイロン
- 針
- 糸
- まち針

1 縫い代をしっかり折る

アイロンで名札の縫い代にしっかり折り目をつけ、まち針でつけ位置にとめる。針に糸を通し、縫い代の裏から針を出す。

2 直角になるように縫う

縫い目が直角になるように、すぐ隣の布の織り糸を1～2本すくい、縫い代の裏から針を出す。この作業を繰り返す。

名札つけ【アイロン接着】

使う道具
- アイロン接着用
- ネームラベル
- あて布
- アイロン

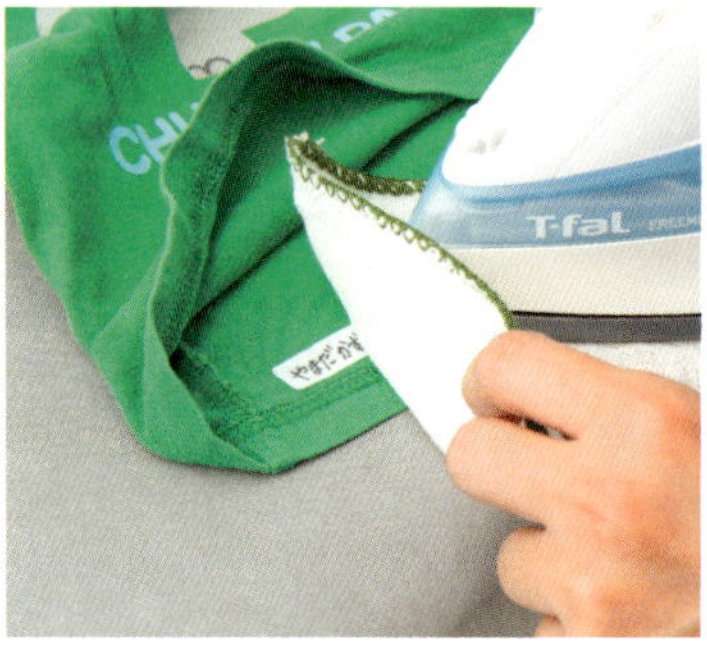

1 あて布をしてドライアイロンをかける

名前を油性ペンで書いたら、接着面を下にしてつけ位置に置き、あて布をして中温のドライアイロンでしっかり押しつける。

2 裏側からもアイロンをかけしっかり接着する

表面が接着したら、裏側からもアイロンをかけると、さらにしっかり接着する。冷めるまで触らないように。

Check!

布専用の印刷シールやスタンプも便利

名札の必要がないハンカチや靴下、下着には、洗濯しても落ちないインクを使った「お名前スタンプ」が便利です。入園・入学準備のお助けグッズにも。

プリンターを使って名前を印刷したら、好きな大きさにカットしてアイロンで接着できる「布プリ」。色が落ちにくい加工が施されているので、洗濯もOK。

ぞうきんの作り方

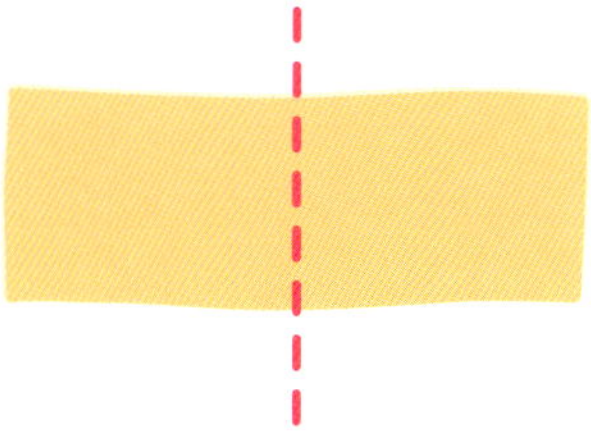

1 中心に折り目をつける

タオルの長い方の辺を軽く二つ折りにし、中心に折り目をつけておく。使い古しのタオルでOK。

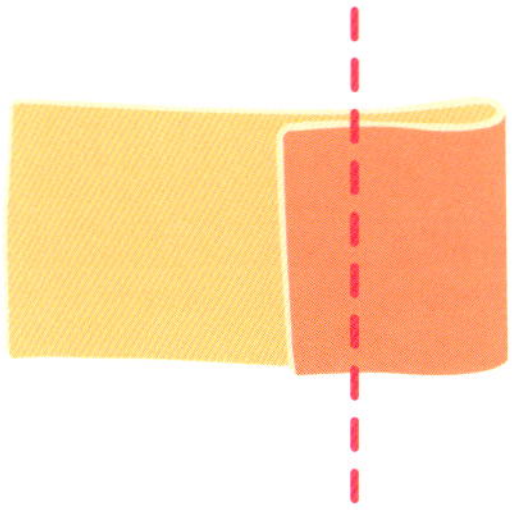

2 片方の端を中心線に向かって折る

1 で折り目をつけた中心線を少し越えるくらいのところまで、片方の端を折る。

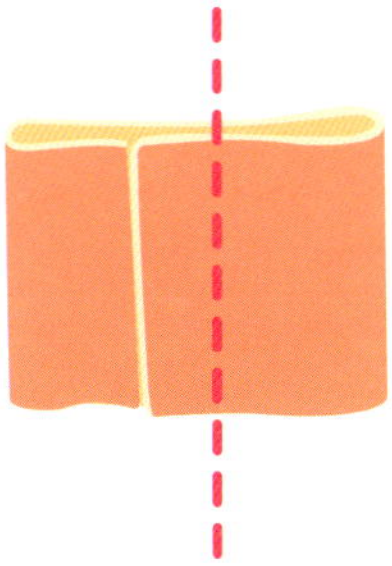

3 反対側の端と合わせる

2 で折った方の端とぴったり合わせるように、反対側の端を折る。

4 長い方の辺を半分に折る

3 の状態から、長い方の辺を二つ折りにし、長方形にする。

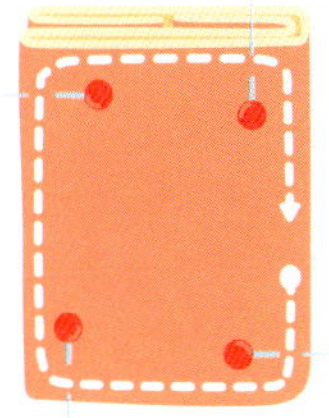

5 辺の途中から周囲を縫う

ずれないようにまち針を打つ。周囲を縫う。辺の途中から始めると、厚い生地でも縫いやすい。

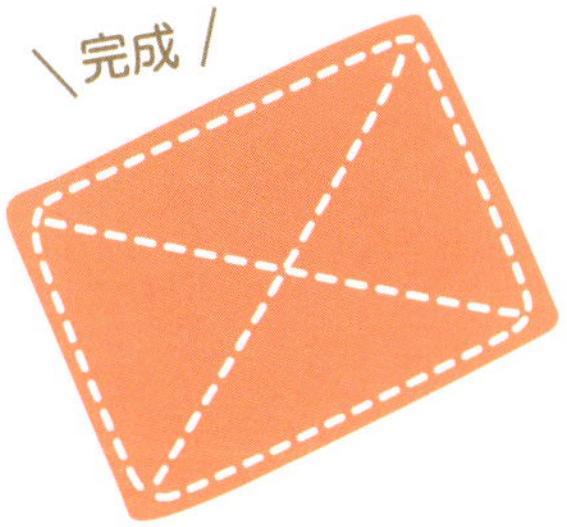

6 仕上げ縫いをして強度を上げる

対角線を縫ったり、ステッチをつけると強度が増す。縫い方に決まりはないので、好みでOK。

Check!

ミシンの利用も視野に入れる

小さな子どもがいる家庭なら、園指定の持ち物など手作りする機会が多いので、ミシンがあると重宝します。すそ上げなどにも使えるので、裁縫の幅も広がります。

ひと手間かけて長もちさせる 衣類の繕い

ポイント

- 縫い目のほつれは、裏側を本返し縫い
- アイロンでつける補修布も手軽で便利
- 穴は別布やワッペンでリメイク

縫い目のほつれ

使う道具

- 針
- 糸
- まち針
- 糸切りばさみ（糸切りリッパー）

1 縫い代をまち針でとめる
裏返し、ほつれた部分の縫いしろをまち針でとめる。ほつれている糸を布の裏側から軽く引っ張り、不要な糸は切る。

2 本返し縫いをする
なるべく細かめの針目になるように、本返し縫いをする。縫い終わりは、ほつれていない縫い目に2～3cm重ねる。

かぎ裂き

使う道具

- アイロン
- 補修布（アイロン接着タイプ）
- あて布
- はさみ

1 裂け目より少し大きめにカット
手縫いで修繕がむずかしいときは、アイロン接着できる補修布を使う。裂け目部分より少し大きめに補修布をカットすること。

T-fal

2 アイロンで上から押しつける
接着面が裂け目部分にあたるように置き、あて布をして中温のアイロンで10秒くらい上から押しつける。

裏ワザ

服の穴は別布でかわいくリメイク

開いてしまった穴をもと通りに直すのはなかなかむずかしいですが子ども服やジーンズなどのカジュアルな服なら、簡単にかわいくリメイクしてみましょう。

1 穴の裏からあて布をして、穴のまわりを縫っておいてもよい。布は服と同色系のものを用意する。

布の代わりにワッペンを使っても

2 穴の上から布をあて、好きな縫い方で縫いつける。ジーンズや子ども服なら、多少ラフになっても味わいが出て◎。

第4章

プロに頼む前に
住まいの修理・修繕のきほん

Repair

壁・床・家具

傷は小さいうちに対処しよう

ポイント

- 早めの対処で傷を広げない
- 修繕用品は少量ずつ、狭い範囲で試す
- 周囲と違和感がないように仕上げる

壁紙のめくれ

使う道具
- ヘラまたはウエス
- クロス専用のり

クロス専用のり

1 **クロス専用のりを注入する**
直したい部分にクロス専用のりを注入し、薄く塗りつける。

2 **はみ出た分をヘラで除く**
押さえて密着させ、はみ出た分は乾く前にヘラやウエスなどで取り除く。

壁紙の破れ

使う道具
- クロスパッチ（シート状のシール）
- クロスと着色剤

クロスパッチ

1 **補修部中心にクロスパッチを貼る**
補修したい部分周辺の汚れを落とし、乾燥させる。破れの大きさに合ったクロスパッチ（シール）を準備し、中心部に貼る。

2 **しっかり押さえて密着させる**
クロスパッチをしっかり押さえて密着させる。色合いに違和感がある場合には、クロス着色剤で調整する。

壁紙の小さな穴

使う道具
- 穴うめ材（充填《じゅうてん》材）

穴うめ剤

1 **穴うめ材を注ぐ**
画びょうやビス抜きの穴などに、穴うめ材の先をあて、少量ずつ注入する。

2 **周囲となじむように調整する**
クロスの模様などに合わせ、違和感のないよう穴うめ材の盛り方を調整する。

床・家具の傷

使う道具
・補修材

傷用補修材

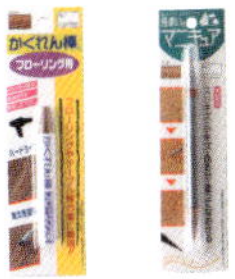

マニキュア系の補修材は、傷の凹凸が気にならないときに塗って使う。重ね塗りなどで微妙な色合いが加減できる。

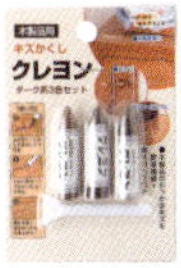

クレヨン系の補修材は、傷に対して横方向にていねいにすり込む。深い傷には、ドライヤーなどで溶かして塗り込む。

シールはがし

使う道具
・シールはがし剤
・ドライヤー
・ヘラ

シールはがし剤

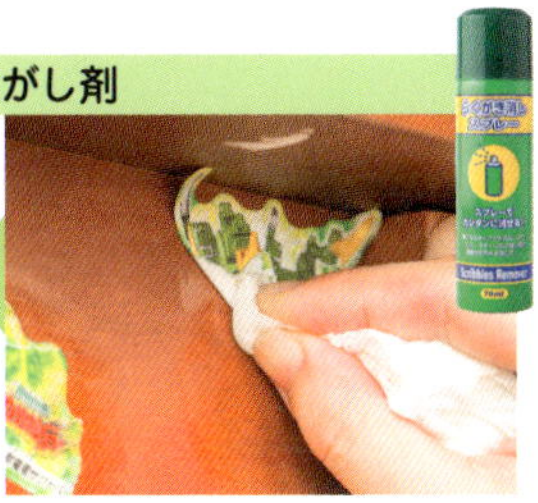

1 薬剤を塗り込む
シールに塗り込み、3分ほど置く。目立たないところから試すと安心。

2 ヘラでめくる
端から少しずつ、ヘラなどを使ってめくり取る。残った薬剤を拭き取る。

ドライヤー

シールに熱風をあてる
ドライヤーの熱風を1カ所に30秒あてて、端からゆっくりめくって取る。

カーペットの焦げ

使う道具
・カッター
・木工用ボンド
・竹串またはつま楊枝

1 焦げをこそげ取る
カッターの刃先などで焦げをこそげ取る。

2 キレイな繊維を移植する
目立たない場所からキレイな繊維を切り取り、焦げ跡部分に、木工用ボンドで貼りつける。

3 竹串でうめる
竹串やつま楊枝などで、焦げ部分に繊維をうめ込む。

畳の焦げ

使う道具
・歯ブラシ
・千枚通しまたはドライバー
・オキシドール

歯ブラシでこする
小さなものは歯ブラシで焦げ部分をこすって落とし、掃除機で吸い取る。最後にオキシドールで拭く。

い草を抜き取る
1cm以上のものは、焦げ部分のい草を千枚通しやドライバーなどで抜き取り、前後のい草を動かして穴の方に寄せる。

障子・ふすま・網戸

しっかり準備し、順序立てて補修を

ポイント

- 障子張りは古い紙とのりをキレイにはがす
- 小さな破れは補修シールで
- ふすまや網戸も家庭で張り替えられる

障子

桟に古いのり
成分を残さな
いように注意

1 古い障子紙をはがす
ぬれタオルやスポンジで桟を湿らせて障子紙とのりをはがし、しっかり拭いて乾燥させる。

2 紙を仮どめする
障子紙を桟にあてて位置を決める。マスキングテープなどで上端のみを仮どめする。

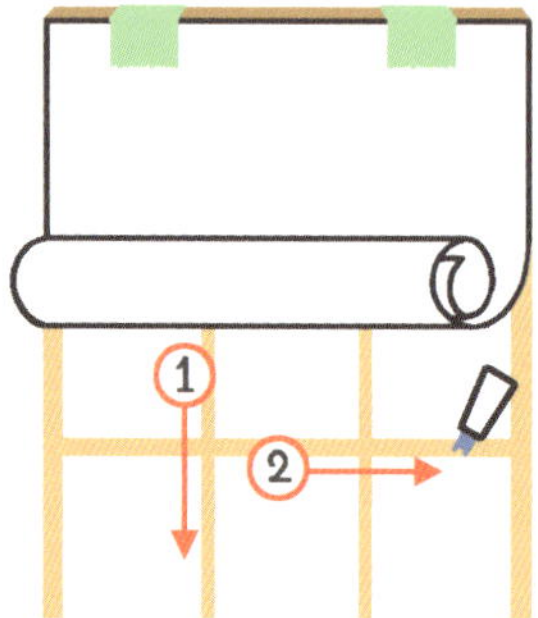
①
②

3 桟にのりを塗る
タテ、ヨコの順に桟にのりを塗り、障子紙のロールを転がしながら貼る。

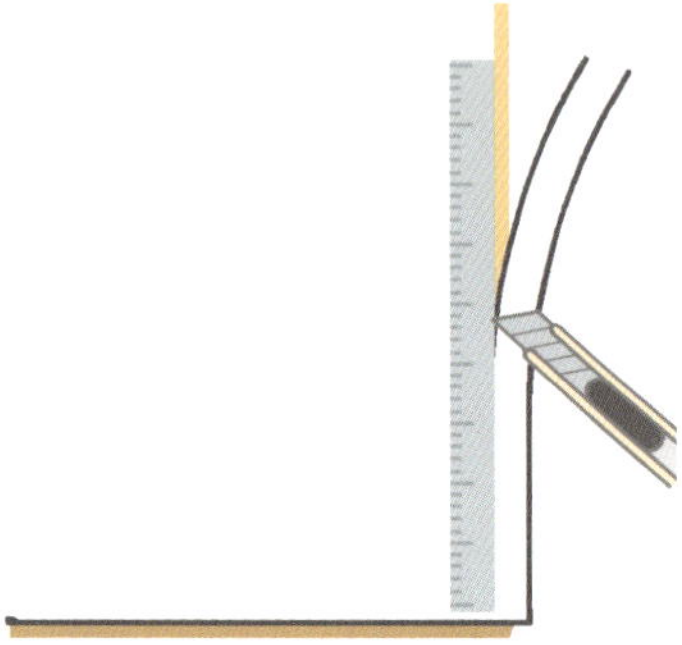

4 余分な紙をカット
定規をあて、余分な障子紙をカッターで切り、マスキングテープをはがす。

完成

障子の小さな破れには

補修シールを貼る
障子補修用の和紙シールを貼る。穴の裏と表から、2 枚使って押さえるのがポイント。

アドバイス
アイロン接着で貼る、簡易な障子紙もおすすめです

使う道具
- カッター
- 障子紙
- のり
- マスキングテープ
- 定規
- タオルまたはスポンジ

ふすま

使う道具
- カッター
- アイロン
- ふすま紙（アイロンふすま紙）
- マスキングテープ
- 定規
- くぎ抜き
- ドライバー

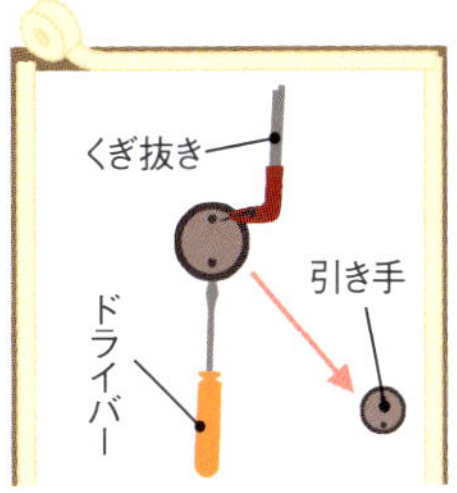

1 引き手をはずす

くぎを抜き、引き手をはずす。ふすまの枠部分にマスキングテープを貼る。

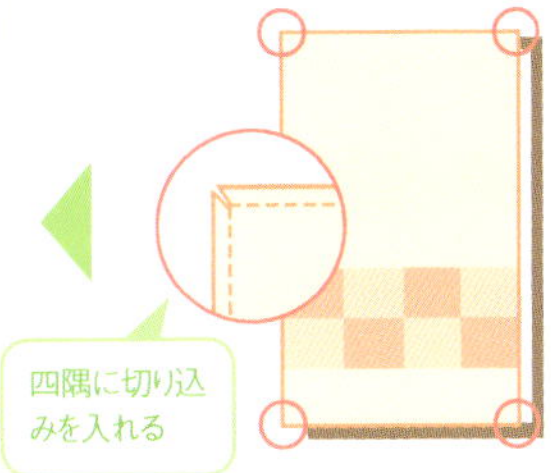

2 位置を決める

柄に合わせて貼る位置を決め、軽く折り目をつけ四隅に切り込みを入れておく。

3 アイロンで接着する

高温のアイロンで全体を十字に押さえてから、4分の1ずつ接着する。

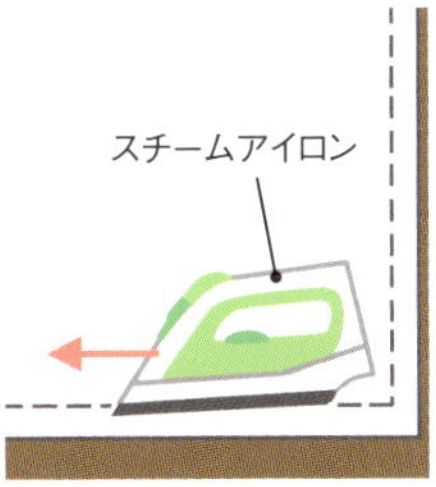

4 周囲を接着する

アイロンの縁で枠を押さえるようにして周囲を接着していく。

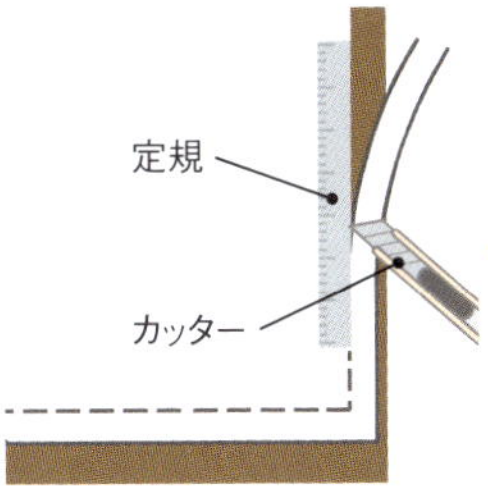

5 余分な紙をカット

枠の内側に定規をあてて、カッターの刃を沿わせて余分な紙をカットする。もう一度、アイロンで押さえる。

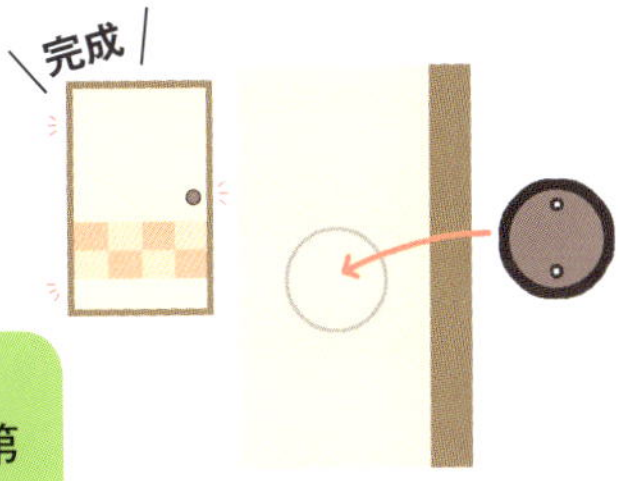

6 引き手をはめる

引き手部分に切れ込みを入れ、引き手をはめ込んでくぎを打つ。マスキングテープをはがして完成。

網戸

使う道具
- 網戸張り替え用のネット
- 網戸専用カッター
- クリップ
- ツインローラー
- 網押さえ用ゴム

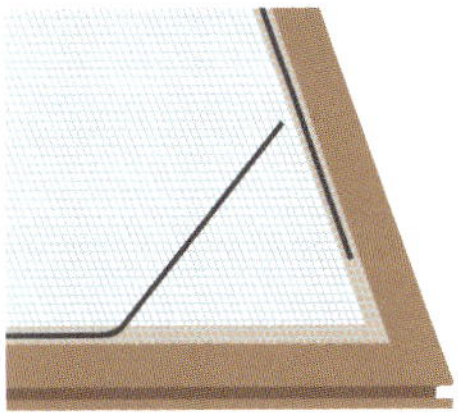

1 古い網戸をはずす

押さえゴムを引っ張り古い網をはずす。

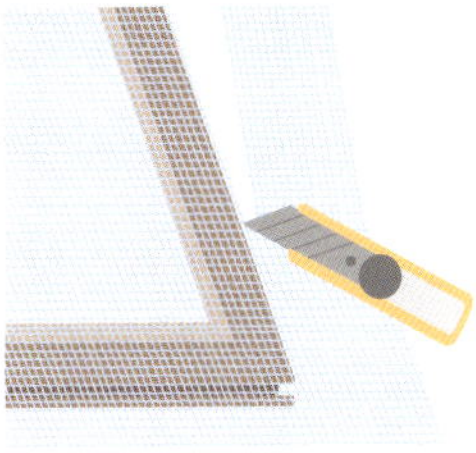

2 新しい網をカット

新しい網をクリップでサッシに固定し、網戸専用カッターで大きめにカットする。

3 押さえゴムを押し込む

押さえゴムを隅に合わせ、ツインローラーで押し込む。余分な網をカットする。

小さな破れは部分補修用のシートも便利

網戸の凹凸には

ドライヤーの熱をあてる

20〜30cm離して凹凸がなくなり目がそろうまで熱をあてる、冷ますを繰り返す。

錠・サッシ・防犯

不具合を放置するとゆがみの原因に

ポイント

- ドライバーを上手に使って調整しよう
- きしみにはシリコンスプレーを使う
- 防犯、安全に直結するので軽視しない

クレセント錠のがたつき

使う道具
・ドライバー

1 キャップをはずす
カギの上下にあるキャップをはずし、ドライバーで調整ネジをゆるめる。

2 位置を調整してネジを締める
カギがしっかりかかる位置に調整したら、ネジを締めて固定する。

サッシのがたつき

使う道具
・ドライバー

1 原因を確認する
網戸の下部の調整ネジで、戸車の高さが調整できる。上部のはずれどめがきつい場合もある。

2 ネジを回して調整する
戸車の高さを上げる場合は時計回りに、下げる場合は反時計回りにし、がたつきを調整する。

裏ワザ

レールの掃除&シリコンスプレーできしみを解消

レールにたまった土ボコリなどを掃除するだけで、すべりがよくなることも。それでも解消しない場合は「シリコンスプレー」を吹きつけてみましょう。

レールに直接シリコンスプレーを吹きつけ、すべりをよくする。仕上げにウエスでから拭きを。

防犯フィルム

1 ガラスの汚れを落とす
中性洗剤を２～３滴加えた洗剤水をガラス面にたっぷり吹きかけ、スクイージーで汚れを取り除く。

2 フィルムをカットする
窓のゴムパッキン内側サイズをメジャーで測り、5㎜小さめにフィルムをカットする。

3 ガラスとフィルムをぬらす
裏面の保護フィルムをはがしながら、フィルムののりに霧吹きで水をたっぷり吹きつける。ガラスにも水を吹きかける。

4 フィルムを貼りつける
位置を決めてフィルムを窓に貼る。もう一度表面をぬらしてから、スクイージーやゴムベラで上下左右に空気を押し出していく。

5 接着力を高める
30 分経ったら、もう一度フィルム表面に水を吹きかけ、力強く水を押し出す。垂れた水分は拭き取る。

6 24 時間放置する
24 時間経つと完全に接着する。気泡ができた場合は針などで穴を開ける。

使う道具
- 防犯フィルム
- ゴムベラまたはスクイージー
- カッターナイフ
- 中性洗剤
- スプレーボトル
- メジャー

補助錠

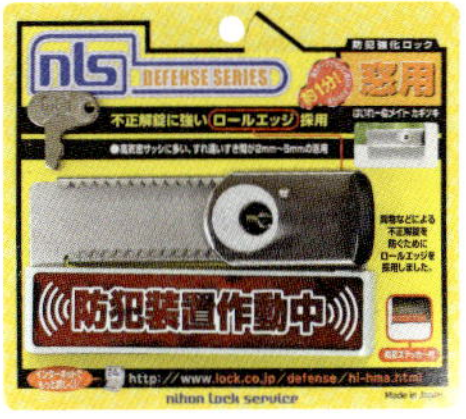

クレセント錠から離して設置
外から見えにくく、侵入者の手が届かない位置に取りつけるようにする。

カギつきや補助用も
カギつきやクレセント錠を補強するタイプのものも。侵入に手間がかかる印象も与えられる。

アドバイス
補助錠を設置しても、施錠しないと意味がないので、手軽に使えるものを選びましょう

▶そのほかの防犯対策は 264 ページへ

定期的に点検を ドア・門扉・雨どい

ポイント

- トラブルは早めの対処で悪化を防ぐ
- 潤滑剤を上手に使い分ける
- 自力でできないときは業者へ依頼する

玄関ドア

使う道具

- ドライバー
- ウエス
- シリコンスプレー

カギ穴には専用スプレーを

カギが回りにくくなったら、カギ穴専用の潤滑剤をさすと動きがスムーズに。

ちょうつがいのお手入れを

開閉するたびにきしむような音がする場合は、ちょうつがいのネジをしっかり締めてみよう。次に、シリコンスプレーを吹きつけ、余分な油を拭き取る。

ドアクローザーの仕組み

ドアクローザーは、開いたドアを安全な速度でスムーズに閉めるための装置です。
使っているうちにネジがゆるむなどするため、
定期的に調整しておきましょう。

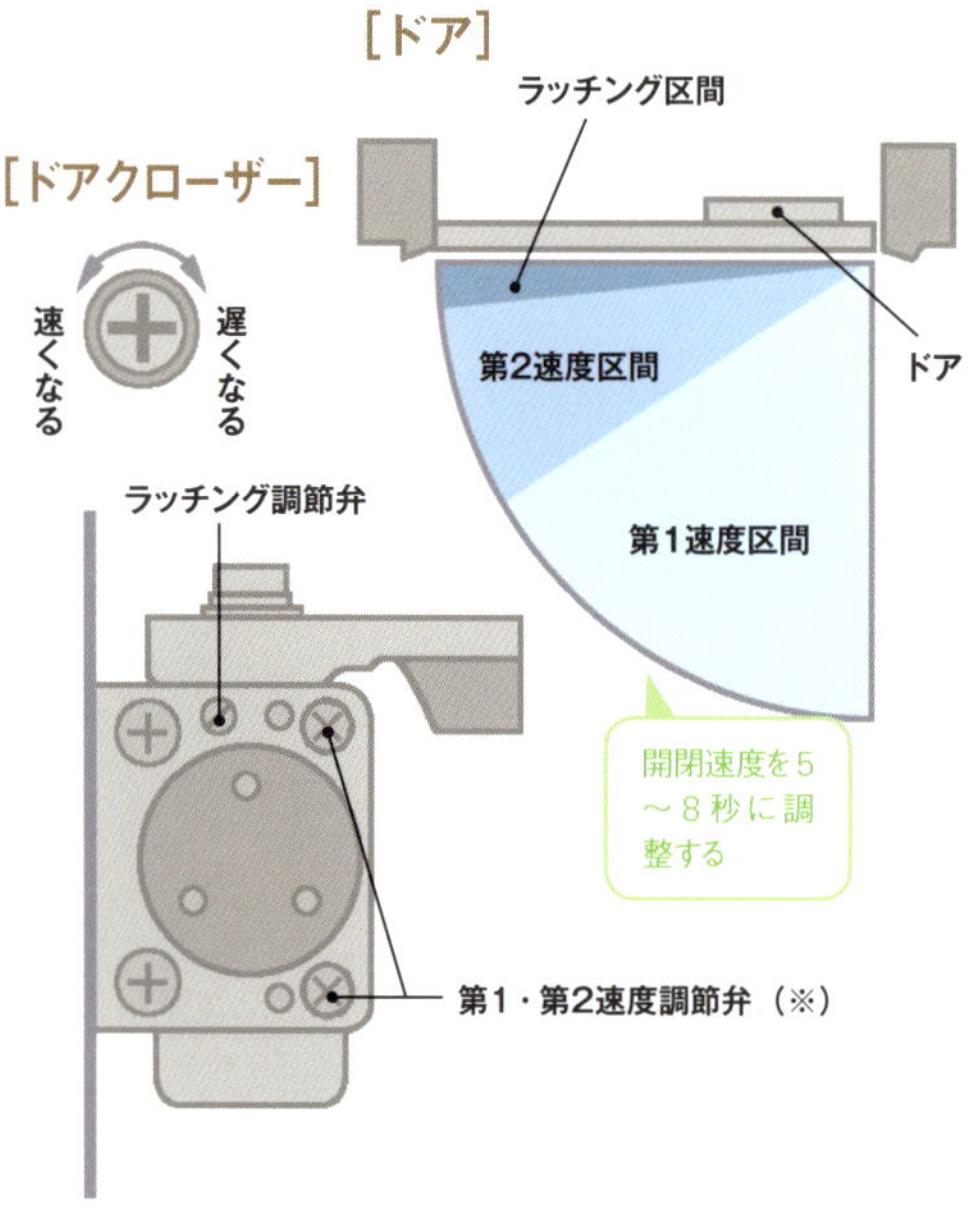
[ドア]
ラッチング区間
ドア
第2速度区間
第1速度区間
開閉速度を5～8秒に調整する
[ドアクローザー]
速くなる
遅くなる
ラッチング調節弁
第1・第2速度調節弁（※）

※調節弁の位置は製品によって異なるので、表示を確認すること。

こんなときにチェック！

- 閉まるスピードが遅くなった（速くなった）
- バタンと大きな音がして閉まる
- 動きがかたい（スムーズに動かない）

開閉速度を調節しよう

❶閉め始めの第１速度区間、閉じ終わりの第２速度区間と、それぞれ調整ネジがある。ネジを回転させ、ドアの閉じ始めから終わりまでを５～８秒に調整する。

❷閉鎖位置寸前でドアを素早く閉める機能（ラッチングアクション）がついている場合は、調整ネジを反時計方向に回転して調整することができる。

門扉

サビの発生

潤滑スプレーを差す

可動部のサビによってきしむ場合は、防サビ潤滑スプレーを吹きつけ、浮き出てきた汚れをしっかり拭き取る。

ネジのゆるみ・紛失

可動部のネジを締める

ドライバーやスパナでしっかりネジを締め直す。紛失した場合には、門扉メーカーに問い合わせよう。

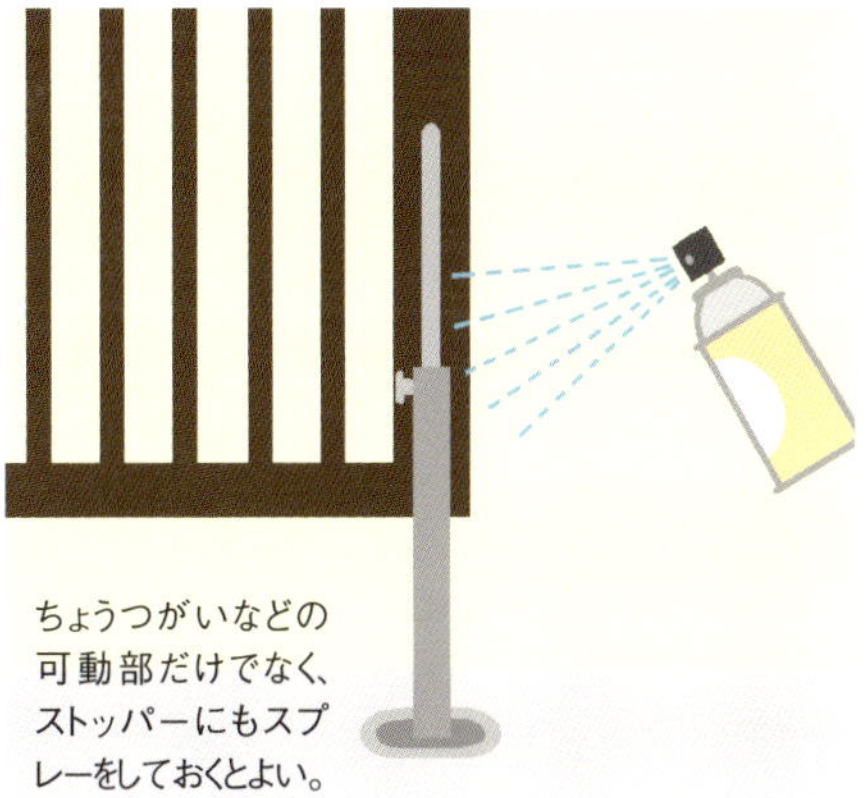

ちょうつがいなどの可動部だけでなく、ストッパーにもスプレーをしておくとよい。

使う道具

- 防サビ潤滑スプレー
- ウエス

雨どい

ヒビ・穴

補修テープで直す

こびりついているゴミや泥を歯ブラシなどでこそげ落とし、汚れをよく拭いて「雨どい補修テープ」を巻きつける。

あふれ

定期的に点検を

軒下や集水器部分につまったゴミや落ち葉は、水あふれの原因に。定期的に取り除こう。

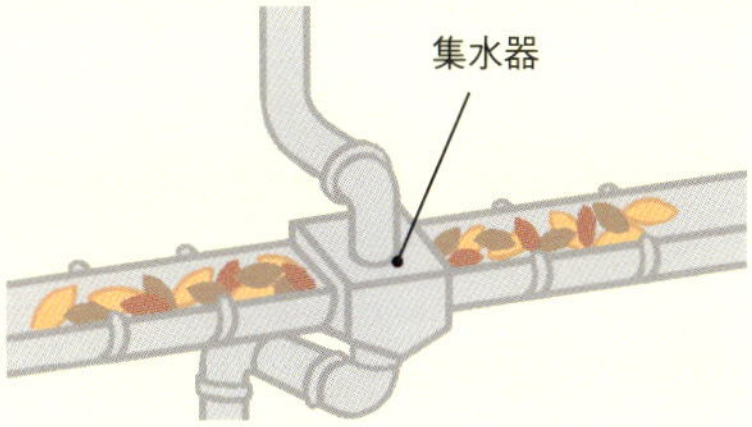

集水器

軒どいの水を集めて下に流す役割を果たす。そのためゴミがたまり、つまりやすい。

使う道具

- 雨どい補修テープ
- 歯ブラシ

Check!

防サビ潤滑スプレーとシリコンスプレーの違い

潤滑剤にはさまざまな種類があります。似ているようでも、効果や用途が違うので注意が必要です。見た目も違いがわかりづらいものが多いので、購入時にもよく確認しましょう。

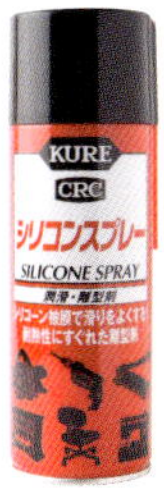

レールなどの動きをスムーズに

シリコンスプレー

溶剤を含まず、物の表面に潤滑成分の皮膜を形成する。プラスチックや木にも使え、引き出しのすべりや、ふすまの敷居のすべりをよくする。

自転車や門扉のお手入れに

防サビ潤滑スプレー（オイルスプレー）

溶剤が含まれ、高い浸透性を持つ。金属の防サビ効果があり、固くてはずせないボルトをゆるめるときなどに使う。自転車のチェーンのメンテナンスにも利用される。

照明器具の交換

スムーズに安全に取り替える

ポイント

- シーリングライトは器具ごと交換
- 電球や蛍光灯は電源を切って取りはずす
- スイッチプレートの交換で模様替えにも

シーリングライト

1 新しい器具を取りつける
古い照明器具を取りはずし、新しいアダプター、器具本体を取りつける。

アドバイス

LEDシーリングライトへのつけ替えは、アダプターやコネクターごと替える必要があります。電源を切り、表示に従って取りつけてください

2 コネクターを取りつける
コネクターを取りつける。カチッと音がするまで押し込む。

3 カバーを取りつける
最後にカバーを取りつける。水平になっているか確認すること。

蛍光灯・電球

蛍光灯

電源を切り、プラグを片方ずつ抜いて溝からはずす。新しい蛍光灯の片方のプラグをしっかり差し込んでから、反対側のプラグを差し込む。

電球

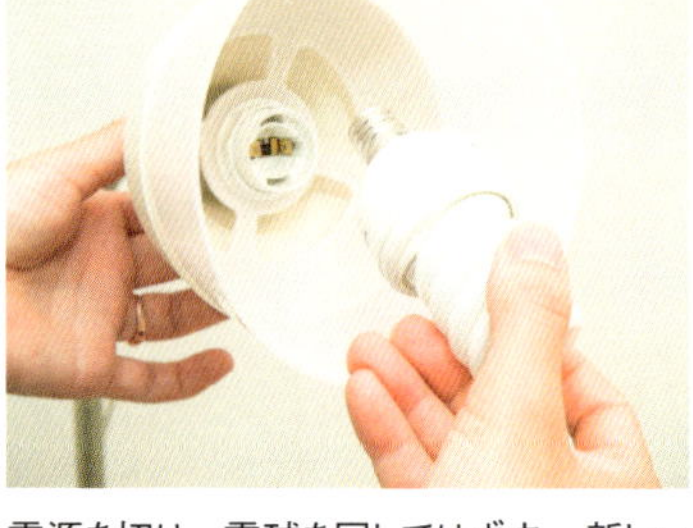

電源を切り、電球を回してはずす。新しい電球を、はずすときとは反対方向に回して取りつける。

スイッチプレート

使う道具
- スイッチプレート
- ドライバー

1 カバープレートを取りはずす
マイナスドライバーを差し込んでカバープレートを取りはずす。

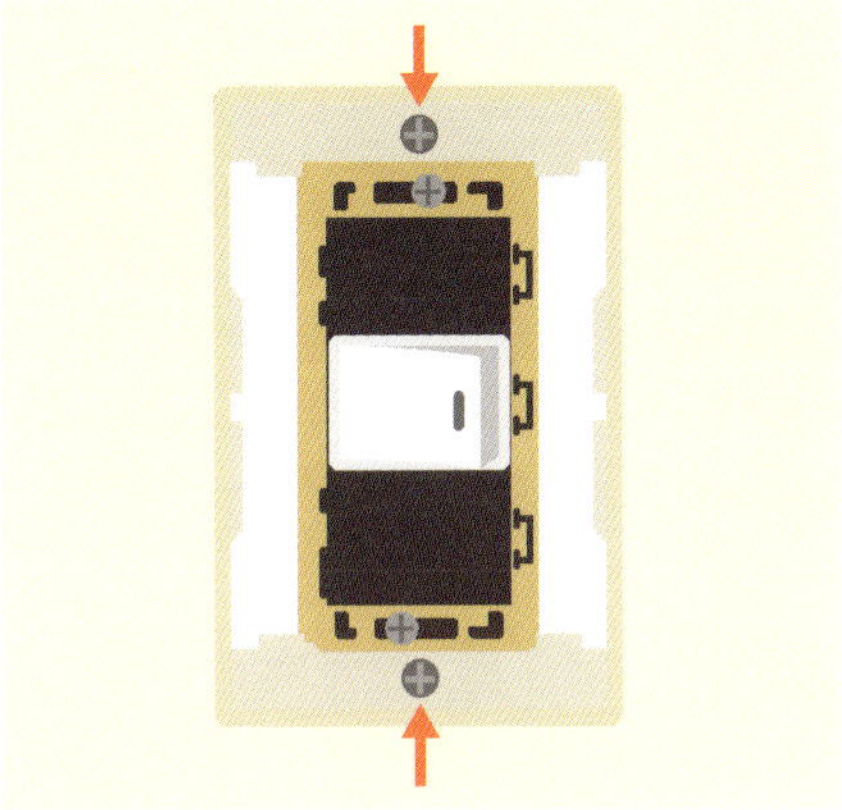

2 受け側のプレートを取りはずす
プラスドライバーを使って上下についているネジを取りはずし、受け側のプレートを取りはずす。

3 新しいプレートを取りつける
新しい受け側のプレートをネジで止め、カバープレートをカチッと被せる。

アドバイス
スイッチプレートはホームセンターなどで購入できます。コンセントプレートも同様に交換できます。古くなったら好みのデザインに模様替えしてみましょう

Check! 蛍光灯や電球の種類と特徴

	メリット	デメリット
白熱灯	・安価 ・すぐ点灯する ・光が広がる	・熱を持つ ・消費電力が大きい ・寿命が短い（1000時間程度）
蛍光灯	・消費電力は白熱灯の6分の1程度 ・寿命は白熱灯の5～10倍	・白熱灯より価格が高め ・点灯にやや時間がかかる
LED	・消費電力は白熱灯の5分の1程度 ・寿命は白熱灯の20倍以上	・価格が高い

蛍光灯

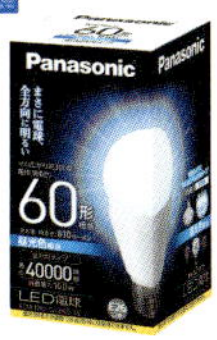

LED

家庭でも簡単に補修できる シャワーヘッド・目地ほか

ポイント

- シャワーヘッドは手軽に交換可能
- タイルの目地の傷みは早めに対処する
- 余分な目地材などは拭き取る

シャワーヘッドのつまり

使う道具

- ドライバー
- 歯ブラシ
- クエン酸
- 針

1 散水板を取りはずす
全体を反時計回りに回し、ヘッドの散水板（穴の開いた板）をはずす。中心部にネジのあるタイプはマイナスドライバーで回してはずす。

2 散水板をこすり洗いする
少量のクエン酸をつけた歯ブラシで裏側からこすり、水アカを落とす。穴が埋まっている場合は針などを突き刺す。

シャワーヘッドの交換

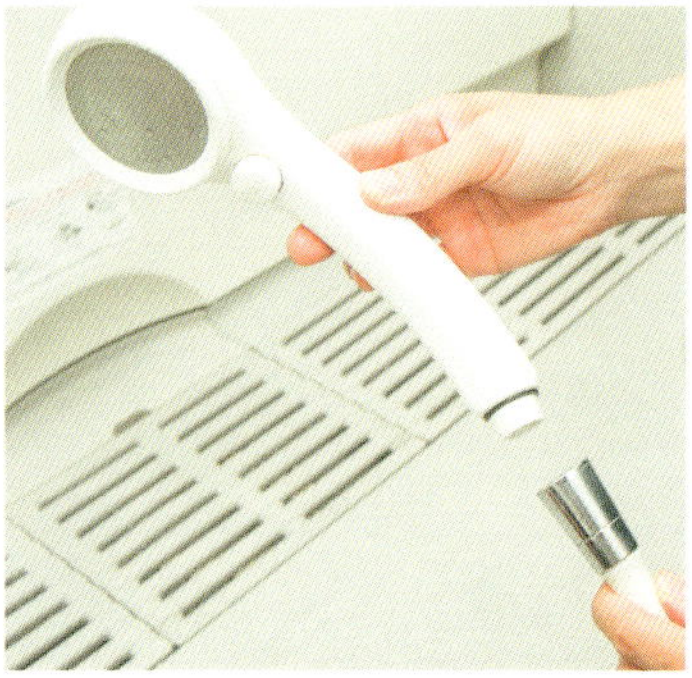

1 古いヘッドを回してはずす
ホースとヘッドを持ち、ヘッドを反時計回りに回転させてはずす。手がすべる場合はゴム手袋をはめるとよい。

2 新しいヘッドを装着する
新しいヘッドは、ホース側の金具を回して装着する。必要な場合はアダプターをつける。

Check!

機能が違うシャワーヘッド

シャワーヘッドは、デザインだけでなく機能もいろいろあるので、自分の生活に合ったシャワーヘッドを選んでみるとよいでしょう。

エステ機能

マッサージ、ミスト、ごく小さな泡の出るマイクロバブル機能など、エステ（美容）効果が期待できるものも。

塩素除去機能

フィルターのついたタイプ、ビタミンCを注入するタイプ、セラミック遠赤外線で水を活性化させるタイプなどがある。

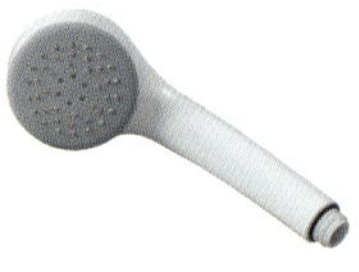

低水圧・節水機能

ヘッドの穴数を少なくする設計で、水量を減らしながら水の勢いを増す。手元ストップ機能があるものも。

ゴム状シール材（ゴムパッキン）の交換（浴槽とタイルのすき間の補修）

使う道具
- ヘラ
- カッターナイフ
- シリコン系充填剤
- マスキングテープ

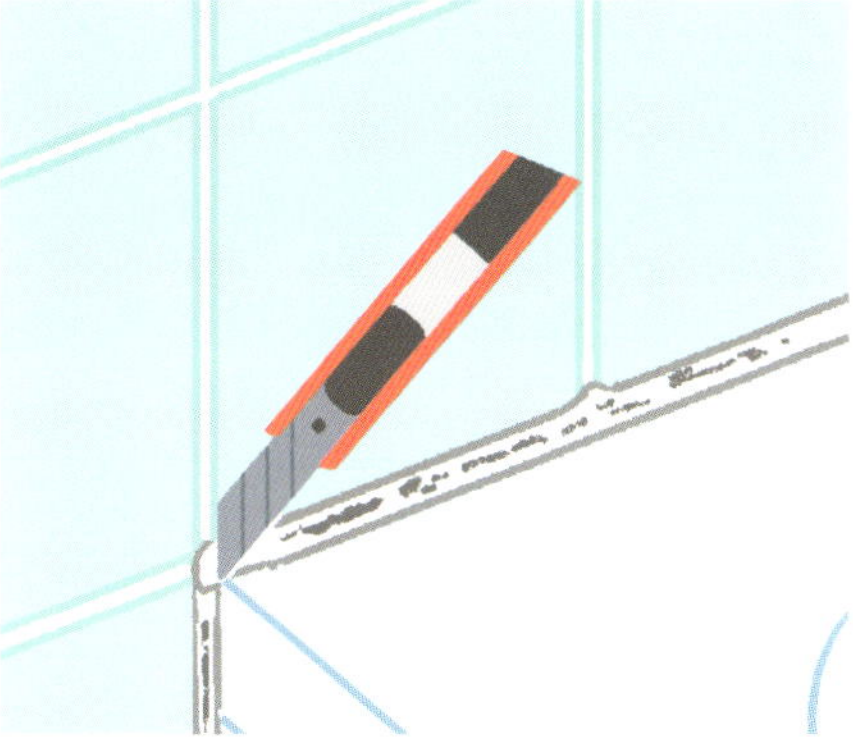

1 傷んだシール材をはがす
シールの両端にカッターで切れ目を入れ、切り取ってはがす。

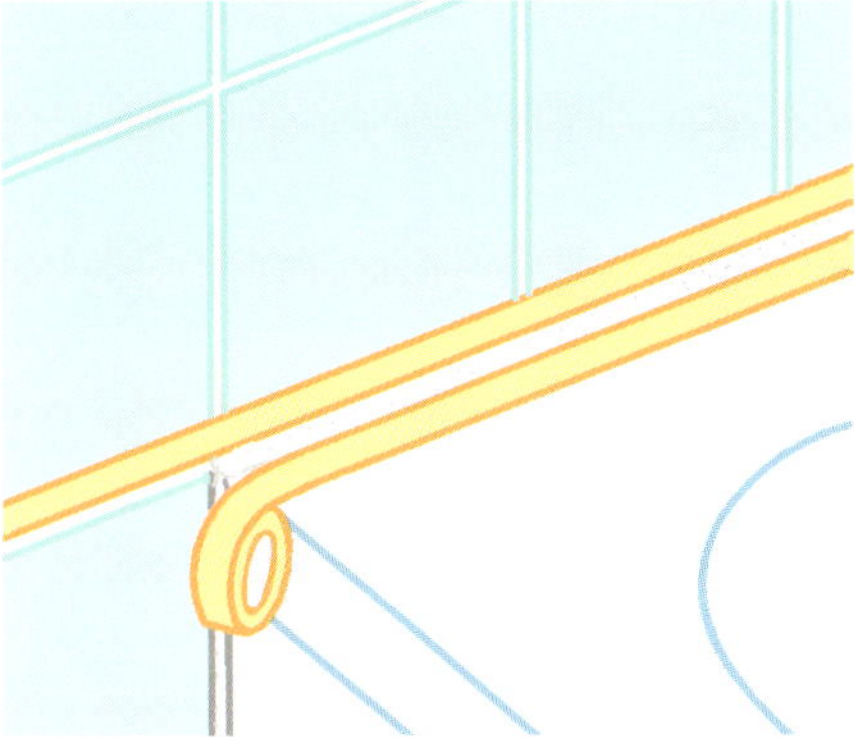

2 マスキングテープを貼る
充填剤を埋めるすき間を残し、両側にマスキングテープを貼る。

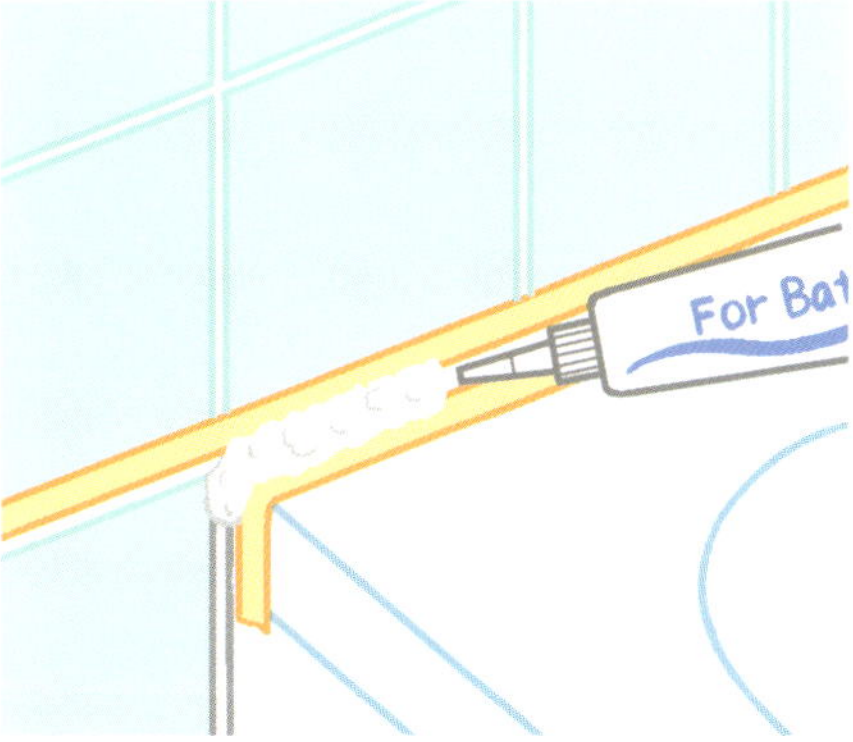

3 充填剤で埋める
マスキングテープの間にシリコン系充填剤を多めにしぼり出して埋めていく。

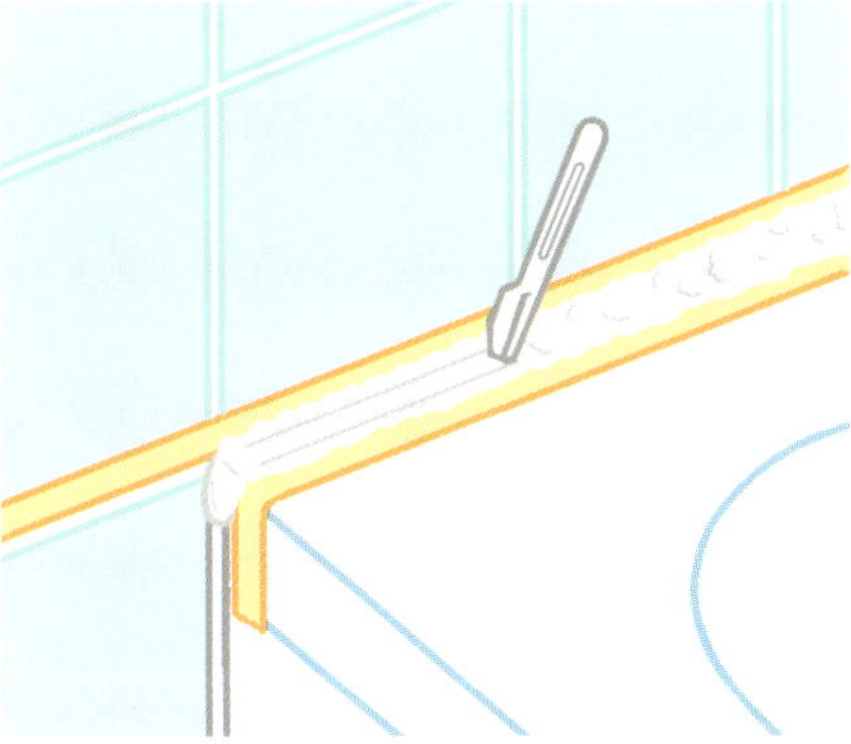

4 余分な充填剤をかき取る
ヘラで押しつけて余分な充填剤を取り除き、マスキングテープをはがす。24時間ほど置いて固める。

タイル壁目地の傷み

使う道具
- タイル目地用ホワイトセメント
- ヘラ
- ウエス

1 目地材で埋める
ホワイトセメント（目地材）に水を加え、耳たぶくらいに練る。ヘラに取って伸ばし、指先でならす。

2 余分な目地材を拭き取る
タイルについた目地材は、少し置いてから水で湿らせたウエスなどで拭き取る。

アドバイス
タイル目地の汚れを、上からなぞるだけで白くする補修ペンも便利です

水のトラブルを一時的に処置する 洗面ボウル・蛇口

ポイント

- 早めの対処でダメージを広げない
- 蛇口修理の際は止水栓を閉めておく
- 不安な場合は業者に相談する

洗面ボウルのヒビ割れ

使う道具
- ホーロー補修材
- 水性絵の具
- サンドペーパー
- ヘラ
- スポンジ
- ウエス

1 洗面ボウルの汚れを落とす

補修前に、洗面ボウルの汚れはスポンジなどでしっかり落とし、水気はウエスで拭き取っておく。

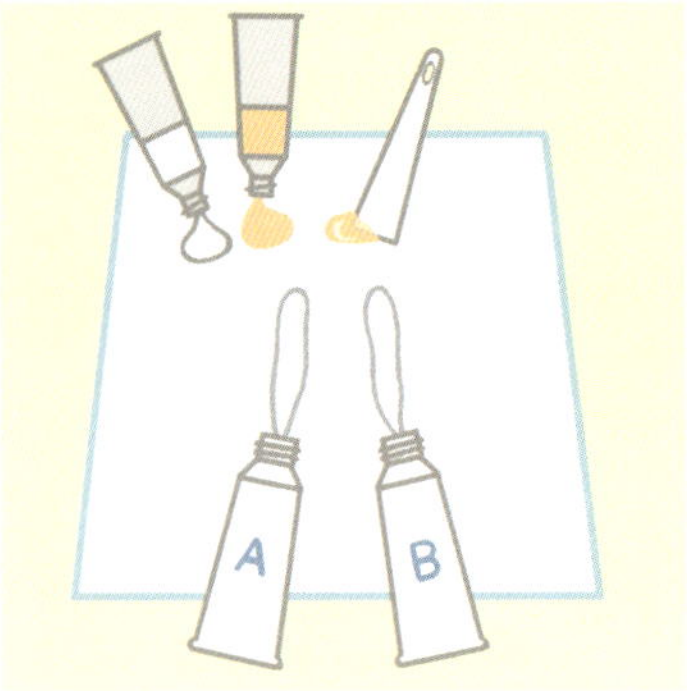

2 ホーロー補修材を絞り出す

ホーロー補修材 A 液、B 液を同量ずつパレットに絞り出し、水性絵の具を A 液に混ぜて色みを調整し、B 液と混ぜる。

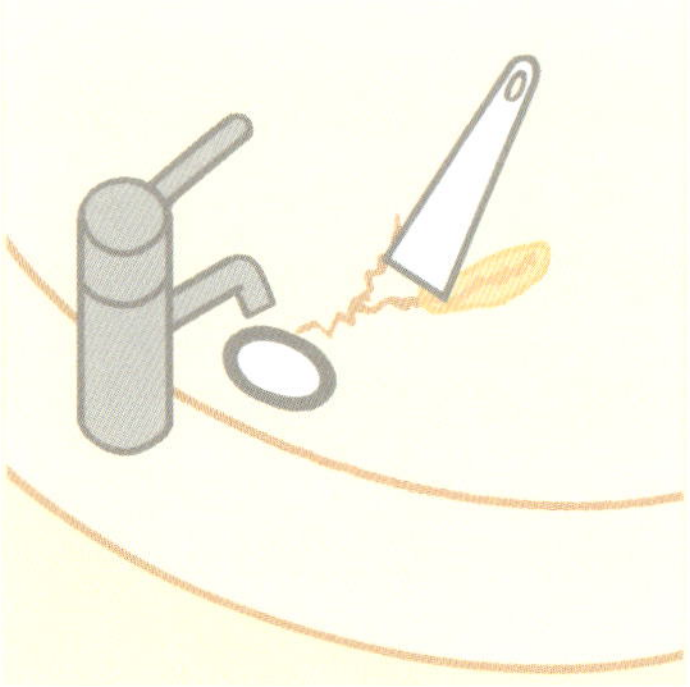

3 ヒビ割れ部分に塗る

ヘラに取った補修材をヒビ割れ部分に盛り上げるようにのせ、一気に塗りつける。3～4 時間置いて固める。

4 サンドペーパーで整える

凹凸は #240 サンドペーパーをかけて平らにし、#400 サンドペーパーで仕上げる。

裏ワザ

排水管のトラブルに「真空式パイプクリーナー」

「真空式パイプクリーナー」は、排水口にラバーカップをあて、レバーを引いたり押したりし、つまりを解消させます。排水管の奥のつまりには、ワイヤーつきのパイプクリーナー（ブラシ）を試してみてもよいでしょう。

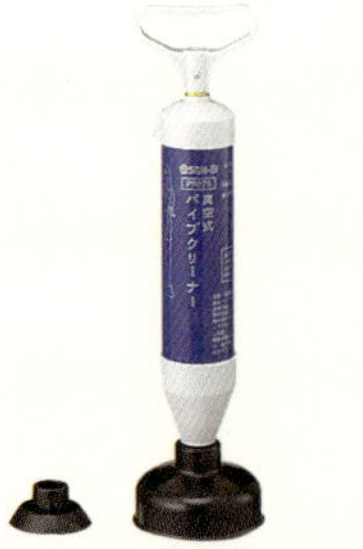

2000 円前後と比較的安価で、洗面所以外の場所でも使用できる。

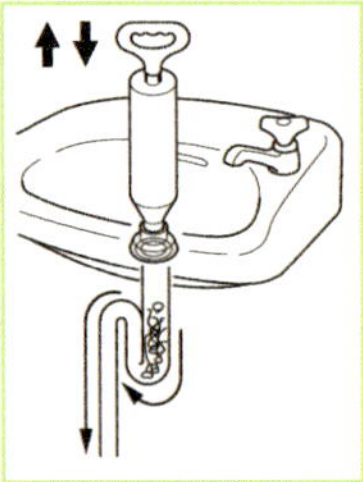

レバーを引いたり押したりしてつまりを解消する仕組み。

蛇口（単水栓）の水漏れ

作業の前には必ず止水栓を閉めておく

作業の前に止水栓を閉めておきましょう。止水栓が見当たらないときは、水道メーター近くの元栓を閉めてから行いましょう。また、細かな部品を流さないように、排水口に栓をしておくことも忘れずに。

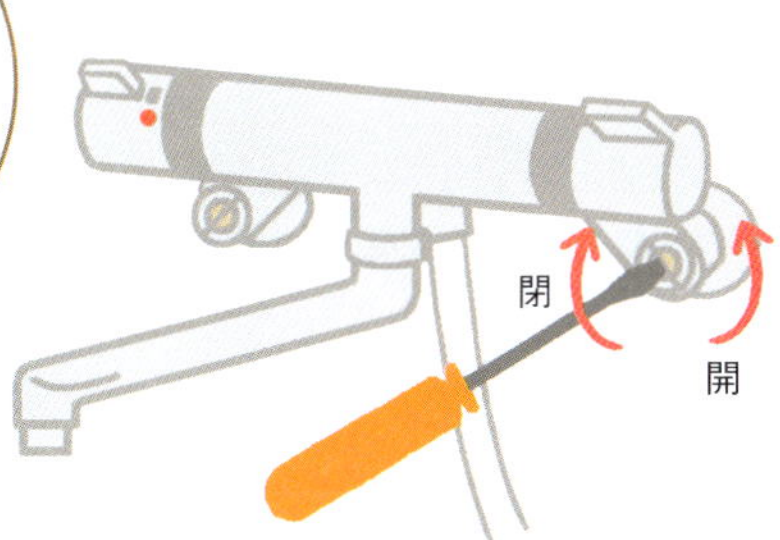

アドバイス

止水栓を閉めておかないと水が出てきてしまいます。念のため止水栓、元栓の両方を閉めておきましょう

ハンドル下から

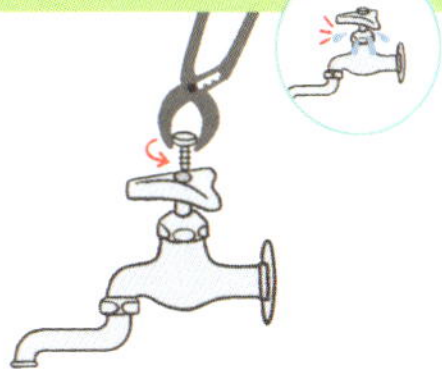

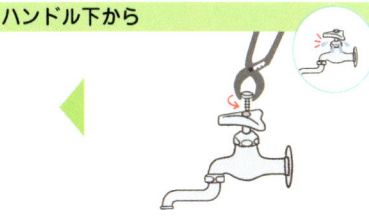

1 ハンドルを引き抜く

止水栓を閉め、プライヤーでカラービスをはずし、ハンドルを上に引き抜く。

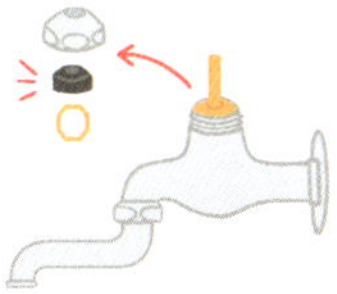

2 三角パッキンを替える

パッキン押さえをゆるめ、スピンドルから引き抜く。古いパッキンを新しいものに替え、もとの状態に戻す。

三角（上部）パッキン

パッキン押さえ部分からの水漏れを防ぐ。

蛇口から

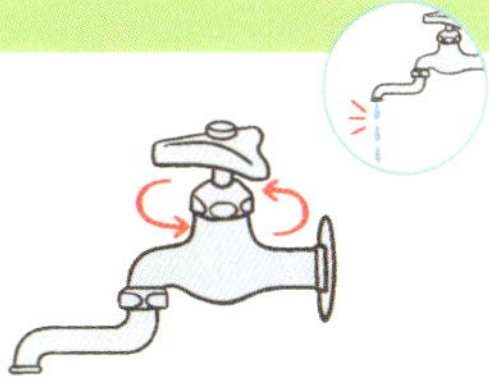

1 蛇口上部をはずす

まず止水栓を閉め、パッキン押さえをプライヤーなどで左に回し、スピンドルごとはずす。

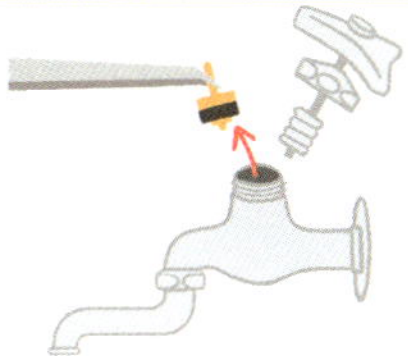

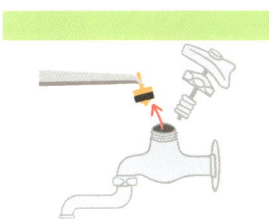

2 コマパッキンを替える

古いコマパッキンをピンセットなどで取り出し、新しいものに替える。もとの状態に戻す。

コマパッキン

蛇口から水がポタポタ垂れてくるのは「コマパッキン」の摩耗や劣化が原因。

パイプのつけ根から

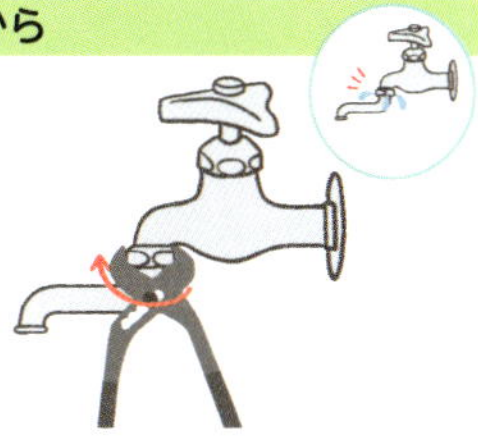

1 パイプを抜く

パイプナットをゆるめてはずし、パイプを引っこ抜く。

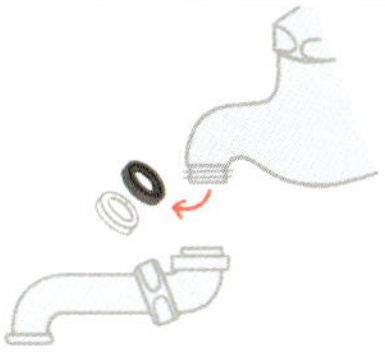

2 U字パッキンを替える

古いU字パッキンとパイプリングをはずし、新しいU字パッキンとパイプリングを入れる。もとの状態に戻す。

U字パッキン

U字パッキンとパイプリングはセットで販売されている。

使う道具

- パッキン
- プライヤー
- ピンセット

水洗機能

トラブルの原因を探すことから始める

ポイント

- 水洗構造、タンク内の仕組みを知っておく
- 部品が老朽化していないか定期的に確認
- 修理中は止水栓を閉める

トイレタンクの仕組み

レバーを引くとフロートバルブが上がり、
タンクにたまっている水が便器に流れる仕組み。
構造を知って修理・修繕に役立ててください。

［タンクの構造］

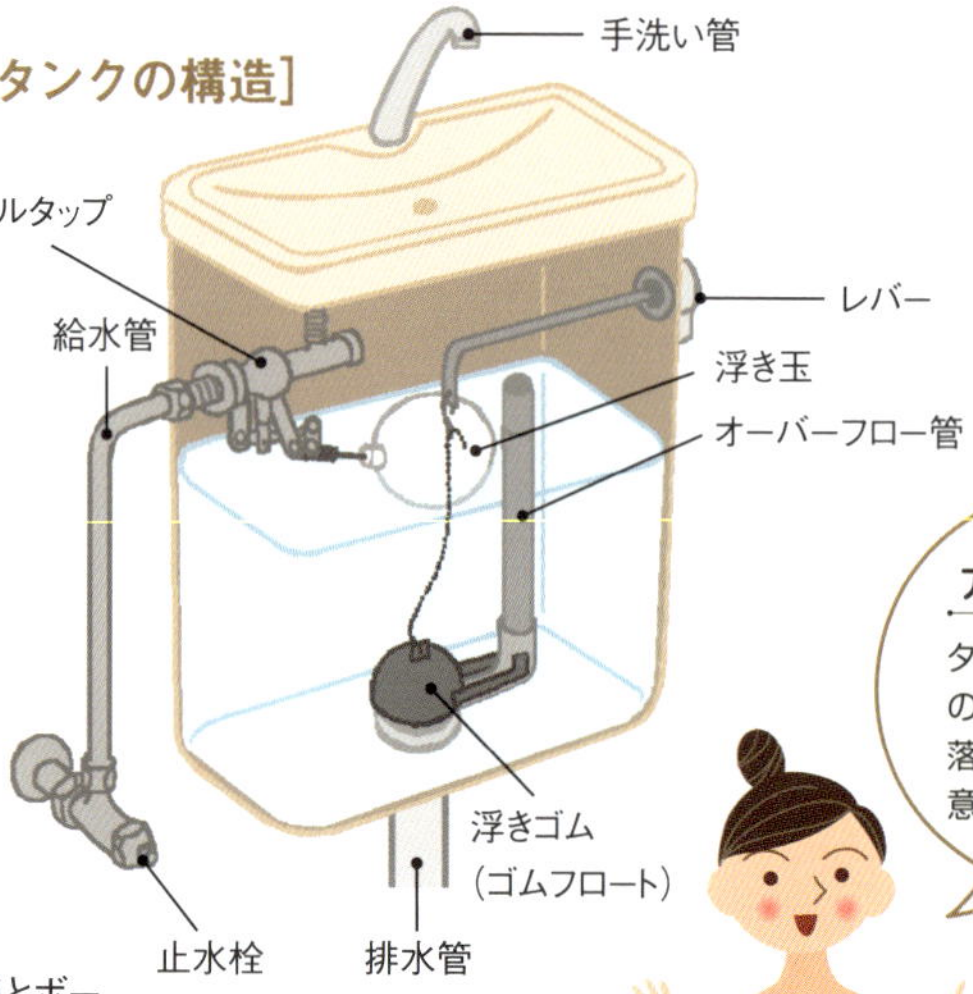
手洗い管
ボールタップ
給水管
レバー
浮き玉
オーバーフロー管
浮きゴム
（ゴムフロート）
止水栓
排水管

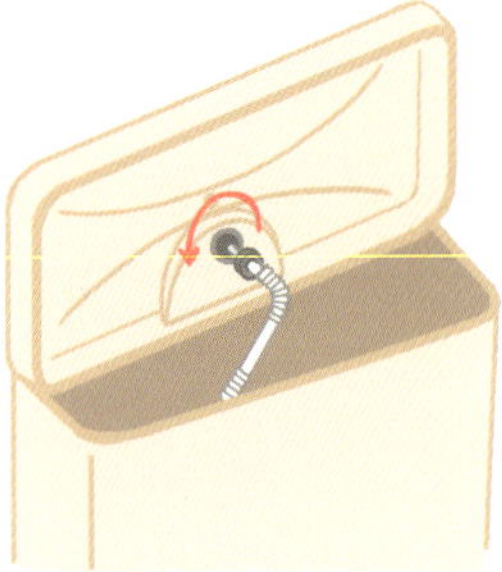

タンク上部のはずし方

手洗い部分をはずすには、手洗い管とボールタップをつなぐビニールのジャバラ管またはゴム管をはずす。種類によって異なるが、多くは手で回して引っ張るとはずれる。

アドバイス
タンク上部は重いので手がすべって落とさないよう注意しましょう

タンク内をチェック

水が止まらない

浮きゴム（ゴムフロート）の老朽化

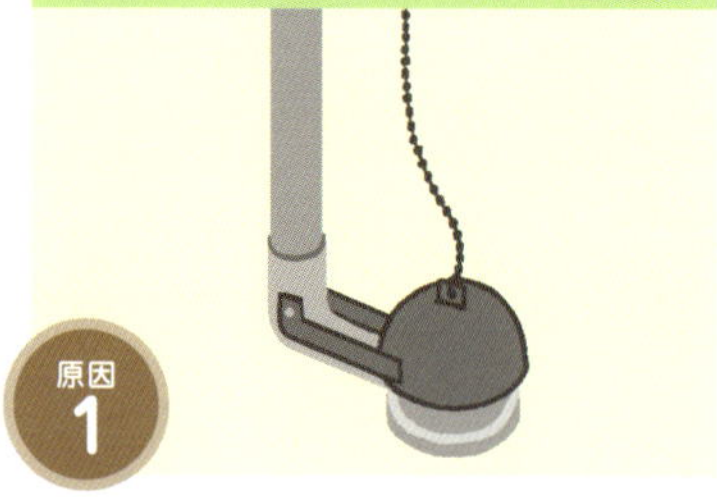
原因
1

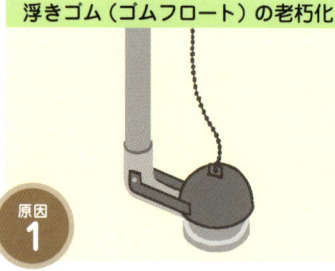

触って手が黒くなるようなら老朽化している証拠。タンクの水を抜き、新しい浮きゴムに替えよう。

浮き玉の異常

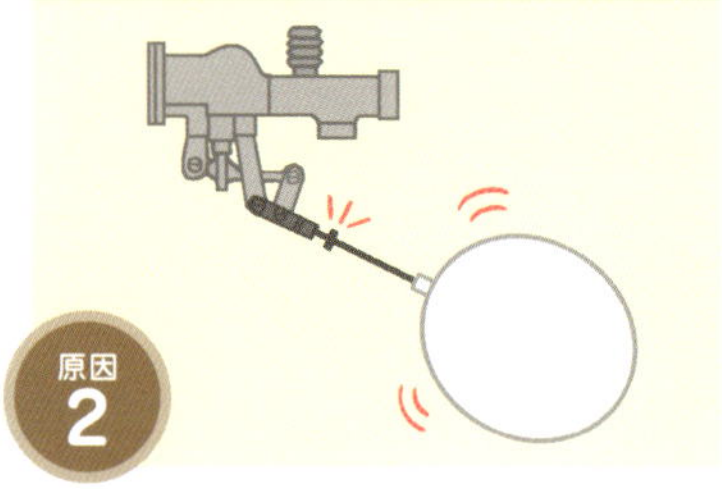
原因
2

浮き玉の状態を確認し、はずれている場合は中央部に戻す。破れているなどの劣化がある場合は交換する。

ボールタップの老朽化

原因
3

ボールタップのピストンバルブについたパッキンを交換する。それでも直らない場合はボールタップごと交換する。

タンク内をチェック

水が流れない

くさりの異常

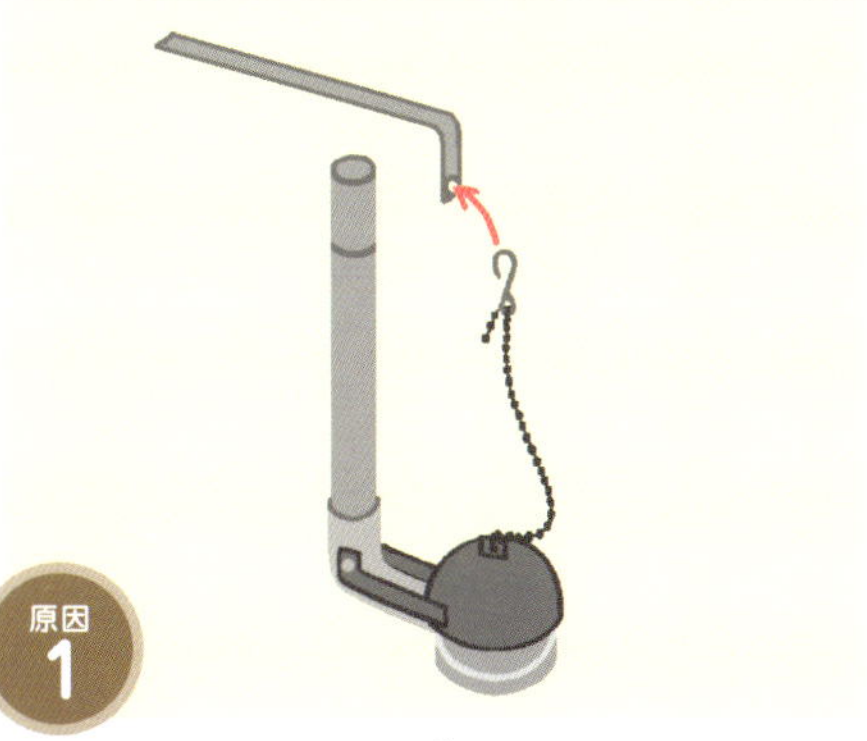

原因1

浮き玉についたくさりがはずれていたり、切れていたりすると水が流れない。応急処置にはビニールヒモを使うとよい。

浮き玉の異常

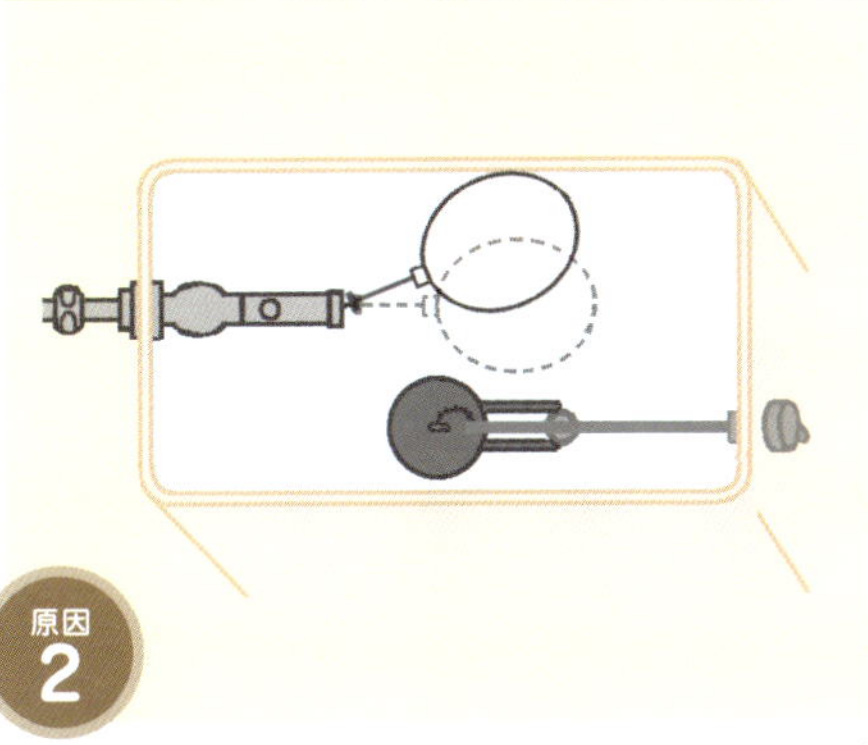

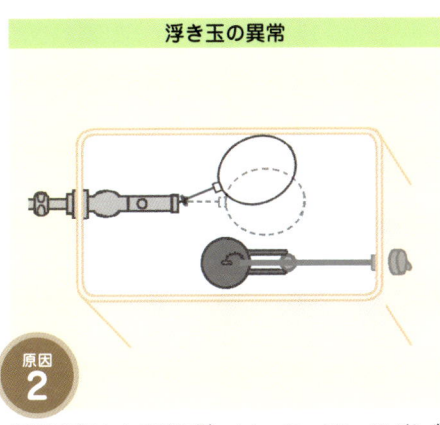

原因2

浮き玉がタンクの壁に引っかかっていたり、下がらずに止まっていたりしたら、手で押し下げてみる。

水のつまり

状況の確認

便器に水を流したとき、一度水位が上がり、その後少しずつ下がるような状態はつまりかけ。ラバーカップで早めの処置を。

ラバーカップで吸引

ラバーカップを便器の穴にあて、ぐっと押し込み、勢いよく引く。何度か繰り返す。

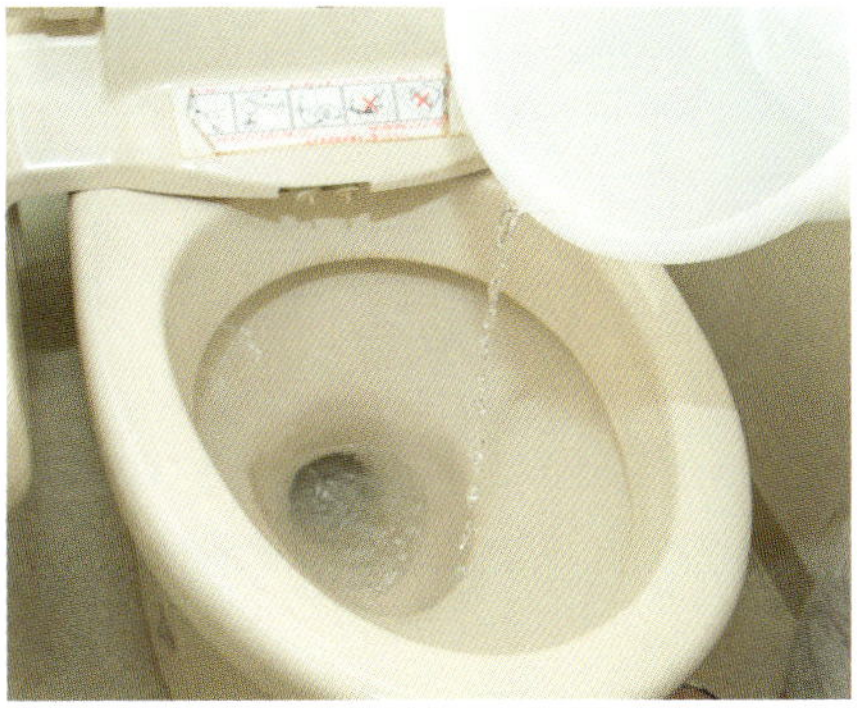

水が引いたら解消

つまりが取れると、水がスーッと引く。引かない場合は、バケツの水を少しずつ流して確認を。

使う道具

・ラバーカップ

アドバイス

おもちゃや携帯電話、ボールペンなどを流したときは要注意。吸引しきれない場合は専門業者に依頼しましょう

暖房洗浄機能

掃除で不具合が解消できることも

ポイント

- 取扱説明書をよく確認する
- 日頃の掃除をしっかりすること
- 操作部の故障なら業者に連絡する

暖房便座機能のトラブル

便座が冷たい

原因と対処法

- コンセントをさしなおす。ぴったり接触させても温かくならない場合、コンセントなどが老朽化している可能性があるので、老朽化している部分もしくは暖房便座を取り替える。
- 温度設定が低すぎないか、節電設定になっていないか確認する。
- 着座センサーの汚れを拭く。着座しているとみなされて高温になり、ヒーターの安全装置が作動することがある。

アドバイス

原因がわからない場合は、製品の取扱説明書を確認するか、メーカーへ問い合わせてみましょう

洗浄機能のトラブル

水の勢いが弱い

原因と対処法

- 洗浄シャワーの水勢レベルを確認する。
- ノズルのお手入れをする。つまっていることがあるので、先が細いブラシなどで掃除する。

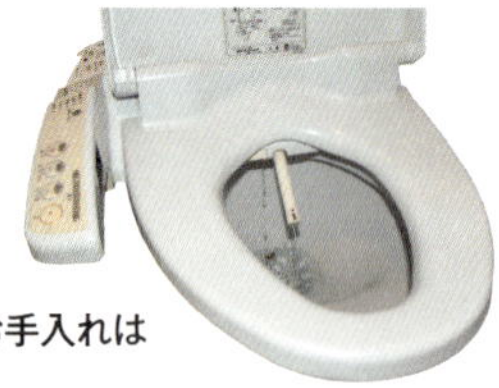

▶ノズルのお手入れは47ページ

温水が出ない

原因と対処法

- コンセントを抜きさしして接触をよくする。
- 止水栓をきっちり開く。
- 自動電源 OFF 設定になっていたら解除する。
- ノズルのお手入れをする。つまっていることがあるので、先が細いブラシなどで掃除する。

リモコンのトラブル

動かない

リモコン発信部、本体の受信部が布などで覆われていないか確認する。

原因と対処法

- 電源ランプの点灯、コンセントが抜けていないか確認する。リモコンの電池が切れている可能性もあるので、電池が切れていたらリモコンハンガーからリモコンをはずし、電池を交換する。また、本体の横に簡易な操作部があるので一時的に代用することもできる。
- リモコン発信部（受信部）の汚れ（ホコリ）を拭き取る。

第5章

おいしく安全に
料理のきほん

Cooking

キッチン道具・調味料

そろえておきたい
キッチン道具

料理を始める前にそろえておきたいキッチン道具。まずは最小限のものを用意し、暮らしに合わせて増やしていきましょう。サイズは家族の人数に合わせて選ぶのが基本。

基本の道具

食材を切ったり、炒めたりと料理をするのに最低限必要なのが包丁とまな板、そしてフライパンや鍋。作る分量＝人数に合わせてサイズを選びましょう。

扱いやすいシリコン製のヘラがおすすめ

フライ返し・おたまなど

菜箸のほか、おたま、フライ返し、ヘラなどを各1本は用意する。食材を混ぜたり、すくったりするのに使う。

まな板はプラスチック製がおすすめ

包丁・まな板

まな板のサイズは調理台の広さに合わせる。初心者はプラスチック製が扱いやすい。包丁は万能包丁が1本あれば食材全般を切ることができる。

鍋は大小2種用意するのがおすすめ

鍋

直径 15cm の片手鍋は汁物などに便利。直径 20cm 以上で深さのある鍋は煮物などに使えるうえ、麺などもゆでられる。

フタも用意しておくと便利

直径 22 ~ 24cm のフライパン

1～3 人分なら直径24cm あれば十分。フッ素樹脂加工のものが軽くて手入れもしやすい。初心者にも向いている。

ふきんやスポンジはこまめに取り替えて

ふきん・洗剤・食器洗い用スポンジなど

食器や調理器具を洗うのに必要。ふきんはタオルなどで代用せず、キッチン専用のものが扱いやすい。

一人暮らしならまずはこのセットを

食器・カトラリーなど

箸やフォーク・スプーンなどのカトラリーは予備の分までそろえておくとよい。お皿は平皿のほか、丼など深めの器があると便利。

ガステーブルを購入する際は設置場所のサイズをよく確認して

コンロ

熱源はガスと IH ヒーター（電力）とがある。IH ヒーターの場合は対応する調理器具（鍋やフライパン）を使おう。

3合炊きや5.5 合炊きが一般的

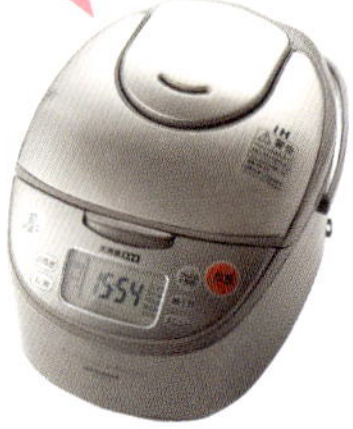

炊飯器

炊飯量だけでなく、加熱方式や機能も多種多様にあるので、暮らしに合わせて選択する。1～2 人分なら3合炊きを。

あると便利な道具

調理をより充実させるにはザルやボウル、計量器具などが必要になります。そのほかラップや密閉容器などがあると食材の保存に便利です。

サイズ違いを2～3個そろえたい

ボウル・ザル・バット

料理の下ごしらえに使える。ボウルとザルは直径12～28cmくらいのものを数個そろえておくとよい。バットは揚げ物に使う。

サイズ違いがあると、メニューや量に合わせて使い分けられる

フライパン・鍋

目玉焼きが焼けるくらいの小さめのフライパンや、3～4人分の麺がゆでられる深めの鍋など、基本の調理器具のサイズ違いがあると便利。鍋は煮込み料理に重宝するホーロー鍋や圧力鍋など、用途に合わせてそろえる。

変形を防ぐため電子レンジOKかどうかは要確認

密閉保存容器・保存袋

フタつきの密閉できる容器や、ジッパーつきの保存袋は食材のニオイや汁もれを防いでくれる。電子レンジ加熱OKのものや、冷凍保存用などが便利。

キッチン掃除にも活用できる

ラップ・アルミホイル・ペーパータオル・ポリ袋

下ごしらえや保存に便利。電子レンジを使う場合、ラップが必要になることが多いので用意しておこう。

下ごしらえの時間を短縮

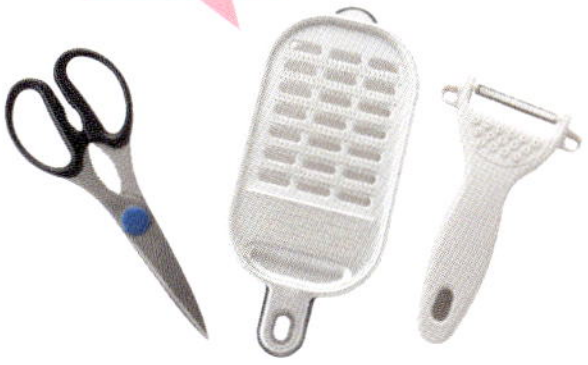

キッチンバサミ・おろし器・ピーラー

下ごしらえの時間が短縮でき便利。包丁ではやりにくい細かな作業などに使う。調理に慣れていない人でも簡単なのでおすすめ。

料理初心者は分量を知ることが大切

計量カップ・計量スプーン・はかり

計量スプーンは大さじ（15ml）と小さじ（5ml）、計量カップは200mlを用意。お菓子作りには、はかりがあると便利。

Check!

そのほかのキッチン家電

キッチン道具や家電は、気がつくとどんどん増えてしまうので、収納スペースや用途などをよく考えてそろえましょう。

電子レンジ

食品を加熱するだけのシンプルなものから、オーブン機能やスチーム機能がついたものなど、種類はさまざま。

オーブントースター

トーストを焼くのはもちろん、グラタンなどのオーブン調理にも使える。高温になるのが早く、カリッと仕上がる。

ホットプレート

焼き肉やお好み焼きなどをテーブル上で調理できるので大勢で囲む食事など、休日の食卓やパーティーなどに便利。

そろえておきたい 調味料

料理の味を左右する調味料。まずは基本の調味料と、その使い方をおさえておきましょう。正しい計量の仕方も覚えておくと仕上がりに差がつきます。

基本の調味料

「さ・し・す・せ・そ」に油をプラス

さ＝砂糖、し＝塩、す＝お酢、せ＝しょうゆ、そ＝みその基本の調味料を、煮物などの味付けのときに使う順番で表したのが「さ・し・す・せ・そ」。あとは油があればまずはＯＫ。

す＝お酢

し＝塩

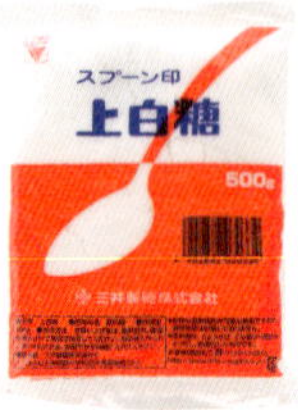

さ＝砂糖

油

そ＝みそ

せ＝しょうゆ

アドバイス

「さしすせそ」の順番で入れると味がしみ込みやすいので、覚えておくと便利です

あると便利な調味料

味付けのバリエーションを広げるなら

基本の調味料だけでは出せない深みのある味に仕上げるには、だしや酒・みりんも必須。ケチャップやマヨネーズはかけるだけでなく、料理の味付けにも使えます。使用頻度に合わせたサイズや量のものを選びましょう。

こしょう

料理の味を引き締めるスパイス。白より黒の方が辛みが強い。

みりん・料理酒

煮物に使うことが多く、料理にコクとうまみをプラスする。料理酒は日本酒でも可。

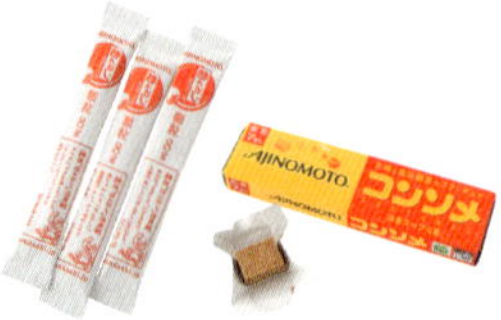

だし・コンソメの素

顆粒だしやキューブのコンソメの素なら、手軽にだしが取れる。

▶だしの取り方は224ページへ

ソース

揚げ物にかけるほか、カレーの隠し味に。

マヨネーズ

サラダはもちろん、炒め物の味付けにも。

トマトケチャップ

オムレツにかけたり、チキンライスの味付けに。

計量の基本

「正しい計量」で料理の失敗もなし

材料の分量を正確に量っておくことが、味付けで失敗しないコツ。特にはじめのうちは面倒でも計量するくせをつけましょう。

計量カップ　1カップ=200ml（200cc）

カップ、ml（ミリリットル）、g（グラム）表記がある。1ml=1ccと覚えておくとよいでしょう。

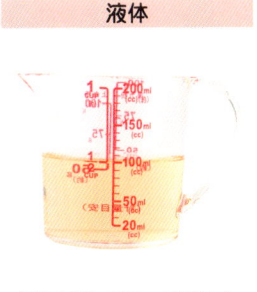

液体

平らな所に置き、真横から目盛りを読む。

粉類

軽くゆすって平らにする。ギュッと押し込むのはNG。

アドバイス
お菓子作りでは特に正確に計量を

計量スプーン　大さじ1＝15ml、小さじ1＝5ml

この2本があれば十分。小さじ1/2＝2.5mlつきの3本セットのものもあります。

液体

1杯
表面張力で液体が盛り上がるまで入れる。

1/2杯
スプーンは下の方が狭くなっているので7分目まで入れる。

粉類

1杯
多めにすくい、すりきり棒や箸で表面を平らにする。

1/2杯
1杯を量ったあとに、真ん中に線を入れて半分を除く。

手ばかり

少々、ひとつまみ、ひとにぎりなどは、計量道具がなくても手ばかりで量れるので覚えておくと便利です。

少々

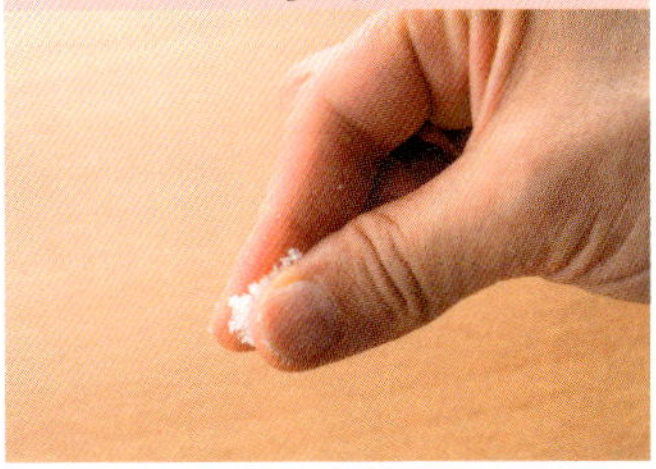

指2本でつまんだ量
（小さじ1/8程度）

ひとつまみ

指3本でつまんだ量
（小さじ1/4～1/5程度）

ひとにぎり

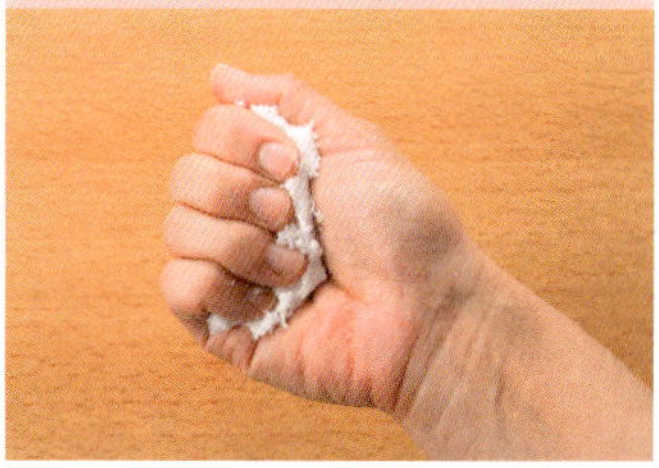

軽くにぎった量
（大さじ2程度）

使い分けで料理を手早く
包丁・キッチンバサミ・ピーラー

ポイント

- 包丁は正しい持ち方と構え方で
- 細かな作業にはキッチンバサミが便利
- お手入れをしてから収納する

包丁

基本の使い方

毎日のように使う包丁は、正しい持ち方や動かし方をすることで、料理をおいしくキレイに仕上げられます。姿勢にも気をつけましょう。

動かし方

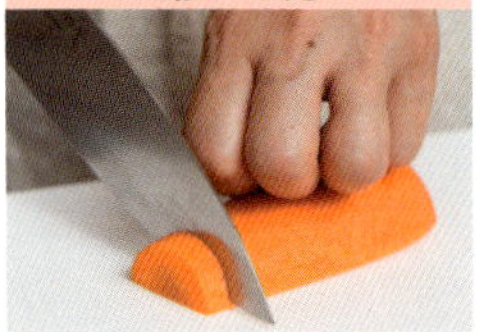

上から押しつけるのではなく、手前に引く、奥に押す、前後に動かすことで切れる。魚や肉は包丁を手前に引いて、野菜は向こう側に押すようにして切る。

構え方

調理台から少し体を離し、自然な感じに右足を引く。ちょうど調理台と右手と左手とで三角形になるように構え、包丁の刃が素材に対して直角になるようにする。

持ち方

親指と人差し指で刃元をしっかり握り、残りの3本の指で柄を握るのが一般的な持ち方（上）。細かい作業をするときは、人差し指を包丁の峰（みね）に立てる（下）。

あると便利な包丁

肉や野菜などを切る包丁があれば十分ですが、果物の皮むきや、パンなどを切るのに適した専用の包丁があると作業がラクになります。

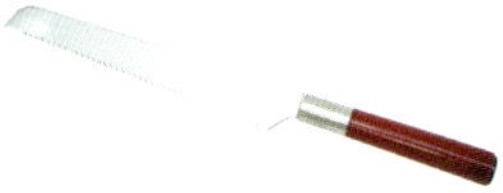

パン切り包丁

波刃のついた包丁で、やわらかいパンやケーキをキレイに切ることができる。

ペティナイフ

皮むきや野菜の飾り切りなど、細かな作業に向いた小さめの包丁。

万能包丁

どんな食材にも対応できる用途を選ばない包丁。初心者ならこれ1本で十分。

基本のお手入れ

きちんと手入れをすれば長く使える包丁。使ったらすぐに洗って、水気を拭いて保管しましょう。切れ味が悪くなったら研いでから使いましょう。

アドバイス

シャープナーであれば手軽に研ぐことができます

切れ味が悪くなったら

切れ味が悪くなったら研ぐのが基本。砥石で研ぐのは慣れが必要なので、家庭ではシャープナーなどを活用する。前後に5～10回程度動かすだけでOK。

使ったあとは

包丁を使ったら食器洗い洗剤で洗い、よくすすいでから乾いたふきんで拭く。サビないようによく乾かしてから収納する。

キッチンバサミ

基本のお手入れ

使ったあとは

刃を大きく広げて重なり部分も拭く

食材を切るなどして汚れがついたら、食器洗い洗剤で洗う。よくすすいでから乾いたふきんで拭いて、しっかり乾燥させる。

切れ味が悪くなったら

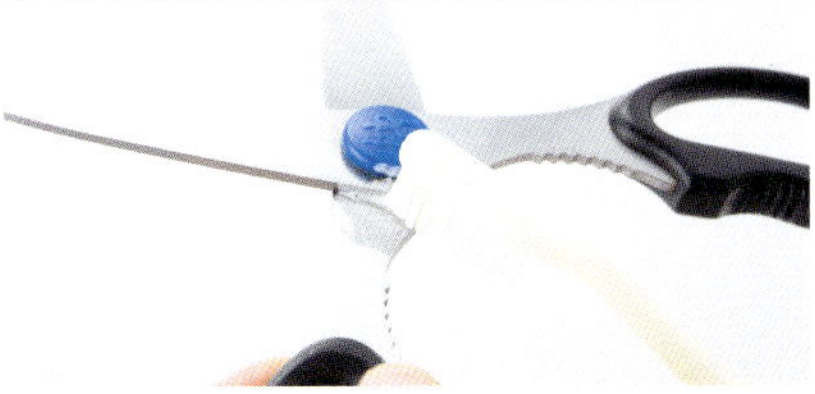

ネジまわりに食材がついて開きにくくなったら、クレンザーを歯ブラシにつけてこするとキレイになる。水洗いしてから拭くこと。

基本の使い方

包丁では切りにくい食材や、作業しにくい細かな部分のカットに便利。普通のハサミと同じように使えるので、包丁をうまく使えないという人は包丁の代用にも。

〈こんな作業にも便利〉

のりや万能ねぎなどが、細かくキレイに切れる。

魚介類の下処理などの細かい作業もできる。

ピーラー

ピーラーの種類

T型

もっともポピュラーなタイプ。皮むきからスライスまで、幅広く使え、安定感がある。握りやすいものを選んで。

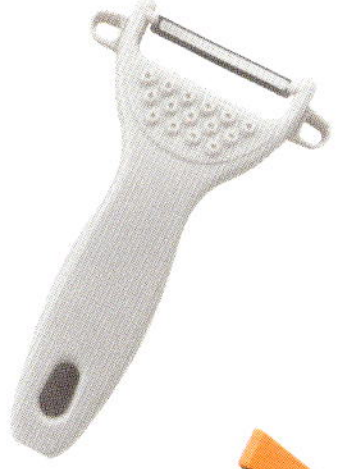

I型

ナイフのように握って皮がむける。大きな食材には不向きだが、丸い形の食材の皮むきに最適。

基本のお手入れ

刃のすき間に挟まった食材はつま楊枝などでかき出してから、食器洗い洗剤で洗う。よくすすいでから拭いて収納する。

基本の使い方

じゃがいもやにんじんなどの皮をむくのに最適。手でしっかり握り、食材の表面に沿って刃を上から下に動かします。慣れないうちは食材をまな板に置いて作業を。

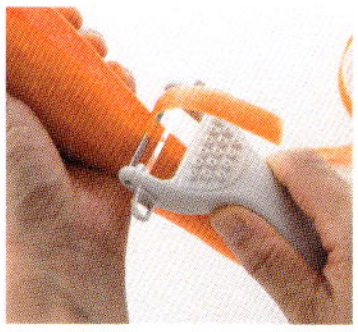

〈こんな作業にも便利〉

突起部分では、じゃがいもの芽が取れる。

ごぼうのささがきなど、細かく削れる。

しっかり覚えて料理上手に 材料の切り方

野菜の切り方

野菜の切り方をマスターしましょう。見た目だけでなく、切り方によって火の通りや食感、味のなじみ方が変わってくるので、しっかり覚えましょう。

乱切り

棒状の野菜を手前に回しながら斜めに切っていく。大きさはそろえること。

ざく切り

キャベツや白菜などを、幅4cmくらいの適当な大きさにザクザク切っていく。

せん切り

長さ5cm前後に、端からごく細く切っていく。キャベツの場合は繊維に沿って切る。

さいの目切り

1cm角のサイコロのように切っていく。「角切り」は指定の大きさで立方体に切る。

みじん切り

野菜を細かくきざむ切り方。細切りにした野菜をさらに細かく切る。

ささがき

細長い野菜、おもにごぼうに使う。野菜を回しながら、包丁で削る要領で切っていく。

- 野菜は切り方で仕上がりに差が出る
- 面倒な下処理は電子レンジを使う
- ひと手間かけるとよりおいしく仕上がる

裏ワザ

面倒な下処理に電子レンジが活躍

皮が固いかぼちゃや、皮むきにひと苦労する里いもなどは、電子レンジで加熱するのがおすすめ。驚くほど簡単に切れたり、皮がむけたりするので、手間と時間の節約になります。

里いも

洗った里いもを耐熱皿にのせ、ラップをして電子レンジで加熱すると、皮がツルッとむける。

かぼちゃ

ラップで包み、電子レンジで加熱するとやわらかくなり、切るのがラクに。

輪切り

きゅうりやにんじんなど、丸い棒状の野菜で使う切り方。端から一定の厚さで切っていく。

いちょう切り

いちょうの葉の形のように切る。丸い棒状の野菜をタテに4等分に切り、端から一定の厚さで切っていく。

短冊切り

短冊の形のように切る。長さ5cm前後、幅1cmくらいの長方形を2mmほどの厚さに切っていく。

小口切り

ねぎやオクラなど、細長い野菜を端から一定の幅で切っていく。

拍子木切り

拍子木の形のように切る。長さ5cm前後、幅1cmくらいで、短冊切りよりも厚く切っていく。

くし形切り

玉ねぎやトマトなど丸い野菜をタテ半分にし、中央に向かって等分に切り分けていく。

覚えておくと便利な切り方

ひと手間かけることで味や見た目に差が出るのが、野菜や肉の下処理。面倒な作業ですが、基本の方法をしっかり身につけておきましょう。

筋切り

ロース肉の脂肪と赤身の間に、包丁の先で数カ所の切り目を入れる。火を通したときに反り返って縮むのを防ぐ。

観音開き

中央にタテに切り込みを入れ、切り離さず左右にそぐように切って開く。鶏肉などの厚みを均一にできる。

隠し包丁

輪切りにした大根などの裏側に、1/3 ～ 1/2 くらいの深さに十文字の切り込みを入れる。火の通りと味しみがよくなる。

面取り

大根やかぼちゃなどを切った後、包丁で角をくるりとむき取るような要領で丸くする。煮崩れを防ぐ効果がある。

野菜・くだもの

かしこく買い物、正しく保存

- 色鮮やかでハリのあるものが新鮮
- ラップや新聞、ポリ袋で保存する
- なるべく新鮮なうちに食べきる

野菜室に保存する野菜

葉野菜

ほうれん草、小松菜、チンゲン菜など

●選び方

葉の色が鮮やかで変色がなく、みずみずしくピンと張っているもの。茎や根元がしっかりしているもの。

●保存方法

湿らせた新聞紙やペーパータオルで包み、ポリ袋に入れ、立てて保存する。傷みやすいため2～3日で使いきる。

結球類

キャベツ、レタス、白菜など

●選び方

葉にツヤとハリがあり、切り口が白く、変色していないもの。キャベツや白菜は重く、巻きがしっかりしているもの。レタスは巻きがふんわりしているもの。

●保存方法

ラップやポリ袋に包んで保存。カットすると傷みやすいので、外葉からはがして使う。キャベツは芯をくり抜き、湿らせたキッチンペーパーをつめておく。

果菜類

きゅうり、なす、トマトなど

●選び方

重みがあって全体にツヤやハリがあり、ヘタがピンと立っているもの。ピーマンは肉厚のもの。

●保存方法

ラップで包むかポリ袋に入れる。きゅうりはヘタを上にして立てておく。きゅうりやなすは2～3日で、トマトは完熟したら早めに食べきる。

花菜類

ブロッコリー、カリフラワーなどは、変色しているものは避け、つぼみが固く引き締まっているものを選ぶ。ポリ袋に入れて保存する。

豆類

スナップえんどう、さやえんどう、いんげんなどは、豆が小さく、さやにハリがあって鮮やかな緑色のものを選ぶ。ポリ袋に入れて保存。

きのこ類

しいたけ、えのき、しめじなどは、かさが開きすぎず、弾力があって軸がしっかりしているものを選ぶ。ラップで包んで保存する。

常温で保存する野菜

根菜類

にんじん、大根、ごぼう、れんこんなど

アドバイス

野菜をカットした断面は乾燥しやすく、変色の原因になるので、ラップでぴったり包んでおきましょう

●選び方

茎の切り口が黒ずんでないものは新鮮である証拠。この切り口の直径が小さいものが、やわらかくおいしいにんじん。

●保存方法

新聞紙などに包んで冷暗所で立てて保存する。にんじんは表面の水気を拭き取ってから、大根は葉を落としてから保存。カットしたものはラップをして、また春・秋のにんじんはポリ袋に入れて野菜室へ。

いも類

じゃがいも、さつまいも、里いもなど

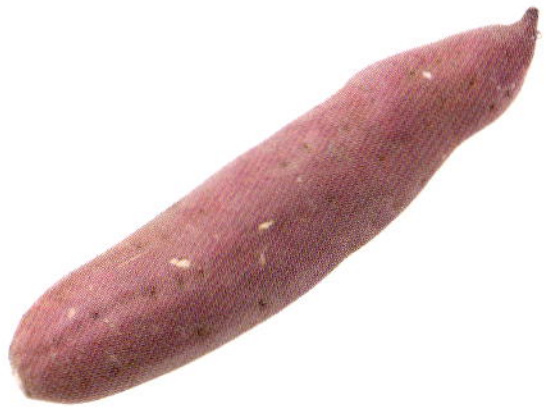

アドバイス

常温保存用の野菜ストッカーを利用するのもよいでしょう。さつまいもは5℃以下で低温障害が出るため野菜室での保存は避けます

●選び方

皮にハリがあり、ひげ根が少ないもの。葉が変色しているものや、切り落とし部分が乾燥しているものは避ける。

●保存方法

新聞紙や紙袋で包んで風通しのよい冷暗所で保存する。夏場は、じゃがいもは新聞紙に包みポリ袋に入れて、里いもは泥をキレイに洗って乾かし、新聞紙で包んで野菜室へ。

泥つき野菜の保存のコツ

そのまま放置せず下処理して保存する

野菜が泥つきのまま売られているのは、鮮度を保つためです。ただし家庭で保存する際は、そのまま放置すると乾燥、腐敗してしまうので注意しましょう。

洗ってから保存

泥をはらい落とし、水洗いしてからしっかり乾燥させ、ラップやポリ袋に入れて野菜室へ。2〜3日保存できる。

新聞紙に包んで保存

泥つきのまま新聞紙に包んで、冷暗所に立てて保存する。1週間くらい保存できる。

野菜のゆで方・炒め方

野菜は水からゆでるものと、お湯からゆでるものがあります。

炒め物は初心者でも挑戦しやすい料理。ちょっとしたコツを覚えて、おいしく仕上げましょう。

お湯からゆでるもの

葉ものなど土の上で育つもの

火を通しすぎると変色したり食感や栄養が損なわれるので、沸騰したお湯でごく短時間ゆでる。

水からゆでるもの

根菜類など土の中で育つもの

実が固く、火が通るのに時間がかかるため、水からじっくりゆでる。

炒め物をおいしく仕上げるコツ

●大きさをそろえる

火の通りや食べやすさを考えて、野菜の大きさをそろえて切る。

●大きめのフライパンを使う

強火で一気に仕上げるには、熱が下がりにくい大きめのフライパンを。

●水気をしっかりきる

野菜から水分が出て、べちゃっとしてしまわないよう、水気をしっかり切る。

●火の通りにくいものから順に

できあがりがちょうどよい固さになるよう、火の通りにくいものから炒める。

水気をしっかり切る

大きさをそろえて切る

野菜炒めの作り方

1 肉を炒める

フライパンを強火にかけ油を熱し、一口大に切って塩・こしょうした肉(豚肉など)を炒める。

2 火の通りにくいにんじん、玉ねぎを炒める

食べやすく切ったにんじん、玉ねぎなどの材料を入れて、さらに炒める。

好みで酒、しょうゆを加えてもOK

3 残りの野菜を炒める

さらに火の通りやすいピーマン、キャベツなどを炒め、塩・こしょうしてさっと炒めて火を止める。

くだものの選び方・保存方法

りんご

口をしっかり
しばること
ポリ袋

●選び方

赤いりんごはお尻までしっかり色づいているもの。ずっしりと重く、芳醇な香りのするものを選ぶ。枝がひからびているものは避ける。

●保存方法

ポリ袋に入れ、口をしっかりしばって野菜室で保存する。寒い時季はダンボールに入ったままか新聞紙に包んで、冷暗所でも保存できる。

バナナ

買ってきて
すぐは常温で
保存する
バナナ
スタンド

●選び方

全体に色づいているものを選ぶ。青いものは家庭で追熟が必要。黒い斑点（シュガースポット）が出ているものはすでに食べごろになっている。

●保存方法

常温での保存が基本。バナナスタンドなども便利だが、熟し過ぎに注意すること。すでに熟したものはラップに包んで野菜室へ。新聞紙などで包んで冷暗所での保存もおすすめ。

ぶどう

切り離すときは
2mm 程度
枝を残す
ポリ袋

●選び方

色が濃く、表面にハリがあって、ブルームと呼ばれる白い粉をふいたもの。枝が太くしっかりとして新鮮なものを選ぶ。実が落ちているものや、実と実にすき間のあるものは避ける。

●保存方法

実を枝からハサミで切り離してひと粒ずつにばらし、ポリ袋などに入れて野菜室で保存。粒が小さいぶどうはひと房ずつラップで包む。食べる直前に洗う。

冷凍保存のコツ

新鮮なうちに急速冷凍してシャーベットに

バナナやぶどうなど、一度に食べきれそうもないときは、新鮮なうちに冷凍保存するのがおすすめ。シャーベットのようになり、夏場のデザートにもぴったりです。あらかじめ皮をむく、カットするなど、食べやすいよう加工してポリ袋やジッパーつきの保存袋に入れ、金属トレーなどにのせて冷凍室に入れると早く凍ります。すぐに食べるなら、トレーにラップを敷いた上にのせるだけでもＯＫ。

ぶどうは凍らせるとするっと皮がむける。
バナナは1本ずつぴったりラップをして。

肉

良質な素材の選び方を身につける

ポイント

- 色鮮やかで、脂肪が白いものを選ぶ
- 肉汁がトレーにたまっているものは避ける
- ラップで包み、保存袋に入れて冷凍

選び方

豚肉

赤身は淡いピンク色をしているもの、ツヤと弾力があるもの。脂身は白か乳白色で、赤身との境目がはっきりしたものを選ぶ。変色しているもの、パサついているものは避ける。

●こんな料理に
ロース・ヒレ：とんかつ、ポークソテーなど
肩ロース：しょうが焼きなど
モモ：焼き豚、カレーなど
バラ：炒め物、焼き肉、角煮など

牛肉

鮮やかな赤色で肉質のきめが細かいもの、多少の脂肪が入ったもの、脂肪が白か乳白色をしたものを選ぶ。赤身が黒ずんでいたり、脂肪が変色したりしているもの、パサついているものは避ける。

●こんな料理に
サーロイン：ステーキなど
ロース・肩ロース：すき焼きなど
モモ・ヒレ：ステーキ、ローストビーフなど
スネ・ネック：ビーフシチューなど

ひき肉

全体に色が均一で、ツヤのあるものを選ぶ。黒ずんだものや肉汁が出ているものは避ける。

●こんな料理に
牛ひき肉：ドライカレーなど
牛豚合びき肉：ハンバーグ、ミートソースなど
豚ひき肉：肉みそ、マーボー豆腐など
鶏ひき肉：そぼろなど

鶏肉

キレイなピンク色で光沢があるもの。厚みがあって身の締まったもの。皮つきの場合は、毛穴の周りが盛り上がっているものを選ぶ。肉汁が出ているものは避ける。

●こんな料理に
モモ：から揚げ、シチューなど
ムネ：親子丼、蒸し鶏など
ササミ：サラダ、あえ物など
手羽：スープ、カレーなど

Check!

パッケージの表示を必ずチェック

パッケージの表示には、原産地表示が義務づけられています。産地はもっとも飼育期間が長かった場所とされ、国内で飼育されたものは国産もしくは都道府県名が、輸入品には原産国が記載されます。そのほか100グラム当たりの値段や内容量、加工年月日なども印字されているので選ぶ際の参考にしましょう。

保存方法

厚切り肉・スライス肉

ラップ　アルミホイル

空気を入れないようにラップで包む

●保存方法

冷蔵：厚切り肉は1枚ずつ、スライス肉は3～4枚ずつラップに包んで、保存袋に入れる。1～2日で食べきる。

冷凍：冷蔵と同様に。2週間くらい保存できる。下処理や下味をつけてから冷凍しておくと便利。厚切り肉はラップの上からアルミホイルでさらに包むと酸化防止に。

ひき肉

保存袋

袋の上から溝の部分を手で折って使う

●保存方法

冷蔵：傷みやすいため、買ったその日に調理することを心がける。冷蔵保存は一時的な対処と考える。

冷凍：冷凍用保存袋に入れ、空気を抜きながら薄く平らにする。1回で使う分ずつ小分けにして冷凍するか、箸で溝をつけて冷凍しておく。2週間くらい保存できる。

ハム・ソーセージ

ラップ　保存袋

解凍は冷蔵室でゆっくりと

●保存方法

冷蔵：開封後はラップに包んで保存袋に入れる。2～3日で食べきる。

冷凍：1回に使う分ずつ小分けにし、ラップに包んで冷凍用保存袋に入れて冷凍する。ソーセージなどは斜め切りにして冷凍してもよい。3週間以内に食べきる。

▶冷凍保存のコツは 220 ページへ

焼き方のコツ

焦げつかないように火加減に注意

フライパン全体にしっかり油を回し、よく熱してから肉を入れます。ただし、温度が高すぎると焦げつきの原因に。中火程度で表面に焼き色をつけたら、火を弱め、中までしっかり火を通しましょう。焦げついたら、いったん肉を取り出し、焦げを取ってから調理を再開すれば OK。

魚

鮮度のよさを見極める目利きが必要

ポイント

- 身がふっくらとしたものを選ぶ
- 水気をしっかり取ってから保存する
- 冷凍保存前に下処理をすませる

魚介類の選び方・保存方法

一尾

頭から尾まで丸ごとのもの

下処理してから保存する
ラップ
保存袋

●選び方
目が澄んで黒目がくっきりしているもの。身に厚み、ハリ、ツヤがあるものを選ぶ。

●保存方法
冷蔵：頭と腹わたを取り、よく洗ってから水気を拭き取り、1尾ずつ脱水シートなどで包み、ラップか保存袋に入れる。1～2日で食べきる。
冷凍：下処理後、水気を拭き取ってラップで包み、冷凍用保存袋に入れる。2週間くらい保存できる。

切り身

1人分ずつの大きさにカットしてあるもの

焼いてほぐしてから冷凍してもよい
ラップ
保存袋

●選び方
皮の模様や血合いがくっきりしているもの。身が張り出しているものを選ぶ。汁がトレーにたまっているものは避ける。

●保存方法
冷蔵：塩をふって水気を拭き、1切れずつ脱水シートで包み、ラップするか保存袋に入れる。1～2日で食べきる。
冷凍：塩と酒少々をふり、水気を拭き取ってラップで包み、冷凍用保存袋に入れる。2週間くらい保存できる。

刺し身

生食用の魚

タレは
酒3：しょうゆ2：
みりん1の割合で
漬けに調理

●選び方
身の形がしっかりしているもの。まぐろの赤身なら透き通るようなキレイな赤色のものを、白身魚なら透明感のあるものを選ぶ。

●保存方法
冷蔵：サクはラップをして冷蔵室で保存し、2～3日で食べきる。スライス済みのものは買ったその日に食べきる。赤身ならしょうゆとみりんに漬けると翌日でもおいしく食べられる。
冷凍：冷凍保存は避ける。

干物

開いて、乾燥させたもの

凍ったまま焼いてOK
ラップ
アルミホイル

●選び方
身が丸く厚みがあり、お腹の部分に白いラード状の脂があるものを選ぶ。黒っぽいものや、色みの悪いものは避ける。

●保存方法
冷蔵：傷みやすいのでその日のうちに食べるか、冷凍保存がおすすめ。
冷凍：1枚ずつラップで包み、アルミホイルで包む。1カ月くらい保存できる。

えび・いか

凍ったまま
調理 OK
ラップ
保存袋

●選び方
いかは身に弾力と厚みがあるもの。えびは頭と殻がしっかり身についているものを選ぶ。冷蔵の場合は、トレーに汁がたまっているものは避ける。

●保存方法
冷蔵：下処理後、水気を拭き取り、ラップで包んで保存袋に入れる。
冷凍：冷凍のものは冷凍用保存袋に移す。生のものは下処理後に水気を拭き取り、ラップを敷いたトレーに間をあけて並べ、ラップで包んで冷凍。凍ったら冷凍用保存袋に移す。2週間くらい保存できる。

貝類

砂抜きして
から保存する
ラップ
保存袋

●選び方
口がしっかり閉じているもの、触ると口を閉じるものを選ぶ。殻がキレイに光っている方が新鮮。

●保存方法
冷蔵：砂抜き処理をした後、容器ごと保存袋に入れ、呼吸用にすき間を少しあけて保存する。
冷凍：砂抜き処理をした後、ペーパータオルで包み、さらにラップで包んで冷凍用保存袋に入れる。2週間くらい保存できる。凍ったまま調理する。

たらこ・明太子

ラップ
保存袋
1腹ずつ
ラップで包む

●選び方
ふっくらとして形がよく、皮が破れていないものを選ぶ。着色料など添加物を使ったものが多いので、原材料を確認してから選ぶとよい。

●保存方法
冷蔵：1本（1腹）ずつラップで包む。
冷凍：1本（1腹）ずつラップで包み、冷凍用保存袋に入れる。ペースト状にしてから保存してもよい。冷蔵室で解凍する。1カ月くらい保存できる。

▶冷凍保存のコツは 220 ページへ

焼き方のコツ

火の通りが均一になるように並べる

クッキングシートや魚焼き専用のホイルを使えば、フライパンで焼くことも。

魚焼きグリルの庫内は奥と中央が火が強いので、なるべく奥の方で焼くようにするか、厚みのある部分が中央になるようにずらして並べます。尾は焦げやすいので手前側にします。

豆腐・卵・米ほか
安心・安全も買うときの選択基準に

豆腐・卵・米などの選び方・保存方法

豆腐

水は毎日
取り替える
密閉
容器

●選び方
賞味期限の新しいものを選ぶ。なるべく国産や遺伝子組み換えでない大豆を使ったもの、消泡剤などの添加物が使われていないものを選ぶとよい。

●保存方法
開封後は密閉容器に移し、豆腐が隠れるように水を張り、しっかりフタをして冷蔵室で保存する。2〜3日保存できる。

卵

とがった方を
下にして保存する
冷蔵室
の奥

●選び方
賞味期限が新しく、殻にヒビが入っていないものを選ぶ。賞味期限の代わりに、産卵日や採卵日、包装日が表示されている場合もある。いずれも日付が新しいものを選ぶ。

●保存方法
温度変化の少ない庫内の奥での保存がおすすめ。ドアポケットは温度が上がりやすく、振動がヒビの原因になりやすい。賞味期限は生で食べられる期間の目安。その他は、採卵日などから2週間くらいを目安にする。

米

高温多湿な場所を
避けて保存する
保存
容器

●選び方
品種や銘柄、価格など、好みのものを選べば OK。精米日が新しいものを選び、砕けた米粒が多いものや透明感のない米は避ける。悩んだら専門店で相談して買うとよい。

●保存方法
保存用容器などに移し高温多湿を避け、風通しのよい冷暗所か冷蔵室で保存。ペットボトルなどに入れると冷蔵室で保存しやすい。冬なら2〜3カ月、夏なら2〜3週間で食べきること。

ふわとろ卵は、余熱で仕上げる
スクランブルエッグの作り方

❶ 卵を割りほぐし、菜箸などで空気を含ませながらふんわり混ぜる。
❷ フライパンに油またはバターを入れてしっかり熱し、卵液を一気に流し入れる。
❸ 火加減に注意しながら、菜箸やゴムベラで大きく混ぜる。半熟状になったら火を止め、余熱で仕上げる。

ポイント

●パッケージの表示をよく確認する
●米や乾麺は、高温多湿を避けて保存
●和菓子やケーキも冷凍保存できる

食パン

1枚ずつ
ラップで包む
ラップ
保存袋

乾燥しやすくカビが発生しやすいため、
冷凍保存がおすすめ。

●保存方法

賞味期限内に食べきれそうにない場合は、買ってすぐに冷凍するのがコツ。1枚ずつラップで包み保存袋に入れて保存する。凍ったままトーストすれば、焼きたてとそれほど変わらない風味が味わえる。3〜4週間くらい保存できる。

めん類

密閉できる容器
や袋で保存する
密閉容器
保存袋

乾麺は常温で保存する。
ゆでたものは冷凍で保存できる。

●保存方法

開封後は、密閉できる容器や袋に入れ高温多湿を避けて保存する。ゆでたものは水気をきり、1食分ずつラップか冷凍用保存袋に入れて冷凍する。パスタは油をからめておくと、麺がほぐれやすく調理するときに便利。

大福・スポンジケーキ

十分解凍させて
からラップをはずす
ラップ
保存袋

▶冷凍保存のコツは 220 ページへ

すぐに食べきれない場合は、
冷凍保存がおすすめ。

●保存方法

ひとつずつラップで包み、空気が入らないように保存袋に入れて冷凍保存する。食べるときは室温で完全に解凍する。2〜4週間で食べる。

アドバイス

まんじゅうやようかんも同様に冷凍できます。カスタードクリームやプリンは冷凍には向きません

Check!

乾物を使ってみよう

ひじき

乾燥ひじきは戻すと約7〜10倍の重量になる。たっぷりの水で戻したあと、ザルに上げてよく洗うこと。熱湯なら10分くらいで戻せる。必ず水気をきってから使う。

わかめ

乾燥わかめは戻すと約10〜12倍の重量になる。たっぷりの水で戻し、水気をしぼってから使うこと。乾燥したまま直接、みそ汁やごはんに混ぜて戻してもOK。

おいしく、無駄なく

冷凍・解凍のコツ

食品の保存に便利な冷凍保存。
コツをおさえて上手に活用すれば、無駄なく食材を使いきれます。

冷凍のコツ

新鮮なうちに、ラップや冷凍用保存袋に入れて冷凍するのが基本。ちょっとしたコツで冷凍時間や風味に差がつくので、4つのポイントをしっかりおさえておきましょう。

ポイント❶
鮮度のよいうちに

乾燥したり、風味が落ちる前に冷凍するのがコツ。新鮮なものを、短時間で冷凍すること。

ポイント❷
空気をしっかり抜いて

ラップは食品にぴったりと密着させる。冷凍用保存袋の場合もなるべく空気が入らないようにして、食品の酸化や霜がつくのを防ぐ。

ポイント❸
平らに薄く小分けにして

平らに薄くすることで、短時間で均一に冷凍できる。熱いものは冷ましてから冷凍する。また、小分けにしておけば、必要な分だけ解凍できる。

ポイント❹
早めに食べきる

冷凍保存とはいえ、4週間以上になると風味が落ちてくるので、早めに食べきるように。冷凍した日付がわかるように記入しておくとよい。

冷凍保存に便利な道具

ラップ

耐冷・耐熱温度、電子レンジ対応かどうかを確認してから使う。食品をぴったりと包むことができる。

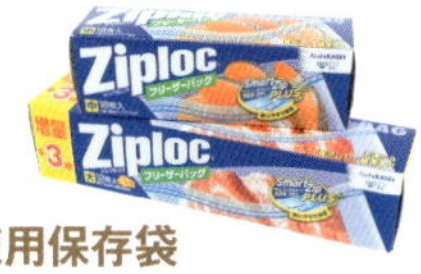

冷凍用保存袋

ジッパーで口が閉じられる、冷凍保存専用の密閉袋。食品を薄く平らにできるのが利点。

冷凍用保存容器

フタが密閉できるため、液状の食品なども保存可能。電子レンジに対応しているものもある。

ラベルシート

保存容器や保存袋に、冷凍した日付や、食べきる日付をメモして貼っておくとよい。

アルミホイル

肉や魚など、脂肪を含む食品は酸化しやすいので、ラップとアルミホイルで二重に包むとよい。

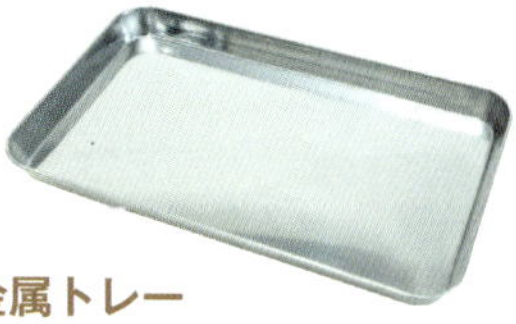

金属トレー

熱伝導がよいため、食品を早く凍らせたいときに便利。食品をのせるときはラップを敷く。

解凍のコツ

食材や冷凍の仕方によって、解凍方法も違ってきます。それぞれに合ったやり方で解凍することが、おいしく無駄なく食べきるコツです。

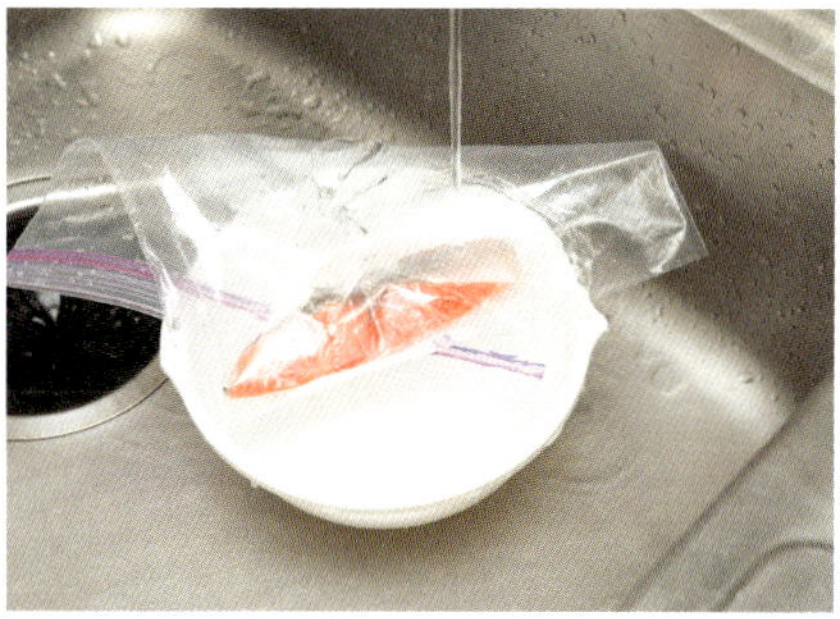

自然解凍
常温もしくは冷蔵室で解凍する方法。常温では早く解凍できる一方、夏場などは食材が傷んでしまうこともある。

流水解凍
保存袋のまま流水をあてて解凍する方法。水が中に入らないよう口をしっかり閉じること。

電子レンジ解凍
電子レンジの解凍機能などを使って解凍する方法。ごはんやめん類など、解凍せずに、そのまま加熱調理できる食材もある。

凍ったまま調理
葉野菜や貝類など、凍ったまま炒める、煮るなど、加熱調理できる食材もある。

アドバイス
解凍したらすぐに調理して食べ、再凍結はしないようにしましょう

電子レンジ調理に便利な道具

レンジ魚焼きシート
電子レンジで焼き魚がこんがり、ふっくら焼ける。シートの上に食材をのせ、加熱するだけでOK。

パスタタッパー
耐冷・耐熱性のあるシリコン素材の容器。野菜や肉、魚を使った蒸し料理が電子レンジで手軽に作れる。

シリコンスチーマー
耐冷・耐熱性のあるシリコン素材の容器。野菜や肉、魚を使った蒸し料理が電子レンジで手軽に作れる。

レンジ調理器（小）
1人分のおかず作りにぴったり。フタつきなので、材料をセットして冷蔵保存も可能。食べるときに電子レンジにかければすぐに一品に。

レンジ用蒸し器
シュウマイや中華まんがふっくら蒸し上がる。数分で調理できるので、少量なら通常の蒸し器よりも断然早い。

ごはんの炊き方

下準備を万全にしてふっくらと

ごはんのおいしい炊き方

毎日食べるごはんは、ふっくらおいしく炊きたいもの。炊飯器を使えば誰でも簡単に炊けますが、米を正確に計量する、やさしく研ぐ、しっかり吸水するなど、炊く前の準備を大切に。

米を計量するときは専用カップで。1合＝180ml です

1 **米を量る**
炊飯器用のカップ（180ml）で米をすくい、指や箸などで表面を平らにすりきる。

2 **水にさっと浸ける**
ザルに移し、水を張ったボウルにさっと浸け、ゆすって一度水気をきる。

3 **手でもむように研ぐ**
ボウルに水と米を移し、指の腹でやさしくもみ込むように研ぎ、水を替える。

4 **水が透き通るまで繰り返す**
水が透き通るまで、3を3～4回繰り返す。

5 **水気をきる**
米をザルに上げ、水気をよくきる。

6 **吸水させる**
炊飯釜を平らなところに置き、分量の目盛りまで水を入れる。30分以上おいてしっかり吸水させる。

ポイント

- 米は正確に計量し、やさしく研ぐ
- しっかり吸水してから炊き上げる
- 炊きたてを冷凍保存する

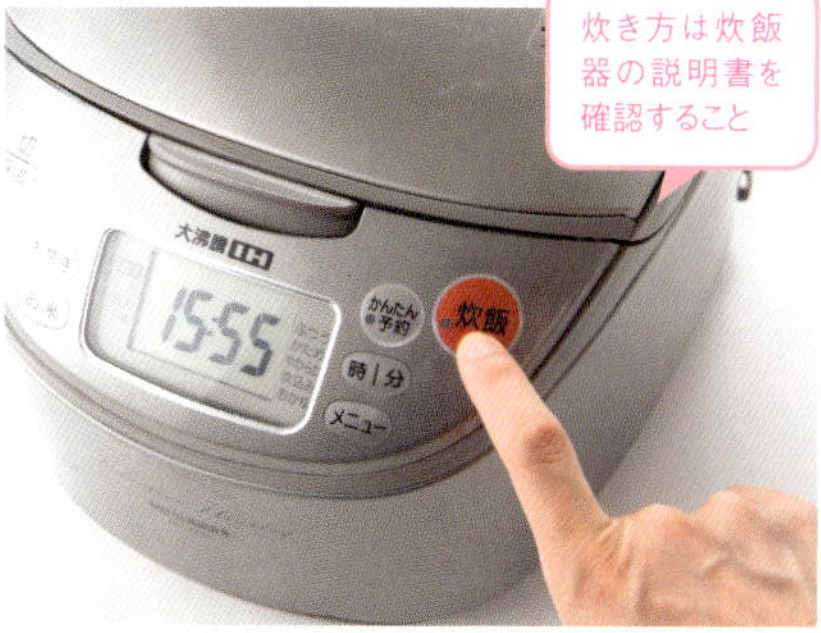

炊き方は炊飯器の説明書を確認すること

7 炊飯器で炊く

炊飯コースを選択して、スイッチを入れて炊く。

アドバイス

蒸らす時間は長すぎるとべちゃっとしてしまうので気をつけて。混ぜるときはしゃもじで切るようにして、ごはんをつぶさないようにしましょう

8 蒸らして混ぜる

炊飯器によって異なるが、炊き上がったらすぐにはフタを開けず、10分ほど蒸らす。蒸らしたら、底からざっくりと全体を混ぜる。

●無洗米の炊き方

無洗米は研がずに炊ける米。くさみのもとになる肌ぬかをあらかじめ取り除いているため、さっと水ですすぐだけでOK。普通の米より水を多めにするのがポイント。専用カップの場合は通常の水加減で。

1. お米を計量して、さっと水ですすぐ。
2. 普通のお米の場合の目盛りより、水を多めに（大さじ1～2杯程度）入れる。
3. 吸水させて炊飯器で炊き、炊き上がったら蒸らして混ぜる。

●吸水時間の目安

季節によって水に浸す時間を加減しよう。

春・秋…40分～1時間
夏…30～40分
冬…1～2時間

残りごはんの保存方法

食べきれる分をぴったり炊くのが理想ですが、ごはんはよく余ってしまいます。
その日のうちに食べない場合は、炊きたてを冷凍保存するのがおすすめです。

炊飯器でも保温OK

その日のうちに食べきるのなら、炊飯器での保存もOK。できるだけ乾燥を防ぐため、内釜の周囲をあけて、中央にごはんを寄せておくとよい。

おにぎり形にして、ちょっとお腹がすいたときや焼きおにぎりに活用しても

炊きたてを冷凍保存

あつあつのうちに1食分（150g）ずつ小分けにし、平らにしてラップで包む。冷めたら金属トレーなどにのせ、冷凍室へ。3～4週間程度、保存が可能。解凍するときは電子レンジで。1食分で約3分（500W）が目安。

アドバイス

冷凍保存するときは専用の保存容器も便利。ちょうど1食分が入る大きさで、フタに蒸気弁がついているので、そのまま電子レンジで加熱できます。茶碗への移し替えもラクラク

生命線は上手なだし取り みそ汁の作り方

ポイント

- だしはじっくり取るのが基本
- だしもみそ汁もぐつぐつ煮立てないこと
- みそ汁の具には野菜や乾物が活躍

基本のだしの取り方

みそ汁や煮物など、和食のベースになる基本のだし。覚えてしまえばそれほど大変な作業ではないので、きちんとだしを取って、料理をおいしく仕上げましょう。どれも冷蔵室で2〜3日保存できます。

かつお節

1 かつお節を入れる
かつお節20g に対して水3カップを用意する。鍋に水を入れて、かつお節を入れる。

2 ひと煮立ちさせる
ひと煮立ちしたら火を止めて、おたまでアクを取り除く。あまり沸騰させないこと。

キッチンペーパーを敷いておくと便利

3 ザルなどでこす
ボウルにザルまたはこし器などをのせてこす。雑味が出るのでしぼらないこと。

昆布

1 昆布を拭く
昆布10〜15g に対し水3カップを用意する。昆布の表面をぬれぶきんでさっと拭いて汚れを取る。

2 水に浸ける
鍋に昆布を入れ、水を加えて30分以上浸し、中火にかける。時間がない場合は、じっくり弱火にかければ OK。

昆布は決して煮立てない

3 昆布を取り出す
細かい泡が立ち、沸騰しそうになったら昆布を取り出す。ぬめりや独特のニオイが出るので煮立てないこと。

煮干し

1 頭と腹わたを取る
煮干し20g に対し水3カップを用意。くさみが残らないよう、頭を取り、腹の部分をつまんで腹わたを取る。

2 水に浸ける
鍋に煮干しを入れ、水を加えて30分以上おき、火にかける。

くさみが出るので沸騰せないこと

3 じっくり煮る
沸騰する直前に弱火にし、アクをすくい取る。10分程度煮て、ザルやキッチンペーパーでこす。

みそ汁の作り方

一汁二菜という和食のスタイルに欠かせない、みそ汁。みそはさまざまな具材と相性がよいので、手軽に栄養バランスを整えられます。旬の食材を入れるなどして、毎日の食卓を豊かにしましょう。

材料（2人分）

乾燥わかめ…大さじ1　だし汁…2カップ
絹ごし豆腐…100g　みそ…大さじ2

1 わかめを水で戻す

小さめの容器に乾燥わかめと水を入れ、5分程度おく。

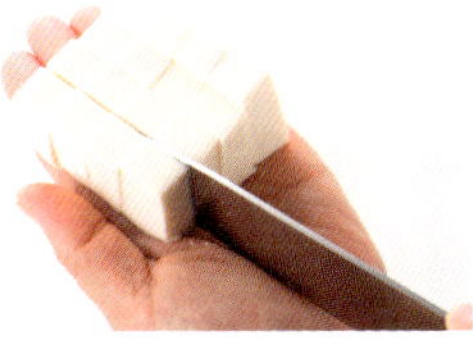

2 豆腐をさいの目に切る

豆腐を手のひらにのせ、さいの目に切る。手でやりにくい場合は、まな板を使ってもOK。

3 だし汁を温め、豆腐を入れる

鍋にだし汁を入れて火にかけ、煮立ったら豆腐を入れる。

4 みそを溶き入れる

再び煮立ったら火を弱めて、みそをおたまにすくい、菜箸などで溶かしながら入れる（こし器を使ってもOK）。

風味が飛んでしまうので、みそ汁は煮立てない

5 わかめを入れる

水気をきったわかめを入れ、火を強めて煮立つ寸前に火を止める。

みそ汁の具あれこれ

みそ汁の具には季節の野菜や乾物などがおすすめ。手軽なうえ、食物繊維やビタミン、ミネラルの補給に役立ちます。そのほか、しじみなどの貝類、油揚げや豆腐なども定番です。

キャベツや大根

キャベツや大根など、家庭にある野菜を。野菜の旨味が加わり、味わい深く仕上がる。

にら、もやし

短い時間で火が通るのが魅力。煮立ってから入れ、シャキシャキに仕上げて。

いも類

じゃがいもやさつまいも、里いもなど。水から煮る。

乾燥わかめ

わかめなどの海藻類の乾物は、常温保存できるので活用しやすい。水で戻してから使う。

お麩

あらかじめ水で戻して水気をしっかりきってから使う。一年を通して使える便利な食材。

冷凍ほうれん草

ほうれん草などの冷凍野菜は、凍ったままさっと加えるだけでOK。パパッと作れて便利。

知っているようで意外とわからない
レシピ用語Q&A

ポイント

- 目安を覚えて感覚をつかむ
- 調味料は材料や調理器具に合わせて調節
- 味つけは好みで加減してＯＫ

Q 適量ってどのくらい？

A 好みや、調理器具に合わせた量

「ちょうどよい量を入れる」という意味。味見しておいしいと感じる分量でＯＫ。油などの場合は、フライパンの大きさに合わせましょう。

Q ひたひたってどのくらい？

A 水から材料が少し見えるくらい

鍋などで材料をゆでるときに入れる水やお湯、煮るときのだしなどの量を表す言葉。「ひたひた」のほか、「かぶるくらい」「たっぷり」があります。

Q 「さっと」ってどれくらい？

A ごく短時間、火を通すこと

食材の歯ごたえや色みを活かすように、ごく短時間、火を通す場合に使います。青菜をゆでるときや、炒め物でよく使われます。

炒め物の油の適量

フライパン全体に薄く広がる程度を入れる。料理や食材によっても量が変わる。

揚げ焼きの油の適量

フライパンに深さ5mm ～ 1cm 程度が目安。材料の半分くらいの厚さが浸るくらい。

材料すべてが
水に隠れない
ようにする

ひたひた

鍋に材料を平らに入れて水を加えたときに、材料の頭が少し見えるくらいの量が目安。

かぶるくらい

鍋に材料を平らに入れて水を加えたときに、材料の頭一部が出ないすれすれの量。

ほうれん草や
小松菜なら10
～20秒くらい

さっとゆでる

材料にもよるが数秒～1分くらいが目安。沸騰したお湯に野菜などを入れ、再び沸騰し始めたくらいで素早く引き上げる。

さっと炒める

強火でごく短時間で火を通す場合などに使う。材料全体に油や調味料がまわる程度で火を止める。

Q 水気をきる・しぼるってどうするの？

A 材料の水分を取ること

材料を洗ったり、ゆでたりしたあとに、しっかり水分を取ること。水分が残ると味が薄くなる、べちゃっとするなど、料理がおいしく仕上がりません。

水気をきる

ザルなどに入れておくと自然に水がきれる。「水気を拭く」場合は、キッチンペーパーなどで軽く拭き取る。

ギュッと力強くしぼってOK

水気をしぼる

ほうれん草などの青菜をゆでたあとに、根元をそろえて持ち、しっかりしぼる。

Q 汁気を飛ばすってどうするの？

A 煮詰めて水分をなくすこと

煮物や炒め煮をするときに、残っている汁気を煮詰めてなくすこと。煮汁が濃くなり、材料によくからまります。火を強めるので焦げつきやすくなるため、鍋から目を離さないようにしましょう。

アドバイス

鍋から絶対に目を離さないこと。鍋をゆすると早く水分が蒸発し、焦げつき防止にもなります

Q 2人分のレシピを、4人分にするには？

A 材料は倍の分量で、調味料や油は加減して

材料は人数分にしますが、調味料や油は倍にすると多すぎるので調節して使いましょう。調味料は2人分のときより少し多めに加えて、味見をしてから足していきます。油は調理器具の大きさに合わせるのが基本。フライパンの大きさが同じなら、2人分でも4人分でもほぼ同じ量でOKです。

調味料は少し多めにするくらいでOK
油はフライパンなどの大きさに合わせて

食器

汚れの軽いものから効率的に

ポイント

- 洗剤、水、ともに適量を使って洗う
- 食器の素材に合った洗い方を
- しっかり乾燥させてから収納する

基本の洗い方

実は洗剤を必要とする汚れはごく一部。汚れの種類や量、度合いを見計らいながら、順序よくキレイに洗い上げます。まずは一般的な食器の洗い方をマスターしましょう。

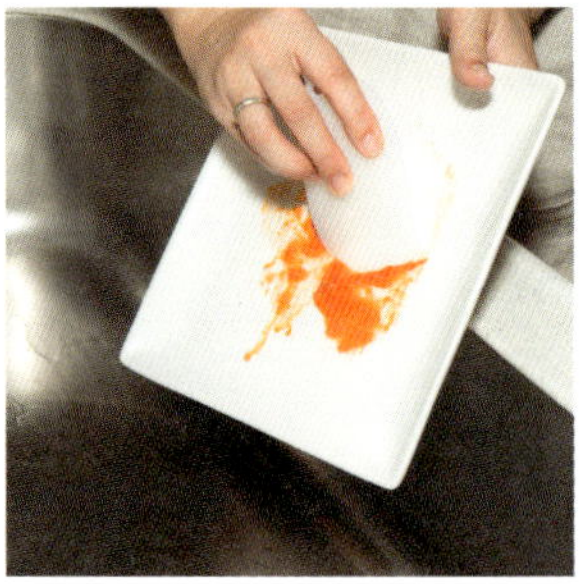

1 洗う前に下処理を

油汚れは新聞紙やヘラなどでぬぐい、しょうゆなどは水で流す、ご飯粒は水でふやかしておく。

洗いものを把握する

食器の材質と汚れの程度を確認し、流しへ運ぶ。汚れの種類別に分類すると作業しやすい。

用意するもの

食器用スポンジ・タワシ・スチールタワシ・ヘラ・新聞紙・食器用中性洗剤

2 油分のない食器から

洗剤をスポンジにつけて泡立て、コップなど油分の少ない食器から洗う。

3 流水で汚れをすすぐ

流水ですすぐと時短に。また、洗う前の食器を桶に入れておき、すすいだ水がかかるようにする。

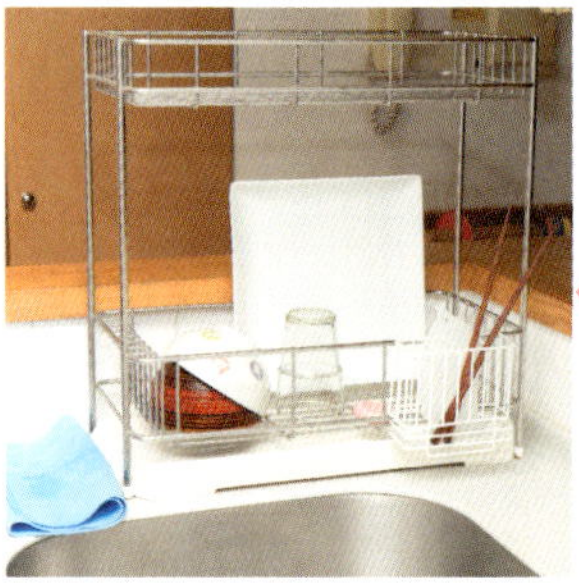

4 水きりカゴに入れる

効率よく水をきるため、似た形状や大きさの食器を続けてすすぎ、水きりカゴに入れていく。

Check!

食器用洗剤は少なめにして時間と水の節約を

洗剤の使用量は食品衛生法により基準が設けられていて、「水1リットルに対して0・75ミリリットル」程度と意外に少なく設定されています。プッシュ式で出す洗剤は、ちょうどワンプッシュしたときに出る量が1ミリリットル程度なので、たいていの汚れはワンプッシュで十分。汚れの度合いにもよりますが、洗剤の使用量が少なければ、その分すすぎに使う時間も水も少なくてすむので、家事や家計の負担も軽減されるでしょう。

湯のみ・急須

塩でこする

湯のみや急須の茶渋が気になるときは、塩を塗り、指などでこする。

重曹でもOK

鍋に水、重曹、湯のみを入れ火にかけ、沸いたら火を止め30分置く。ゴム手袋で取り出す。

グラス

クエン酸で洗う（月1回）

クエン酸で洗うと水アカがたまりにくい。見た目もピカピカになるのでおすすめ。

食器用洗剤で洗う

ほかの食器と一緒に洗うときは、油汚れが少なく割れやすいグラスを先に洗う。

茶碗

1 水に浸けておく

米粒のデンプン汚れは5分程度、水（お湯）に浸けておくとよく落ちる。

2 裏側も忘れずに

基本的には洗剤なしでも十分落ちる。意外に汚れてしまう茶碗の裏（糸尻）も洗う。

おろし器・ザル

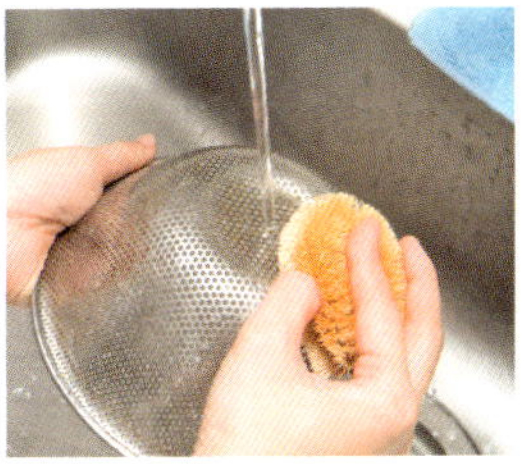

タワシやブラシで

表面のざらついたおろし器やザルには、タワシやブラシが適している。

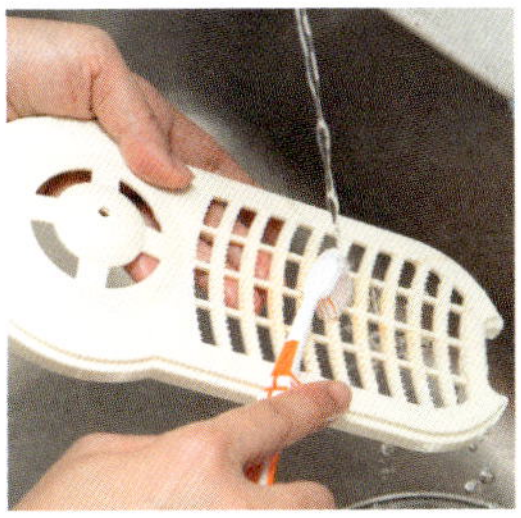

歯ブラシも使用

細部の掃除には、歯ブラシがおすすめ。

漆器

1 食器用洗剤で洗う

食器用の中性洗剤とやわらかいスポンジ、ぬるま湯でやさしく洗う。

2 洗ったらすぐ拭く

自然乾燥より、洗ったらすぐにふきんで拭く方が長もちする。

蒸篭（セイロ）

短時間で洗い、すすぐ

中性洗剤を少量使ってさっと洗う。風通しのよい場所で十分乾燥させる。

箸

中性洗剤で洗う

使用後時間をおかずに中性洗剤で手早く洗い、すすいで乾燥させる。

調理器具

上手なお手入れで長く使おう

ポイント

- 頑固な汚れは「浮かせて」から取る
- 汚れを放置してこびりつかせない
- 調理の間に効率よく洗う

フライパン［フッ素樹脂加工］

洗剤を使って落とす

あら熱が取れたら、食器用洗剤をつけたスポンジで、表面を傷つけないように洗ってすすぐ。

フライパン［鉄］

余熱をうまく利用する

調理後の余熱があるうちに、スチールタワシなどで手早く洗う。基本的に洗剤は使わない。

鍋の焦げつき

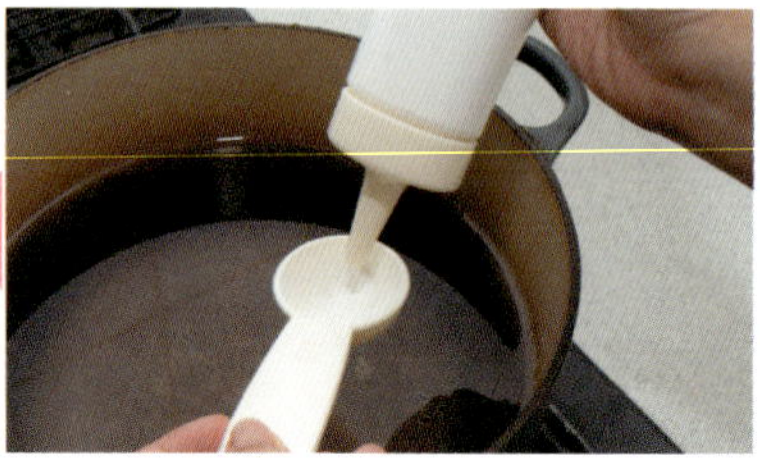

1 鍋に水を張り重曹を入れる

焦げの位置まで水を張り、そこに重曹大さじ2を加える（アルミ鍋は変色するので重曹を使用しない）。

2 煮立ててから、冷ます

火にかけて10分ほど煮立て、そのまま冷ましてからスポンジで洗う。クエン酸大さじ2にかえて沸騰させても同様の効果がある。

やかんの焦げつき

クレンザーでこすって落とす

やかん側面の焦げ汚れは、クレンザーなどを使って落とす。スポンジの硬い部分でやさしくこすると落ちやすい。

アドバイス

鉄鍋などは「空焚き」をして焦げをさらに焦がし、ヘラなどでこすり落とす方法もあります

まな板［木製］

あら塩でこすり洗いし、熱湯ですすぐ

塩とタワシでこすり洗いし、熱湯ですすぐ。洗剤は吸い込んでしまうので使わない。

まな板［プラスチック製］

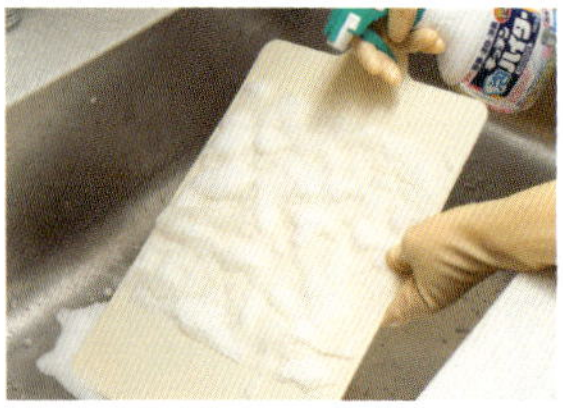

普段は食器用洗剤で、カビは漂白剤を使う

食器用洗剤で洗う。カビが生えたら、塩素系漂白剤をスプレーするか湿布をして消毒する。

炊飯器

週1回

使う道具

- 消毒用エタノール
- ふきん
- 綿棒
- スポンジ

1 ふきんで拭く

お湯でぬらして固くしぼったふきんで、全体を手早く拭く。

2 洗える部分ははずす

洗える内釜、蒸気口などははずしてお湯洗いし、よく乾かしてからもとに戻す。

3 細部は綿棒を使う

フタ周辺などの細部は、少量の消毒用エタノールを浸した綿棒などで汚れをかき出す。

電子レンジ

週1回

使う道具

- セスキ炭酸ソーダ水
- タオル
- ゴム手袋

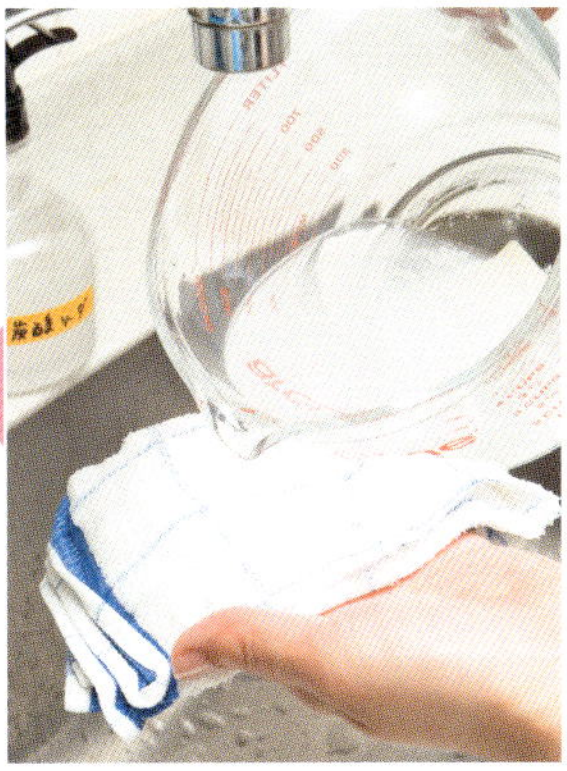

1 セスキでタオルを浸す

5%程度のセスキ炭酸ソーダ水に、清潔な薄手のタオルを浸してしぼる。

2 汚れを蒸気でゆるめる

タオルを電子レンジにかけ600Wで1分強温め、内部に蒸気を充満させる。

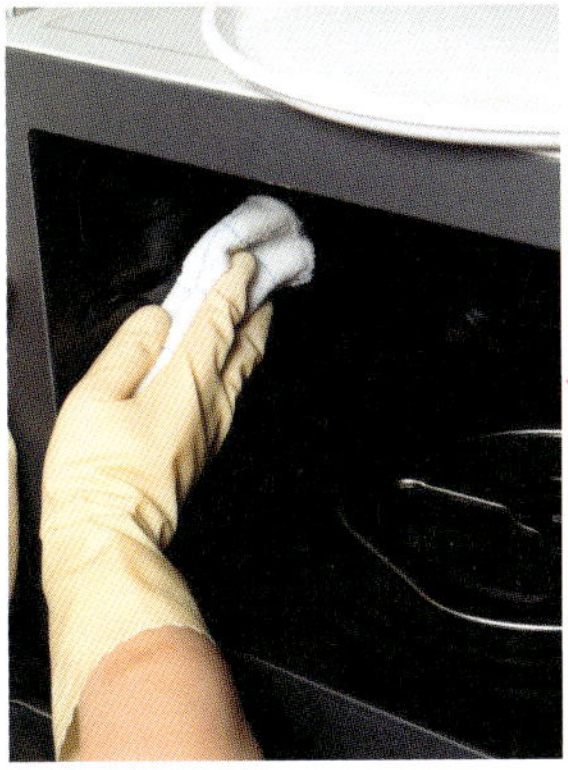

3 内部と外周を拭く

ターンテーブルをはずし、温めたタオルで庫内と外周を拭く。熱いのでゴム手袋をすること。

Check!

念入りな掃除で電子レンジのゴキブリ対策を

想像したくありませんが、電子レンジ背面や下部に、ゴキブリが巣食っているケースも少なくありません。年1回程度、念入りに周辺も含めて掃除をしましょう。

オーブントースター

週1回

使う道具

- クレンザー
- セスキ炭酸ソーダ水
- クレンザーつきスチールウール
- ウエス

1 受け皿などを取り出す

焦げついた受け皿や網を取り出し、クレンザーで焦げ部分をこすり落とす。

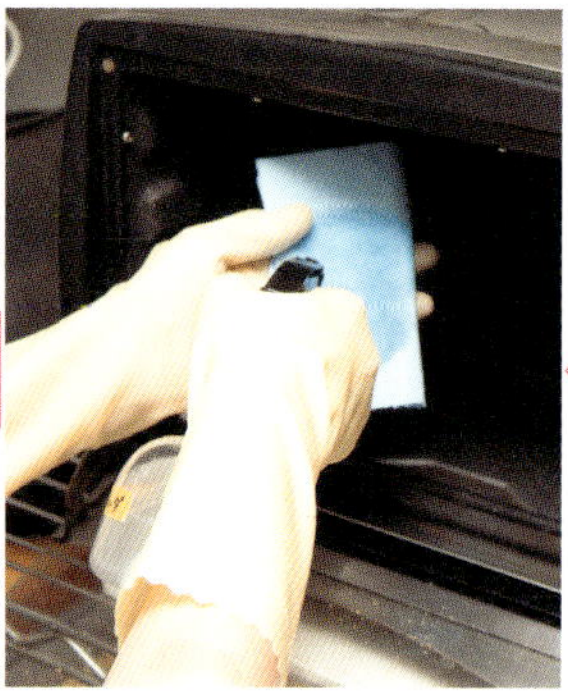

2 内部を拭き掃除する

セスキ炭酸ソーダ水をウエスに吹きつけ、庫内を拭き掃除する。

3 ガラス部分の汚れも

焼きついたガラス部分の汚れも落とす。クレンザーつきスチールウールが便利。

ミキサー・フードプロセッサー

つねに

使う道具

- 消毒用エタノール
- 食器用洗剤
- ふきん
- 綿棒
- ブラシまたは歯ブラシ

1 刃をブラシで洗う

ボウルは食器用洗剤で、刃の部分は付属のブラシや歯ブラシを使って刃に注意して洗う。

2 細部は綿棒を使う

少量の消毒用エタノールをしみ込ませた綿棒で、スイッチなど細かな部分の汚れを取る。

アドバイス

生肉などをミンチした場合は、酸素系漂白剤で除菌しておくと安心です

コーヒーメーカー

月1回

使う道具

- クエン酸水
- 綿棒

1 クエン酸水で運転する

5%程度のクエン酸水をタンクに注ぎ、フィルター以外の付属品をセットしてスイッチを押す。

2 途中で休憩を入れる

ドリップ運転が半分終わったら30分放置。その後、再度、運転させる。

3 細部は綿棒を使う

水だけをタンクに注ぎ、2～3回運転してすすぐ。細部は綿棒で掃除する。

電気ポット

月1回

使う道具
- クエン酸
- 消毒用エタノール
- スポンジ
- 綿棒
- お掃除クロス

1 クエン酸水を沸かす
満水表示まで水を入れ、小さじ1杯程度のクエン酸を加えてお湯を沸かし、2時間ほど保温する。

2 スポンジで洗う
お湯を捨てて、やわらかいスポンジなどでこすり洗う。湯沸かしを再度行ってすすぐ。

3 水アカは綿棒で拭き取る
本体は水拭きする。水アカや手アカは消毒用エタノールを含ませた綿棒で拭き取る。

食器洗い乾燥機

月1回

使う道具
- 消毒用エタノール
- ウエス
- 歯ブラシ

1 かごをはずし、庫内を拭く
セットされているかごを取扱説明書に従ってはずし、消毒用エタノールで庫内を拭く。

2 細部のヌメリに注意
かごのレール部分、排水口、残菜フィルターはヌメリやすいので歯ブラシでこすり落とす。

アドバイス
外周も汚れやすいので消毒用エタノールを吹きかけたウエスで拭きましょう

裏ワザ　クエン酸で水アカを落とす

クエン酸は水アカ除去に大活躍します。キッチンで使う場合は、割高でも食用のものを用意しておくと安心。保管の際には、湿気を吸いやすいので密封すること。また、サビの原因になるので、使い過ぎには注意しましょう。

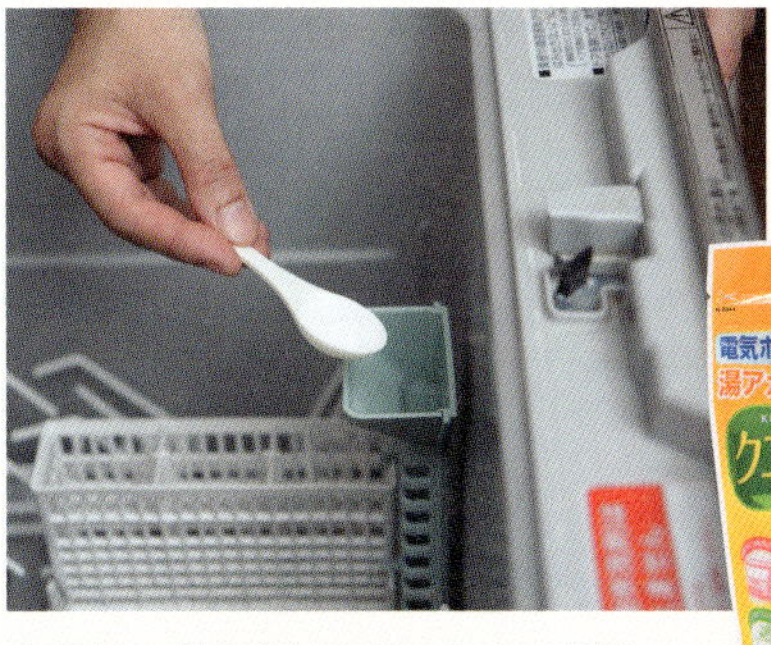

食器洗い乾燥機や電気ポットの掃除には、小さじ1～2杯程度を。

冷蔵庫

こまめな掃除が正解

ポイント

- こまめに掃除することで衛生に保つ
- 短時間の掃除で食品への影響を抑える
- 雑菌の温床になりやすい野菜室に要注意

冷蔵庫

つねに（肉・魚ケース・卵ラック・野菜室）／1～3カ月に1回

使う道具

- 消毒用エタノール
- 食器用洗剤
- 歯ブラシ
- キッチンペーパー
- スポンジ
- 掃除機

掃除道具はいつもスタンバイ

買い物前など、なるべくものが少なくなったタイミングが冷蔵庫掃除のチャンス。キッチンペーパーと消毒用エタノールをいつも準備して、さっと掃除できるようにしておく。

アドバイス

消毒用エタノールを使って、掃除と除菌を同時に行いましょう

冷蔵庫の棚

1 食器用洗剤で洗う

食品を移動させ、はずせる棚ははずし、シンクに移動。食器用洗剤で洗い、しっかり乾かしてから戻す。

2 はずせない部分は拭き掃除

はずせない棚は消毒用エタノールを吹きつけ、キッチンペーパーで拭き取って掃除と除菌を兼ねる。

Check!

自動製氷装置は水アカやカビの温床に

給水タンク部分は、掃除を怠るとカビや酵母が発生する可能性があるので、「週1回」のお手入れが推奨されています。特に塩素が添加されていないミネラルウォーターで製氷すると、汚染が早まるので注意が必要です。

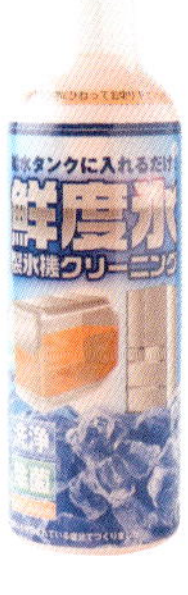

市販の着色クエン酸洗剤なら、製氷するだけで見えない装置内部の掃除ができる。成分は天然素材のクエン酸なので安心度は高い。

野菜室

設定温度も高めで雑菌検出数が群を抜いて多い。消毒用エタノールでこまめに拭いておく。

肉・魚ケース・卵ラック

生肉や魚などにより食中毒のリスクが高い。普段から消毒用エタノールで隅々まで拭いておく。

ドアポケット

開閉で温度が上がりやすい。はずせる部分は食器用洗剤で洗い、ほかは消毒用エタノールで拭く。

取っ手部分・引き出しドアパッキン

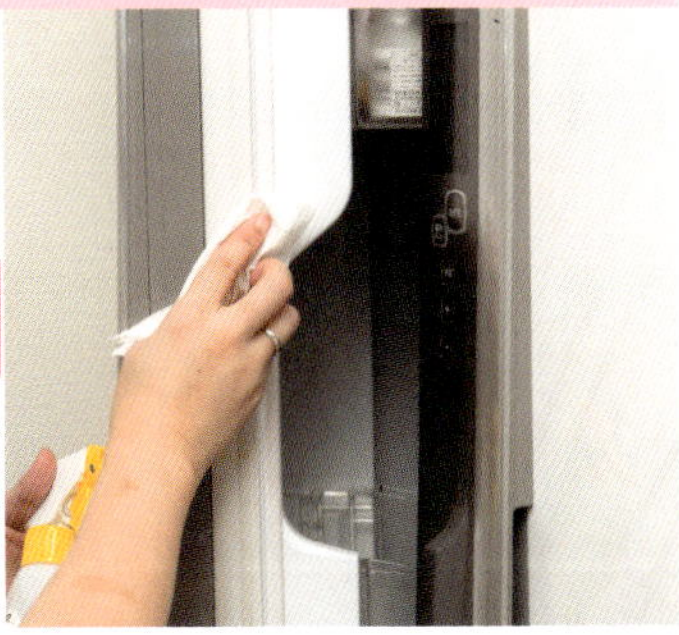

1 消毒用エタノールで拭く

手アカで取っ手部分が汚れるため、消毒用エタノールでまめに拭いておく。引き出しも同様に。

2 溝の汚れをかき出す

歯ブラシの先にキッチンペーパーを巻き、消毒用エタノールで湿らせて溝の汚れをかき出す。

冷凍室

製氷皿、棚などはずせるものは食器用洗剤で洗い、はずせない部分は消毒用エタノールで手早く拭く。

上部・背面

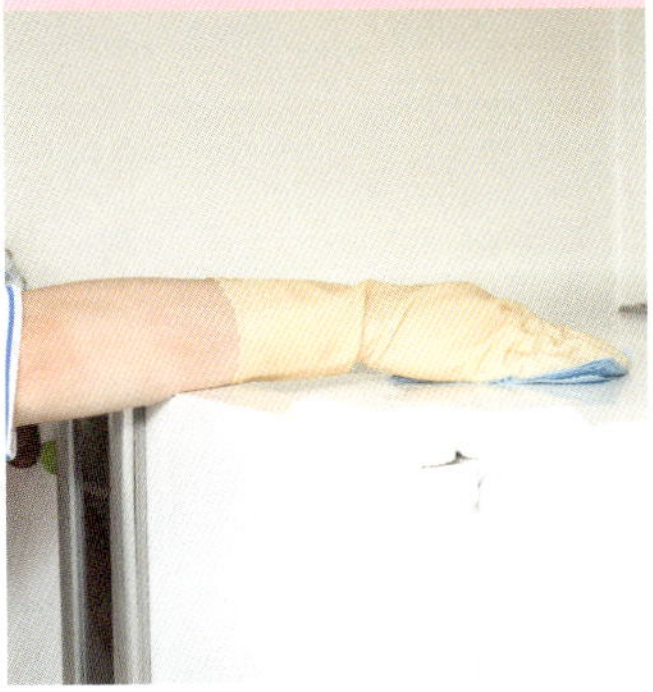

細かなホコリや油煙が付着しやすい。放置すると冷蔵機能や電気消費量に影響するので、拭き掃除を。

水受け

1 カバーを手前に引きはずす

カバーを手前に引いてはずし、水受けを引き出して食器用洗剤で洗う。

2 底部のホコリを吸う

冷蔵庫底部にたまりやすいホコリは、掃除機でこまめに吸い取っておく。

棚・ゴミ箱

掃除と除菌を兼ねて清潔に

ポイント

- 小分けに掃除すれば一回の負担が少ない
- 水性、油性の汚れを同時に落とす
- 掃除と除菌を同時にすませる

つり戸棚

3カ月に1回

使う道具
- 中性洗剤
- 消毒用エタノール
- 弱アルカリ性洗剤
- セスキ炭酸ソーダ水
- ウエス

1 中の食器などを取り出す

食器など中のものを取り出す。一気に行ってもよいが、「1段ずつ」など小分けにすると気軽にできるのでおすすめ。

2 棚板を拭き掃除

油煙汚れやホコリが付着していることが多い。中性洗剤で拭き、消毒用エタノールで仕上げるとカビやニオイ防止に。

3 外側の掃除も忘れずに

外側は油煙で汚れていることが多い。弱アルカリ性洗剤かセスキ炭酸ソーダ水を使って拭き掃除する。

アドバイス

収納かごなどを使っている場合はかごも一緒に掃除しましょう

キレイのコツ

油性・水性どちらの汚れにも消毒用エタノール

キッチンの汚れは性質が複雑なため、ひと筋縄では落とせません。そこで油性、水性どちらの汚れも落とす消毒用エタノールが活躍します。塗装のはがれなどに注意し、効果的に使いましょう。キッチンまわりを除菌しながら、ふきんの除菌と嫌なニオイを防ぐ効果もあります。

エタノールを主成分とした市販の洗浄剤は汎用性が高く、キッチン掃除全般に活躍します。

食品庫

3カ月に1回

使う道具

- 消毒用エタノール
- 掃除機
- ウエス

1 掃除機で吸い取る

中身を取り出し、掃除機でホコリやこぼれた食材などをしっかり吸い取る。

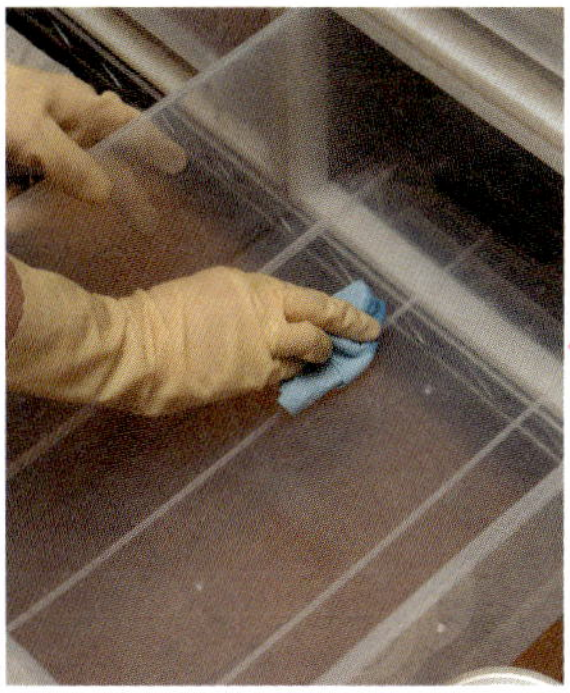

2 消毒用エタノールで拭く

消毒用エタノールを吹きつけたウエスで、隅々までしっかり拭き上げる。

アドバイス

食品庫はチャタテムシやダニの発生が多い場所。ダニは重篤なアレルギーの原因になるので注意しましょう

ゴミ箱

1カ月に1回

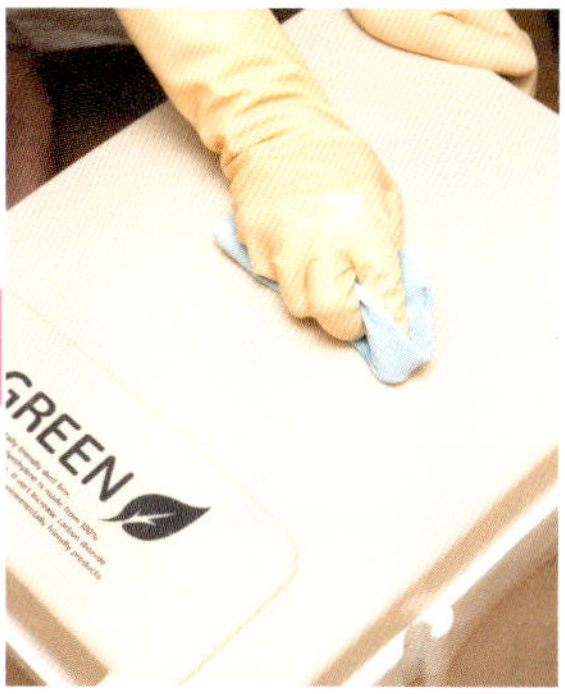

1 フタ、外側を拭く

油煙やホコリなどで汚れやすいフタや外側は、中性洗剤や消毒用エタノールで拭く。

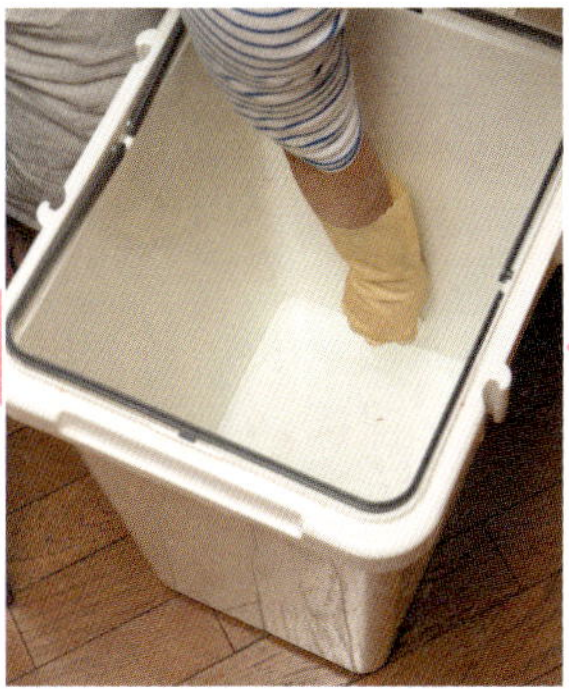

2 洗えるものは水洗い

プラスチック製などのゴミ箱の内部は、少量の水を使い、中性洗剤で洗い拭く。

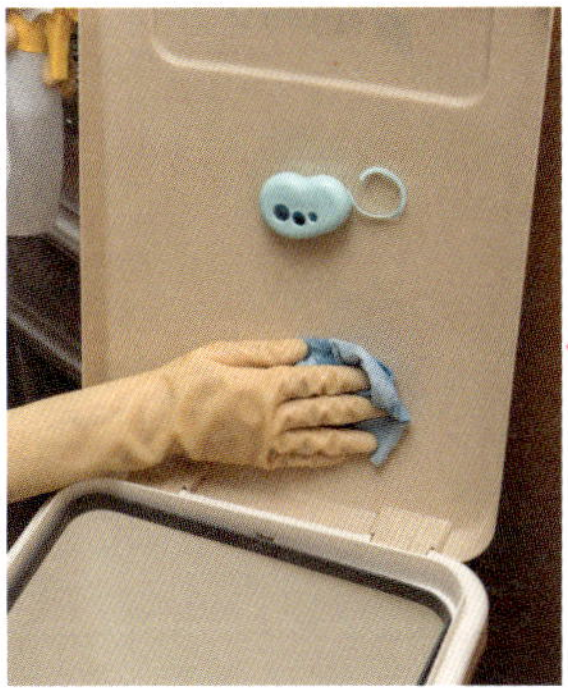

3 仕上げは消毒用エタノール

洗えない素材は中性洗剤で水拭きし、消毒用エタノールを吹きかけて仕上げる。

使う道具

- 中性洗剤
- 消毒用エタノール
- ウエス

裏ワザ

消臭グッズでゴミ箱のニオイ対策

ゴミ箱のフタの裏に貼りつけるタイプの消臭剤を上手に活用すれば、生ゴミのニオイによるストレスを軽減できます。消毒用エタノールをこまめに吹きつけるだけでもニオイ防止に役立ちます。ハエ除け効果のあるものも市販されています。消臭スプレーも効果的。

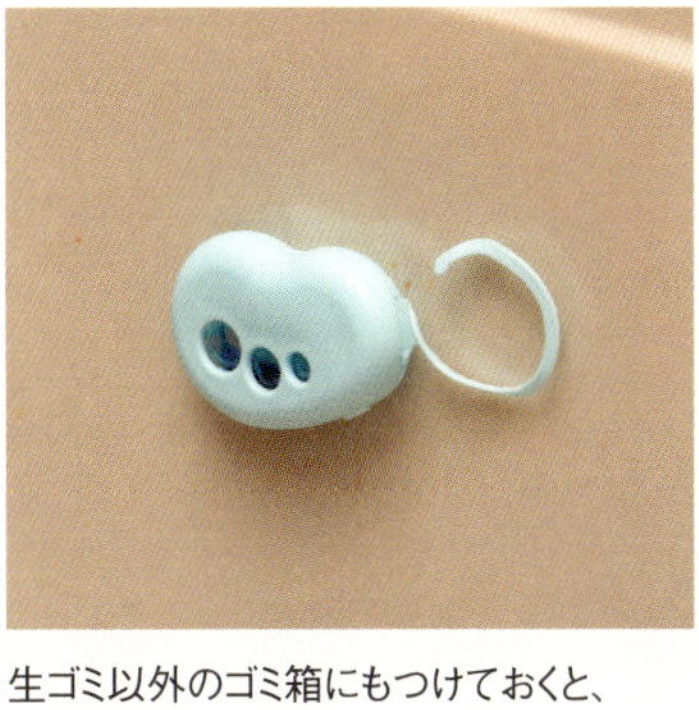

生ゴミ以外のゴミ箱にもつけておくと、ゴキブリやアリ除けに。

おさえておきたいゴミの出し方

◆ゴミ出しの基本◆

収集を行う自治体によって、ゴミの分別ルールはかなり異なります。
転居したてなどでわからない場合は自治体に問い合わせて、きちんとルールを守ってゴミ出しを。

収集日・時間を守る

カラスに荒らされたり、腐敗したりして大変な悪臭を発生させてしまうので、収集日や時間を守ろう。

ルールに従って分別する

自治体ごとに指示されている分別方法に従うこと。引っ越しの際には必ず確認をしてからゴミを出す。

容器は中身を空に

缶、洗剤、スプレーなどは、中身を残したまま捨てないように。リサイクルの妨げや、処理中に爆発する危険がある。

◆ゴミの捨て方◆

生ゴミ

1 水気をしっかりきる

しっかり水気をきること。新聞紙やチラシ、不要な雑誌などで包んで捨てるとよい。

2 密閉して捨てる

少量ずつ、こまめにビニール袋に密閉して捨てるようにする。

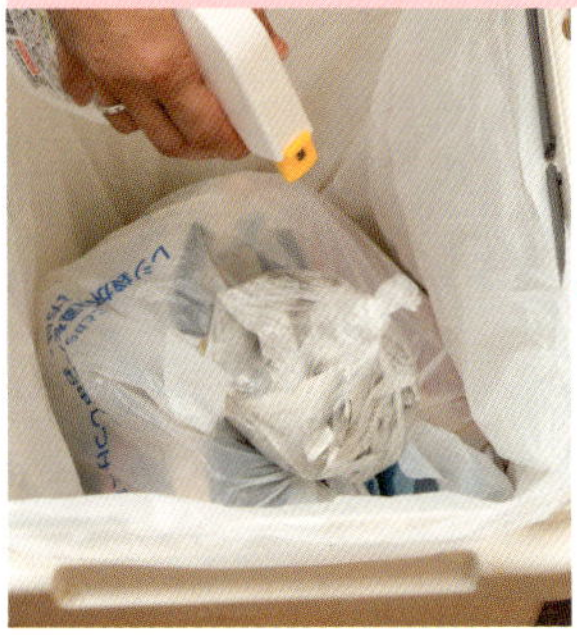

3 消毒用エタノールを使う

大きなゴミ袋に入れるたびに、消毒用エタノールをひと吹きするとニオイ対策に。

ゴミ袋の収納方法

取り出しやすい場所に

ゴミ箱の近くにスタンバイさせておく。引き出しなどに立てて収納すると取り出しやすく見た目も◎。

スプレー缶

中身を使いきって捨てる

最後まで使いきってから捨てる。穴開けの要・不要は自治体に確認すること。

揚げ油

燃えるゴミとして捨てる

新聞紙や古布に吸わせたり、市販の廃油処理剤を使って固めるなどしてから捨てる。

第6章

いざというときのために
生活全般のきほん

冠婚葬祭のお金

立場やつき合いの程度に合わせて

結婚式のお金

アドバイス
地域によっても違いがあるので周囲の人の意見も参考に

お祝い金は、昔から割り切れる偶数は縁起が悪く、奇数は“喜数”に通じることから縁起がよいとされています。ただし、奇数でも“苦”を連想させる9は避けた方がよく、一対の意味がある2は失礼にあたりません。夫婦で招待された場合は、立場に応じて約2名分の金額を包みましょう。

結婚祝いの目安（披露宴に出席する場合）

兄弟姉妹	50,000 ~ 100,000 円
おじ・おば	30,000 ~ 50,000 円
いとこ	20,000 ~ 30,000 円
その他親族	10,000 ~ 50,000 円

勤務先の同僚	30,000 円
勤務先の部下	10,000 ~ 30,000 円
友人・その家族	10,000 ~ 30,000 円

※金額は社団法人全日本冠婚葬祭互助協会のデータをもとに、編集部がまとめたものです。

会費制の場合…会費以外のお祝い金は必要なく、祝儀袋も不要。新札を用意した方がよい。

祝儀袋のマナー

白の包み紙に、金銀または紅白の水引をかけた祝儀袋が正式。ブルーやピンクなどのカラフルな祝儀袋も増えているが、略式なので親しい間柄だけにしたい。また、持参するときは袱紗（ふくさ）で包むとスマート。

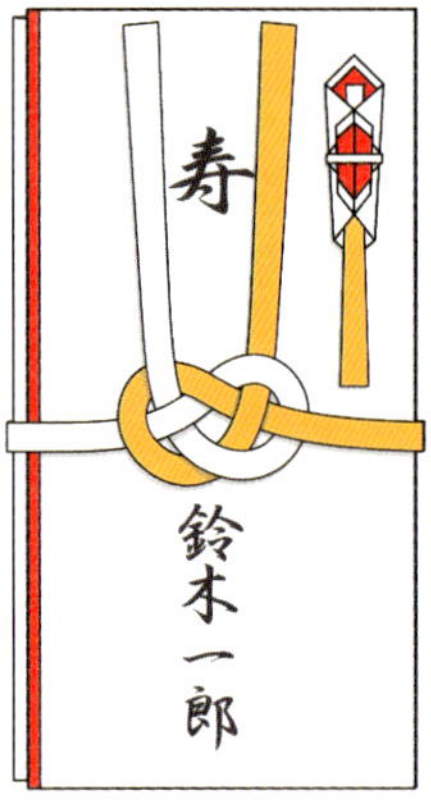
短冊に表書きを書いて、水引に挟んでもOK
寿
鈴木一郎

水引は結びきり

結婚など、繰り返しを避けたい出来事には「結びきり」を。水引が輪になった輪結びや、中央にひとつ、左右にふたつの輪を並べたあわじ結びも縁起がよい。

金額に見合うものを

中に入れる金額とつり合いの取れた祝儀袋を選ぶように。金額が大きいほど、派手な水引を結んだ豪華なものがふさわしい。

表書きは「寿」

表書きの上段に「寿」または「壽」という文字を太くはっきりと書き、下段に贈る人のフルネームを書く。

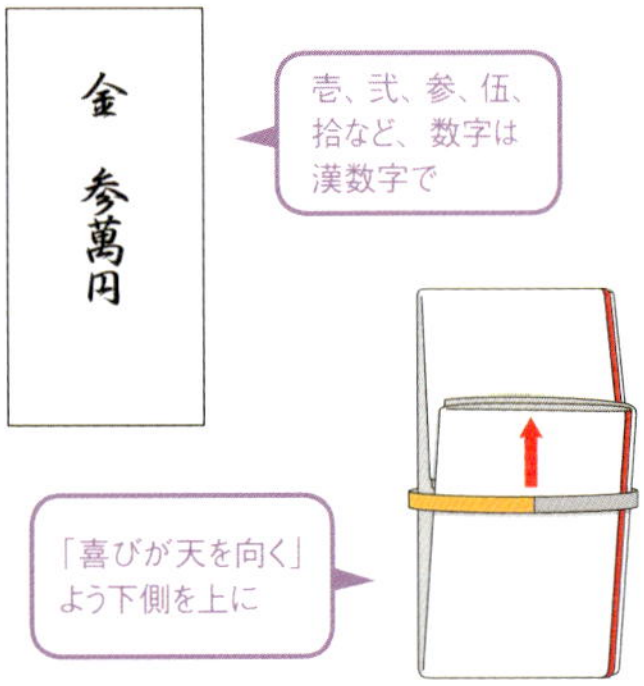
金 参萬円
壱、弐、参、伍、拾など、数字は漢数字で
「喜びが天を向く」よう下側を上に

中包みの表に金額、裏に住所氏名

中包みの表の中央に金額を、裏の左下に住所氏名を書く。毛筆または筆ペンで、数字は旧字体の漢数字が望ましい。

紙幣は新札を

中袋を開いたとき、お札の表（肖像が印刷されている面）が上になるように入れる。複数枚入れる場合は向きをそろえる。

裏は下側が上

上包みは「喜びが天を向く」よう、上側の折り返しに下側をかぶせるように折り、最後に水引をかける。

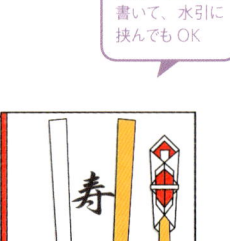

ポイント

- 祝儀袋は「結びきり」の水引を
- 祝儀袋も不祝儀袋も金額に見合うものを
- 不祝儀袋は宗教・宗派に合わせて

お葬式のお金

遺族の出費を配慮する意味合いもある香典。金額は故人との関係性によって変わり、最も高額なのは親が亡くなった場合です。目安はありますが、故人と親しくしていた場合は多少多めに包んでも失礼にはあたりません。地方の慣習によっても相場に差があるので、親族の葬儀の場合は親戚に相談してみましょう。

香典の目安

祖父母	10,000 ～ 30,000 円
親	30,000 ～ 100,000 円
兄弟姉妹	30,000 ～ 50,000 円
おじ・おば	10,000 円
いとこ	3,000 ～ 20,000 円
その他親族	3,000 ～ 20,000 円

※金額は社団法人全日本冠婚葬祭互助協会のデータをもとに、編集部がまとめたものです。

職場関係	3,000 ～ 5,000 円
友人・その家族	3,000 ～ 10,000 円
隣人・ご近所	3,000 ～ 5,000 円

法要の香典の目安は 5,000 ～ 10,000 円

仏式の四十九日や一周忌などの大きな法要に招かれた場合は、施主が準備する食事や返礼品に相当する金額を包んで持参する。

不祝儀袋のマナー

不祝儀袋は故人の宗教・宗派や包んだ金額によって選ぶ。10,000 円以上なら銀色、5,000 円前後なら黒白、5,000 円未満なら水引が印刷されたものを。お札はあまりに古いものは失礼にあたるので、一度折り目を入れた新札を包むとよい。

表書きは宗教や宗派に合わせて

訃報を受けたときに、故人または喪家の宗教・宗派を確認し、それに合った表書きを書くように。

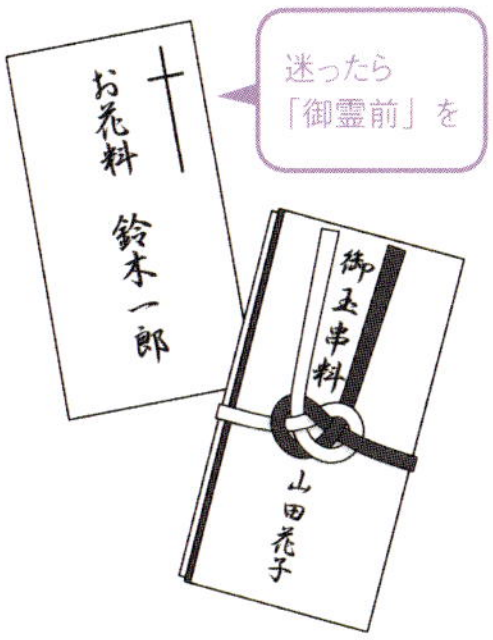

お花料
鈴木一郎
迷ったら「御霊前」を
御玉串料
山田花子

御霊前	仏式、神式、キリスト教式のいずれにも使える
御香典	仏式用。「御香料」もほとんどの宗派で使える
御榊料	神式用。「玉串料」「御神饌料」も使う
お花料	キリスト教式。カトリック、プロテスタントのどちらも共通
御仏前	四十九日の法事用。浄土真宗では亡くなってすぐでも使う

※水引は結びきりのものを。蓮の花が印刷された袋は仏式にしか使わないので注意。キリスト教式は、白無地、あるいは十字架やゆりの花が印刷されたものを。

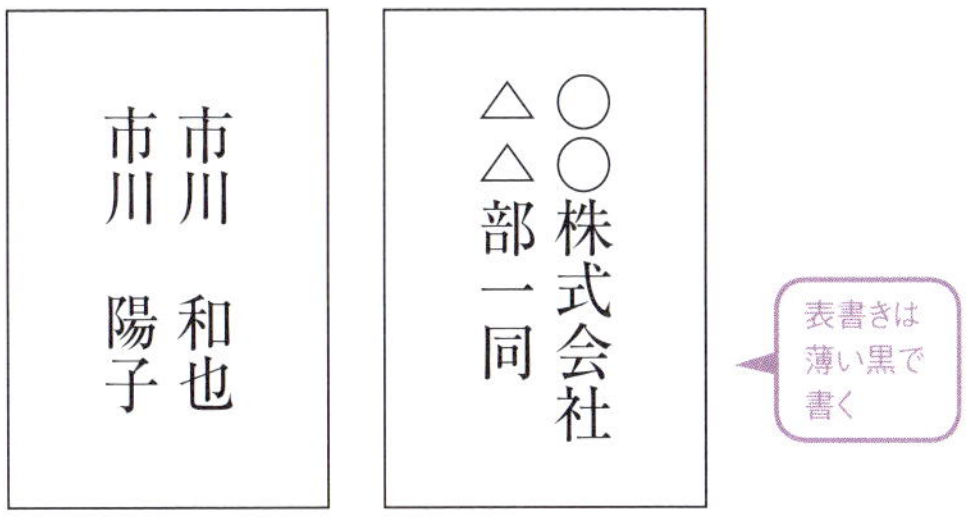

市川 和也
市川 陽子
○○株式会社
△△部一同
表書きは薄い黒で書く

連名の書き方

夫婦の場合は夫の氏名だけでもよいが、故人と親しかった場合は妻の名前も連名で出す。職場で出す場合は表書きに「○○株式会社△△部一同」と書き、中袋に個人名、連絡先住所、金額を書いた明細を入れる。

中包みの表に金額、裏に住所氏名を

中包みの表の中央に金額を書き、裏の左下に住所氏名を書く。金額は旧字体の漢数字の方がよい。お札は裏面を表にして中袋に入れる。

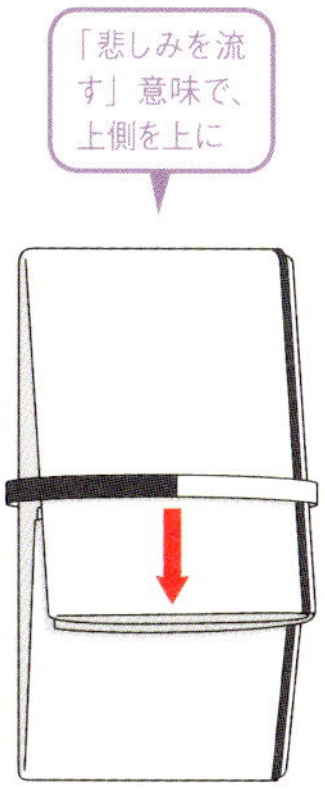

「悲しみを流す」意味で、上側を上に

裏は上側が上

上包みは、「悲しみを流す」意味を込めて、上側の折り返しを下側にかぶせて折り、最後に水引をかける。

祝福の気持ちを込めて 結婚祝いのマナー

ポイント

- 返信用はがきを速やかに送り、出欠の返事を
- 結婚祝いの品は、挙式1週間前までに贈る
- 装いは披露宴の時間帯や会場に合わせて

招待状が届いたら

招待状を受け取ったら、できるだけ一週間以内に返事を出すようにしましょう。その際、返信用はがきにある不要な文字は2本の線で消すこと。「御」や「行」など1文字の場合は2本の斜線で、「御芳」など2文字以上の場合は2本のタテ線で消すのがルールです。

出席の場合

〈ウラ〉

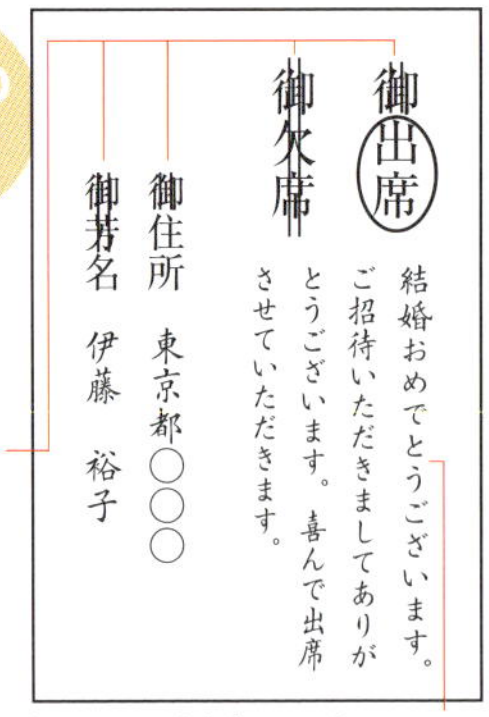

出席を○で囲み、「御」「御欠席」「御芳」は消す。

余白部分に結婚のお祝いや招待のお礼を書き添えよう。

〈表〉

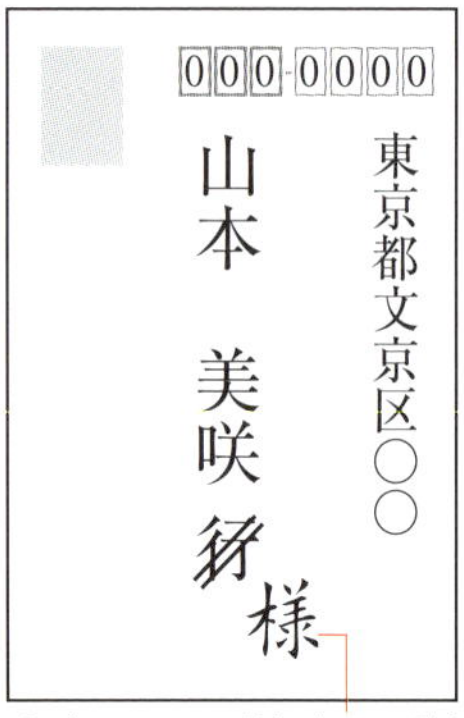

宛名の下の「行」や「宛」を消し、「様」に書き換える。

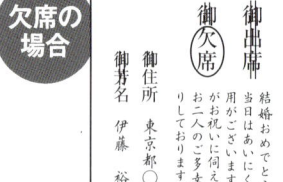

欠席の場合

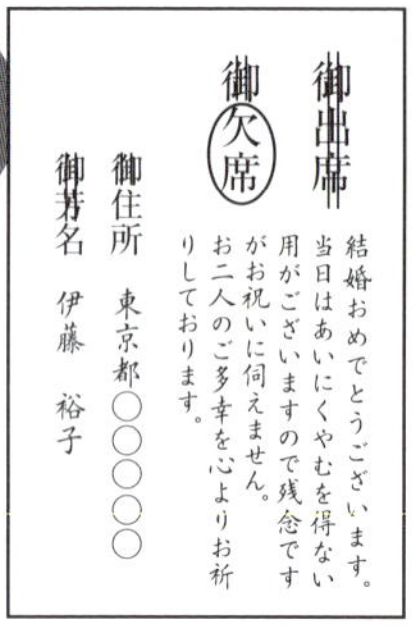

欠席を○で囲み、「御」「御出席」「御芳」は消す。余白部分に欠席する理由を簡潔に書き添える。弔事や病気の場合は曖昧な表現にするのがベター。

結婚祝いの品を贈るには

お祝いの品を贈るときは、祝福の気持ちを書き添え、大安吉日に届くように指定するなど縁起をかつぐことも大切です。また、挙式直前は新郎新婦が忙しくなるので、小さな贈り物でも披露宴当日に持参するのは避け、遅くとも挙式1週間前までに持参するか送るようにしましょう。披露宴当日の受付では、記帳するだけで問題ありません。

本人の希望を聞くのもGOOD！

結婚祝いの品で喜ばれるのが、食器類や調理器具など、新生活に役立つ実用的なもの。ただし、ハサミや包丁などの刃物は“縁を切る”につながるので避けるように。本人に希望を聞いてみるのも◎。品数は縁起の悪い4と9は避け、吉とされる奇数でそろえて。ペアや半ダース、1ダースは偶数でも奇数と数える。

披露宴に欠席する場合は

半額程度を手渡しで

食事代が含まれないと考えるので、出席する場合の半額程度のお祝い金でOK。挙式の1週間前までに相手の自宅に持参するか、同じ職場の人なら会社で前もって渡しておこう。

郵送なら1週間前には届くように

直接手渡せないときは、現金を入れた祝儀袋を現金書留で郵送を。持参できないことについての断りやお祝いの言葉を書き添えて送るようにしよう。

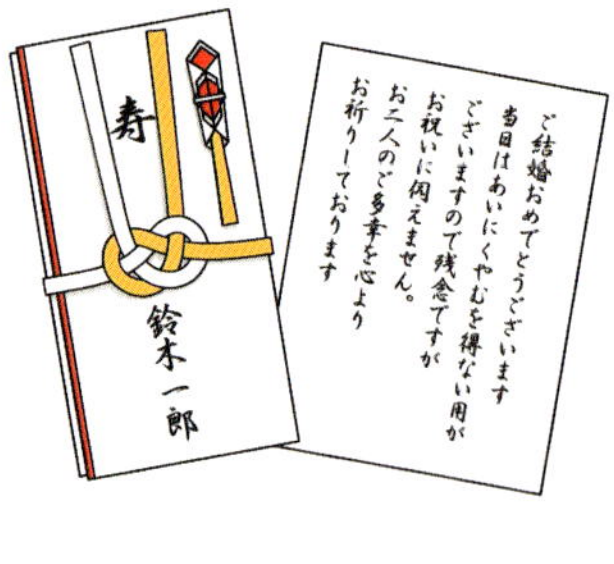

会場でのマナー

装い

新郎新婦より目立たないように、控えめにするのがマナーです。ただし、失礼のないよう格式高く装いましょう。洋装の場合は、昼と夜で違いがあるので注意が必要です。カジュアルスタイルの披露宴なら、略礼装でもOK。会場を確認してふさわしい装いをしましょう。

新郎新婦の父

和装は五つ紋の羽織袴。洋装の昼はモーニングコート、夜ならタキシードを。

新郎新婦の母

女性が和装で男性が洋装という組み合わせも一般的

和装は五つ紋の黒留そで。洋装の昼はロング丈で長そでから七分そでの無地のドレス（アフタヌーンドレス）、夜はイブニングドレスなどを。

一般列席者

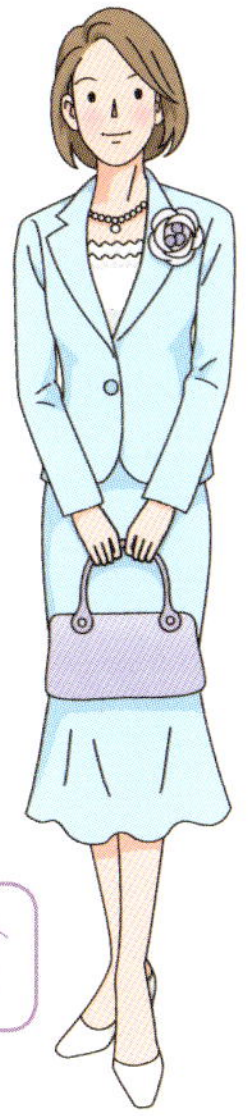
エレガントな印象に

一般列席者は会場にふさわしい装いを

男性：洋装が基本。昼ならディレクターズスーツ、夜ならブラックスーツなど略礼装でも。ネクタイはシルバーまたは白と黒の縞、靴と靴下は黒を。

女性：和装なら三つ紋または一つ紋の色留そでや訪問着を、洋装の昼ならワンピースやアンサンブルで肌の露出は少なく、夜はドレスで華やかに。

親族と媒酌人は正装を

新郎新婦の家族や媒酌人、主賓は、格の高い衣装が正式。和装か洋装かは、両家で確認しておくとベター。おじ、おばなどその他の親族は、新郎新婦や両親などより格が上にならないよう注意を。女性の場合、昼は肌の露出を避けてシックに、夕方以降は華やかに。

こんな装いは避けて！

- ウェディングドレスと同じ白い服。
- お色直しのカラードレスのような派手なドレス。
- 黒一色の喪服をイメージさせる服。

こんなときどうする？

Q 披露宴に遅刻してしまったら？

A……あわてて会場に入らないように。

披露宴会場には遅くとも30分前には到着するのがマナー。遅刻した場合はまず式場のスタッフに事情を説明して指示に従おう。自分の席に着いたら新郎新婦に一礼し、同じテーブルの人にも目礼してから着席する。食事が始まってリラックスしたときや退場するときなどに、新郎新婦や両親にお詫びをしよう。

Q スピーチを頼まれたら？

A……新郎新婦を祝う気持ちを自分なりに表現すればOK。

3分間程度を目安に、祝福の言葉、自己紹介、新郎新婦の人柄やエピソードの紹介、はなむけの言葉、新郎新婦の幸せを祈る結びの言葉で構成するとまとまりやすい。不幸や再婚をイメージさせる言葉は避けよう。

お悔やみを伝える 弔問・法要のマナー

訃報を受けたら

突然の悲しい知らせ。まずお悔やみを述べてから、必要事項を確認します。通夜や葬儀の準備で取り込んでいる場合が多いので、あくまでも手短に。近親者など故人と親しい間柄ならできるだけ早く駆けつけ、遺族にお悔やみの言葉を伝えてから、何か手伝えないか申し出ましょう。

確認事項

- どなたが亡くなったのか
- 通夜の日時と場所
- 葬儀・告別式の日時と場所
- 故人の宗教・宗派
- ほかに連絡すべき人の有無

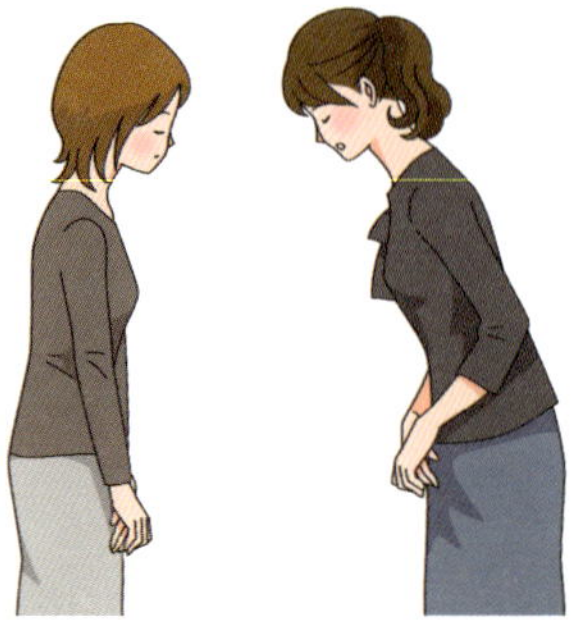

お悔やみは必要以上の言葉は言わず、遺族への心遣いを大切に。

悲しむ遺族をそっと見守るのも思いやり。「このたびはご愁傷様でございます。お悔やみ申し上げます」という言葉だけで十分。お伝えするときは、語尾が曖昧になるくらいの、静かなトーンがよい。

供花・供物を贈るには

遺族が辞退されることもあるので、必ず意向を確認してから贈ること。宗教によって贈ってはいけないものがあるので、葬儀を請け負っている葬祭業者に依頼すると間違いがない。

こんな言葉は避けて

死因や亡くなったときの様子を質問するのはマナー違反。また、子どもを亡くした方に対して、「あんなにかわいかったのに」「元気でしたのに」などの悲しみが増すような言葉は控えて。

弔問に伺えない場合には

弔電を打つか、代理人から弔意を伝える

いくら親しい間柄でも電話でお悔やみを伝えるのは避け、弔電を打つこと。あるいは、身内や知人に頼んで参列してもらう。代理人を立てた場合、後日お悔やみの手紙を送るか、直接お参りを。

香典を送るなら現金書留で、一筆添えて

香典が必要な場合は、お悔やみの言葉と弔問できないお詫びを書き添え、香典を不祝儀袋に入れ、現金書留で送る。

弔電の送り方

NTTに申し込む。電話なら115番で、インターネットからも申し込み可能。弔電文例はNTTに用意されているので、その中から選ぶと間違いがない。迷ったら、NTTの電報オペレーターに相談してみよう。

ポイント

- 訃報を受けたら、必要事項を手短に確認
- お悔やみの言葉は、遺族の気持ちを考えて
- 通夜や告別式は喪服で。小物類は控えめに

会場でのマナー

装い

喪服は黒の長そでが基本。靴やバッグも光沢のない黒で、金属の飾りがついていないものを選びましょう。また、喪主よりも格の高い服を着用しないのも礼儀です。

通夜

地味な平服か喪服で

地味な平服でかまわないが、喪服でも可。平服の場合、男性ならダークスーツと黒いネクタイ、女性なら黒っぽいスーツやワンピースで。

告別式・法要

場にふさわしい喪服で

喪服で会葬するのが一般的。男性はブラックスーツに黒のネクタイで。女性は光沢のないアンサンブルスーツが基本。スカート丈は、正座したときにひざが出ない程度に。

子どもは制服か、地味な服装で

幼稚園や学校の制服があれば、制服が正装に。ない場合は、男の子なら黒か濃紺のジャケット、女の子なら黒のワンピースが好ましい。

男性

ブラックスーツが一般的。靴は黒が基本だが、エナメルなど光沢のある素材は避けること。靴下も黒の無地を。

女性

化粧は控えめに。ただしノーメイクはマナー違反。アクセサリーは結婚指輪と一連のパールのネックレスならOK。

こんな装いは避けて！

- 光る素材と派手な装い。とくに靴に注意が必要で、派手な飾りがあるものはNG。
- 女性の場合は、ヒールのある靴を選び、バックストラップやミュールは避ける。

こんなときどうする？

Q 友人から香典を預かったら？

A……受付で渡します。

その際、「○○が本日参れませんので、預かって参りました」と伝え、記帳をする。自分の住所と氏名を書いた横の欄に「代理」と書き、その下に預かった友人の住所と氏名を書く。

Q 受付の手伝いを頼まれたら？

A……葬祭業者とよく打ち合わせをして進めます。

遺族の代理で弔問客を迎える受付では、挨拶やお辞儀をていねいに行いたい。弔問客が記帳し忘れていないかを確認し、香典が盗難に合わないようにしっかり管理すること。

お中元・お歳暮

親戚、職場の上司、結婚式の仲人など、お世話になっている人に日頃の感謝の気持ちを込めて贈るお中元やお歳暮。品物を選ぶときは、相手の家族構成や年齢、好みなどを考えて、失礼にならないものを選びましょう。

お中元

ビールやジュース、そうめんなどの食料品が主流

いつ贈るかはお盆を基準に考えて。お盆が7月の地域は7月初旬から15日くらいまで、8月の地域は8月初旬から15日くらいまでに贈ろう。祖先へのお供えものという意味もあるので、食べ物を贈ることが多い。

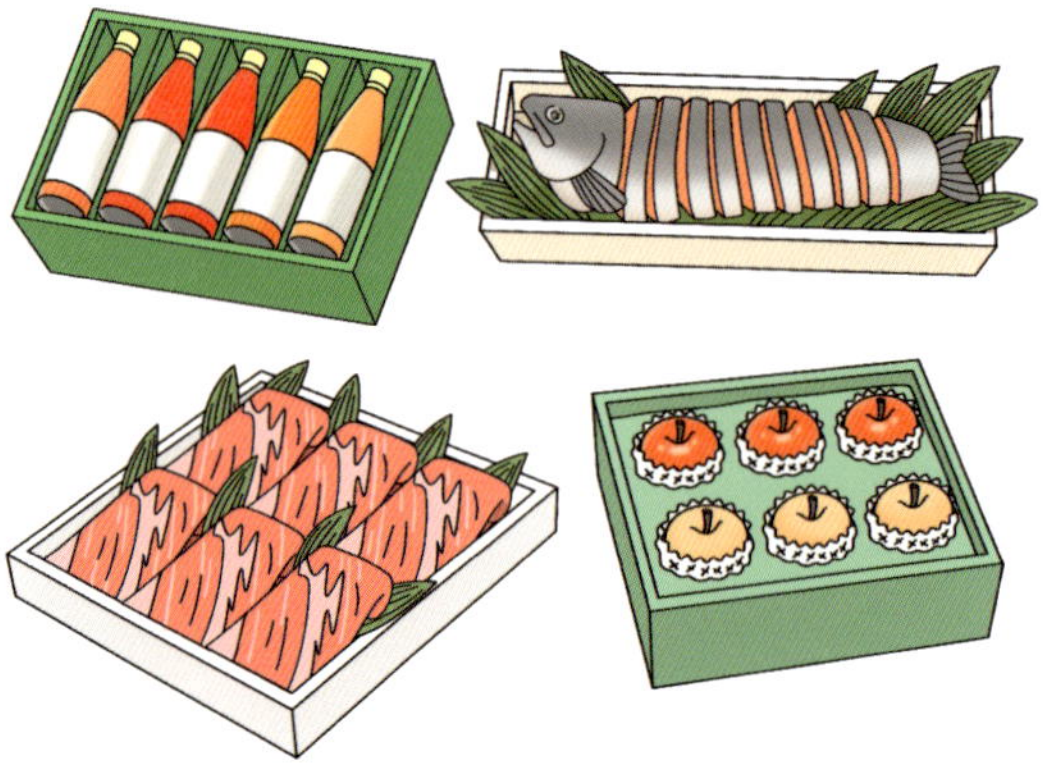

お歳暮

精肉や鮮魚などの産地直送品や乾物が人気

お中元よりも大切な挨拶なので、お中元を出さなかった人に贈ってもよい。また、お中元を出した人には必ず贈り、お中元よりも安いものにならないように注意しよう。12月13日から20日くらいまでに届くように。

金額の目安	
親戚・知人	3,000 ～ 4,000 円
上司・仲人	5,000 円前後
その他とくにお世話になっている人	3,000 ～ 10,000 円

お礼は品物が届いてから3日以内に

お中元やお歳暮が届いたら、お礼の気持ちを伝えること。電話やメールですませるのは略式なので、なるべく早くお礼状を送るようにしよう。

こんなときどうする？

Q 先方が喪中の場合は控えるべき？

A……控える必要はありません。

お世話になっている感謝の気持ちを伝えるものなので、贈ってもOK。気になる場合は、お歳暮はやめて寒中見舞いにするなど、お見舞いとして贈るのもよい。

Q うっかり時期を逃してしまった……。

A……慌てて贈らないこと。

お中元なら立秋（8月7日頃）までは「暑中お見舞い」、そのあとは「残暑お見舞い」として贈ることができる。また、お歳暮なら松の内（元旦から7日）までは「御年賀」として、松の内を過ぎて立春（2月4日頃）までは「寒中御伺い」として贈っても失礼にあたらない。

大切にしたい季節のご挨拶
お中元・お歳暮・お正月

ポイント

- お中元やお歳暮は贈る時期を守って
- お正月は親しい人に年始の挨拶を
- 年末年始のしきたりには意味がある

お正月

職場の直属の上司や結婚式の仲人、実家の両親など、お世話になっている人に挨拶に伺う「年始回り」。年末に先方の予定を聞き、元日は避け、2日から7日の午後の早い時間に訪問するようにしましょう。

お年賀

お歳暮を基準に品物選びを

お歳暮を贈っているなら、タオルやお菓子などの手軽なものでOK。贈っていない場合は、お歳暮の金額と同等の清酒や季節の果物などに、「御年賀」ののしをつけて渡す。

お年玉

年齢に見合った金額を、親しい子どもへ

親戚やごく親しい間柄の子どもに渡すお年玉。必ず保護者の前で渡すようにしよう。ただし、上司など目上の人の子どもに渡すのは失礼とされている。乳幼児や働いている年齢に達していたら必要はない。

お年玉の金額の目安	
未就学生	～2,000円
小学校低学年	1,000～3,000円
小学校高学年	3,000～5,000円
中・高校生	5,000～10,000円

年末年始のしきたり

門松やしめ飾り、おせちなど、年末年始のさまざまなしきたりは、幸せをもたらす年神様を迎えるための大切な行事。行事のやり方や時期は、地方によって異なる場合も。

しきたり	時期	内容
門松	12月13日～1月7日（二重に苦しむという意味のある29日、一夜限りで縁起の悪い31日は避ける）	年神様を迎え、新年を祝うために、玄関や門前に一対で飾る
しめ飾り		災いを「締め出す」という意味が込められている。旧年の不浄をはらい、年神様を迎えるために、玄関の正面に飾る
鏡餅		年神様へ供える。白木の三方に半紙を敷き、裏白（シダ科の植物の葉）、紅白のたれ（御幣）、大小の丸餅を重ね、橙をのせる
年越しそば	12月31日（大晦日）	江戸時代中期頃から伝わった風習で、細く長く生きられるようにという願いが込められている。元旦になる前に食べ終えること
初詣	1月1日～7日	新しい一年をつつがなく過ごせるよう、神社に参拝する。松の内（1月7日）までにお参りするのが決まり
おせち料理・お雑煮	1月1日～3日	本来おせちは、年神様へ供えるための料理で、台所仕事を休むために保存できる料理が中心。また、それぞれの料理に縁起のよい意味が込められている。おせちのあとに食べるお雑煮は地域や各家庭で味つけや餅の形が異なる
七草がゆ	1月7日	せり、なずな、ごぎょう、はこべら、ほとけのざ、すずな（かぶ）、すずしろ（大根）を入れたおかゆ。無病息災を祈願して1月7日に食べる
鏡開き	1月11日	新しい年の円満を祈りながら、年神様に供えた鏡餅を下げて食べる。鏡餅を包丁で切るのは縁起が悪いとされ、開いて（割って）調理する

相手への思いやりを大切に

お見舞い・お祝い

ポイント

- お見舞いは、相手や家族への思いやりを
- 新築祝いは新居に似合うものを
- 子どもの成長や長寿は、家族で心をこめて

お見舞い

大切なことは、病気を患っている相手の状況を考えることです。家族に病状を聞き、了承を得てから訪問しましょう。相手や家族を疲れさせないためにも、病院の面会時間を厳守。15分程度で引き上げ、大人数で訪れるのは避けましょう。

お見舞いの品

相手に負担を感じさせない品を選ぶように。たとえば、相手が好きな雑誌や本、ルームシューズ、アレンジメントフラワー、食事制限がない場合はお菓子や果物がよい。

こんな花は避けて！

花を贈る場合は、お悔やみや不吉なイメージがある、ゆり、菊、椿などは避けて。鉢植えは「根付く」意味があるためNG。

お見舞い金

治療費など出費がかさむので、お金が喜ばれる場合も。お金は、のしがついていない、紅白の水引の祝儀袋に入れて渡す。表書きは「御見舞」が一般的。

金額の目安	
親戚	5,000 ～ 10,000 円
友人・同僚	3,000 ～ 5,000 円

お返しは「快気祝い」

「病気が残らない」という意味を込めて、石けんやお茶などの消耗品を贈る。表書きは「快気祝い」や「退院内祝」にする。

新築祝い

相手の趣味や新居のインテリアに合うものを選びましょう。ただし、火事を連想させる灰皿やストーブ、ライター、赤いものは避けるのが無難です。

お祝いの品

食器やキッチン用品が定番。その他、タオルやバスマット、ワインなど、相手の好みに合うものを。また、現金やギフト券も相手が自由に使えるので喜ばれる。

金額の目安	
親戚	10,000 ～ 50,000 円
友人・同僚	5,000 円

お返しは「新築内祝」

いただいた金額の半返しで、表書きを「新築内祝」にした品を贈る。または、引っ越しが一段落したら新居に招くのもお返しに。

長寿のお祝い

家族でお祝いの会食をしたり、家族旅行を企画すると喜ばれます。贈り物なら洋服やファッション小物、食器など、本人の趣味に合った、少し若々しいものを。また、お金を贈る場合は、子どもからなら20,000 ～ 30,000円、親戚からなら5,000 ～ 10,000円くらいが目安です。

名称	還暦《かんれき》	古希《こき》	喜寿《きじゅ》	傘寿《さんじゅ》	米寿《べいじゅ》	卒寿《そつじゅ》	白寿《はくじゅ》	百寿《ひゃくじゅ》
年齢	61 歳	70 歳	77 歳	80 歳	88 歳	90 歳	99 歳	100 歳

還暦といってもまだまだ現役の人も多い。本人の意向を聞いてからお祝いしてもOK！

出産祝い

出産祝いを贈るのは、必ず出産の知らせを聞いてからにしましょう。訪問する場合は、相手の体調が整い、退院後の生活が落ち着いた頃に。また、出産の報告は、身内以外へはお七夜を過ぎてからにします。

お祝いの訪問時期

母子の体調を確認してから訪問し、長居をしないように気をつけよう。訪問の時期は、産後１カ月頃が目安。

出産祝いの品

相手にリクエストがないか聞いてみよう。それをふまえたうえで、新生児用のベビー服、抱っこヒモ、おもちゃ、赤ちゃんの食器などを贈るとよい。ママが使えるもの、オムツやガーゼなどの消耗品も喜ばれる。また、好きなものを買える現金や商品券も◎。

出産祝いの金額の目安
5,000 ～ 10,000 円

お返しは「内祝」

いただいた金額の半額～３分の１が目安。表書きは「内祝」にし、赤ちゃんの名前でお宮参りの前後に贈る。石けんやタオルなどの日用品、カタログギフトなどを贈ることが多い。

赤ちゃん・子どものお祝い

子どもの成長に感謝する、さまざまなお祝いの行事。祖父母などの身内で集まり、心のこもったお祝いをしよう。

	時期	内容
お七夜（命名式）	生後７日目	正式には奉書紙、略式では半紙か市販の命名書に赤ちゃんの名前を書き、床の間などに飾る
お宮参り	男の子は生後 32 日目、女の子は生後 33 日目	神社に親子、祖父母がそろってお参りし、子どもの成長を願う
お食い初め	生後 100 ～ 120 日目	一生食べるものに困らないようにという願いを込め、祝い膳を用意して赤ちゃんに食べるまねをさせる
初節句	女の子は３月３日、男の子は５月５日	赤ちゃんが初めて迎える節句。お祝いの品は、女の子なら雛人形、男の子なら武者人形が一般的。お祝い金を贈ることも
七五三	11 月 15 日前後。女の子は３歳と７歳、男の子は５歳	３歳、５歳、７歳の節目に、成長に感謝する儀式。神社にお参りし、身内で祝い膳を囲んで祝う。食事会の代金など現金を贈ることが多い
入園祝い	幼稚園や保育園に入園するとき	幼稚園や保育園によっては指定があるので、必要なものを両親に聞いてから贈るようにする
入学祝い	小学校、中学校、高校、大学に入学するとき	図書カードや文具券などを贈るのが一般的。相手が希望しているなら、辞書や図鑑などの学用品も OK
成人式	満 20 歳を迎える、1 月の第２月曜日	成人の仲間入りを祝うため、市町村単位で行われている。お祝い金や晴れ着などの記念品を贈ることも
卒業・就職祝い	大学などを卒業し、入社を控えた３月頃	時期が重なるので両方のお祝いを兼ねて、会食やお祝いの品を贈る。手帳や名刺入れ、腕時計、ペンなど、社会人生活に役立つものがよい

感謝の思いを送る 季節の挨拶・お礼状

ポイント

- 季節の挨拶状は、送る時期を守ろう
- お祝いへのお礼は、3日以内に
- 感謝の気持ちはなるべく具体的に書く

季節の挨拶

年賀状や暑中見舞いなど、季節の挨拶状を出す時期は決まっているので、間違えないように気をつけましょう。メールですませる人も多いようですが、とくに目上の人に対しては書面で挨拶をしましょう。

	時期	書き出しの文例
年賀状	元旦に届くように準備しよう。12 月 15 日～ 25 日の特別扱い期間中に投函すれば、元旦に必ず配達される	「新春のお喜びを申し上げます」
喪中はがき	一般的には、配偶者、両親、兄弟の服喪期間は 1 年、祖父母は半年。12 月初旬くらいまでに喪中欠礼の挨拶状を出す	「喪中につき年末年始のご挨拶をご遠慮申し上げます」
喪中の年賀状への返礼	松の内（元旦から 1 月 7 日まで）が明けてから、寒中見舞いとして出す	「年頭のご挨拶をいただき、ありがとうございました」
暑中見舞い	梅雨明けした 7 月中旬頃から立秋（8 月 7 日頃）までに届くように送る。日付は「令和○年盛夏」と書く	「梅雨も明け、本格的な夏がやってきました」
残暑見舞い	立秋を過ぎ、8 月いっぱいは残暑見舞いとして送る	「まだまだ厳しい暑さが続きますが……」

表書き

「御中」は会社、団体、学校などの組織宛に送るときに使う。ただし、部署や会社名の後に個人の名前をつけるときは、「○○会社△△部□□□様」にする。くれぐれも御中と様を同時に使ったりしないように。

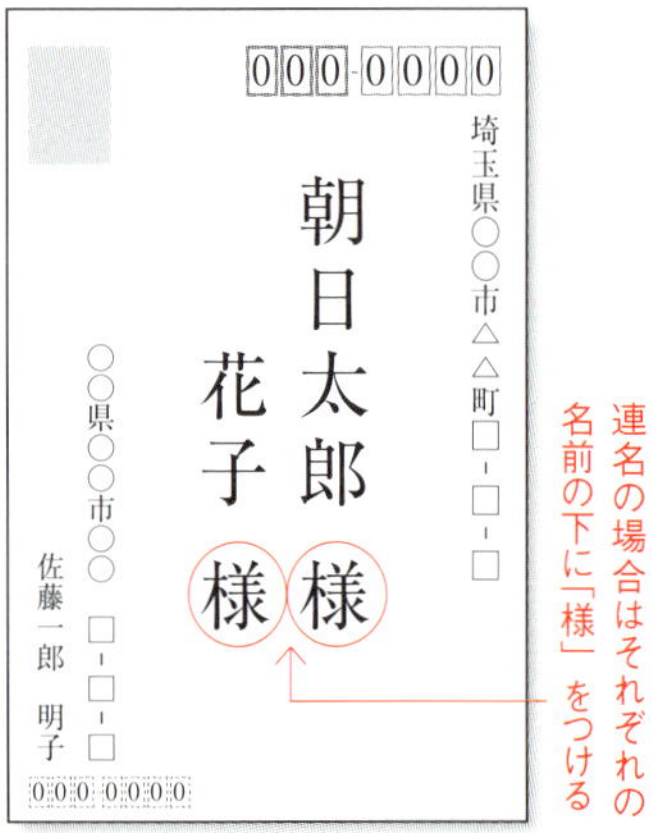
000-0000
埼玉県○○市△△町□-□-□
朝日太郎様
花子様
○○県○○市○○ □-□-□
佐藤一郎 明子
000 0000
連名の場合はそれぞれの名前の下に「様」をつける

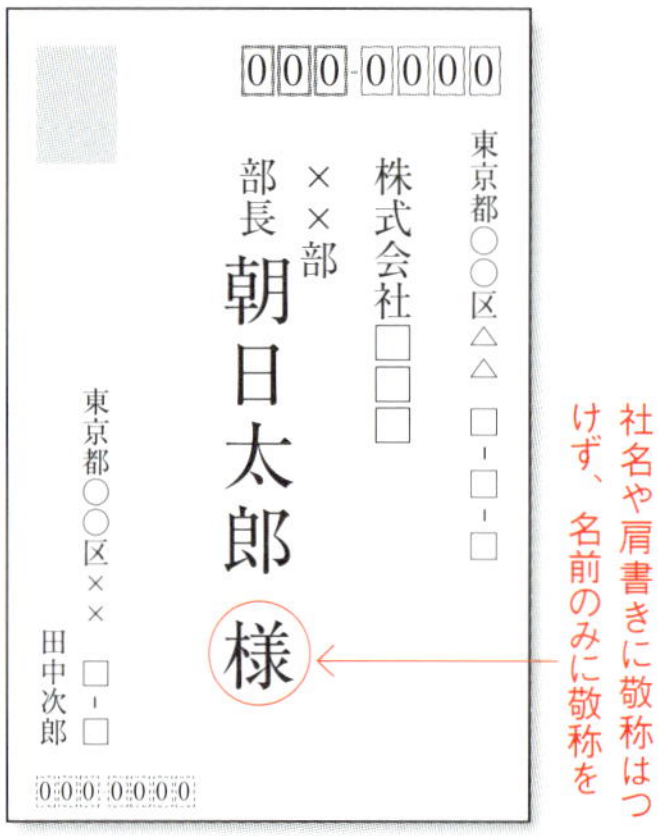
000-0000
東京都○○区△△ □-□-□
株式会社□□□
××部
部長
朝日太郎様
東京都○○区×× □-□
田中次郎
000 0000
社名や肩書きに敬称はつけず、名前のみに敬称を

年賀状

新しい年の始まりを祝うものなので、縁起の悪い表現はNG。

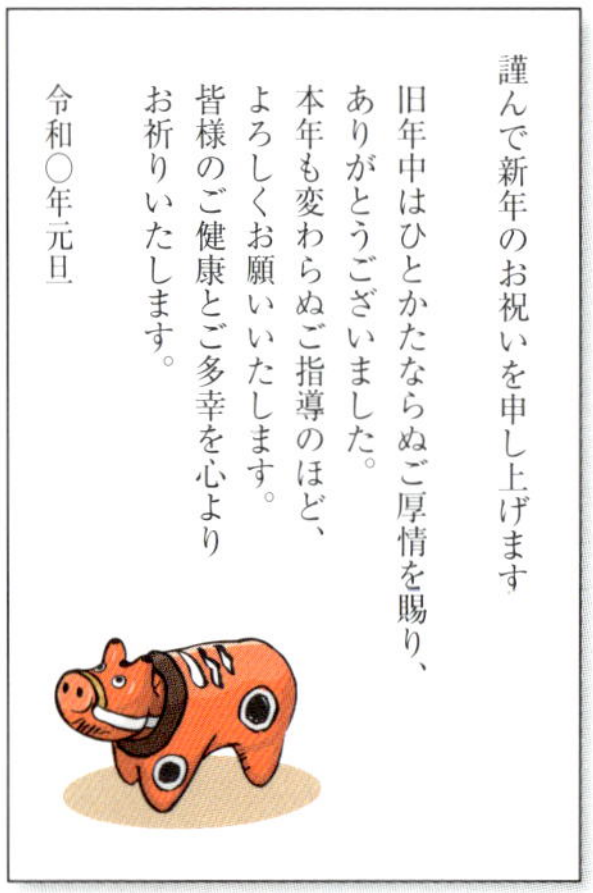
謹んで新年のお祝いを申し上げます
旧年中はひとかたならぬご厚情を賜り、
ありがとうございました。
本年も変わらぬご指導のほど、
よろしくお願いいたします。
皆様のご健康とご多幸を心より
お祈りいたします。
令和○年元旦

お礼状

お中元やお歳暮、病気見舞いなどのお礼状は、感謝の気持ちを込めて、ていねいに書きましょう。目上の人へは封書で、親しい間柄ならはがきでも失礼にあたりません。

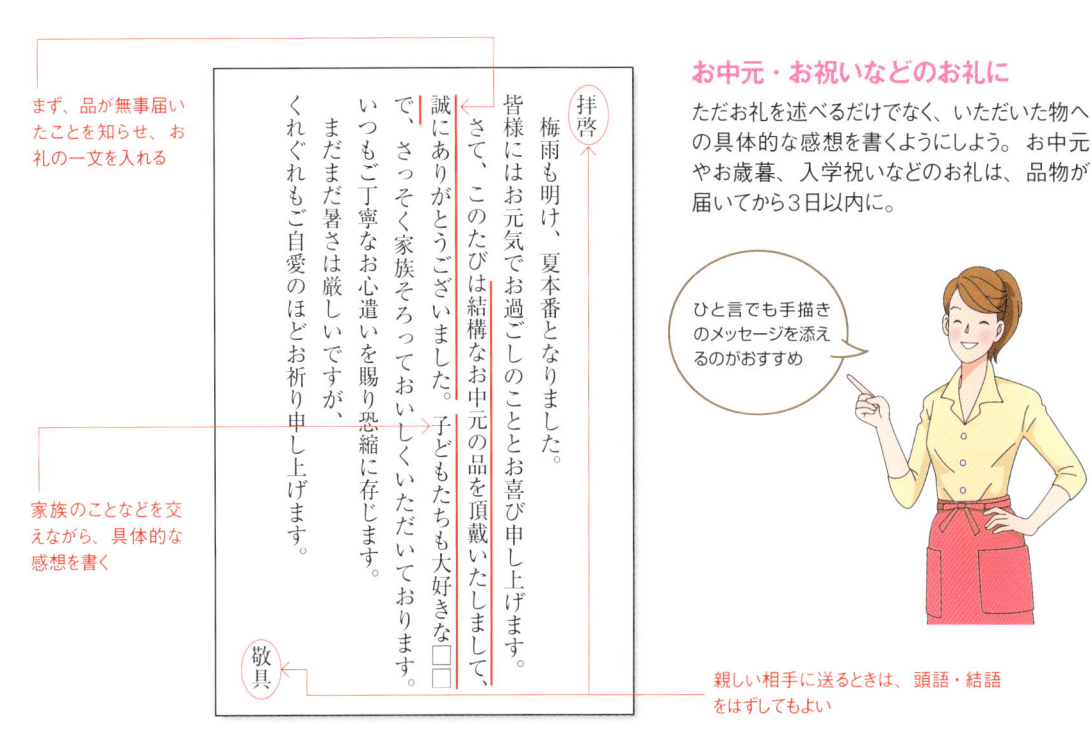

まず、品が無事届いたことを知らせ、お礼の一文を入れる

拝啓

梅雨も明け、夏本番となりました。

皆様にはお元気でお過ごしのこととお喜び申し上げます。

さて、このたびは結構なお中元の品を頂戴いたしまして、誠にありがとうございました。子どもたちも大好きな□□で、さっそく家族そろっておいしくいただいております。

いつもご丁寧なお心遣いを賜り恐縮に存じます。

まだまだ暑さは厳しいですが、

くれぐれもご自愛のほどお祈り申し上げます。

敬具

家族のことなどを交えながら、具体的な感想を書く

親しい相手に送るときは、頭語・結語をはずしてもよい

お中元・お祝いなどのお礼に

ただお礼を述べるだけでなく、いただいた物への具体的な感想を書くようにしよう。お中元やお歳暮、入学祝いなどのお礼は、品物が届いてから3日以内に。

ひと言でも手描きのメッセージを添えるのがおすすめ

暑中見舞い

暑中の挨拶の一文を入れ、その後に送る側の近況を報告する。

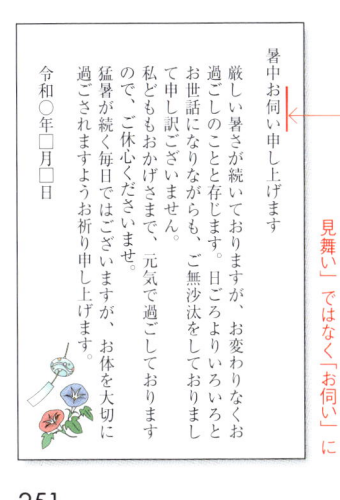

暑中お伺い申し上げます

厳しい暑さが続いておりますが、お変わりなくお過ごしのことと存じます。日ごろよりいろいろとお世話になりながらも、ご無沙汰をしておりまして申し訳ございません。

私どももおかげさまで、元気で過ごしておりますので、ご休心くださいませ。

猛暑が続く毎日ではございますが、お体を大切に過ごされますようお祈り申し上げます。

令和○年□月□日

目上の人に送る場合は、「お見舞い」ではなく「お伺い」に

喪中の年賀状への返礼

喪中欠礼へのお詫びの言葉を入れ、「寒中見舞い」として送る。

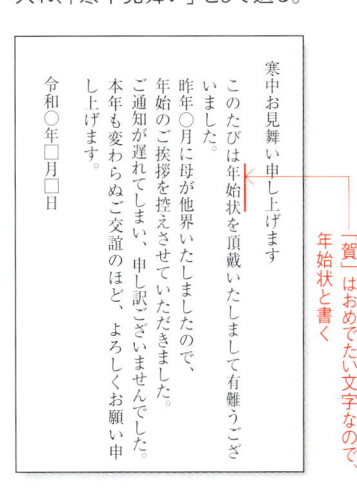

寒中お見舞い申し上げます

このたびは年始状を頂戴いたしまして有難うございました。

昨年○月に母が他界いたしましたので、年始のご挨拶を控えさせていただきました。

ご通知が遅れてしまい、申し訳ございませんでした。

本年も変わらぬご交誼のほど、よろしくお願い申し上げます。

令和○年□月□日

「賀」はおめでたい文字なので、年始状と書く

喪中はがき

感情を抑えた簡潔な文面に。死因を書いてもよい。

喪中につき年始のご挨拶をご遠慮申し上げます

○月○日に、母□□が△歳で永眠いたしました。

本年中に賜りましたご厚情を、深謝いたします。

明年も変わらぬご交誼のほどお願い申し上げます。

令和○年十二月

○○県○○市○○ □-□-□

佐藤一郎
明子

ルールを守って気持ちよく ご近所とのおつき合い

ご近所づき合いの基本マナー

災害時などいざというときに頼りになるのが、ご近所の方々。都市部に住んでいると、隣人とあまり顔を合わせないこともありますが、きちんと挨拶をするだけでも、お互い気持ちよく住むことができます。マナーを守るのはもちろん、適度な距離を保ちながら、ご近所づき合いをしましょう。

●きちんと挨拶する

挨拶はおつき合いの基本。エレベーターや道端で会ったら、「おはようございます」「こんにちは」など、目を合わせて笑顔で挨拶を。

●騒音やペットで迷惑をかけない

マンションなどの集合住宅で特に気になるのが騒音。早朝・深夜の掃除や洗濯はなるべく避けて。ペットを飼うときもご近所に挨拶を。

●プライバシーを尊重する

むやみに他の家庭の事情に首を突っ込まないこと。人のうわさ話をしていると、自分も話の種にされてしまうことになる。

●地域の規則を守る

ごみ出しの日時や分別の仕方、駐輪場の利用方法など、その地域の規則に従おう。地域の清掃などの行事には参加し、参加できないときは責任者に理由とお詫びを伝える。

引っ越しの挨拶

引っ越しの挨拶まわりには、相手の負担にならない程度の品を持参しましょう。転出するときは、粗大ごみで近隣に迷惑をかけないよう、余裕を持って自治体に申し込むか、引っ越し業者に処分を依頼することが大切です。

挨拶のタイミング

～転居するとき～

相手が餞別を気にしないように、2～3日前か前日に挨拶に行こう。

～引っ越してきたとき～

遅い時間でなければ転入当日に、「ご迷惑をおかけしています。本日引っ越してきました○○です」と挨拶に行くと印象がアップ。

●挨拶は向こう三軒両隣へ

マンションなら両隣と上下階の住人と管理人に、戸建なら両隣と向かい側の3軒と町内会の世話人に挨拶を。

のしをつけるなら「御挨拶」で

●500～1,000円くらいのご挨拶の品を

引っ越しの挨拶まわりには、石けんやタオルなど、500～1,000円程度の消耗品を持参するのがよい。

ポイント

- 最低限のルールを守り、良好なおつき合いを
- 転居・引っ越しの挨拶は必ずしよう
- トラブルのもとになりやすい騒音には注意を

こんなことに気をつけて

騒音　トラブルになりやすい騒音はきちんと対策を

マンションなどの集合住宅で特に気になる騒音。しっかりと防音対策をした上で、やむをえず騒音を出してしまった場合は、こちらからお詫びを。

気をつけよう

●早朝や深夜の生活音

集合住宅の場合、掃除や洗濯は、朝は平日なら7時から、休日なら8時くらいから始めて。夜は10時くらいまでに終わらせよう。

●テレビや楽器の音量

よく響いてしまうピアノやテレビの音。集合住宅なら上下左右に聞こえてしまうことも。音量には十分配慮を。

●子どもの騒音

部屋を走りまわる音など、階下への振動音は特に気をつけたい。防音性の高いマットを敷くなど対策を。赤ちゃんがひんぱんに夜泣きをしてしまうときは、こちらから謝りに行こう。

境界線　境界線はしっかりと守り、円満な近所づき合いを

戸建の場合、日頃から気をつけたいのが隣家との境界線。庭木の枝や雨だれなどで、知らない間に境界線を侵害することのないように、注意しよう。

気をつけよう

●敷地外にはものを置かない

自動車などを家の前の路上に置くのは近隣の迷惑になるだけでなく違法行為。通行の妨げにもなる。

●植木や雨だれ

密集した住宅地の場合に気をつけたいのが、屋根からの雨だれ。隣家の敷地に入ってしまうと大きなトラブルのもとに。また、庭木の枝が隣家に伸びないようにきちんとせん定を。

●塀の設置や増設

隣家との境界に塀を新たに設置したり増設するときは、必ず隣家と相談を。費用を折半して共有することもある。

集合住宅　部屋が密接しているため、細心の注意をはらって

上下左右と部屋が密接している集合住宅では、隣人に不快感を与えないように、きめ細やかな配慮を。とくに、階下の住人への気遣いを忘れずに。

気をつけよう

●共有スペースの使い方

廊下や階段などの共有スペースには、家の中に入らないからといって、傘や子どもの三輪車など私物を置かないこと。

●ベランダ使用時

ベランダでの植物の水やりに注意。水が階下に落ちて、布団をぬらすなどのトラブルにも。また、ホコリが落ちるので布団はフェンスの外ではたたかない。

●ペットのしつけ

鳴き声や排せつをしっかりしつけるのが基本。ペットを飼う場合は、隣人に必ず挨拶を。

防災グッズ

いざというとき使いやすいように

できるだけ普段から持ち歩きたいもの

災害は、家にいるとき起こるとは限りません。職場や学校、レジャー先などでも被災する可能性があるので、財布、家や車のカギなど、いつもの持ち物に加えて最低でも下記の❶❷❹も持ち歩きましょう。

❶ 飲料水、食料

できるだけ携行しておきたいのが飲料水。水なら手洗いなどにも使えて安心。あめ、グミ、固形ハチミツなど、日もちするエネルギー源もカバンの中へ。

❷ タオル、マスクなど衛生用品

止血などにも役立つタオル（手ぬぐい）は大きめのものを。マスク、ティッシュペーパー、生理用品、バンソウコウも少量でよいのであるとよい。持病の常用薬は3日分、小さな子どもがいれば紙オムツも。

❸ 携帯電話・スマホ

非常時には電波が使えない可能性があるが、手元灯や時計としても使える。予備バッテリーと一緒に持ち歩きたい。

❹ 筆記用具

油性ペン、メモ帳など。非常時の書き置きやメモなど多様に使える。

❺ 雨具、保温グッズ

軽量のレインコートは防寒具も兼ねられ便利。真冬は必須の使い捨てカイロ、サバイバルブランケット（アルミ蒸着寝袋など）は不意の車中泊などにも心強い。ゴミ袋でも代用可能。

❻ 携帯ラジオ、ペンライト

手回しタイプやソーラー充電ができるラジオは、携帯電話の充電もでき一石二鳥。夜間の移動にペンライトも必須。キーホルダーにつけておくと探しやすい。ホイッスルも一緒に。

ポイント

- 最小限のグッズはできるだけ持ち歩こう
- 備蓄品は定期的な点検を
- 食料の備蓄品は消費しながら備える

一次持ち出し品として準備しておきたいもの

緊急避難（屋外退避）時に持ち出す想定で備えます。しばらく家に帰れなくなることを頭に入れておきましょう。ヘルメット、マッチ、ロウソク以外のものを紹介します。

❶ 貴重品

通帳、健康保険証、身分証明書、お薬手帳、証書類など。印鑑、現金なども。

❷ 非常食

レトルト粥や缶詰など、手間をかけずにすぐに食べられるものを。箸・スプーンなども一緒に。

❸ 衣類

冬場（秋口から春先まで）の防寒具は必須。必ず着用して避難したい。靴下はとくに役立つ。

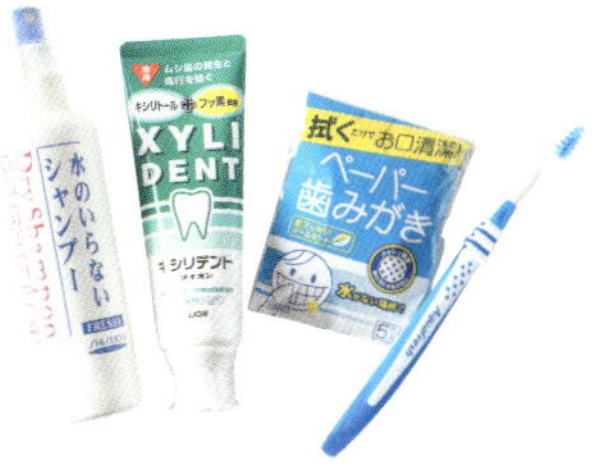

❹ 洗面衛生用品

歯ブラシ、歯みがき粉、石けん、ウェットティッシュ、虫除け、保湿剤、湿布薬、携帯トイレなど。

❺ 簡易コンロ、予備燃料

食事用のお湯を沸かしたり、非常食を温めるのに活用する。アウトドア用品があればその転用でも。

❻ ポリ袋、ラップ

食器として、雨などから体や荷物を守るなど多様に役立つ。ポリ袋はサイズ豊富に、多めに準備。

❼ 電池、充電器

懐中電灯の充電のため余分に準備しておきたい。乾電池式の携帯電話用充電器もある。

Check!

個別に検討したい防災グッズ

赤ちゃんがいたり、食物アレルギーや糖尿病など持病がある場合など、状況に合わせたものを用意しておくと安心です。

予備のメガネやコンタクトレンズ（ケア用品）、常備薬（服用している薬の一覧、お薬手帳）、大人用紙オムツ、入れ歯洗浄液など

赤ちゃんがいるなら

粉ミルク、哺乳瓶、ベビーフード、抱っこひも、紙オムツ、お尻拭きなど

二次持ち出し品として準備しておきたいもの

緊急避難（屋外退避）後、一時的に自宅に戻れた場合などに持ち出して使用します。もしくは、避難所や自宅待機してしばらく過ごすときのための備蓄品として、避難所でも自宅でも役立つ品を準備しましょう。

非常用飲料水

「1人1日3ℓ」が目安。最低3日分、理想は1週間分を用意する。

保存食

エネルギー源を中心に「最低3日分」が目安。▶257ページ参照

寝袋などの寝具

暖かく持ち運びやすい寝具が望ましい。アウトドアグッズがぴったり。

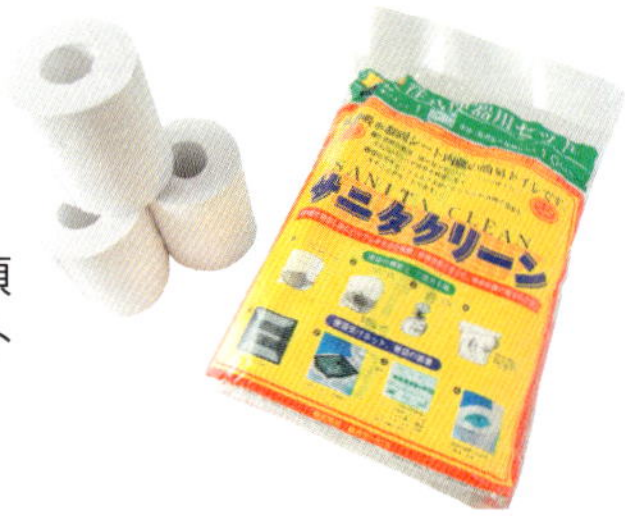

簡易トイレ

衛生のためにも必須のグッズ。トイレットペーパーも。

簡易食器セット

割れない食器を家族分用意する。箸、スプーンなども。

あると助かる多機能グッズ

新聞紙や大きめのゴミ袋など、ひとつあればさまざまなトラブルに対処できる。収納スペースや避難リュックの容量は限られているので、できるだけ多機能なものを活用しよう。

風呂敷・新聞紙

ラップ・アルミホイル

45ℓのゴミ袋

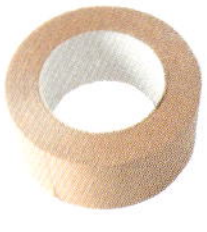

ガムテープ

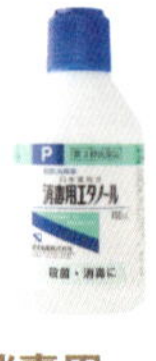

消毒用エタノール

ビニールシート

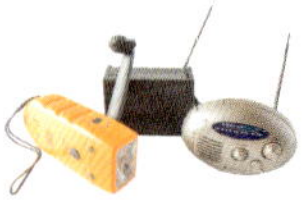

手回しソーラーラジオ

ツールキーホルダー

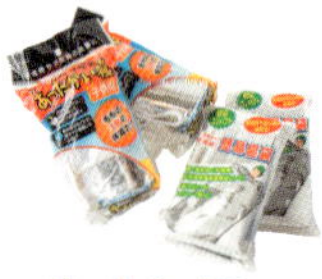

サバイバルブランケット

Check!

暮らしの備え

災害はいつ訪れるか予測できないものです。何もない日常生活の中で「もしも」を想定した暮らしの備えを。

例えば……お風呂の水を汲みおく、熱源はガスと電気を併用する、消火器を設置するなど工夫しましょう。

避難生活が長引くときのために

災害時は流通が滞りがちです。日もちする食材などを普段から準備しておきましょう。ご飯や麺などのエネルギー源だけでなく、食物繊維やビタミンなどの補給も大切になってきます。

カセットコンロ・ボンベ

替えのカセットボンベを多めにストックしておく。

野菜、海藻類の乾物

フリーズドライの野菜やのりなどは、食物繊維やミネラル不足対策に。インスタントみそ汁も便利。

ドライフルーツなど甘いもの

緊張の続くなか、甘いものがあるとほっとする。ドライフルーツやシリアルなら栄養補給にも。

レトルトの「おかゆ」

体調不良のときにも水気があるので食べやすい。

缶詰

家族の舌に合ったものを。おかず系のほかフルーツ系も用意したい。

缶入りジュース

保存がきく缶タイプの野菜ジュースなどを。野菜が摂れないときに。

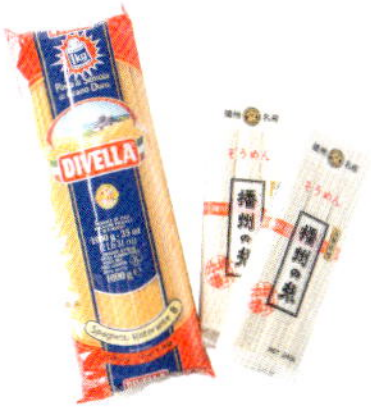

ゆで時間の短い乾麺

なるべく短時間でゆでられるものを。細いそうめんなどがおすすめ。

常温保存できる調味料

みそ、しょうゆ、酢、塩、梅干しなど。避難生活が長引くと味のバリエーションが必要に。

根菜類

じゃがいも、玉ねぎなど常温保存できる根菜類。自炊ができる場合、食生活の質が高まる。

無洗米、アルファ米、アルファ餅

水の使用量が少なくすむので、節水しながらエネルギーを摂れる。

お茶類

心のゆとりのため、お茶やインスタントコーヒーを。

【回転させながら備えるローリングストック法のススメ】

缶詰や飲料水など災害時に役立つ食材などを、消費しながら備蓄する方法。非常食などを大事にしまっていたら賞味期限が切れていた、といったことがなく、特別な点検をしなくても常に新しいものを備蓄できる。また、普段から食べ慣れている食材なら災害時にも安心。長期保存できる備蓄品よりも多彩になるので栄養面でも頼もしい。

地震に備える

住まいを安全な場所にするために

家具の転倒・落下に備える

家具の位置や向きは、寝ているときの安全を軸にして検討しましょう。家具が倒れたとき頭部を直撃する置き方は問題外です。避難経路をふさぐような置き方をしている場合も見直しを。

●ベッドや布団を転倒しやすい家具から離す

就寝中に家具の下敷きにならないよう、家具の正面にならないようにする。

●割れもの、重さのあるものは収納の下部に

とくに食器棚など目の高さより上には重たいものは置かずに、漆器など軽いものを収納するようにしたい。

●大物家具はなるべく固定する

転倒防止のため、L字金具やつっぱり棒式固定具で押さえておく。また、転倒した家具が避難経路をふさがないよう、配置にも注意したい。

転倒・落下注意ポイント

パソコン・テレビ

ディスプレイが転倒しないようストッパーやジェルマットで押さえる。

ピアノ

移動・転倒しやすいので、専用の転倒防止具を履かせるなど対策を。

棚・ラック

重心が下にくるよう収納し、転倒防止板とつっぱり棒式を併用するとよい。

冷蔵庫

移動や転倒の影響の少ない位置（キッチン奥）などに設置する。

電子レンジ

専用のストッパーで移動・落下を防止する。

ガスコンロ

ガスコンロ上に燃えるものが落ちないように配置する。

ポイント

- 地震を想定して家具の配置を変える
- まずは身の安全を第一に行動する
- 避難所などを家族で確認・共有しよう

転倒・落下の 対策グッズいろいろ

寝室やリビング、子ども部屋など、長時間滞在する部屋は、家具の転倒・落下の対策を第一に考えましょう。

固定具が打ち込めない場合は、つっぱり棒などの固定器具の利用をメインに。

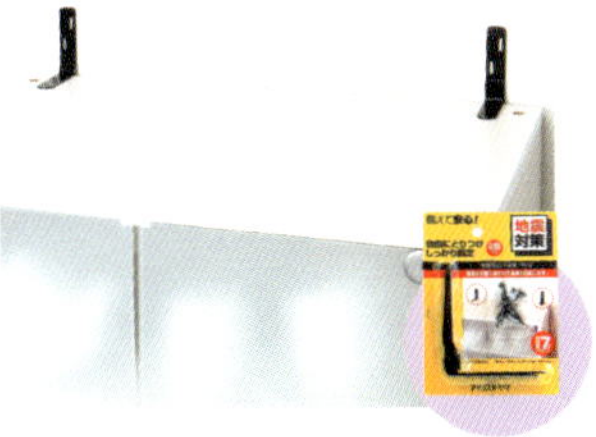

L 字型金具

家具1点につき同じ形式の器具2点で固定する。家具が壁に近いほど強度が増す。

転倒防止板

家具下部、手前側に敷き込み、転倒を防ぐ。端から端まで設置することが必要。

転倒防止チェーン

チェーンで家具と壁を固定する。ベルトタイプのものもある。

アドバイス
いくつかの方法を組み合わせるのがおすすめ

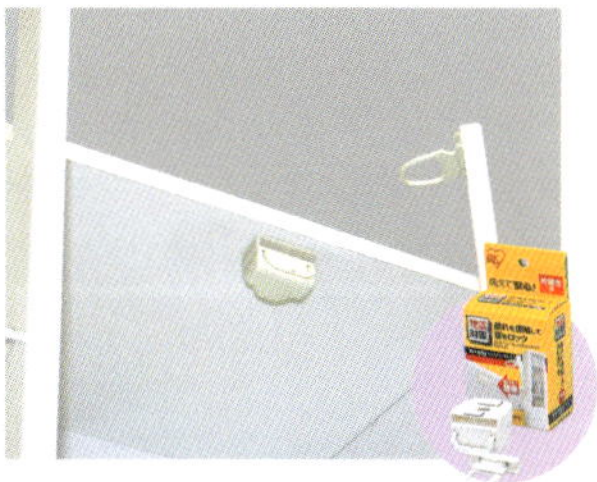

扉ストッパー（開放防止器具）

粘着タイプ、チェーンタイプ、ねじ固定掛金タイプ、耐震ラッチなどがある。

備えて安心!
地震対策
劣化しにくい材質使用!!

ジェルマット

テレビやパソコンに。床（天板）の凹凸が大きいと粘着しないので注意する。

ガラス飛散防止フィルム

ガラス窓（戸）の両面に貼ることにより飛散防止効果が高まる。

つっぱり棒（家具転倒防止伸縮棒）

家具の天板に対して、壁側両脇に1本ずつ設置する。家具が天井に近いほど強度が増す。

自宅や職場で地震にあったら

揺れを感じたあと、とっさに取れる行動は限られています。何よりも自分の身の安全を確保することが大事。揺れがいったんおさまってから、行動を開始しましょう。

グラッときたら……

安全確保を第一に考えて行動する。丈夫な机やテーブルの下などに身を隠し、手近な座布団、クッション、バッグなどで頭を保護する。

揺れがおさまったら…

火を使っていたら速やかに火を消し、出口を確保する。火災発生や建物の損壊が起こることを想定し、ドアや窓を開ける。素足でいるとケガのおそれがあるので、部屋の中でも靴を履くこと。

外出先で地震にあったら

落下物や火災に注意。頭をバッグなどで守り、広い場所にすばやく避難します。どんな場所で被災しても慌てないよう、普段から「もしも」を想定してシミュレーションしておきましょう。

歩行中

バッグなどで頭を保護し、比較的新しいビル内か、なるべく広い場所に避難する。

車の運転中

周囲の車に注意を促しながら、ゆるやかに速度を落として道路の左側に駐車する。

エレベーターの中

すべての階のボタンを押して、最初に止まった階でエレベーターを降りて階段で避難する。

地下街

陳列棚などから離れ、頭部を守って揺れがおさまるのを待つ。急いで地上に出ないこと。

海辺、川の近く

揺れを感じたら、津波警報を待たず、一刻も早く高台へ避難する。

電車の中

窓際から離れてつり革や手すりにつかまるか、姿勢を低くして頭部をバッグなどで保護する。

徒歩で帰宅するときは

少しでも早く家族のもとへ帰りたいところですが、装備が整っていない場合や体調が悪い場合は無理をしないことも大切です。

- 必ず歩きやすい靴、服装で。なるべく両手が空くようにする。
- 季節を問わず、水を必ず携行する。
- 夜間、女性は無理せず、地域の避難所などに避難する。

家族で確認しておくこと

もしものとき、家族が全員そろっているとは限りません。どこに避難するか、どう連絡を取り合うのか？　普段から話し合い、家族間で情報を共有しておきましょう。できれば、同居以外の家族とも話し合っておきましょう。

避難経路

大地震が起こったと想定し、自宅から避難場所まで実際に歩いてみて、かかる時間や安全性を前もって確認しておこう。高層の集合住宅では、荷物を持ち、非常階段を使って地上に降りるまでの時間も把握しておきたい。

避難場所

地震などによる火災で、地域全体が危険に陥ったときに避難する場所。火災がおさまるまで一時的に待つだけなので、基本的に食料や水の備えはないと心得て。最寄りの大きな公園や緑地、大学などが指定されている。

避難所

地震などにより家屋が倒壊・焼失するなど被害を受けた、あるいは被害を受けるおそれのある人が一定期間避難生活を送る場所。飲料水やトイレなどの備えがあり、小中学校、公民館などの公共施設が指定されている。

一時（いっとき）集合場所

災害が発生した時に避難所として近隣の人が一時的に集合する場所。敷地内に建物が無い公園などが指定されていることが多い。

二次避難所

自宅や避難所での生活が困難な、介護などを必要とする人を一時的に受け入れる場所。該当者が家族にいる場合には最寄りの場所を把握しておきたい。

連絡先、連絡方法

遠方に住む親戚を連絡の中継地点にする、火災や倒壊がなければ自宅に集合するなど、家族間で決め、共有しておくことが大事。

【災害伝言板サービスの使い方】

被災者が登録したメッセージを見ることができる。

1. 携帯電話各社のサービスに接続（接続方法は事前に各社のHPで確認）。
2. 被災者がメッセージを登録（無事です、避難所にいますなど）。
3. 安否確認したい人の携帯電話番号を検索し、メッセージを確認。

【災害伝言ダイヤル 171 の使い方】

メッセージを録音・再生できる。

1. 「171」にダイヤル（固定電話、携帯電話ともに利用できる）。
2. 録音する場合は「1」を押し、自分の電話番号を市外局番から登録。
3. 再生する場合は「2」を押し、相手の電話番号を市外局番から登録。

火災に備える

火元になりやすい場所を確認しよう

火災が発生したら

一刻も早い避難が肝心です。初期消火や通報も大事ですが、何より人命優先に。通報は、避難をすませた後に落ち着いて行いましょう。

① 大声で「火事だ！」

出火を確認したら叫んで周囲に知らせよう。近所づき合いがなくても隣近所には必ず知らせ避難を促すこと。

② 119番通報する

ハッキリと都道府県からの住所、氏名、周囲の状況を伝える。何件もの通報があっていいので遠慮しない。

③ できれば初期消火

天井に届いていない火であれば初期消火できることも。単独で行うのは危険なので無理をしないこと。

火元注意ポイント

タバコ

死亡件数が多い。適当な捨て方をしての発火、残り火の処置不足などが原因。

放火

夜間から明け方にかけて発生が増える。住まい周囲に燃えやすいものを放置しないことが大切。

ガスコンロ

天ぷら油に火が入っての出火は最も件数が多い。天ぷら油は380℃程度で自然発火する。

ストーブ

使用中の火災が意外と多い。その場を離れるときにつけっぱなしにしないなど注意を。

家電製品

出火元となる家電製品は多岐にわたる。使用中の異常に注意しよう。

コンセント

コンセントプラグの「トラッキング現象（ホコリと湿気による発火）」が出火元になるケースが多い。

ポイント

- 何よりも人命が大切。避難を優先しよう
- タバコや天ぷら油の後始末はしっかりと
- 火災警報器や消火器も視野に入れる

火災警報器を設置する

火災により発生する煙を感知して警報を発する機器。「煙式」と「熱式」があります。ホームセンターや電器店、ガス事業者などから購入することができます。ホコリで誤作動を起こす可能性があるので定期的に掃除しましょう。

設置方法

エアコンからの風や熱気などの影響を受けない場所に設置する。煙式は壁や梁（はり）から60cm以上、熱式は40cm以上離れた天井の中央付近に取りつける。

設置場所

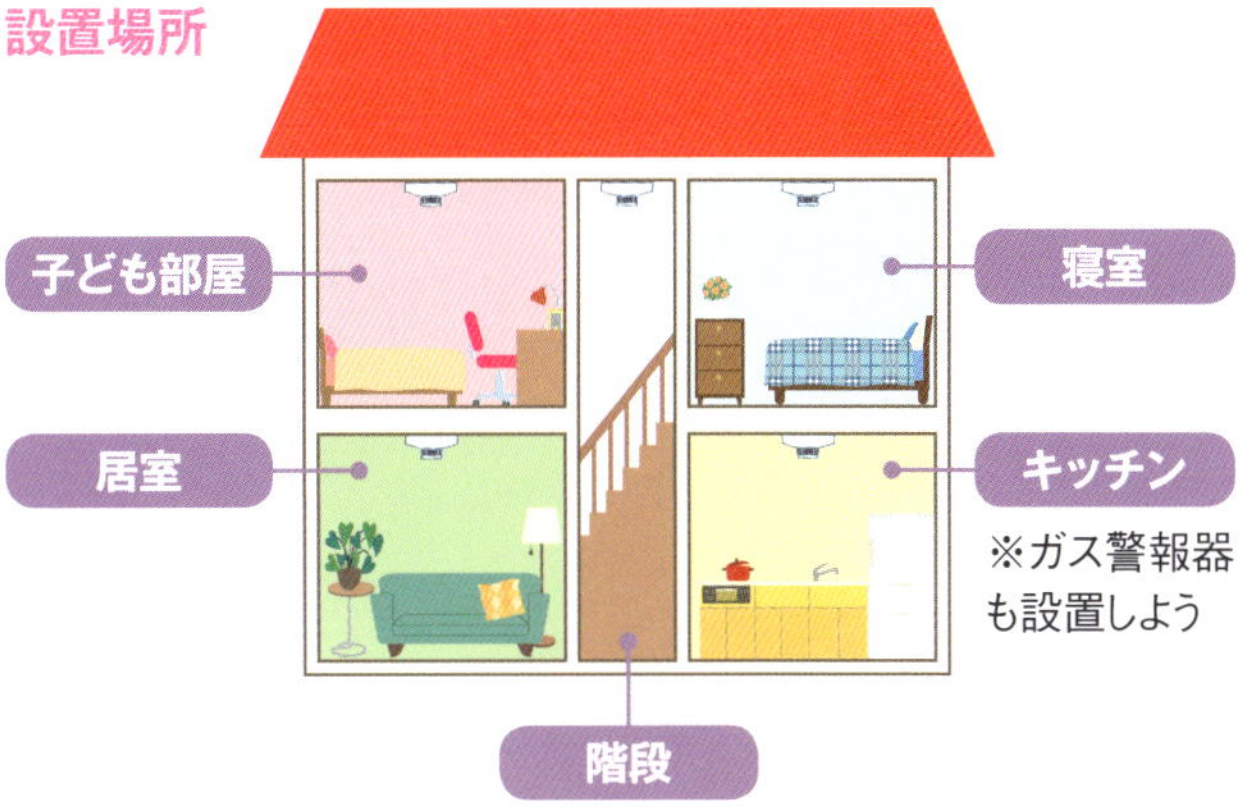
子ども部屋
寝室
居室
キッチン
※ガス警報器も設置しよう
階段

消火器の種類

家庭での初期消火用に設置しておきたいもの。木材や紙などが燃える「普通火災」、油やガソリンによる「油火災」、コンセントなどの電気設備から発生する「電気火災」すべてに対応したものや、部分的に対応できる消火器があります。

ABC粉末タイプ

放射時間約15秒。普通火災、油火災、電気火災などの初期消火に。一気に炎を抑えられる。

FIRE
10
KLD

強化液タイプ

放射時間約20秒。天ぷら油火災に最適。視界を遮られることがなく、後始末が容易。

FIRE EXTINGUISHER
for HOME

エアゾール式簡易消火具

放射時間約30秒。軽量で操作が簡単な点がメリット。キッチンなどに。

AEROSOL TYPE
FIRE

〈消火器の使い方〉

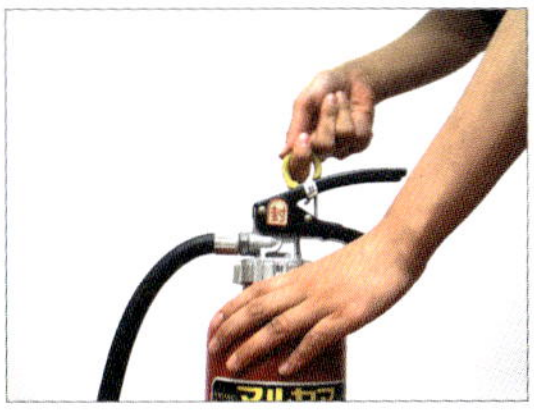

1 本体を押さえ、安全栓を引き抜く。

2 ホースをはずし、火元に向けるように持つ。

3 レバーを強くにぎり消火する。

防犯に備える

ねらわれにくい家にしよう

留守宅の防犯対策

侵入経路の6割は窓から、3割が玄関・勝手口からと言われています。開口部が限られている集合住宅と異なり、戸建て住宅ではさまざまな侵入経路が考えられるので、しっかり対策しておきましょう。

防犯砂利を敷く

上を歩くとジャリジャリと高周波音を発する防犯砂利。十分な砂利の量（高さ）を（写真上）。

見通しをよくする

塀で敷地を囲うのは防犯上逆効果。塀を設置するなら柵や格子のものに。また、植栽は手入れをして常に見通しをよくしよう。

センサーライトを設置

防犯意識の高さを印象づける効果がある。勝手口に設置しよう（写真下）。

防犯カメラを設置

犯罪抑止効果も期待できるので、目立つ場所に設置しても。設置や管理は業者に依頼を。

侵入者にねらわれやすい家の特徴

「ねらわれやすい家」には共通項があります。たとえば、暗くなっても電灯が消えたまま、インターホンを押しても反応がないなど、留守がちな家はねらわれやすいので注意を。「自分が侵入者だったら」と仮定して考えてみましょう。

見通しの悪い家

外から見えづらい家ほど「入りやすい家」になる。集合住宅の最上階、廊下の突きあたりなどは注意したい。

簡単に入れそうな家

一見して補助錠がない、窓へ侵入しやすそうな足場がある、防犯設備がなさそうな家。

近所の目がない家

ゴミ集積所のマナーが悪いなど地域住民の連帯が悪そうなエリアは、侵入しやすいとみられやすい。

ポイント

- 1カ所につき複数の防犯対策を
- 侵入者の視点で防犯を考えよう
- 窓やドアは「1ドア2ロック」に

玄関・勝手口の防犯対策

玄関・勝手口はどちらもおもな侵入口のひとつですが「人目につきにくい」という点で、とくにねらわれやすい勝手口には対策が必要です。

ピッキング対策

針金状の特殊な工具を使用して、本来のキーがない状態でも錠を開ける手法。開錠に時間がかかるよう、ピッキング耐久性の高い錠に交換する。

こじ開け対策

バールなどを用いて、強制的にドアをこじ開ける手法のこと。錠のかんぬきを長いものに替える、補助錠で2ロックにする(写真上)、ドアを内開きに替えるなどで対策を。

サムターン回し対策

ドアに穴を開け、針金状の工具で室内側の解錠用つまみ(サムターン)を回して錠を開ける手法。ドアに穴を開けにくくする「強行プレート」を装着する。

カメラつきインターホンで偵察対策

犯罪抑止効果も期待できるので、目立つ場所に設置しても。設置や管理は業者に依頼を(写真下)。

窓の防犯対策

玄関・勝手口よりもさらに侵入口に選ばれやすいのが窓です。目立つように補助錠をするなど、防犯対策がしてあるとわかりやすく見せるのがポイントです。

クレセント錠には補助錠を

引き違い窓のクレセント錠がもっとも開けやすい。補助錠を設置して2ロックにすると、侵入に手間がかかるので、ねらわれにくくなる。

面格子、網入りガラスを過信しない

意外にも面格子はすぐはずれてしまう。また、網入りガラスは割れやすく扱いやすい。人目につかない窓に多く、むしろねらわれやすいので、しっかり対策を。

防犯フィルムはすべての窓に貼る

2階の窓にも貼られていることで「侵入するのが面倒な印象」を侵入者に与える。防犯フィルムよりも防犯ガラスの方がより有効。

パニックにならないように
病気・事故に備える

地域にある医療機関をチェックする

すぐかかれそうな「診療所」「一般病院」「クリニック」など、家からの距離や診療内容・時間を事前に確認しておきましょう。また救急の入院や手術のできる「地域医療支援病院」「特定機能病院」などの大病院の有無も把握しておくと、いざというときに慌てずに対応できます。

救急箱を備える

胃薬や整腸剤、消毒薬やバンソウコウ（包帯）など、常備薬・衛生用品を「とっさのときにすぐ使える状態」に備えておきます。いつでも使えるように定期的な点検を心がけましょう。

薬の種類

・処方薬：医師により処方される医療用医薬品（効き目が強い）
・市販薬：一般用医薬品（比較的副作用が少ない）

パッケージの見方

リスク分類

リスクの程度に応じて第１類医薬品、第２類医薬品、第３類医薬品がある。第１類は薬剤師のサポートが必要。第２類以下は登録販売者にも相談が可能

効能、効果

何に効くのか記載されている

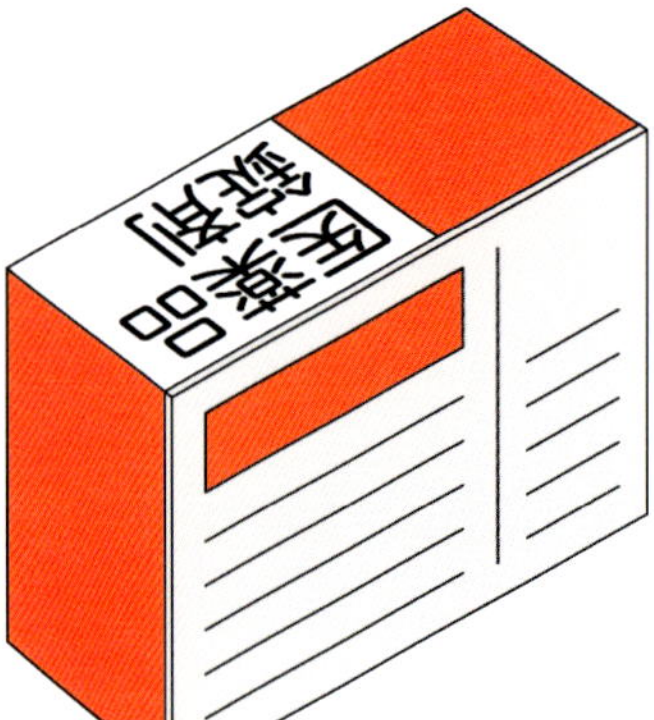

成分、分量

含有量の多い順に記載されている

用法、用量

いつ、何錠飲めばよいのかなどが記載されている

保管および取り扱い上の注意

保管の仕方、服用してはいけない人や服用後の注意などが記載されている

使用期限

古くなると効かなくなる場合もあるので、よく確認しよう

備えておきたい薬・衛生用品

薬	衛生用品	医療用具
内服薬…解熱鎮痛剤、胃薬、抗アレルギー薬など 外用薬…消毒薬、湿布薬、軟膏、虫除けなど	バンソウコウ、包帯、綿棒、脱脂綿、ガーゼ、マスクなど	体温計、ピンセット、ハサミ、毛抜き、氷のう（アイシング）など

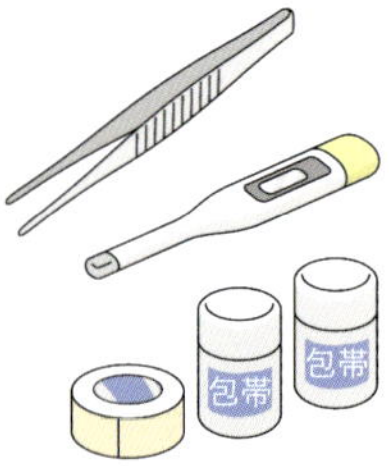

救急車の呼び方

どうしても自力で病院に行けないなど、緊急性の高い場合に呼びます。

1. 「119」に電話して、「救急です」と伝える
2. 自分のいる所在地（住所を都道府県から）と、周囲の目印になるものを伝える
3. 「事故」か「急病」かを伝え、フルネームと電話番号を伝える

ポイント

●近所の病院をチェックしておこう
●最低限の医薬品を常備しよう
●薬は用法・用量を守る

暮らしの手続きあれこれ

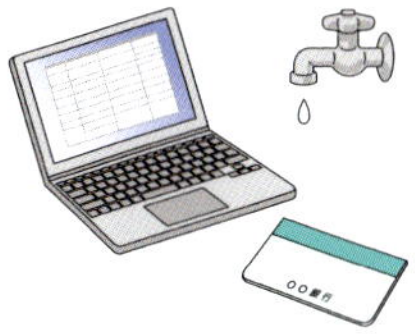

暮らし方が変わるときには、さまざまな手続きが必要です。速やかにすませられるよう、必要な問い合わせ先などは最低限把握しておきましょう。

手続き		内容	問い合わせ先
国民健康保険・国民年金		会社を辞めるなどして、勤務先の健康保険資格を喪失した場合、「国民健康保険」への加入手続きを14日以内にすませる必要がある	自治体の保険年金窓口など
税金（証明書発行、納付）		所得税、消費税、住民税、国民健康保険税、相続税、贈与税など	最寄りの自治体、税務署
健康診断		特定健康診査、国保人間ドックなど	自治体の福祉健康窓口など
妊娠		母子手帳の交付	自治体の市民窓口、福祉健康窓口など
出産・死亡		住民票などの手続きが必要	自治体の市民窓口など
幼稚園・保育園		地域にある園の情報収集、入園申し込み	自治体の子育て支援窓口など
引っ越し	転入・転出届	引っ越しがすんだ日から14日以内	自治体の市民（課）窓口などに、本人または世帯主が届け出る
	転入・転校	「転出学通知書」の交付や、転出先の自治体での手続きが必要	学校や自治体の教育窓口など
	電気・ガス・水道	引っ越し予定日が決まったら連絡する	それぞれの事業所
	電話	「116」へ電話し、電話の移転手続きをする	電話会社
	インターネット	引っ越しの2～4週間前に連絡する	利用中のインターネットプロバイダー
	銀行・クレジットカード	住所などの登録情報を変更する	最寄りの支店やコールセンター
	運転免許証	住所変更	所轄の警察署（免許センター）
	生命・火災保険	住所変更	保険会社

Index

監修／藤原千秋（ふじわら　ちあき）

家事・掃除・住宅アドバイザー

栃木県出身。大手住宅メーカー営業職を経て 2001 年より All About「住まいを考える」ガイド。そのほか雑誌やマスコミで、住まいまわりのライターとして活躍中。3 児の母。ユーザー視点での執筆・情報提供を行い、「フニワラさん」の愛称で親しまれる。著書に『フニワラさんの無理なく続けるハウスキーピング術』（アールズ出版）、『ひと目でわかる 簡単おそうじのアイデア』（世界文化社）など。

取材協力

アイリスオーヤマ　0120-211-299
アイロボットサービスセンター　0120-046-669
エレクトロラックス・ジャパン株式会社
　0120-54-0202
株式会社建築の友　0120-580-160
クロバー株式会社　お客様係　☎ 06-6978-2277
株式会社三栄水栓製作所　☎ 03-3683-7496
　☎ 06-6976-8661
天馬株式会社
　http://www.tenmafitsworld.com/Form/index.html
TOTO 株式会社　0120-03-1010
株式会社日本ロックサービス　☎ 03-5395-7455
株式会社初田製作所　0120-82-2041
パナソニック　お客様ご相談センター
　0120-878-365
日立アプライアンス株式会社　お客様相談センター
　0120-3121-11
株式会社山善　家庭機器事業部　☎ 06-6534-3261

STAFF

編集　引田光江、小川洸生（スタジオダンク）、若狭和明、木庭将、西澤実沙子、小野麻衣子（スタジオポルト）
撮影　柴田愛子（スタジオダンク）、志波慎寿介
撮影協力　沖島美佐子（第５章）
イラスト　安達由里子、片山智恵、西田ヒロコ、松尾ミユキ
デザイン　山田素子、大島歌織、北和代（スタジオダンク）、豊島房子
執筆協力　小口梨乃
編集協力　まめぱん編集室
校正　関根志野
企画・編集　朝日新聞出版 生活・文化編集部 端香里

この一冊ですべてがわかる！

家事のきほん新事典

監　修　藤原千秋
発行者　片桐圭子
発行所　朝日新聞出版
　〒 104-8011　東京都中央区築地 5-3-2
　（お問い合わせ）infojitsuyo@asahi.com
印刷所　中央精版印刷株式会社

ISBN　978-4-02-333010-8

定価はカバーに表示してあります
落丁・乱丁の場合は弊社業務部（電話 03-5540-7800）へご連絡ください。
送料弊社負担にてお取り替えいたします。